Der Pfändungsschutz der privaten Altersvorsorge
nach den §§ 851c und 851d ZPO

Schriften zum Zivilverfahrensrecht und Insolvenzrecht

Herausgegeben von Martin Ahrens

Band 2

Alexander Dietzel

Der Pfändungsschutz der privaten Altersvorsorge nach den §§ 851c und 851d ZPO

PL ACADEMIC RESEARCH

Bibliografische Information der Deutschen Nationalbibliothek
Die Deutsche Nationalbibliothek verzeichnet diese Publikation
in der Deutschen Nationalbibliografie; detaillierte bibliografische
Daten sind im Internet über http://dnb.d-nb.de abrufbar.

Zugl.: Göttingen, Univ., Diss., 2013

Gedruckt auf alterungsbeständigem,
säurefreiem Papier.

D7
ISSN 2192-4953
ISBN 978-3-631-64833-9 (Print)
E-ISBN 978-3-653-03809-5 (E-Book)
DOI 10.3726/ 978-3-653-03809-5

© Peter Lang GmbH
Internationaler Verlag der Wissenschaften
Frankfurt am Main 2014
Alle Rechte vorbehalten.
PL Academic Research ist ein Imprint der Peter Lang GmbH.

Peter Lang – Frankfurt am Main · Bern · Bruxelles · New York ·
Oxford · Warszawa · Wien

Diese Publikation wurde begutachtet.

www.peterlang.com

Vorwort

Die vorliegende Arbeit ist von der Juristischen Fakultät der Georg-August-Universität Göttingen im Sommersemester 2013 als Dissertation angenommen worden. Danach erschienene Rechtsprechung und Literatur sind bis einschließlich Oktober 2013 berücksichtigt.

Mein Dank gilt in besonderen Maße meinem Doktorvater, Herrn Prof. Dr. Martin Ahrens, der das Thema angeregt hat. Ich habe in ihm einen hervorragenden akademischen Lehrer, einen interessierten wie kritischen Betreuer meiner Arbeit sowie einen überaus fairen und wohlwollenden Chef im Rahmen meiner Tätigkeit als wissenschaftlicher Mitarbeiter an seinem Lehrstuhl gefunden. Darüber hinaus ermöglichte er mir die Veröffentlichung meiner Arbeit in der von ihm herausgegebenen Schriftenreihe.

Herrn Prof. Dr. Torsten Körber, LL.M. danke ich für die zügige Erstellung des Zweitgutachtens.

Besonderer Dank gebührt auch meiner Familie und meinen Freunden für deren aufmunternden Zuspruch, unermüdliche Unterstützung und Nachsicht. Meine Eltern haben erheblichen Anteil an dieser Arbeit.

Berlin, im Dezember 2013   Alexander Dietzel

Inhaltsverzeichnis

VIII

XIV

A. Vollstreckungsschutz und private Altersvorsorge

Das Zwangsvollstreckungsrecht ist gekennzeichnet vom Spannungsverhältnis zwischen Schuldner- und Gläubigerinteressen. Dem Gläubiger ist vorrangig an einem möglichst weitgehenden Zugriff auf Vermögenswerte des Schuldners gelegen. Er kann sich hinsichtlich seiner Befriedigungsinteressen auf den aus dem Rechtsstaatsprinzip des Art. 20 Abs. 3 GG abzuleitenden Justizgewährungsanspruch[1] sowie auf den grundrechtlichen Schutz des Art. 14 Abs. 1 GG berufen[2]. Demgegenüber benötigt der Schuldner vor allem Schutz vor dem Zugriff des Gläubigers auf diejenigen Vermögenswerte, derer er bedarf, um seinen Lebensunterhalt zu bestreiten. Die Pfändungsverbote der §§ 811, 850 ff. ZPO dienen dem Schutz des Schuldners aus sozialen Gründen im öffentlichen Interesse[3]. Diesem Schuldnerschutz kommt dabei ebenfalls Verfassungsrang zu. Die Pfändungsschutzvorschriften lassen sich als eine Konkretisierung des in Art. 20 Abs. 1 und Art. 28 GG verankerten Sozialstaatsprinzips[4] sowie der Grundrechte des Schuldners aus Art. 1 Abs. 1 und Art. 2 Abs. 1 GG verstehen[5]. Konsequent wird in der Rechtsprechung des Bundesverfassungsgerichts ein Grundrecht auf Sicherung eines menschenwürdigen Existenzminimums aus Art. 1 Abs. 1, 20 Abs. 1 GG hergeleitet[6].

Solange der Schuldner erwerbstätig ist, wird er seinen Lebensunterhalt regelmäßig aus Einkommen aufgrund von abhängiger Beschäftigung oder selbständiger beruflicher Tätigkeit bestreiten. Im Rahmen einer Forderungspfändung bewirken

---

1   BVerfG, Urteil v. 27.04.1988 – 1 BvR 549/87 = NJW 1988, S. 3141; BGH, Beschluss v. 21.12.2004 – IXa ZB 228/03 = BGHZ 161, 371, 375; Vollkommer/Stöber in: Zöller, ZPO, v. § 704, Rn. 2; Gruber in: MüKo-ZPO, § 811, Rn. 3.

2   BGH, Urteil v. 25.03.1999 – IX ZR 223/97 = BGH NJW 1999, S. 1544, 1547; Meller-Hannich in: Kindl/Meller-Hannich/Wolf, Hk-ZV, § 850, Rn. 1.

3   BGH, Urteil v. 20.11.1997 – IX ZR 136/97 = NJW 1998, S. 1058; K. Stöber, Forderungspfändung, Rn. 872.

4   BVerfG, Beschluss v. 29.05.1990 – 1 BvL 20/84 = BVerfGE 82, 60, 80; BT-Drs. 14/6812, S. 8.

5   BFH, Urteil v. 30.01.1990 – VII R 97/89 = NJW 1990, S. 1871; BGH, Beschluss v. 28.01.2010 – VII ZB 16/09 = NJW-RR 2010, S. 642, 643; BGH, Beschluss v. 19.03.2004 – XIa ZB 321/03 = NJW-RR 2004, S. 789.

6   BVerfG, Urteil v. 09.09.2010 – 1 BvL 1, 3, 4/09 = BVerfGE 125, 175.

die §§ 850 ff. ZPO den Schutz dieses Einkommens in einem weitem Umfang. Kann der Schuldner aufgrund seines Alters keiner Erwerbstätigkeit mehr nachkommen, so ersetzen Versorgungsleistungen das Arbeitseinkommen und sichern so an dessen Stelle die Existenz des Schuldners. Altersvorsorge ist der Aufbau einer solchen Existenzsicherung für das Alter.

Die vor Einführung der §§ 851c und 851d ZPO bestehenden Schutznormen für Alterseinkommen waren vorwiegend auf abhängig beschäftigte Schuldner ausgerichtet, die Renten aus der gesetzlichen Rentenversicherung, der sog. ersten Säule der Altersvorsorge, beziehen[7]. Die gesetzliche Rentenversicherung sichert die Basisversorgung der dort versicherten Personen, regelmäßig abhängig Beschäftigte, im Alter. § 54 SGB IV entzieht die Rentenleistungen aus der gesetzlichen Rentenversicherung über den Verweis auf die §§ 850 ff. ZPO wie Arbeitseinkommen der Pfändung[8]. Bezüge dieser Personengruppen aus der betrieblichen Altersversorgung[9], der zweiten Säule der Altersvorsorge, sind nach §§ 850 Abs. 2 und Abs. 3 b) ZPO geschützt[10]. Selbständig Tätige sind demgegenüber weitgehend auf eine private Altersvorsorge angewiesen. Dies ist Altersvorsorge, die ohne unmittelbare Mitwirkung des Staates aufgrund von privatrechtlichen Verträgen, regelmäßig mit der Versicherungs- oder Finanzwirtschaft, betrieben werden kann. Sie wird auch als dritte Säule der Altersvorsorge bezeichnet. Anders als bei der gesetzlichen Rentenversicherung und der betrieblichen Altersversorgung fehlt ein einheitlicher Regulierungsrahmen der privaten Altersvorsorge. Dies betrifft auch den Pfändungsschutz von Versorgungsleistungen aus der privaten Altersvorsorge. Zwar schützt § 850 Abs. 3 b) ZPO Rentenleistungen aus privaten Versicherungsverträgen, jedoch wird die Vorschrift nach überwiegender Auffassung ausschließlich zugunsten abhängig Beschäftigter angewendet[11].

---

7 Kessal-Wulf in: Schuschke/Walker, Vollstreckung, § 851c, Rn. 1; Ahrens in Prütting/Gehrlein, ZPO, § 851c, Rn. 1.

8 K. Stöber, Forderungspfändung, Rn. 1322 ff.

9 Geregelt im Gesetz zur Verbesserung der betriebliche Altersversorgung v. 19.12.1974, BGBl. I, S. 3610 (BetrAVG) zuletzt geändert durch Gesetz v. 21.12.2008, BGBl. I, S. 2940.

10 K. Stöber, Forderungspfändung, Rn. 916 ff. und 1322.

11 BGH, Beschluss v. 15.11.2007 – IX ZB 34/06 = NZI 2008, S. 93; OLG Frankfurt a.M., Beschluss v. 22.02.1995 – 23 U 158/94 = VersR 1996, S. 614; Smid in: MüKo-ZPO, § 850, Rn. 42; Meller-Hannich in: Kindl/Meller-Hannich/Wolf, Hk-ZV, § 850, Rn. 58, 59; Becker in: Musielak, ZPO, § 850, Rn. 13; K. Stöber in Zöller, ZPO, § 850, Rn. 11; ders. in Forderungspfändung, Rn. 892; Seiler in: Thomas/Putzo, ZPO, § 850, Rn. 9; Lippross, Grundlagen und System des Vollstreckungsschutzes, S. 157; Ising, Pfändungsschutz für Arbeitsmittel und Vergütungsforderungen bei selbständiger Tätigkeit,

Weil dem Vollstreckungsschutz des Existenzminimums Verfassungsrang zukommt, korrespondiert hiermit auch ein Handlungsauftrag an den Gesetzgeber, notwendige Schutzvorkehrungen zugunsten von privater Altersversorgung und -vorsorge zu schaffen[12]. Mit den 2007 eingeführten §§ 851c und 851d ZPO will der Gesetzgeber seinem verfassungsrechtlichen Handlungsauftrag zum Schutz des Existenzminimums nachkommen und hat Regelungen geschaffen, die insbesondere Selbständigen, denen der Schutz des § 850 Abs. 3 b) ZPO nicht zugute kommt, den Aufbau einer pfändungssicheren privaten Altersvorsorge ermöglichen sollen[13].

Die rechtlichen und tatsächlichen Umstände, die bei der konkreten Ausformung eines Pfändungsschutzes der privaten Altersvorsorge zu berücksichtigen sind, sind vielfältig und sollen deshalb im Folgenden nur skizziert werden. Vermögen, welches der Altersvorsorge dienen soll, wird typischerweise über einen langen Zeitraum aufgebaut und danach nur langsam verbraucht. In einer Zeit, in der immer mehr Kredite aufgenommen werden, wächst das Risiko der Überschuldung und damit auch der Zwangsvollstreckung. Es besteht die Gefahr, dass Gläubiger während dieses langen Zeitraums auf das Vorsorgevermögen zugreifen. Andererseits ist zu berücksichtigen, dass Vermögenswerte, die der Altersvorsorge gewidmet sind, zumeist einen Großteil des Vermögens des Vorsorgenden ausmachen werden. Durch einen Pfändungsschutz der Altersvorsorge wird der Gläubigerzugriff auf diese Vermögenswerte für einen langen Zeitraum wesentlich erschwert. Hauptaufgabe eines Regelungssystems für einen Pfändungsschutz der privaten Altersvorsorge ist daher, einen gerechten Ausgleich zwischen Schuldner- und Gläubigerinteressen zu schaffen. Der Schuldner soll nicht unbegrenzt Vermögenswerte dem Gläubigerzugriff entziehen können, indem er diese als Altersvorsorge deklariert.

Regelungen, die Altersvorsorgevermögen vor dem Gläubigerzugriff schützen, dienen auch der Verhinderung von Altersarmut und entlasten die Sozialkassen von Transferleistungen[14]. In sachlichem Zusammenhang hiermit stehen Regelungen, die Anforderungen an die Effektivität und Nachhaltigkeit der Altersvorsorge stellen. Im Bereich der privaten Altersvorsorge besteht ein Spannungsverhältnis zwischen Selbstverantwortung und Sicherheit insbesondere hinsichtlich der Wahl

---

S. 29 ff.; Ludwig, Der Pfändungsschutz für Lohneinkommen, S. 150; A.A. Brehm in Stein/Jonas, ZPO, § 850, Rn. 48.

12   Vgl. dazu BVerfG, Urteil v. 09.09.2010 – 1 BvL 1,3,4/09 = BVerfGE 125, 175.

13   BT-Drs. 16/886, S. 7; BGH, Beschluss v. 25.11.2010 – VII ZB 5/08 = NJW-RR 2011, S. 493, 494.

14   BT-Drs. 16/866, S. 1.

der Anlageform für das Altersvorsorgevermögen. Den Chancen einer privaten Altersvorsorge, eine möglichst hohe Rendite für das angelegte Vorsorgevermögen zu erzielen, stehen spezifische Risiken wie die Verfehlung von Renditeerwartungen, die allgemeinen Kapitalmarktrisiken und die Möglichkeit des vorzeitigen, zweckentfremdeten Verbrauchs des Vermögens durch den Vorsorgenden gegenüber[15]. Regelungen, die dem Pfändungsschutz der Altersvorsorge dienen, bieten dem Gesetzgeber Steuerungsmöglichkeiten, um Maßstäbe für die Effektivität und Sicherheit bestimmter Anlageformen vorzugeben und damit die Anlageentscheidung des Vorsorgenden in vernünftige Bahnen zu lenken.

Insbesondere ist zu berücksichtigen, dass die private Altersvorsorge zu einem Großteil vom Steuerrecht geprägt ist. Für Personen, die nicht in der gesetzlichen Rentenversicherung pflichtversichert sind, hat der Gesetzgeber mit dem Alterseinkünftegesetz[16] einen Anreiz zum Aufbau einer nachhaltigen privaten Altersvorsorge durch steuerliche Förderung gem. § 10 Abs. 1 Nr. 2 b) EStG geschaffen, sog. private Basisrenten- oder Rürup-Verträge[17]. Damit wendet sich der Gesetzgeber bewusst von der zuvor erfolgten steuerlichen Förderung der Kapitallebensversicherung ab. Aber auch für abhängig Beschäftigte will der Gesetzgeber wegen der 2001 erfolgten Absenkung des Rentenniveaus in der gesetzlichen Rentenversicherung mit den sog. Riester-Verträgen einen teilweisen Übergang zur Privatvorsorge erreichen[18]. Die steuerliche Förderung nach §§ 10, 10a EStG soll abhängig Beschäftigte zum Aufbau einer zusätzlichen Altersvorsorge motivieren, mit der die zu erwartende Versorgungslücke aus der gesetzlichen Rentenversicherung aufgefüllt werden soll. Für diese steuerlich geförderten Instrumente der Altersvorsorge muss durch Pfändungsbeschränkungen sichergestellt werden, dass die Balance des Systems der steuerlichen Förderung nicht durch Eingriffe von Gläubigern gestört wird. Ansonsten käme die staatliche Subventionierung der privaten Altersvorsorge dem Gläubiger zugute.

Schließlich muss berücksichtigt werden, dass die Ausgestaltung privater Altersvorsorgeinstrumente einem stetigen Wandel unterliegt. Ereignisse wie die Wirtschaftskrise 2008 können dazu führen, dass bei den Vorsorgenden vermehrt ein

---

15 Roth, Private Altersvorsorge, S. 1.
16 Gesetz zur Neuordnung der einkommensteuerrechtlichen Behandlung von Altersvorsorgeaufwendungen und Altersbezügen (Alterseinkünftegesetz – AltEinkG) v. 05.07.2004, BGBl. I, S. 1427.
17 Benannt nach dem Wirtschaftsprofessor Bert Rürup.
18 Gesetz zur Reform der gesetzlichen Rentenversicherung und zur Förderung eines kapitalgedeckten Altersvorsorgevermögens (Altersvermögensgesetz – AVmG) v. 26.06.2001, BGBl. I, S. 1310; dazu BT-Drs. 14/4595, S. 1.

Bedürfnis nach einer besonders krisensicheren Altersvorsorge besteht, wohingegen in Zeiten einer starken Wirtschaft oft der Wunsch nach einer möglichst hohen Rendite aufkommen wird. Dies wird sich tendenziell auch auf die Wahl des Vorsorgeinstrumentes auswirken. Das Modell der Pfändungsschutzregelungen muss daher entweder so wertungsoffen ausgestaltet sein, dass es auch neuartige Instrumente erfassen kann, oder der Gesetzgeber muss die Regelungen laufend den tatsächlichen Gegebenheiten anpassen.

B. Ziele der Arbeit

Ziel der vorliegenden Arbeit ist es, den Pfändungsschutz der privaten Altersvorsorge anhand der 2007 eingeführten §§ 851c und 851d ZPO[19] darzustellen und dabei die Leitgedanken und Wertungskriterien der Normen herauszuarbeiten. Die gewonnen Erkenntnisse werden sodann in den Kontext des Systems des Pfändungsschutzes für Forderungen gestellt, welches zu diesem Zweck unter besonderer Berücksichtigung des Pfändungsschutzes für Versorgungsleistungen vorab dargestellt wird. Der Blick wird auch auf die praktische Anwendung der Normen gerichtet sein. Insbesondere soll untersucht werden, welche tatsächlich am Markt erhältlichen und bei Selbständigen gängigen Altersvorsorgeinstrumente einem Pfändungsschutz unterliegen. In einem gesonderten Teil soll wegen der praktischen Bedeutung zudem die Behandlung der pfändungsgeschützten Altersvorsorge in der Insolvenz des Schuldners erörtert werden.

Schließlich ist zu bewerten, inwieweit das Normkonzept der §§ 851c und 851d ZPO tragfähig ist, ein offenes Schutzmodell für die private Altersvorsorge zu formulieren, welches auch Forderungen aus von der Finanzwirtschaft neu geschaffenen Vorsorgeverträgen erfassen kann[20]. Dies wäre dann der Fall, wenn der Gesetzgeber mit den §§ 851c und 851d ZPO nicht nur Regelungen geschaffen hat, die punktuelle Schutzlücken auffüllen sollen, sondern vielmehr allgemeine Leitgedanken des Forderungspfändungsschutzes aufgegriffen und in den Tatbestandsmerkmalen der §§ 851c und 851d ZPO umgesetzt hat.

Es liegt bereits eine Arbeit von Christian Wollmann mit dem Titel „Private Altersvorsorge und Gläubigerschutz" zu § 851c ZPO vor. Anders als der weit gefasste Titel vermuten lässt, ist diese auf die Erörterung von § 851c ZPO anhand des Beispiels der Lebensversicherung beschränkt. Wollmann orientiert sich bei der Darstellung an versicherungsvertragsrechtlichen Besonderheiten des § 851c ZPO. Diese sollen vorliegend zwar ebenfalls berücksichtigt werden, stellen aber nur einen Ausschnitt des gesamten Spektrums der Rechtsfragen dar, die sich im Rahmen

---

19 Gesetz zum Pfändungsschutz der Altersvorsorge v. 26.03.2007, BGBl. I, S. 368, zuletzt geändert durch Gesetz zur Einführung einer Rechtsbehelfsbelehrung im Zivilprozess und zur Änderung anderer Vorschriften v. 05.12.2012, BGBl. I, S. 2418.
20 Ahrens, in: Prütting/Gehrlein, ZPO, § 829, Rn. 5, 6.

der Anwendung des § 851c ZPO stellen. In der Arbeit Wollmanns wird auf § 851d ZPO und somit auf die Zusammenhänge zwischen steuerlicher Förderung der privaten Altersvorsorge und Pfändungsschutz ebenso wenig eingegangen wie auf die insolvenzrechtliche Behandlung der geschützten Vorsorgeverträge. Schließlich trifft Wollmann auch keine Bewertung des § 851c ZPO und nimmt keine Einordnung von § 851c ZPO in das System des Pfändungsschutzes vor.

Es liegt außerdem eine Arbeit Menzels zum Vollstreckungsschutz zugunsten privater Altersvorsorge vor[21]. Darin nimmt Menzel eine rechtsvergleichende Untersuchung des Vollstreckungsschutzes für private Altersvorsorge zwischen deutschem und schweizerischem Recht vor. Behandelt wird der Pfändungsschutz für die praktisch bedeutsamsten Vorsorgeinstrumente, nämlich für Lebens- und Rentenversicherungsverträge, Wertpapiere sowie die selbstgenutzte Immobilie. In diesem Zusammenhang werden auch Anwendungsbereich und Voraussetzungen der §§ 851c und 851d ZPO dargestellt. Es fehlt eine vertiefte Analyse der Leitgedanken und Wertungskriterien dieser Normen ebenso wie eine systematische Einordnung in das System des Vollstreckungsschutzes. Auch insolvenzspezifische Frage werden nicht umfassend behandelt.

---

21   Menzel, Vollstreckungsschutz zugunsten privater Altersvorsorge.

C. Altersvorsorge im System des Pfändungsschutzes für Forderungen

Zunächst soll herausgearbeitet werden, welche Leitgedanken und Wertungskriterien dem System des Pfändungsschutzes für Forderung nach den §§ 850 ff. ZPO allgemein zugrunde liegen. Zu diesem Zweck wird der Schutzbereich der vor Einführung von §§ 851c und 851d ZPO bestehenden Pfändungsschutznormen dargestellt. Der Blick ist dabei insbesondere auf den Pfändungsschutz von Versorgungsleistungen, die dem Schuldner nach Ende seiner Erwerbstätigkeit zu dessen Existenzsicherung gewährt werden, gerichtet.

I. Funktionen und Normzwecke des Pfändungsschutzes für Forderungen

1. Existenzsicherung und Anreizbildung

Der Pfändungsschutz für Arbeitseinkommen soll dem Schuldner diejenigen Vermögenswerte vor dem Zugriff seiner Gläubiger sichern, derer er bedarf, um seinen gegenwärtigen und zukünftigen Lebensunterhalt zu bestreiten[22]. Der Gläubiger ist demgegenüber an einer möglichst weitgehenden Verwertung des Schuldnervermögens und damit an einer umfassenden Befriedigung seiner Forderungen interessiert.

Diese auf den ersten Blick gegenläufigen Interessen von Schuldner und Gläubiger werden durch die §§ 850 ff. ZPO teilweise in die gleiche Richtung gelenkt. Will der Gläubiger auf zukünftigen Lohn des Schuldners zugreifen, so muss der Schuldner diesen erst noch erwirtschaften, wozu ihm die erforderlichen Subsistenzmittel belassen werden müssen[23]. Ferner besteht auch eine psychologische Notwendigkeit, dem Schuldner im Interesse der Allgemeinheit die Arbeitsmotivation zu erhalten[24]. Würde sein gesamtes Arbeitseinkommen gepfändet, wäre er kaum bereit, überhaupt noch zu arbeiten. Er wäre dann auf Sozialleistungen

---

22 K. Stöber, Forderungspfändung, Rn. 872.
23 Ludwig, S. 19.
24 Smid in: MüKo-ZPO, § 850c, Rn. 2; Brehm in: Stein/Jonas, ZPO, § 850c, Rn. 1; Lippross, S. 162, 163; Ludwig, S. 17, 41; vgl. auch BT-Drs. 14/6812, S. 1, 8.

angewiesen und seine Gläubiger würden auf Kosten der Allgemeinheit befriedigt[25]. Schließlich soll dem Schuldner über § 850c Abs. 2 ZPO noch ein besonderer, zusätzlicher Anreiz zur Verbesserung seiner Arbeitsleistung und damit zu einem Mehrerwerb gegeben werden[26]. Dies wird dadurch erreicht, dass dem Schuldner über die notwendigen Subsistenzmittel hinaus grundsätzlich ein Freibetrag von drei Zehnteln des Mehrerwerbs pfändungsfrei belassen wird, § 850c Abs. 2 ZPO. Dieser Freibetrag erhöht sich in Abhängigkeit von der Anzahl der Angehörigen, denen der Schuldner Unterhalt gewährt. Der Gläubiger profitiert hiervon, weil er auf einen Teil dieses Mehrerwerbs zugreifen kann.

2. Sicherung des Verwendungszwecks

Die §§ 850 ff. ZPO sind auf regelmäßig wiederkehrende Einkünfte ausgerichtet, für die § 850 Abs. 1 ZPO eine pauschale Unpfändbarkeit in den Grenzen des § 850c ZPO anordnet. Damit greifen die §§ 850 ff. ZPO eine praktische Gegebenheit auf, nämlich die typische Zahlungsform des Arbeits- bzw. Dienstlohnes, und machen diese zur Verwirklichung eines Schutzzweckes dieser Normen fruchtbar. Gedanke dahinter ist, dass die monatliche Zahlungsweise zum einen zur Bestreitung des gegenwärtigen Lebensunterhalts notwendig ist und zum anderen effektiv Gewähr dafür bietet, dass der Schuldner die Einkünfte auch tatsächlich bestimmungsgemäß einsetzt.

Der Gedanke, dass dem Schuldner ermöglicht werden soll, den pfändungsgeschützten Betrag auch tatsächlich für seinen Lebensunterhalt einzusetzen, kommt auch in § 400 BGB zum Ausdruck. Nach § 400 BGB kann eine Forderung nicht abgetreten werden, soweit sie der Pfändung nicht unterworfen ist. Der Schuldner soll nicht über seine zukünftigen Lohnansprüche im Wege der Abtretung verfügen können. Vielmehr sollen dem Schuldner diese Ansprüche für seinen Lebensunterhalt verbleiben, damit er nicht der öffentlichen Fürsorge anheim fällt[27]. Damit sind beispielsweise Sicherungsabtretungen von Lohnansprüchen und wegen § 1274 Abs. 2 BGB auch Verpfändungen derselben ausgeschlossen, soweit ein Pfändungsschutz besteht. Diese Verfügungsbeschränkung betrifft die jeweils nicht gerade für den aktuellen Lebensunterhalt benötigten Einkünfte. Die aktuelle Lohnforderung bzw. deren Gegenwert soll der Schuldner für seinen Lebensunterhalt verwenden können.

---

25 BT-Drs. 14/6812, S. 1; Kemper in: Saenger, ZPO, § 850c, Rn. 1.
26 Brehm in: Stein/Jonas, ZPO, § 850c, Rn. 1; Becker in: Musielak, ZPO, § 850c, Rn. 2; Volkmar, BArch R 3001 (RJM), Nr. 8178, Bl. 207; Ludwig, S. 177.
27 BGH, Urteil v. 10.02.1994 – IX ZR 55/93 = BGHZ 125, 116, 122; BAG, Urteil v. 21.11. 2000 – 9 AZR 692/99 = NJW 2001, S. 1443; Roth in: MüKo-BGB, § 400, Rn. 1.

II. System des Pfändungsschutzes für Forderungen

In der Forderungsvollstreckung nach den §§ 828 ff. ZPO ist prinzipiell jede Geldforderung des Schuldners pfändbar, sofern sie nicht positiv aufgrund der §§ 850 ff. ZPO von der Pfändung ausgenommen ist. Folglich wird auch § 765a ZPO, der ausnahmsweise die Gewährung eines Vollstreckungsschutzes außerhalb der §§ 850 ff. ZPO ermöglicht, restriktiv gehandhabt[28], um die positivierten Pfändungsbeschränkungen nicht auszuhöhlen.

1. Anknüpfungskriterien des Forderungspfändungsschutzes

§ 850 Abs. 1 ZPO knüpft als Zentralnorm des Forderungspfändungsschutzes an das Arbeitseinkommen des Schuldners an. § 850 Abs. 2 ZPO führt exemplarisch geschützte Einkunftsarten an, ohne den Anwendungsbereich von § 850 Abs. 1 ZPO abschließend zu definieren[29]. Arbeitseinkommen im Sinne dieser Vorschrift sind die Dienst- und Versorgungsbezüge der Beamten, Arbeits- und Dienstlöhne, Ruhegelder und ähnliche nach dem einstweiligen oder dauernden Ausscheiden aus dem Dienst- oder Arbeitsverhältnis gewährte fortlaufende Einkünfte, ferner Hinterbliebenenbezüge sowie sonstige Vergütungen für Dienstleistungen aller Art, die die Erwerbstätigkeit des Schuldners vollständig oder zu einem wesentlichen Teil in Anspruch nehmen.

a) Einkünfte aus einem Dienst- oder Arbeitsverhältnis

§ 850 Abs. 2 ZPO ist unabhängig davon anwendbar, ob der Schuldner die Arbeit selbständig oder unselbständig verrichtet[30]. Relevant ist ausschließlich, ob es sich um vom Schuldner persönlich geleistete Arbeiten und Dienste handelt[31].

---

28 Heßler in: MüKo-ZPO, § 765a, Rn. 13; K. Stöber in: Zöller, ZPO, § 765a, Rn. 5; BGH, Urteil v. 13.07.1965 – V ZR 269/62 = BGHZ 44, 138, 143; VG München, Gerichtsbescheid v. 22.11.2011 – M 10 K 11.1163 = BeckRS 2012, 48500.

29 Kessal-Wulf in: Schuschke/Walker, Vollstreckung, § 850, Rn. 9; Ahrens in: Prütting/ Gehrlein, ZPO, § 850, Rn. 11.

30 BGH, Urteil v. 11.05.2006 – IX ZR 247/03 = BGHZ 167, 363, 369; Meller-Hannich in: Kindl/Meller-Hannich/Wolf, Hk-ZV, § 850, Rn. 38; K. Stöber in: Zöller, ZPO, § 850, Rn. 2 und 9.

31 BGH a.a.O.; Meller-Hannich, a.a.O., Rn. 39; K. Stöber, a.a.O., Rn. 9; Ahrens in: Prütting/Gehrlein, ZPO, § 850, Rn. 12; Ludwig, S. 150.

Quelle der Einkünfte muss somit ein privatrechtliches oder öffentlich-rechtliches Rechtsverhältnis sein, welches ihn zu persönlich zu verrichtenden Arbeiten oder Diensten verpflichtet, die jedenfalls die Erwerbstätigkeit des Schuldners vollständig oder zum Teil in Anspruch nehmen und dessen Existenzgrundlage bilden[32]. Grundsätzlich nicht geschützt sind Einkünfte aus kapitalistischer Arbeitsweise, beispielsweise die Einkünfte eines Gewerbetreibenden, laufende Einkünfte aus dem Vermögen wie auch das Vermögen als solches[33].

§ 850 Abs. 2 ZPO definiert als Arbeitseinkommen auch Ruhegelder und ähnliche nach dem einstweiligen oder dauernden Ausscheiden aus dem Dienst- oder Arbeitsverhältnis gewährte fortlaufende Einkünfte. Das Gesetz knüpft damit an Einkünfte an, welche einem in der Vergangenheit liegenden Arbeits-, Dienst- oder Beamtenverhältnis entspringen und eine nachträgliche Vergütung der geleisteten Dienste darstellen[34]. Erfasst werden insbesondere Ansprüche auf eine Beamtenversorgung oder Leistungen aus der betrieblichen Altersversorgung[35].

b) Substitution des Arbeitseinkommens durch Privatvorsorge nach § 850 Abs. 3 b) ZPO

Alterseinkünfte der in § 850 Abs. 2 ZPO bezeichneten Art aus Arbeits- und Dienstverhältnissen können unter den Voraussetzungen des § 850 Abs. 3 b) ZPO durch Privatvorsorgeverträge ersetzt werden. Nach § 850 Abs. 3 b) ZPO sind Renten, die auf Grund von Versicherungsverträgen gewährt werden, nur nach den §§ 850a – 850i ZPO pfändbar, wenn diese Verträge zur Versorgung des Versicherungsnehmers oder seiner unterhaltsberechtigten Angehörigen eingegangen sind.

Der Substitutionsgedanke, der § 850 Abs. 3 b) ZPO zu Grunde liegt, beschränkt den persönlichen Anwendungsbereich auf Personen, die zumindest hypothetisch Alterseinkünfte nach § 850 Abs. 2 ZPO aufgrund eines in der Vergangenheit liegenden Arbeits- oder Dienstverhältnisses gehabt hätten. Dies sind Ruhegelder und ähnliche nach dem einstweiligen oder dauernden Ausscheiden

---

32   BGH, Urteil v. 05.12.1985 – IX ZR 9/85 = BGHZ 96, 324, 327; Meller-Hannich, in: Kindl/ Meller-Hannich/Wolf, Hk-ZV, § 850, Rn. 38; Becker in: Musielak, ZPO, § 850, Rn. 2.

33   Meller-Hannich, a.a.O., Rn. 38; Lippross, S. 157; Ising, S. 29 ff.; Ludwig, S. 150.

34   Meller-Hannich, a.a.O., Rn. 50; Becker in: Musielak, ZPO, § 850, Rn. 9; K. Stöber in: Zöller, ZPO, § 850, Rn. 7.

35   Smid in: MüKo-ZPO, § 850, Rn. 34; Brehm in: Stein/Jonas, ZPO, § 850, Rn. 32 ff.; K. Stöber, Forderungspfändung, Rn. 884.

aus dem Dienst- oder Arbeitsverhältnis gewährte fortlaufende Einkünfte sowie Hinterbliebenenbezüge. Nach überwiegender Auffassung[36] soll § 850 Abs. 3 b) ZPO nur Versicherungsrenten von Personen schützen, die bei Abschluss des Vertrages Arbeitnehmer oder in einem arbeitnehmerähnlichen Verhältnis beschäftigt gewesen sind. Schutzzweck der Norm ist, dass Arbeitnehmer, die aufgrund der mangelnden betrieblichen Altersversorgung eine eigene Altersvorsorge aufbauen müssen, mit solchen Arbeitnehmern gleichgestellt werden, die bereits über eine ausreichende betriebliche Altersversorgung verfügen[37]. § 850 Abs. 3 b) ZPO knüpft damit an den Schutzzweck des § 850 Abs. 2 ZPO an[38]. Privatrechtliche Versicherungsrenten selbständig Tätiger oder Erwerbsloser, für die hauptsächlich der Pfändungsschutz nach § 851c ZPO geschaffen wurde, erfahren somit nach § 850 Abs. 3 b) ZPO keinen Pfändungsschutz. Auch die Gesetzesbegründung zu § 851c ZPO[39] folgt dieser Auffassung, ebenso die neuere Rechtsprechung des BGH[40].

Dieser Befund lässt sich mit Blick auf die Verbindungslinien zwischen betrieblicher Altersversorgung und Privatvorsorge bestätigen. Das Recht der betrieblichen Altersversorgung greift ebenfalls auf Anlageformen der individuellen Vorsorge zurück[41]. Dies gilt nach dem Betriebsrentengesetz vor allem bei einer externen Durchführung der betrieblichen Altersversorgung, sofern sich der Arbeitgeber hierfür eines Lebensversicherungsunternehmens bedient, § 1 Abs. 1 Nr. 4 BetrAVG. Dann ist es konsequent, Einkünfte aus individuellen Vorsorgeverträgen, die von abhängig Beschäftigten selbst abgeschlossen worden sind, über § 850 Abs. 3 b) ZPO einem entsprechenden Pfändungsschutz zu unterwerfen wie Direktversicherungen, die der Arbeitgeber des Schuldners zum Zwecke der betrieblichen Altersversorgung abgeschlossen hat.

---

36   BGH, Beschluss v. 15.11.2007 – IX ZB 34/06 = NZI 2008, S. 93; OLG Frankfurt a.M., Beschluss v. 22.02.1995 – 23 U 158/94 = VersR 1996, S. 614; Smid in: MüKo-ZPO, § 850, Rn. 42; Meller-Hannich in: Kindl/Meller-Hannich/Wolf, Hk-ZV, § 850, Rn. 58, 59; Becker in: Musielak, ZPO, § 850, Rn. 13; K. Stöber in Zöller, ZPO, § 850, Rn. 11; Seiler in: Thomas/Putzo, ZPO, § 850, Rn. 9; Lippross, S. 157; Ising, S. 29 ff.; Ludwig, S. 150; A.A. Brehm in Stein/Jonas, ZPO, § 850, Rn 48.

37   OLG Frankfurt a.M., Beschluss v. 22.02.1995 – 23 U 158/94 = VersR 1996, S. 614; LG Braunschweig, RPfleger 2002, S. 322, 323; Ahrens, VuR 2010, S. 445, 447.

38   Ahrens, a.a.O., S. 446.

39   BT-Drs. 16/886, S. 7.

40   BGH, Beschluss vom 15.11.2007 – IX ZB 34/06 = NZI 2008, S. 93.

41   Roth, Private Altersvorsorge, S. 3.

c) Substitution des Arbeitseinkommens durch Einkünfte aus der gesetzlichen Rentenversicherung, § 54 Abs. 4 SGB I

Arbeitseinkommen aufgrund von abhängiger Beschäftigung wird nach Eintritt in den Ruhestand vor allem durch Renten aus der gesetzlichen Rentenversicherung ersetzt. Solchen Leistungen kommt eine Lohnersatzfunktion zu, die es gebietet, diese von der Pfändung auszunehmen[42]. Altersrenten aus der gesetzlichen Rentenversicherung sind Sozialleistungen i.S.d. § 23 Abs. 1 Nr. 1 SGB I und fallen damit in den Anwendungsbereich des § 54 Abs. 4 SGB I[43]. Nach § 54 Abs. 4 SGB I können Sozialleistungen, die in Form von laufenden Geldleistungen gewährt werden, nur wie Arbeitseinkommen gepfändet werden. Innerer Grund hierfür ist, dass Personen, die in einem Arbeits- oder Dienstverhältnis stehen, auch der Sozialversicherungspflicht des § 1 SGB VI unterliegen. Über die Sozialversicherungspflicht besteht folglich eine Verknüpfung der Alterseinkünfte aus der gesetzlichen Rentenversicherung mit einem Arbeitsverhältnis. So wie Alterseinkünfte aus dem Arbeits- oder Dienstverhältnis nach § 850 Abs. 2 ZPO geschützt werden, schützt § 54 Abs. 4 SGB I die diese Einkünfte ersetzenden Renten aus der gesetzlichen Rentenversicherung[44].

Für Rentenansprüche von Angehörigen der kammerfähigen Berufe ordnen die Regelungen über die Versorgungswerke die Anwendung des § 54 Abs. 4 SGB I an[45]. Diese Personengruppen werden zu Erwerbszeiten typischerweise aufgrund eines Dienst- oder Geschäftsbesorgungsvertrags tätig und erbringen persönliche Dienste, so dass ihre Einkünfte jedenfalls dem Pfändungsschutz des § 850i ZPO unterliegen[46]. Dann ist es folgerichtig, den Anwendungsbereich des § 54 Abs. 4 SGB I auf Alterseinkünfte aus berufsständischen Versorgungswerken zu erstrecken.

---

42 Ahrens, VuR 2010, S. 445, 446.

43 Ahrens in: Prütting/Gehrlein, ZPO, § 851c, Rn. 1; K. Stöber, Forderungspfändung, Rn. 1322 ff.; Kessal-Wulf in: Schuschke/Walker, Vollstreckung, § 851c, Rn. 1 u. Anhang zu § 829, Rn. 21 f.

44 BT-Drs. 2/2437, S. 57; Ahrens, VuR 2010, S. 445, 446; Brehm in: Stein/Jonas, ZPO, § 850i ZPO/§§ 54, 55 SGB I, Rn. 38.

45 M. Stöber, NJW 2007, S. 1242; bspw. § 9 S. 2 des Gesetzes über das Niedersächsische Versorgungswerk der Rechtsanwälte.

46 K. Stöber, Forderungspfändung, Rn. 1233a; Becker in: Musielak, ZPO, § 850i, Rn. 3; Ludwig, S. 150; Ahrens in: ZInsO 2010, S. 2357, 2358.

14

d) Doppelte Substitution durch Privatvorsorge gem. § 850 Abs. 3 b) ZPO

Im Rahmen des § 850 Abs. 3 b) ZPO können auch Einkünfte aus der gesetzlichen Rentenversicherung durch Renten aus Versicherungsverträgen ersetzt werden. Dies führt zu einer doppelten Substitution des Arbeitseinkommens. Einkommen aus abhängiger Beschäftigung nach § 850 Abs. 2 ZPO wird durch Einkünfte aus der gesetzlichen Rentenversicherung ersetzt, die wiederum durch Privatvorsorge substituiert werden können. Dies geschieht in der Praxis regelmäßig im Zusammenhang mit steuerlich geförderten Altersvorsorgeverträgen i.S.d. §§ 10a, 79 ff. EStG. Normzweck der steuerlichen Förderung der privaten Altersvorsorge im Rahmen der §§ 10a, 79 EStG ist es, Empfängern von Leistungen aus der gesetzlichen Rentenversicherung, die von der Absenkung des Rentenniveaus betroffen sind und deshalb über keine ausreichenden Alterseinkünfte verfügen, einen Anreiz zu geben, diese Versorgungslücke aufzufüllen[47]. Es liegt deshalb nahe, den Gedanken, der § 850 Abs. 3 b) ZPO hinsichtlich der betrieblichen Altersversorgung zugrunde liegt, auch auf die Substitution von Einkünften aus der gesetzlichen Rentenversicherung durch Privatvorsorge zu übertragen.

e) Existenzsichernde Einkünfte nach § 850b ZPO

1) Anwendungsbereich des § 850b ZPO

Bezüge in der von § 850b Abs. 1 ZPO bezeichneten Art sind kein Arbeitseinkommen[48]. Sie sind nicht aufgrund persönlicher Arbeitsleistung des Schuldners erwirtschaftet, dienen aber wie Arbeitseinkommen dessen Existenzsicherung[49]. § 850b Abs. 1 ZPO koppelt den Pfändungsschutz damit von einem Arbeits- Dienst- oder Beamtenverhältnis als Quelle der Einkünfte ab. Die Norm fasst Einkünfte von nicht erwerbstätigen oder nicht erwerbsfähigen Personen unter einem übergreifenden Gesichtspunkt zusammen. In § 850b Abs. 1 Nr. 1 – 3 ZPO werden grundsätzlich nur Einkunftsarten geschützt, die dem Schuldner auf vertraglicher oder

---

47   BT-Drs. 14/4595, S. 37; Lindberg in: Blümich, EStG, § 10a, Rn. 7; Weber-Grellet in: L. Schmidt, EStG, § 10a, Rn. 1.

48   BGH, Beschluss v. 05.04.2005 – VII ZB 15/05 = NJW-RR 2005, S. 869; K. Stöber, Forderungspfändung, Rn. 1005; Ahrens in: Prütting/Gehrlein, ZPO, § 850b, Rn. 1; Meller-Hannich in: Kindl/Meller-Hannich/Wolf, Hk-ZV, § 850b, Rn. 3; Becker in: Musielak, ZPO, § 850b, Rn. 1.

49   BGH, a.a.O; K. Stöber a.a.O.; ders. in: Zöller, ZPO, § 850b, Rn. 1; Ahrens a.a.O.; Meller-Hannich a.a.O., Rn. 3.

gesetzlicher Grundlage zur Existenzsicherung gewährt werden, ohne dass dieser eine äquivalente Gegenleistung erbracht haben muss[50]. Die Ansprüche sind grundsätzlich unpfändbar, können aber ausnahmsweise unter den Voraussetzungen des § 850b Abs. 2 ZPO wie Arbeitseinkommen gepfändet werden. Aufgrund der existenzsichernden Funktion dieser Einkünfte gewährt das Gesetz dem Schuldner somit einen besonderen Schutz im Vergleich zum Arbeitseinkommen nach § 850 ZPO.

§ 850b Abs. 1 Nr. 1 und 2 ZPO nehmen Verletzungsrenten, beispielsweise nach §§ 843, 844 BGB, sowie gesetzliche Unterhaltsrenten, etwa nach §§ 1360, 1601 ff. BGB, von der Pfändung aus. Unpfändbar sind nach § 850b Abs. 1 Nr. 3 ZPO ferner fortlaufende Einkünfte, die ein Schuldner aus Stiftungen oder sonst auf Grund der Fürsorge und Freigebigkeit eines Dritten bezieht. Den genannten Einkunftsarten ist gemeinsam, dass es sich um fortlaufende Einkünfte handelt, für die keine Gegenleistung seitens des Schuldners erbracht worden ist. Der Gedanke, dass keine gleichwertige Gegenleistung des Schuldners vorliegen muss, trifft ferner auf die Ansprüche auf Lebensversicherungen, die nur auf den Todesfall des Versicherungsnehmers abgeschlossen sind, § 850b Abs. 1 Nr. 4 ZPO, zu. Diese sollen die Kosten aus Anlass des Todesfalls decken, die ansonsten den Angehörigen zur Last fallen würden[51]. Die Angehörigen als Schuldner selbst müssen hierfür keine Gegenleistung erbringen.

Bei Altenteilsverträgen i.S.d. § 850b Abs. 1 Nr. 3 ZPO hat der Schuldner zwar eine Gegenleistung erbracht, es besteht aber nicht zwingend eine Äquivalenz zwischen Leistung und Gegenleistung. Beim Altenteilsvertrag werden dem Veräußerer eines Gutes oder Grundstücks Versorgungsleistungen vom Erwerber des Gutes oder Grundstücks zugewendet, vgl. Art. 96 EGBGB[52]. Der Erwerber kann sich kraft der Nutzung des Gutes oder Grundstücks eine eigene Lebensgrundlage schaffen und gleichzeitig den dem anderen Teil geschuldeten Unterhalt erwirtschaften. Dabei dürfen gerade keine beiderseits gleichwertigen Leistungen im Vordergrund stehen[53].

---

50 Vgl. Meller-Hannich in: Kindl/Meller-Hannich/Wolf, Hk-ZV, § 850b, Rn. 5.
51 K. Stöber, Forderungspfändung, Rn. 1020.
52 BGH, Beschluss v. 03.02.1994 – V ZB 31/93 = BGHZ 125, 69, 72; K. Stöber, a.a.O. Rn. 1018.
53 BGH, Beschluss v. 04.07.2007 – VII ZB 86/06 = NJW-RR 2007, S. 1390, 1391; BayObLG, Beschluss v. 25.03.1975 – BReg. 2 Z 8/75 = BayOLGZ 1975, 132, 135 m.w.N.; K. Stöber, a.a.O., Rn. 1018; Meller-Hannich, a.a.O., Rn. 19; Becker in: Musielak, ZPO, § 850b, Rn. 6.

Eine Substitution der in § 850b Abs. 1 ZPO genannten Einkünfte durch Privatvorsorge lässt die überwiegende Auffassung im Rahmen von § 850b Abs. 1 Nr. 1 ZPO für Renten, die auf der Grundlage eines Berufsunfähigkeitsversicherungsvertrags gewährt werden, zu[54]. Zwar sind in § 850b Abs. 1 Nr. 1 ZPO nur Renten, die aufgrund einer Verletzung des Körpers oder der Gesundheit zu entrichten sind, erwähnt. Hierunter sind aber auch Fälle der durch Krankheit oder Kräfteverfall verursachten Berufsunfähigkeit zu subsumieren. Es genügt, wenn die Rente auf vertraglicher Grundlage gewährt wird. Dies ergibt sich aus dem Umkehrschluss zu § 850b Abs. 1 Nr. 2 ZPO, nach dessen Wortlaut erforderlich ist, dass die genannten Renten auf gesetzlicher Vorschrift beruhen. § 850b Abs. 1 Nr. 1 ZPO enthält diese Einschränkung gerade nicht. Da die Einkunftsarten des § 850b ZPO unabhängig davon geschützt sind, ob ein Zusammenhang mit einem Arbeits- oder Dienstverhältnis besteht, verzichtet die überwiegende Auffassung bei der Substitution der Einkünfte nach § 850b Abs. 1 Nr. 1 ZPO konsequenterweise auf das Erfordernis des Zusammenhangs mit einem Arbeits- oder Dienstverhältnis[55].

Die Erstreckung von § 850b Abs. 1 ZPO auf private Berufsunfähigkeitsrenten ist systemwidrig. Wie gezeigt, schützt § 850b Abs. 1 ZPO allesamt nur Einkunftsarten, die dem Schuldner zur Existenzsicherung ohne gleichwertige Gegenleistung erbracht werden. Mit dem Abschluss eines Versicherungsvertrags hat der Schuldner den Anspruch auf die Versicherungsleistung aber zu marktüblichen Bedingungen erworben. Die Rente wird mithin aufgrund eines Vertrags mit äquivalenter Gegenleistung gewährt. Ein zusätzliches Wertungskriterium, warum gerade Verletzungsrenten i.S.d. § 850b Abs. 1 Nr. 1 ZPO durch Privatvorsorge ersetzt werden können, ist nicht ersichtlich. Letztlich ist die pfändungsschutzrechtliche Erfassung von Berufsunfähigkeitsrenten allein auf den Gedanken der Existenzsicherung des Schuldners zurückzuführen.

---

54 BGH, Urteil v. 15.07.2010 – IX ZR 132/09 = NZI 2010, S. 777, 780; BGH, Urteil v. 18.11.2009 – IV ZR 39/08 = NJW 2010, S. 374; BGH, Urteil v. 25.01.1978 – VIII ZR 137/76 = BGHZ 70, 206; K. Stöber, Forderungspfändung, Rn. 1007; ders. in: Zöller, ZPO, § 850b, Rn. 2; Meller-Hannich in: Kindl/Meller-Hannich/Wolf, § 850b, Rn. 6; Becker in: Musielak, § 850b, Rn. 2; Smid in MüKo-ZPO, § 850b, Rn. 3; Brehm in: Stein/Jonas, ZPO, § 850b, Rn. 7; Hülsmann, MDR 1994, S. 537; Dietzel, VIA 2009, S. 6; Wollmann, ZInsO 2009, S. 2319, 2324; Gutzeit, NJW 2010, S. 1644, 1646.

55 BGH, Urteil v. 15.07.2010, a.a.O.; K. Stöber, a.a.O., Rn. 1005; Ahrens in: Prütting/Gehrlein, ZPO, § 850b, Rn. 3; derselbe, VuR 2012, S. 445, 447; Meller-Hannich, a.a.O., Rn. 3; OLG Saarbrücken, Urteil v. 09.11.1994 – 5 U 69/94 = VersR 1995, S. 1227; Baur/Stürner/Bruns, ZwangsvollstreckungsR, § 24, Rn. 13, 18.

2) Verhältnis zu § 850 Abs. 3 b) ZPO

Offen ist im Zusammenhang mit dem Pfändungsschutz für Berufsunfähigkeitsrenten das Verhältnis von § 850b ZPO zu § 850 Abs. 3 b) ZPO. Dem Wortlaut zufolge wären Berufsunfähigkeitsrenten von Arbeitnehmern nicht nur von § 850b Abs. 1 Nr. 1 ZPO, sondern auch von § 850 Abs. 3 b) ZPO erfasst[56]. Teilweise wird deshalb angenommen, für Berufsunfähigkeitsrenten von Arbeitnehmern gelte grundsätzlich der Pfändungsschutz des § 850 Abs. 3 b) ZPO in den Grenzen des § 850c ZPO, wobei der ebenfalls anwendbare § 850b Abs. 1 Nr. 1 ZPO lediglich eine Billigkeitsentscheidung für Schuldner und Gläubiger ermögliche[57]. Für dieses Verständnis spricht auch der Zweck des § 850 Abs. 3 b) ZPO, Versicherungsrenten, denen eine Lohnersatzfunktion zukommt, wie Arbeitseinkommen vor Pfändung zu schützen[58].

Da § 850b ZPO einen weitergehenden Schutzumfang enthält, muss diese Norm auch für Arbeitnehmer als speziellere Norm vorgehen[59]. Die systemkonforme Anwendung des eigentlich systemwidrig auf Berufsunfähigkeitsrenten angewandten § 850b Abs. 1 ZPO führt sonst zu einer nicht zu rechtfertigenden Ungleichbehandlung von Arbeitnehmern und Selbständigen.

f) Zwischenergebnis

§ 850 ZPO als Zentralnorm des Pfändungsschutzes knüpft in Absatz 2 den Pfändungsschutz für Versorgungsleistungen an Bezüge an, die aufgrund eines in der Vergangenheit liegenden Arbeits- oder Dienstverhältnis i.S.d. § 850 Abs. 1 ZPO gezahlt werden. Ausgerichtet ist § 850 Abs. 2 ZPO mithin auf die zweite Säule der Alterssicherung, die betriebliche Altersvorsorge. Erfasst werden Einkünfte, die sich der Schuldner durch in der Vergangenheit liegende Arbeitsleistungen erwirtschaftet hat. § 850 Abs. 3 b) ZPO ermöglicht es, die aus einem solchen Arbeits- oder Dienstverhältnis resultierenden Alterseinkünfte durch Privatvorsorge zu ergänzen oder insgesamt zu ersetzen, mithin in die dritte Säule der Altersvorsorge auszuweichen. § 54 Abs. 4 SGB I erweitert den Anwendungsbereich des Pfändungsschutzes in sachlicher Hinsicht auf Leistungen aus der gesetzlichen Rentenversicherung, der ersten Säule der Altersvorsorge, durch die ebenfalls Bezüge aus

---

56 Meller-Hannich in: Kindl/Meller-Hannich/Wolf, Hk-ZV, § 850, Rn. 57; Th. Lange, ZVI 2012, S. 403, 408.
57 Ahrens in: Prütting/Gehrlein, ZPO, § 850b, Rn. 4 u. § 850, Rn. 30; ders. in: VuR 2010, S. 445, 448; ders. in: NJW-Spezial 2010, S. 597, 598; Meller-Hannich, a.a.O.
58 Ahrens, VuR 2010, S. 445, 447.
59 Gutzeit, NJW 2010, S. 1644, 1646.

abhängiger Beschäftigung ersetzt werden. Über § 850 Abs. 3 b) ZPO können auch diese Einkünfte durch Privatvorsorge ergänzt oder ersetzt werden. § 850 Abs. 3 b) ZPO kann somit die Wertung entnommen werden, dass der Gesetzgeber jedenfalls für abhängig Beschäftigte von einer vergleichbaren vollstreckungsrechtlichen Schutzwürdigkeit von gesetzlicher Rentenversicherung und betrieblicher Altersversorgung einerseits sowie der privaten Altersvorsorge andererseits, mithin aller drei Säulen der Altersvorsorge, ausgeht.

Über § 850b Abs. 1 ZPO werden ausnahmsweise Einkünfte geschützt, die dem Schuldner zu dessen Existenzsicherung zugewendet werden und die grundsätzlich nicht auf einer äquivalenten Gegenleistung des Schuldners beruhen. Solche Einkunftsarten sind anders als Arbeitseinkommen nur bedingt unter den Voraussetzungen des § 850b Abs. 2 ZPO pfändbar, was belegt, dass der Gesetzgeber von einer besonderen Schutzwürdigkeit dieser Versorgungsleistungen ausgeht. Im Rahmen von § 850b Abs. 1 ZPO ist grundsätzlich keine Substitution der dort bezeichneten Ansprüche durch private Vorsorgeverträge möglich. Eine Ausnahme gilt lediglich für die private Berufsunfähigkeitsversicherung, die von § 850b Abs. 1 Nr. 1 ZPO erfasst wird.

Anhand der aufgezeigten Systematik der §§ 850 ff. ZPO lässt sich feststellen, dass ein Pfändungsschutz für Einkünfte aus Privatvorsorgeverträgen ohne Berücksichtigung der §§ 851c und 851d ZPO grundsätzlich nur besteht, wenn durch den Vorsorgevertrag Alterseinkünfte von Personen, die Arbeitseinkommen i.S.d. § 850 Abs. 1 ZPO bezogen haben, ersetzt werden sollen.

2. Kein gesonderter Pfändungsschutz für das Vorsorgevermögen

Die §§ 850 ff. ZPO schützen die einzelnen Ansprüche des Schuldners auf Versorgungsleistungen wie Arbeitseinkommen vor Pfändung. Regelmäßig werden bei der Altersvorsorge diese Versorgungsleistungen aus einem Vorsorgevermögen generiert, welches der Schuldner zunächst aufbauen muss. Dieser Vermögensaufbau findet in der Regel während der Erwerbstätigkeit des Schuldners über einen längeren Zeitraum statt, der als Ansparphase bezeichnet wird. Bei privater und betrieblicher Altersvorsorge bleibt dieses Vorsorgevermögen dem Vermögen des Schuldners rechtlich zugeordnet. Der Vertragspartner des Schuldners hält dieses Vorsorgevermögen aufgrund der vertraglichen Vereinbarung für den Schuldner vor, um diesem daraus später die Versorgungsleistungen zu gewähren[60].

---

60   Roth, Private Altersvorsorge, S. 65.

Ein gesonderter Pfändungsschutz für das Vorsorgevermögen im Sinne einer gesetzlich intendierten Zugriffsbeschränkung für den Gläubiger aus sozialpolitischen Gründen existierte vor Einführung der §§ 851c und 851d ZPO nicht. Ein Gläubigerzugriff auf dieses Vorsorgevermögen ist dennoch weitgehend ausgeschlossen, was auf die rechtliche Ausgestaltung der Institute zurückzuführen ist, denen die Versorgungsleistungen entspringen.

a) Betriebliche Altersversorgung

Alterseinkünfte aus betrieblicher Altersversorgung unterliegen dem Pfändungsschutz der Zentralnorm des § 850 Abs. 2 ZPO[61]. Das Vorsorgevermögen, die sog. Anwartschaft, entsteht aufgrund der Versorgungszusage des Arbeitgebers und stellt einen Teil des Arbeitsentgelts dar.

Diese Anwartschaft unterliegt ebenfalls nicht dem Gläubigerzugriff. § 4 Abs. 1 BetrAVG bestimmt, dass der Schuldner eine unverfallbare Anwartschaft auf eine betriebliche Altersversorgung nur unter den engen Voraussetzungen des § 4 Abs. 2 – 6 BetrAVG übertragen kann und statuiert damit ein grundsätzliches Übertragungsverbot[62]. Eine Pfändung der Anwartschaft als Vermögensrecht ist somit wegen §§ 857 Abs. 1, 851 Abs. 1 ZPO nicht möglich, weil diese nur unter den Voraussetzungen des § 4 Abs. 2 – 6 BetrAVG und damit regelmäßig nicht an den Pfändungsgläubiger übertragen werden kann. Auch der BGH geht von einer Unpfändbarkeit des Stammrechtes einer Ruhegeldzusage aus, weil sich das Stammrecht, das Quellrecht für teils pfändbare, teils unpfändbare Ansprüche ist, nicht in einen pfändbaren und einen unpfändbaren Teil aufspalten lasse[63].

Wird die betriebliche Altersversorgung versicherungsförmig im Wege der Direktversicherung durchgeführt, ergibt sich eine Unpfändbarkeit der Versorgungsanwartschaft zudem aus § 2 Abs. 2 S. 4 BetrAVG und §§ 857 Abs. 1, 851 Abs. 1 ZPO[64]. Nach § 2 Abs. 2 S. 4 BetrAVG darf der ausgeschiedene Arbeitnehmer die Ansprüche aus dem Versicherungsvertrag in Höhe des durch Beitragszahlungen des Arbeitgebers gebildeten geschäftsplanmäßigen Deckungskapitals weder abtreten noch beleihen[65]. Diese Verfügungsbeschränkung bezweckt, die bestehende Anwartschaft im

---

61 K. Stöber, Forderungspfändung, Rn. 920.
62 Rolfs in: Blomeyer/Rolfs/Otto, BetrAVG, § 4, Rn. 10.
63 BGH, Urteil vom 24.11.1988 – IX ZR 210/87 = NJW-RR 1989, S. 286, 290.
64 Ahrens in: Prütting/Gehrlein, ZPO, § 851, Rn. 6; K. Stöber, ZPO, § 850, Rn. 8a.
65 Wollmann, ZInsO 2013, S. 902, 907; BGH, Beschluss v. 11.11.2010 – VII ZB 87/09 = NJW-RR 2011, S. 283.

Interesse des Versorgungszwecks aufrechtzuerhalten; insbesondere soll verhindert werden, dass der Arbeitnehmer die Anwartschaft liquidiert und für andere Zwecke verwendet[66]. Dieses Abtretungsverbot beschränkt sich allerdings auf die vom Arbeitgeber geleisteten Beitragszahlungen. Insoweit schließt § 2 Abs. 2 S. 4 BetrAVG i.Vm. §§ 857 Abs. 1, 851 Abs. 1 ZPO eine Pfändung aus.

b) Private Altersvorsorge

§ 850 Abs. 3 b) ZPO schützt die Rentenansprüche aus einem Rentenversicherungsvertrag abhängig Beschäftigter vor Pfändung. Bei Leibrentenversicherungsverträgen überträgt der Vorsorgende sein Vermögen in Raten auf den Versicherer, der verpflichtet ist, ihm eine lebenslange Altersrente zu erbringen[67].

Der Gläubiger kann in der Ansparphase, in der § 850 Abs. 3 b) ZPO nicht anwendbar ist, auf das Vorsorgevermögen zugreifen, indem er den Anspruch auf Auszahlung des Rückkaufswertes gem. § 169 Abs. 1 VVG beim Schuldner pfändet. Um diesen Anspruch fällig stellen zu können, kann er das ordentliche Kündigungsrecht des Schuldners gem. § 168 Abs. 1 VVG zusammen mit dem Anspruch pfänden[68]. Ein Pfändungsschutz besteht für diesen Anspruch nicht[69].

In der Auszahlungsphase, in der § 850 Abs. 3 b) ZPO eingreift, kann der Vertrag aus versicherungsvertragsrechtlichen Gründen nicht mehr gekündigt werden, § 168 Abs. 1 VVG, weil keine Beitragsleistungen mehr geschuldet werden[70]. Ohne Kündigungsrecht kann der Gläubiger nicht auf das Vorsorgevermögen zugreifen, weil er den Anspruch auf den Rückkaufswert zwar pfänden, ihn aber nicht fällig stellen könnte. Er ist somit auf die Pfändung der einzelnen Rentenleistungen verwiesen.

c) Gesetzliche Rentenversicherung

In der gesetzlichen Rentenversicherung wird kein Vorsorgevermögen für den einzelnen Versicherungspflichtigen aufgebaut. Dessen Beiträge werden sogleich zur

---

66 BGH, Urteil v. 11.11.2010 – VII ZB 87/09 = NJW-RR 2011, S. 283.
67 Roth, Private Altersvorsorge, S. 65; Winter in: Bruck/Möller, VVG, Einf. v. §§ 150–171, Rn. 48.
68 BGH, Urteil v. 17.02.1966 – II ZR 286/63 = BGHZ 45, 162, 168; Schuschke in: Schuschke/Walker, Vollstreckung, Anh. zu § 829 ZPO, Rn. 14, 15; Becker in: Musielak, ZPO, § 829, Rn. 33; K. Stöber, Forderungspfändung, Rn. 194, 208; ders. in: Zöller, ZPO § 829, Rn. 33, Stichwort: „Lebensversicherung"; Winter, a.a.O., § 159, Rn. 436 ff.; Hasse, VersR 2007, S. 277, 278.
69 Menzel, S. 117.
70 Winter, a.a.O., § 168, Rn. 6; Mönnich in: MüKo-VVG, § 168, Rn. 4.

Finanzierung der Auszahlungen an die derzeit Rentenberechtigten verwendet, nämlich im sog. Umlageverfahren[71]. Der Versicherungspflichtige erhält lediglich eine Anwartschaft auf die Beteiligung am zukünftigen Sozialprodukt der Gesellschaft[72]. Das Umlageverfahren, das in § 153 Abs. 1 SGB VI gesetzlich verankert ist, soll die Kapitalaufbringung zugunsten der Versichertengemeinschaft absichern. Ein Anspruch des Schuldners auf Auszahlung der Rentenanwartschaft als Stammrecht, auf den die Gläubiger zugreifen könnten, besteht nicht, die Rentenanwartschaft ist daher unpfändbar[73]. Entsprechendes gilt für die Anwartschaften auf eine Beamtenversorgung sowie auf eine Versorgung aus einem berufsständischen Versorgungswerk[74].

d) Einkünfte nach § 850b Abs. 1 ZPO

Einkünfte der in § 850b Abs. 1 ZPO bezeichneten Art dienen allesamt nicht der Altersvorsorge des Schuldners in dem Sinne, dass der Schuldner planmäßig ein Vorsorgevermögen aufbaut, aus dem dann die späteren Versorgungsleistungen generiert werden. Vielmehr werden diese Einkünfte dem Schuldner von dritter Seite zu dessen Existenzsicherung zugewendet, und zwar ohne dass dieser zuvor eine gleichwertige Gegenleistung erbracht haben muss. Somit ist das Quellvermögen, aus dem die Versorgungsleistungen erbracht werden, grundsätzlich nicht dem Vermögen des Schuldners zuzuordnen. Gläubiger können auf dieses somit grundsätzlich nicht zugreifen.

Für die Berufsunfähigkeitsversicherung, die einen Ausnahmefall im Rahmen des § 850b Abs. 1 ZPO darstellt, weil dem Schuldner die Leistungen aufgrund einer zuvor erbrachten äquivalenten Gegenleistung gewährt werden, gilt entsprechendes. Nach § 169 Abs. 1 VVG besteht ein Anspruch auf Auszahlung des Vorsorgevermögens nur dann, wenn eine Versicherung, die Versicherungsschutz für ein Risiko bietet, bei dem der Eintritt der Verpflichtung des Versicherers gewiss ist, durch Kündigung oder Anfechtung beendet wird. Bei einer Berufsunfähigkeitsversicherung besteht eine solche Gewissheit grundsätzlich nicht[75], so dass

---

71 Schmidt in: Kreikebohm, SGB VI, § 153, Rn. 2 u. 4; Brehm in: Stein/Jonas, ZPO, § 850i/§§ 54, 55 SGB I, Rn. 71; ähnlich LG Berlin, Urteil v. 04.01.1989 – 81 T 1004/88 = NJW 1989, S. 1738, 1739.

72 Dünn/Fasshauer in: Ernst&Young, Ratgeber Altersvorsorge, B 41.

73 BGH, Urteil v. 10.01.2008 – IX ZR 94/06 = NZI 2008, S. 244, 245; BGH, Beschluss v. 21.11.2002 – IX ZB 85/02 = NJW 2003, S. 1457, 1458.

74 Meller-Hannich in: Kindl/Meller-Hannich/Wolf, Hk-ZV, § 851c, Rn. 9.

75 Winter in: Bruck/Möller, VVG, § 169, Rn. 50; Voit/Neuhaus, Berufsunfähigkeitsversicherung, Kap. B III, Rn. 31.

auch kein Anspruch auf Auszahlung des Vorsorgevermögens besteht. Lediglich bei Vereinbarung einer Beitragsrückgewähr wäre ein solcher Anspruch gegeben, der in diesem Falle grundsätzlich pfändbar wäre, da kein gesonderter Pfändungsschutz besteht.

e) Zwischenergebnis

Der Gläubigerzugriff auf das Vorsorgevermögen ist bei der gesetzlichen Rentenversicherung, der betrieblichen Altersversorgung sowie bei Einkünften nach § 850b Abs. 1 ZPO vollständig ausgeschlossen. Bei der privaten Altersvorsorge, die in den Anwendungsbereich des § 850 Abs. 3 b) ZPO fällt, ist hingegen eine Pfändung des Anspruchs auf Auszahlung des Vorsorgevermögens während der Ansparphase grundsätzlich möglich. Lediglich in der Auszahlungsphase ist kein Gläubigerzugriff auf das Vorsorgevermögen mehr möglich. Insoweit besteht eine Schutzlücke.

Die rechtlichen Regelungen, die einen Gläubigerzugriff auf das Vorsorgevermögen der genannten Institute ausschließen, verfolgen unterschiedliche Zweckrichtungen, ihnen liegen keine einheitlichen Leitgedanken zugrunde. Sie sind jeweils nicht auf den beim Pfändungsschutz notwendigen Ausgleich zwischen Gläubiger- und Schuldnerinteressen abgestimmt. Insbesondere ist der Ausschluss der Pfändungsmöglichkeit für die Gläubiger nicht durch einen Höchstbetrag beschränkt, wie ihn § 850c ZPO für das laufende Arbeitseinkommen vorsieht. Folglich ist das Vorsorgevermögen in unbegrenzter Höhe dem Gläubigerzugriff entzogen.

3. Verfügungsbeschränkungen zulasten des Schuldners

Der Pfändungsschutz ist für den Schuldner mit Verfügungsbeschränkungen verbunden, die ihm einerseits ermöglichen und ihn andererseits dazu anhalten sollen, den pfändungsgeschützten Gegenstand für seinen Lebensunterhalt zu verwenden. Deutlich formuliert ist dieser Gedanke für die Versorgungsleistungen in § 400 BGB. Danach kann der Schuldner die zukünftigen Ansprüche auf Versorgungsleistungen gem. § 400 BGB nicht abtreten, soweit sie pfändungsgeschützt sind.

Darüber hinaus ist allen nach §§ 850 ff. ZPO pfändungsgeschützten Einkunftsarten gemein, dass das jeweilige Vorsorgevermögen, aus dem die Versorgungsleistungen erbracht werden, insgesamt der Verfügungsgewalt des Schuldners entzogen ist. Gerade aus diesem Umstand folgt gleichsam als Kehrseite auch die Beschränkung des Gläubigerzugriffs auf das Vorsorgevermögen.

a) Betriebliche Altersversorgung

Das Vorsorgevermögen aus der betrieblichen Altersversorgung unterliegt grundsätzlich nicht der Verfügungsgewalt des Schuldners. § 4 Abs. 1 BetrAVG statuiert ein grundsätzliches Übertragungsverbot für diese sog. Anwartschaft[76]. Außerdem darf eine unverfallbare Versorgungsanwartschaft wegen § 3 Abs. 1 BetrAVG nur im Falle der Beendigung des Arbeitsverhältnisses und nur unter den Voraussetzungen des § 3 Abs. 2 – 4 BetrAVG abgefunden werden[77]. Der Schuldner kann somit grundsätzlich nicht auf das Vorsorgevermögen einer betrieblichen Altersversorgung zugreifen, weil er nur unter den restriktiven Voraussetzungen des § 3 Abs. 2 – 4 BetrAVG einen Anspruch auf dessen Auszahlung hat.

b) Private Altersvorsorge

Bei Rentenversicherungsverträgen, die in den Anwendungsbereich des § 850 Abs. 3 b) ZPO fallen, kann der Schuldner während der Auszahlungsphase, in der Pfändungsschutz für die Rentenleistungen nach § 850 Abs. 3 b) ZPO besteht, nicht mehr auf das Vorsorgevermögen zugreifen. Der Vertrag kann aus versicherungsvertragsrechtlichen Gründen nicht mehr gekündigt werden, § 168 Abs. 1 VVG. Ohne Kündigungsrecht kann der Schuldner auch den Anspruch auf den Rückkaufswert gem. § 169 Abs. 1 VVG nicht fällig stellen.

Eine Zugriffmöglichkeit des Schuldners auf das Vorsorgevermögen besteht nur während der Ansparphase, in der wiederum der Pfändungsschutz nach § 850 Abs. 3 b) ZPO nicht eingreift[78].

c) Gesetzliche Rentenversicherung

Eine Rentenanwartschaft, über die der Schuldner verfügen könnte, besteht aufgrund des in der gesetzlichen Rentenversicherung herrschenden Umlageverfahrens nicht[79].

d) Einkünfte nach § 850b Abs. 1 ZPO

Auch bei Einkünften der in § 850b Abs. 1 ZPO bezeichneten Art kann der Schuldner über das Quellvermögen, dem die Einkünfte entspringen, nicht verfügen. Bei

---

76   Rolfs in: Blomeyer/Rolfs/Otto, BetrAVG, § 4, Rn. 10.
77   Rolfs, a.a.O., § 3, Rn. 6.
78   Ausführlich Kapitel **C. II.** 2 b).
79   Ausführlich Kapitel **C. II.** 2 c).

Verletzungs- und Unterhaltsrenten der § 850b Abs. 1 Nr. 1 und 2 ZPO ist dieses bereits nicht dem Vermögen des Schuldner zugeordnet. Der Schuldner kann vom Verpflichteten grundsätzlich nur die Zahlung einer Geldrente verlangen, §§ 843 Abs. 1 und § 1612 Abs. 1 S. 1 BGB. Nur ausnahmsweise hat er auch Anspruch auf eine Abfindung in Kapital, beispielsweise nach § 843 Abs. 3 BGB.

Bei Einkünften aus Stiftungen gem. § 850b Abs. 1 Nr. 3, 1. Var. ZPO ist das Quellvermögen aufgrund der rechtlichen Ausgestaltung der Stiftung der Verfügungsgewalt des Schuldners entzogen. Die Stiftung nach § 80 BGB ist eine mit Rechtsfähigkeit ausgestattete Einrichtung, die einen vom Stifter bestimmten Zweck mit Hilfe eines dazu gewidmeten Vermögens dauerhaft fördern soll[80]. Die Destinatäre, denen die Vorteile der Stiftung zugute kommen sollen, können wegen dieser Zweckgebundenheit des Stiftungsvermögens nicht auf das Quellvermögen der Stiftung zugreifen. Ihnen sind lediglich Leistungen aus diesem Vermögen zugewandt. Entsprechendes wie für die Stiftung gilt für Bezüge aus Witwen-, Waisen-, Hilfs-, und Krankenkassen nach § 850b Abs. 1 Nr. 4 ZPO, die ausschließlich oder zu einem wesentlichen Teil zu Unterstützungszwecken gewährt werden.

§ 850b Abs. 1 Nr. 3, 2. Var. ZPO soll das Einkommen, welches ein Dritter dem Schuldner freigiebig und fürsorglich zugewendet hat, der Pfändung entziehen[81]. Unter den Schutz der Nr. 3 fällt das Vermächtnis eines Kapitalbetrags, bei dem durch die ausgeschlossene Verwertungs- und Verfügungsbefugnis des Quellvermögens tatsächlich nur ein Zinsbetrag zugewendet wird[82]. Auch in diesem Fall unterliegt das Quellvermögen nicht dem Zugriff des Schuldners.

§ 850b Abs. 1 Nr. 3, 3. Var. ZPO schützt fortlaufende Einkünfte, die aufgrund eines Altenteilsvertrags[83] gewährt werden. Der Versorgungszweck eines solchen Vertrags lässt das sonst übliche Gleichgewichtsverhältnis zwischen Leistung und Gegenleistung in den Hintergrund treten[84]. Im Falle des Altenteilsvertrags werden die Versorgungsleistungen ebenso wie eine Unterhaltsrente aus dem Vermögen des Übernehmenden erbracht. Der Schuldner hat aufgrund der Vertragsgestaltung,

---

80 Schlüter/Stolte, Stiftungsrecht, Kap. 1 A, Rn. 3; Ellenberger, in: Palandt, BGB, Vorbem. v. § 80, Rn. 5.

81 K. Stöber, Forderungspfändung, Rn. 1017; Conrad, Die Pfändungsbeschränkungen zum Schutz des schwachen Schuldners, S. 420.

82 Ahrens in: Prütting/Gehrlein, ZPO, § 850b, Rn. 15.

83 Zum Begriff des Altenteilvertrages s. Kapitel C. II. 1 e).

84 BGH, Beschluss v. 04.07.2007 – VII ZB 86/06 = NJW-RR 2007, S. 1390, 1391; BayObLG, Beschluss v. 25.03.1975 – BReg. 2 Z 8/75 = BayOLGZ 1975, 132, 135 m.w.N.; Meller-Hannich in: Kindl/Meller-Hannich/Wolf, Hk-ZV, § 850b, Rn. 19; Becker in: Musielak, ZPO, § 850b, Rn. 6.

die im Einzelnen beispielsweise in den §§ 5 ff. niedersächs. AGBGB geregelt ist, keinen Zugriff auf das Quellvermögen, aus dem die Einkünfte generiert werden.

e) Zwischenergebnis

Mit dem Pfändungsschutz der §§ 850 ff. ZPO sind Verfügungsbeschränkungen zulasten des Schuldners verbunden. Der Schuldner kann die zukünftigen Ansprüche auf die Versorgungsleistungen gem. § 400 BGB nicht abtreten, soweit Pfändungsschutz besteht. Die Zugriffsbeschränkungen der Gläubiger spiegeln sich somit in ihrem Umfang in der Beschränkung der Verfügungsgewalt des Schuldners wider.

Über das jeweilige Quellvermögen, dem diese Einkünfte entspringen, ist die Verfügungsgewalt des Schuldners hingegen bei sämtlichen Einkunftsarten der §§ 850 ff. ZPO grundsätzlich vollständig ausgeschlossen. Diese Verfügungsbeschränkungen beruhen jeweils auf der spezifischen Ausgestaltung des Rechtsinstituts, dem die Alterseinkünfte entspringen. Sie sind nicht auf den Konflikt zwischen Gläubiger- und Schuldnerinteressen abgestimmt, sondern dienen vielmehr unterschiedlichen Zwecken. Einheitliche pfändungsschutzrechtliche Leitgedanken liegen diesen Verfügungsbeschränkungen nicht zugrunde.

D. § 851c ZPO

I. Grundstrukturen

Mit § 851c ZPO soll die Grundversorgung für das Alter von Personen, die nicht in der gesetzlichen Rentenversicherung pflichtversichert sind, im angemessenen Umfang vor Pfändung geschützt und damit deren Existenzgrundlage im Alter gesichert werden[85]. Ferner sollen Sozialkassen von Versorgungsleistungen des Schuldners im Alter entlastet werden[86]. Orientierungspunkt des Gesetzgebers war die Ausgestaltung des Pfändungsschutzes für Einkünfte aus der gesetzlichen Rentenversicherung nach § 54 Abs. 4 SGB, mit denen Alterseinkünfte aus der Privatvorsorge Selbständiger oder nicht Erwerbstätiger gleichbehandelt werden sollen[87].

§ 851c ZPO wirkt in zwei Richtungen[88]. Zum einen werden in Absatz 1 die späteren Versorgungsleistungen wie Arbeitseinkommen der Pfändung entzogen. Die Norm formuliert zudem die Voraussetzungen, die ein Vertrag erfüllen muss, damit die auf seiner Grundlage gewährten Versorgungsleistungen Pfändungsschutz genießen. Wesentliche Voraussetzung ist dabei, dass eine lebenslange Versorgung des Schuldners in Rentenform erfolgen muss, § 851c Abs. 1 Nr. 1 ZPO, und über die Ansprüche aus dem Vertrag nicht verfügt werden darf, § 851c Abs. 1 Nr. 2 ZPO.

Zum anderen soll mit Absatz 2 das Vorsorgevermögen des Altersvorsorgevertrags dem Zugriff der Gläubiger entzogen werden. Die Notwendigkeit einer solchen Regelung ergibt sich aus den oben beschriebenen[89] Strukturmerkmalen der privaten Altersvorsorge. Das aufgrund eines Privatvorsorgevertrags angesparte Vorsorgevermögen unterliegt während der Ansparphase grundsätzlich dem Gläubigerzugriff. § 851c Abs. 2 ZPO legt gleichzeitig die Grenzen fest, bis zu denen das Vorsorgevermögen geschützt ist. Die Norm geht davon aus, dass der Schuldner das Vorsorgevermögen sukzessive im Zeitraum zwischen dem 18.

---

85   BT-Drs. 16/886, S. 7.
86   BT-Drs. 16/886, a.a.O.
87   BT-Drs. 16/886, a.a.O.
88   Wimmer, ZInsO 2007, S. 281 f.
89   Kapitel **C. II.** 2. b).

und dem 67.[90] Lebensjahr aufbaut. § 851c Abs. 2 S. 2 ZPO regelt dazu die Höhe des Betrages, den der Schuldner jährlich maximal ansammeln kann. § 851c Abs. 2 S. 3 und S. 4 ZPO sehen eine Erhöhung des unpfändbaren Betrags des Vorsorgevermögens vergleichbar mit den Regelungen für Arbeitseinkommen nach § 850c Abs. 2 S. 1 und S. 2 ZPO vor. Hierdurch soll dem Schuldner ein Anreiz zum Aufbau einer privaten Altersvorsorge gegeben werden[91].

II. Persönlicher Anwendungsbereich

§ 851c Abs. 1 ZPO gilt unabhängig von der Art der gegenwärtigen oder in der Vergangenheit liegenden Erwerbstätigkeit des Schuldners[92]. Die Norm soll allen Personengruppen ermöglichen, eine pfändungsgeschützte Altersvorsorge aufzubauen. Beispielhaft sind somit Selbständige, Freiberufler, Landwirte und andere Unternehmer, Nichtselbständige und nicht erwerbswirtschaftlich Tätige wie Hausfrauen oder -männer, Studierende, Arbeitslose, Rentner sowie Häftlinge zu nennen[93].

Zum Teil wird in der untergerichtlichen Rechtsprechung angenommen, § 851c ZPO sei ausschließlich zugunsten von Personen anwendbar, die nicht bereits über Einkünfte aus der gesetzlichen Rentenversicherung oder einer sonstigen Versorgung verfügten, wie beispielsweise Berufssoldaten[94]. Daher gelte der Pfändungsschutz ausschließlich für Selbständige und Erwerbslose. Das Gesetz bezwecke die Gleichstellung dieser Personengruppen mit Empfängern von Leistungen aus der gesetzlichen Rentenversicherung. Grund des Pfändungsschutzes sei die Sicherung von deren Existenzminimum. Nicht geschützt werden solle eine zusätzliche private Altersvorsorge von Personen, deren Existenzminimum gesichert sei, weil sie bereits über eine anderweitige Grundabsicherung für das Alter verfügten[95].

---

90 Die Altersgrenze wurde mit Wirkung zum 01.01.2013 vom 65. auf das 67. Lebensjahr angehoben, Gesetz zur Einführung einer Rechtsbehelfsbelehrung im Zivilprozess und zur Änderung anderer Vorschriften v. 05.12.2012, BGBl. I, S. 2418; zur Begründung BT-Drs. 17/11385, S. 19.

91 BT-Drs. 16/886, S. 10.

92 BGH, Beschluss v. 12.05.2011 – IX ZB 181/10 = NJW-RR 2011, S. 1617; Meller-Hannich in: Kindl/Meller-Hannich/Wolf, Hk-ZV, § 851c ZPO, Rn. 11; Becker in: Musielak, ZPO, § 851c, Rn. 1a; Wollmann, S. 34 ff.; Busch, VuR 2011, S. 371, 376; M. Stöber, NJW 2007, S. 1242, 1244; Hasse, VersR 2006, S. 145, 147.

93 Ahrens, in Prütting/Gehrlein, ZPO, § 851c, Rn. 4.

94 LG Bonn, Beschluss v. 03.04.2009, 6 T 101/08 = ZVI 2009, S. 214.

95 LG Bonn, a.a.O.

§ 851c Abs. 1 ZPO sieht seinem Wortlaut nach keine Beschränkungen im persönlichen Anwendungsbereich vor. Nach der Gesetzesbegründung soll § 851c ZPO Anreize für die gesamte dritte Säule der Altersvorsorge schaffen, worunter nicht nur die private Altersvorsorge in ihrer Funktion als Grundversorgung, sondern auch in der Funktion als ergänzende Absicherung zu fassen ist[96]. Auch abhängig Beschäftigte können ein Interesse daran haben, über die nach §§ 10a, 79 EStG steuerlich geförderte Altersvorsorge hinaus eine weitere private Altersvorsorge zu betreiben. Der Gesetzgeber setzt dies mit § 12 Abs. 2 Nr. 3 SGB II voraus[97].

Beschränkte man den Anwendungsbereich in der beschriebenen Weise, entstünden Schwierigkeiten, wenn der Schuldner zunächst aufgrund selbständiger Tätigkeit eine nach § 851c ZPO geschützte Altersvorsorge aufbaut, dann aber in die abhängige Beschäftigung wechselt oder umgekehrt[98]. In diesen Fällen der sog. wechselnden Erwerbsbiographie wäre nur derjenige Teil des Vorsorgevermögens vom Pfändungsschutz des § 851c ZPO erfasst, der während der Dauer der selbständigen Tätigkeit eingezahlt worden ist. Folgten während der Dauer der sich anschließenden abhängigen Beschäftigung weitere Einzahlungen in den Vertrag, so wären diese nicht pfändungsgeschützt. Unberücksichtigt bliebe dabei, ob der Schuldner tatsächlich anderweitige gesicherte Alterseinkünfte hat[99].

Eine interessengerechte Lösung für diese Fälle bietet vielmehr die Anwendung der §§ 850e, 851c Abs. 3 ZPO, die eine Zusammenrechnung des gesamten pfändungsgeschützten Einkommen aus verschiedenen Vorsorgeinstrumenten bis zu Pfändungsfreigrenze des § 850c ZPO vorsehen[100]. Die Einschränkung des persönlichen Anwendungsbereichs von § 851c ZPO ist somit nicht geboten. Auch der BGH setzt dies ohne nähere Begründung in einer neueren Entscheidung voraus[101].

III Sachlicher Anwendungsbereich

§ 851c Abs. 1 ZPO entzieht Ansprüche auf Leistungen, die aufgrund von Verträgen gewährt werden, unter den Voraussetzungen des § 851c Abs. 1 Nr. 1 – 4 ZPO

---

96 BT-Drs. 16/886, S. 7, Wollmann, S. 35 unter Verweis auf Neuhaus/Köther, ZfV 2009, S. 248.
97 Mecke in: Eicher, SGB II, § 12, Rn. 66.
98 BGH, Beschluss v. 12.05.2011 – IX ZB 181/10 = NJW-RR 2011, S. 1617, 1618; Schwarz/Facius, ZVI 2009, S. 188, 192.
99 Schwarz/Facius, a.a.O.
100 Wollmann, S. 35, 259 ff.
101 BGH, Beschluss v. 12.05.2011 – IX ZB 181/10 = NJW-RR 2011, S. 1617.

wie Arbeitseinkommen der Pfändung. Die Norm koppelt den Pfändungsschutz für Einkünfte aufgrund von privaten Vorsorgeverträgen vom im Rahmen der §§ 850 ff. ZPO vorherrschenden Gedanken der Substitution von Arbeitseinkommen ab. § 851c Abs. 1 ZPO definiert eigenständige Voraussetzungen, unter denen Alterseinkünfte, die aufgrund von Privatvorsorgeverträgen gewährt werden, geschützt werden. Die Vorschrift ist dabei grundsätzlich auf alle Vertragsarten anwendbar, sofern diese die Voraussetzungen des § 851c Abs. 1 ZPO erfüllen können, insbesondere eine lebenslange Versorgung des Schuldners vorsehen.

1. Versicherungsrechtliche Ausrichtung des § 851c ZPO

Das Normkonzept des § 851c ZPO ist primär auf Rentenversicherungsverträge zugeschnitten. Dies spiegelt sich bereits in den Tatbestandsmerkmalen des § 851c Abs. 1 ZPO wider. Gemäß § 851c Abs. 1 Nr. 1 ZPO ist erforderlich, dass die Versorgungsleistungen aufgrund des Vertrages lebenslang gewährt werden. Solche Leistungen, sog. Leibrenten, werden in der Praxis aufgrund von Rentenversicherungsverträgen gewährt[102]. § 851c Abs. 2 S. 3 und S. 4 ZPO stellen zudem auf den versicherungsrechtlichen Begriff des Rückkaufwerts[103] ab. Mit der Einführung von § 851c ZPO gingen auch Änderungen des Versicherungsvertragsrechts einher, es wurden § 167 und § 168 Abs. 3 S. 2 VVG[104] eingeführt, die auf § 851c ZPO Bezug nehmen. Ferner wird in § 851c Abs. 2 S. 1 auf die versicherungsmathematische Berechnungsgrundlage des Sterblichkeitsrisikos verwiesen.

Diese Ausrichtung der Norm ist im Zusammenhang mit § 167 S. 1 VVG zu erklären. Danach kann der Versicherungsnehmer eine bestehende Lebensversicherung in eine Versicherung umwandeln, die den Voraussetzungen des § 851c ZPO entspricht. Bis zum Jahre 2004 wurde die Kapitallebensversicherung als typisches Instrument der Altersvorsorge Selbständiger nach § 10 Abs. 1 Nr. 2 EStG a.F. steuerlich gefördert[105]. Ein Pfändungsschutz für Einkünfte aus dieser Art von

---

102 Heiss in: MüKo-VVG, v. §§ 150ff., Rn. 21; Reiff in: Prölss/Martin, v. §§ 159ff., Rn. 16.
103 Vgl. § 169 Abs. 1 VVG, wo der Begriff Rückkaufwert (mit Fugen-s) verwendet wird.
104 Eingefügt als § 165 Abs. 3 S. 2 VVG und § 173 VVG durch das Gesetz zum Pfändungsschutz der Altersvorsorge v. 26.03.2007, BGBl. I, S. 368, geändert in § 168 Abs. 3 S. 2 VVG und § 167 VVG durch Gesetz zur Reform des Versicherungsvertragsrechts v. 23. 11. 2007, BGBl. I, S. 2631 sowie des Zweiten Gesetzes zur Änderung des Pflichtversicherungsgesetzes und anderer versicherungsrechtlicher Vorschriften v. 10.12.2007, BGBl. I, S. 2833.
105 Heinicke in: L. Schmidt, EStG, § 10, Rn. 75, Stichwort: „Lebensversicherung".

Versicherungen bestand und besteht nach allgemeiner Auffassung aber nicht[106]. Das Gesetz zum Pfändungsschutz der Altersvorsorge verfolgt das Ziel, in einem ersten Schritt die am weitesten verbreiteten Formen der Alterssicherung Selbständiger, nämlich der Lebensversicherung und der privaten Rentenversicherung, vor dem schrankenlosen Gläubigerzugriff abzusichern[107]. Ein Grund für die Ausrichtung des § 851c ZPO an Versicherungsverträgen dürfte somit die vom Gesetzgeber beabsichtigte Überführung der unter Selbständigen verbreiteten, nicht pfändungsgeschützten Kapitallebensversicherung in pfändungsgeschützte Altersvorsorge sein.

2. Gründe für die Ausrichtung auf Versicherungsverträge

a) Eignung von Versicherungsverträgen zur Altersvorsorge

Zunächst sind Verträge mit der Versicherungswirtschaft besonders für die Alterssicherung geeignet, weil bei Rentenversicherungsverträgen eine lebenslange Versorgung des Schuldners gewährleistet ist. Zudem können Rentenversicherungsverträge beliebig mit sog. Zusatzversicherungsverträgen kombiniert werden, die der Absicherung der Berufsunfähigkeit oder von Hinterbliebenen dienen.

b) Volkswirtschaftliche Aspekte

Für die Ausrichtung des Pfändungsschutzes an Versicherungsverträgen sprechen weiter volkswirtschaftliche Aspekte. Indem im Rahmen von § 851c Abs. 1 Nr. 1 ZPO eine lebenslange Versorgung zur Voraussetzung für den Pfändungsschutz erhoben wird, wird der Schuldner dazu angehalten, eine nachhaltige Form der Altersvorsorge zu betreiben.

In den Wirtschaftswissenschaften herrscht Streit darüber, ob ein Verrentungserfordernis auch volkswirtschaftlichen Aspekten dienen und die gleichmäßige Verteilung der Altersvorsorgelasten in der Marktwirtschaft bewirken

---

106 Becker in: Musielak, ZPO, § 829, Rn. 32; K. Stöber in: Zöller, ZPO, § 829, Rn. 33, Stichwort: „Lebensversicherung"; ders., Forderungspfändung, Rn. 197 ff.; Brehm in: Stein/Jonas, ZPO, § 850, Rn. 48; Winter in: Bruck/Möller, VVG, § 167, Rn. 51; vgl. auch Meller-Hannich in: Kindl/Meller-Hannich/Wolf, Hk-ZV, § 850i, Rn. 11; zum (überholten) Streitstand zur analogen Anwendbarkeit von § 850i a.F. ZPO auf die Kapitallebensversicherung in der Literatur vgl. Menzel, Vollstreckungsschutz zugunsten privater Altersvorsorge, S. 75 f.
107 BT-Drs. 16/886, S. 7.

kann. Bei einer freiwilligen Verrentungsoption würden nur diejenigen Menschen eine Rentenversicherung abschließen, die erwarteten, besonders lange zu leben. Andere bevorzugten Ratenzahlungen oder Einmalzahlungen aus Sparprodukten oder eine einmalige Kapitalauszahlung aus Versicherungsprodukten[108]. Die letztgenannten Personen gingen davon aus, dass sie nicht lange genug leben werden, um vom Versicherungsprinzip profitieren zu können, also die ausgeschütteten Leistungen die Summe der eingezahlten Beiträge übersteigen werden. Folglich stellten sie kein Kapital in die Versichertengemeinschaft ein, das dieser bei frühem Tod anheim fallen könnte. Hierdurch entstehe die Gefahr einer Selektion von schlechten Risiken (sog. adverse Selektion), und durch die ökonomisch rationale Wahl des Einzelnen würde die private Rentenversicherung unverhältnismäßig teuer[109].

Hiergegen lässt sich vorbringen, dass der Einzelne seine Lebenserwartung nicht genau kennt und sie systematisch zu günstig einschätzt. Daher können ihn andere Motive wie beispielsweise finanzielle Notlagen zu einem vorzeitigen Zugriff auf das Vorsorgevermögen veranlassen[110]. Der Aspekt der Wahl des Altersvorsorgeprodukts tritt dabei in den Hintergrund. Sozialpolitischer Hintergrund des Verrentungserfordernisses dürfte allein die Disziplinierung des Anlegers zur Vermeidung von Altersarmut sein[111].

c) Bestimmung des Pfändungsfreibetrags für das Vorsorgevermögen

Die §§ 850 ff. ZPO schützen existenzsichernde Einkünfte aus Gründen der Praktikabilität und der Verfahrensvereinfachung in pauschalen Beträgen vor Pfändung. Es ist daher zweckmäßig, auch für den unpfändbaren Betrag des Vorsorgevermögens eine pauschale Grenze zu bestimmen. Ein Pfändungsschutz für das Vorsorgevermögen ist in der Höhe erforderlich, in der dieses benötigt wird, um eine Altersrente in Höhe der Pfändungsfreigrenze des § 850c ZPO zu generieren[112]. Der durchschnittlich hierzu benötigte Betrag des Vorsorgevermögens kann anhand der Berechnungsmethoden der Versicherungsmathematik bestimmt werden. Indem § 851c ZPO auf Versicherungsverträge ausgerichtet ist, macht sich die Norm zur Berechnung der pauschalen Pfändungsfreigrenze für das Vorsorgevermögen zugleich die Methoden der Versicherungsmathematik zunutze. Das Gesetz geht in

---

108 Henke, Investmentfonds in der privaten und betrieblichen Altersversorgung, S. 108.
109 Börsch-Supan/Lühmann, Prinzipien der Renten- und Pensionsbesteuerung, S. 7.
110 Homburg, Theorie der Alterssicherung, S. 12.
111 Bruno-Latocha, DRV 2001, S. 590, 596.
112 BT-Drs. 16/886, S. 7.

§ 851c Abs. 2 S. 2 ZPO davon aus, dass das Sterblichkeitsrisiko, welches eine zentrale Berechnungsgröße der Versicherungsmathematik darstellt, bei der Berechnung des Pfändungsfreibetrages zu berücksichtigen ist.

IV Anforderungen an die Vertragsgestaltung, § 851c Abs. 1 ZPO

Weil § 851c ZPO primär auf den Pfändungsschutz von Versicherungsverträgen ausgerichtet ist, sollen die Voraussetzungen des § 851c ZPO anhand des Rentenversicherungsvertrags dargestellt werden. Sind die Wertungskriterien des § 851c ZPO herausgearbeitet, so ist in einem weiteren Schritt zu untersuchen, inwieweit auch andere Instrumente der privaten Altersvorsorge von § 851c ZPO erfasst werden können[113].

1. Modalitäten der Leistungsgewährung, § 851c Abs. 1 Nr. 1 ZPO

Voraussetzung des § 851c Abs. 1 Nr. 1 ZPO ist, dass die Versorgungsleistungen aufgrund der vertraglichen Abrede in regelmäßigen Zeitabständen gewährt werden. Damit greift die Norm das Grundprinzip der §§ 850 ff. ZPO auf, wonach nur regelmäßig wiederkehrende Einkünfte pfändungsgeschützt sind, und macht dieses zum notwendigen Inhalt des pfändungsgeschützten Vertrages. Dies ist sachgerecht, denn dem Schuldner wird hierdurch einerseits ermöglicht, die ihm gewährten Leistungen tatsächlich für seinen Lebensunterhalt im Alter zu verwenden. Andererseits wird durch das Erfordernis, mit dem Vertragspartner eine regelmäßige Zahlungsweise zu vereinbaren, das Risiko einer zweckwidrigen Verwendung der Versorgungsleistungen verringert[114]. Während seiner Erwerbstätigkeit erhält ein selbständiger Schuldner vielfach unregelmäßig gezahlte und einmalige Einkünfte, für die er Pfändungsschutz nach § 850i ZPO[115] erlangen kann. Bei Alterseinkünften aufgrund eines privatrechtlichen Vertrages kann der Schuldner aber

---

113 Kapitel E.
114 Anders Menzel, die davon ausgeht, dass mit Eintritt des Versorgungsfalles die zweckentsprechende Verwendung des Vermögens bereits deshalb feststeht, weil der Schuldner für seinen Lebensunterhalt faktisch auf das Kapital angewiesen ist, Menzel, S. 163.
115 § 850i ZPO in der Fassung des Gesetzes zur Reform des Kontopfändungsschutzes v. 07.07.2009, BGBl. I, S. 1707.

auf die Zahlungsweise Einfluss nehmen, indem er einen entsprechend ausgestalteten Vorsorgevertrag mit Leistungsgewährung in regelmäßigen Zeitabständen abschließt, das Alterseinkommen ist also planbar. Aus Sicht des Schuldners besteht außerdem eine Notwendigkeit, seine Alterseinkünfte zu planen, weil seine Lebenserwartung und damit der Bedarf an Subsistenzmitteln ungewiss ist. Diese Planbarkeit des Alterseinkommens sowie die diesbezügliche Planungsnotwendigkeit rechtfertigen es, die regelmäßige Leistungsgewährung durch den Vertragspartner des Schuldners im Rahmen des § 851c Abs. 1 Nr. 1 ZPO zur Anforderung an die Ausgestaltung des Vertrags zu machen.

a) Länge der Zeitabstände zwischen den Altersleistungen

Gemäß § 851c Abs. 1 Nr. 1 ZPO muss vereinbart sein, dass die Leistung in regelmäßigen Zeitabständen gewährt wird. Die Norm gibt nicht vor, wie groß die Zeitabstände sein dürfen, die zwischen den einzelnen Leistungen liegen. Dem Wortlaut ist auch nicht zu entnehmen, dass die jeweiligen Zeitabstände als solche gleichmäßig lang sein müssen. In der Praxis sehen die Tarife von Rentenversicherungsverträgen regelmäßig eine monatliche Zahlungsweise vor[116], wie dies auch typisch für Arbeitseinkommen und Renten aus der gesetzlichen Rentenversicherung ist[117]. Zulässig ist auch die Verkürzung der Zahlungszeiträume, z. B. auf wöchentliche Zahlungsweise. Dies folgt bereits aus § 850c Abs. 1 ZPO, vor allem aber aus dem Normzweck des § 851c Abs. 1 Nr. 1 ZPO. Je kürzer der Zeitabstand zwischen den Einzelleistungen ist, desto geringer fallen diese Einzelleistungen aus und desto eher kann sichergestellt werden, dass der Schuldner die Einkünfte tatsächlich für seinen Lebensunterhalt im Alter einsetzt und nicht zweckwidrig verwendet.

Eine Verlängerung der Zahlungszeiträume ist ebenfalls grundsätzlich möglich. Der Schuldner ist dann gehalten, sich die Leistung sinnvoll für einen längeren Zeitraum einzuteilen. Vorteil einer Auszahlung in größeren Zeiträumen dürften dabei in erster Linie ein wirtschaftlicher in Form eines Zinsgewinns bei nachgelagerter Auszahlung sowie ein geringerer Verwaltungsaufwand bei den Finanzdienstleistern sein[118]. Ein langer zeitlicher Abstand zwischen den dann notwendigerweise höher ausfallenden Zahlungen erhöht das Risiko, dass der Schuldner den Betrag zweckwidrig verwendet.

---

116 Winter in: Bruck/Möller, VVG, § 167, Rn. 19.
117 Meller-Hannich in: Kindl/Meller-Hannich/Wolf, Hk-ZV, § 851c, Rn. 13.
118 Wollmann, S. 41.

Jedenfalls muss ein Maßstab gefunden werden, mit dem die Leistung in regelmäßigen Zeitabständen gem. § 851c Abs. 1 ZPO von der nach § 851c Abs. 1 Nr. 4 ZPO unzulässigen einmaligen Kapitalleistung abgegrenzt werden kann. Wollmann nimmt an, grundsätzlich sei im Rahmen des § 851c Abs. 1 Nr. 1 ZPO lediglich eine monatlich erfolgende Leistung zulässig[119]. Allerdings ist er aufgrund des weiten Wortlauts des § 851c Abs. 1 Nr. 1 ZPO der Auffassung, dass diese Auslegung, in die auch Vertrauensschutzgesichtspunkte zugunsten der Versicherungsnehmer mit einzubeziehen seien, derzeit nicht umsetzbar sei und regt eine Regelung durch den Gesetzgeber an[120]. Deshalb schlägt er im Ergebnis eine analoge Anwendung des § 1 Abs. 1 S. 1 Nr. 4 AltZertG[121] vor. Nach dieser Vorschrift kann bei einer nach §§ 10a, 79 EStG steuerlich geförderten privaten Altersvorsorge vertraglich vereinbart werden, dass bis zu zwölf Monatsleistungen in einer Auszahlung zusammengefasst werden. Folglich beträgt der Zeitabstand, in dem Leistungen gewährt werden dürfen, höchstens ein Jahr.

Wollmann erkennt zutreffend, dass die Normzwecke des AltZertG und des § 851c ZPO verschieden sind. Das AltZertG soll nur die zweckwidrige Verwendung des steuerlich subventionierten Altersvorsorgevermögens unterbinden, wohingegen § 851c Abs. 1 ZPO einen Ausgleich zwischen Schuldner- und Gläubigerinteressen schaffen soll. Wollmann nimmt dennoch an, dass die Norm als Maßstab für die Auslegung des Tatbestandsmerkmals des § 851c Abs. 1 Nr. 1 ZPO tauglich sei[122].

Der Wortlaut des § 851c Abs. 1 ZPO ist bewusst weit gehalten worden, wie ein Vergleich zum gleichzeitig eingefügten § 851d ZPO zeigt. Diese Vorschrift findet auf die steuerlich nach §§ 10a, 79 EStG geförderte Altersvorsorge Anwendung. § 851d ZPO setzt für den Pfändungsschutz die Zahlung monatlicher Leistungen voraus. Wenn man Selbständigen gegenüber abhängig Beschäftigten mit der Gesetzesbegründung eine höhere Mündigkeit attestiert[123], so müsste dies auch für die eigenverantwortliche Gestaltung ihrer Altersvorsorge gelten. Dem Argument des Missbrauchspotentiales kann entgegengehalten werden, dass bei hohen einzelnen Auszahlungen der größte Teil des Betrages gar nicht vom Pfändungsschutz des

---

119 Wollmann, S. 42.

120 Wollmann, a.a.O.; vgl. auch Winter in: Bruck/Möller, VVG, § 167, Rn. 20.

121 Gesetz über die Zertifizierung von Altersvorsorge- und Basisrentenverträgen (Altersvorsorgeverträge-Zertifizierungsgesetz – AltZertG) v. 26.06.2001, BGBl. I, S. 1310, zuletzt geändert durch Gesetz v. 28.08.2013, BGBl. I, S. 3395.

122 Wollmann, S. 42; vgl. auch Winter in: Bruck/Möller, VVG, § 167, Rn. 20.

123 Von Gleichenstein, ZVI 2004, S. 149, 151, zum Eingang dieser vielfach verwendeten Formulierung in die Gesetzesmaterialien vgl. Wollmann, S. 18.

§ 850c Abs. 1 ZPO erfasst wären und somit dem Gläubigerzugriff offen stünde. Dennoch ist die von Wollmann vorgeschlagene Lösung interessengerecht, denn § 851c Abs. 1 ZPO ist kein tauglicher Maßstab für die Abgrenzung zwischen einer Leistungsgewährung in regelmäßigen Zeitabständen und einer gem. § 851c Abs. 1 Nr. 4 ZPO unzulässigen Kapitalleistung zu entnehmen.

Somit liegt eine Leistungsgewährung in regelmäßigen Zeitabständen i.S.d. § 851c Abs. 1 Nr. 1 ZPO lediglich dann vor, wenn die zeitlichen Abstände zwischen den einzelnen Leistungen nicht mehr als ein Jahr betragen[124]. Hierfür spricht auch die Parallele zum laufenden Arbeitseinkommen, dessen Pfändungsschutz sich ebenfalls auf Jahresprämien erstreckt. Die Leistung muss dann auf eine monatliche Zahlungsweise umgerechnet werden[125].

Eine solche Umrechnung der jährlichen Leistungen auf eine monatliche Zahlungsweise kann nach dem Modell des § 850i Abs. 1 S. 1 ZPO erfolgen. Nach dieser Vorschrift ist einem Schuldner, der unregelmäßig Einkünfte bezieht, während eines angemessenen Zeitraums soviel zu belassen, als ihm nach freier Schätzung verbleiben würde, wenn sein Einkommen aus laufendem Arbeits- oder Dienstlohn nach § 850 Abs. 1 ZPO bestünde. § 850i ZPO formuliert ein gesetzliches Leitbild für den Pfändungsschutz einmaliger Leistungen[126]. Maßstab ist dabei grundsätzlich die monatliche Leistungsgewährung nach § 850c ZPO[127].

Im Verfahren zur Ermittlung des unpfändbaren Betrages sind zunächst die Forderungen dem Vergleichsmaßstab des laufenden Arbeitseinkommens anzupassen[128]. Hier kann eine Zerlegung einer beispielsweise jährlich erfolgenden Leistung in 12 gleich große Monatsbeträge erfolgen. Aus der damit gewonnenen Vergleichsgröße ist sodann die Höhe des unpfändbaren Betrags anhand der §§ 850 – 850g ZPO zu bestimmen[129]. In einem weiterem Schritt sind die wirtschaftlichen Verhältnisse des Schuldners gem. § 850i Abs. 1 S. 2 ZPO sowie schließlich entgegenstehende, überwiegende Belange des Gläubigers zu berücksichtigen[130].

§ 851c Abs. 1 Nr. 1 ZPO trifft keine Vorgaben hinsichtlich der Frage, ob die gewährten Leistungen über den gesamten Leistungszeitraum der Höhe nach gleich bleiben müssen. Der BGH geht davon aus, dass Leistung aufgrund eines

---

124 So auch Kemper in: Saenger, ZPO, § 851c, Rn. 5; Ahrens in: Prütting/Gehrlein, ZPO, § 851c, Rn. 15.
125 Ahrens, a.a.O.
126 Ders., a.a.O., § 850i, Rn. 2.
127 Ahrens in: ZInsO 2010, S. 2357, 2360; vgl. Becker in: Musielak, ZPO, § 850i, Rn. 5.
128 Ahrens, a.a.O.
129 Ders., a.a.O.
130 Ahrens in: Prütting/Gehrlein, ZPO, § 850i, Rn. 35, 36.

nach § 851c Abs. 1 Nr. 1 ZPO geschützten Vertrages eine im Wesentlichen gleich bleibende und sich nur an verändernde Umstände vertragsgemäß anzupassende Leistung sein müsse[131]. Diese Aussage bezieht sich auf eine Berufsunfähigkeitsrente, die mit einem nach § 851c ZPO pfändungsgeschützten Altersrentenvertrag verbunden worden ist. Der BGH geht davon aus, dass die Voraussetzungen des § 851c Abs. 1 Nr. 1 ZPO nur dann erfüllt ist, wenn sowohl die Leistung aus der Berufsunfähigkeitsversicherung als auch die Leistung zur Versorgung im Alter eine im wesentlichen gleich bleibende Leistung erbringen[132]. Dies beinhaltet aber auch die Aussage, dass die Altersrente als solche der Höhe nach im Wesentlichen gleich bleiben muss und somit nur vereinbart sein darf, dass diese an veränderte Umstände, beispielsweise an inflationsbedingte, erhöhte Lebenshaltungskosten, angepasst wird.

Dieser Leitaussage der Entscheidung des BGH ist nur eingeschränkt zuzustimmen. § 851c ZPO enthält gerade keine dem § 1 Abs. 1 S. 1 Nr. 4 a) AltZertG entsprechende Regelung. Diese letztgenannte Norm bestimmt für die Leistungen aufgrund eines steuerlich nach §§ 10a, 79 ff. EStG geförderten Altersvorsorgevertrags ausdrücklich, dass die aufgrund des Vertrages gewährten Leistungen während der gesamten Auszahlungsphase gleich bleiben oder steigen müssen. Die Höhe der Versicherungsleistung ist auch nicht Voraussetzung, um § 851c Abs. 1 ZPO anwenden zu können, sondern Maßstab für den zu bestimmenden Umfang des Pfändungsschutzes[133]. Die Vereinbarung einer mit zunehmenden Lebensalter des Schuldners absinkenden Leistungshöhe ist damit grundsätzlich zulässig. Eine solche Vertragsgestaltung kann allerdings ein Indiz dafür sein, dass die Voraussetzungen einer lebenslangen Versorgung, die § 851c Abs. 1 Nr. 1 ZPO verlangt, nicht gegeben sind oder sogar umgangen werden sollen. Eine Umgehung der Voraussetzungen läge jedenfalls vor, wenn vereinbart wird, dass ab einem bestimmten Lebensalter des Schuldners nur noch ganz geringe Rentenleistungen, die offensichtlich nicht der Versorgung des Schuldners dienen können, gewährt werden sollen. In diesem Fall wäre ein Verstoß gegen § 851c Abs. 1 Nr. 1 ZPO gegeben.

Aus rechtspolitischer Sicht ist die Entscheidung des BGH allerdings zu begrüßen. § 851c Abs. 1 ZPO soll Anreize zum Aufbau einer effektiven Altersversorgung Selbständiger setzen[134]. Eine mit zunehmendem Lebensalter des Schuldners absinkende Rente stellt keine solche effektive Altersversorgung dar. Im Gegenteil dürfte

---

131 BGH, Urteil v. 15.07.2010 – IX ZR 132/09, Rn. 32 = NZI 2010, S. 777, 779.
132 BGH, a.a.O.
133 Ahrens, VuR 2010, S. 445, 448.
134 BT-Drs. 16/886, S. 7.

der Finanzbedarf des Schuldners mit zunehmendem Alter aufgrund der Inflation, insbesondere aber auch aufgrund der Vermehrung seiner Bedürfnisse, ansteigen. Man denke nur an zusätzliche Kosten für das betreute Wohnen im Alter sowie den zusätzlichen Bedarf an Medikamenten und altersgerechter Wohnungsausstattung.

b) Leistungsbeginn ab dem 60. Lebensjahr

Die Leistung aufgrund des Vertrages darf nicht vor Vollendung des 60. Lebensjahrs oder nur bei Eintritt der Berufsunfähigkeit gewährt werden, § 851c Abs. 1 Nr. 1 ZPO. Mit der Festlegung des frühestmöglichen Zeitpunkts des Leistungsbeginns soll bewirkt werden, dass es sich bei dem geschützten Vertrag funktional tatsächlich um einen solchen handelt, der der Altersversorgung des Schuldners dient. Flankiert wird dieses Tatbestandsmerkmal deshalb mit dem Erfordernis der lebenslangen Leistungsgewährung in regelmäßigen Zeitabständen[135]. Zulässig ist es auch, dass der Schuldner ein Wahlrecht über den Zeitpunkt des Rentenbeginns vereinbart, wenn nur ein Zeitpunkt gewählt werden kann, der nach dem 60. Lebensjahr des Schuldners liegt.

Den pfändungsgeschützten Höchstbetrag für das Vorsorgevermögen gem. § 851c Abs. 2 S. 1 ZPO kann der Schuldner allerdings erst nach dem vollendeten 67. Lebensjahr[136] erreichen. Durch die Anhebung der Altersgrenze vom 65. auf das 67. Lebensjahr mit Wirkung zum 01.01.2013 wurde die Ansparphase um 2 Jahre verlängert. Dadurch soll eine Kapitaldeckungslücke, die durch die Veränderung der Berechnungsfaktoren für das pfändungsgeschützte Vorsorgevermögen eingetreten ist, ausgeglichen werden[137].

Im Referentenentwurf von 2004[138] war zunächst die Altersgrenze von 65 Jahren sowohl für den Leistungsbeginn als auch für die Erreichung des pfändungsgeschützten Höchstbetrages vorgesehen und somit eine Symmetrie von Abs. 1 und Abs. 2 gegeben. Orientierungspunkt des Gesetzgebers war das damalige Renteneintrittsalter in der gesetzliche Rentenversicherung. Die Herabsetzung auf 60 Jahre in § 851c Abs. 1 ZPO wurde damit begründet, dass auf die verbreitete

135 BGH, Urteil v. 15.07.2010 – IX ZR 132/09, Rn. 31 = NZI 2010, S. 777, 779.
136 Die Altersgrenze wurde mit Wirkung zum 01.01.2013 vom 65. auf das 67. Lebensjahr durch das Gesetz zur Einführung einer Rechtsbehelfsbelehrung im Zivilprozess und zur Änderung anderer Vorschriften v. 05.12.2012, BGBl. I, S. 2418, angehoben; zur Begründung vgl. BT-Drs. 17/11385, S. 19.
137 BT-Drs. 17/11385, S. 19, 20; Becker in: Musielak, ZPO, § 851c, Rn. 4.
138 Referentenentwurf eines Gesetzes zur Änderung der Insolvenzordnung, des Kreditwesengesetzes und anderer Gesetze v. 16.09.2004.

Übung der Selbstständigen vor allem im Handwerk, bereits mit 60 Jahren in den Ruhestand zu gehen, Rücksicht genommen werden soll[139]. § 851c Abs. 2 S. 2 ZPO wurde im weiteren Gesetzgebungsverfahren nicht an diese Änderung angepasst. Durch die unterschiedlichen zeitlichen Bezugspunkte des Pfändungsschutzes für Rentenleistungen und des Pfändungsschutzes für das Vorsorgevermögen erhält der Schuldner ein Wahlrecht, welches es ihm ermöglicht, sich zwischen einem früheren Bezugszeitpunkt mit geringeren Leistungen oder einem späteren Bezugszeitpunkt mit höheren Leistungen zu entscheiden[140]. Ob dahinter der gesetzgeberische Zweck zu erblicken ist, den Schuldner dazu anzuhalten, später in den Ruhestand zu gehen und damit länger am Erwerbsleben teilzunehmen, kann nur vermutet werden.

c) Früherer Leistungsbeginn bei Berufsunfähigkeit

Nach § 851c Abs. 1 Nr. 1 ZPO dürfen aufgrund des Vertrages neben den Altersrenten auch Leistungen für den Fall der Berufsunfähigkeit vereinbart werden. Rentenversicherungsverträge können zu diesem Zweck mit einer Berufsunfähigkeits-Zusatzversicherung verbunden werden. Die Berufsunfähigkeits-Zusatzversicherung ist ein selbständiger Vertrag, der auf die Hauptversicherung bezogen ist und ohne diese nicht fortgeführt werden kann[141]. Bei Eintritt der Berufsunfähigkeit erhält der Versicherungsnehmer eine Berufsunfähigkeitsrente und volle Befreiung von der Beitragszahlungspflicht für die Haupt- und Zusatzversicherung[142]. Spätestens mit dem vereinbarten Rentenbeginn aus der Hauptversicherung erlischt auch die Zusatzversicherung.

1) Regelungsfunktion des § 851c Abs. 1 Nr. 1 ZPO

§ 851c Abs. 1 ZPO regelt entgegen der Rechtsprechung des BGH[143] und der Ansicht eines Teils der Literatur[144] nicht den Pfändungsschutz für die Rentenleistungen aus

---

139 Holzer, DStR 2007, S. 767, 769; Wimmer, ZInsO 2007, S. 281, 282.
140 Ahrens in: Prütting/Gehrlein, ZPO, § 851c, Rn. 14.
141 Dörner in: MüKo-VVG, § 172, Rn. 42; Brömmelmeyer in: Beckmann/Matusche-Beckmann, VersR-Hdb., § 42, Rn. 14; BGH, Beschluss v. 06.12.2006 – IV ZR 302/05 = VersR 2007, S. 484.
142 Dörner, a.a.O., Rn. 221; Winter in: Bruck/Möller, VVG, Einf. v. §§ 151–170, Rn. 97, 213; Mertens in: Rüffer/Halbach/Schimikowski, VVG, § 1 BB-BUZ, Rn. 8.
143 BGH, Urteil v. 15.07.2010 – IX ZR 132/09, Rn. 30 = NZI 2010, S. 777, 779.
144 Ahrens in: Prütting/Gehrlein, ZPO, § 851c, Rn. 17; Becker in: Musielak, ZPO, § 851c, Rn. 2; Ortmann in: Schwintowski/Brömmelmeyer, VVG, § 167, Rn. 6; Ahrens,

einer Berufsunfähigkeitsversicherung. Funktion des § 851c Abs. 1 Nr. 1 ZPO ist es, die tatbestandlichen Voraussetzungen zu formulieren, unter denen ein nach § 851c ZPO pfändungsgeschützter Altersrentenvertrag mit einer Berufsunfähigkeitsversicherung kombiniert werden darf. Man kann deshalb von einer „Koppelungserlaubnis" sprechen[145].

Der BGH und Teile der Literatur wenden § 851c Abs. 1 ZPO ohne nähere Begründung auch auf den Pfändungsschutz der Berufsunfähigkeitsrenten an. Hierfür spreche, dass dann ein Gleichlauf mit den Pfändungsfreigrenzen von Erwerbsunfähigkeitsrenten aus der gesetzlichen Rentenversicherung bestünde[146]. Diese sind wegen § 54 Abs. 4 SGB I ebenfalls in den Grenzen wie Arbeitseinkommen pfändbar.

Die Voraussetzungen des § 851c Abs. 1 ZPO können teilweise nicht sinnvoll auf die Berufsunfähigkeitsrente angewendet werden. Insbesondere aber werden Renten aus einer privaten Berufsunfähigkeitsversicherung bereits vom Pfändungsschutz des § 850b Abs. 1 Nr. 1 ZPO erfasst, und zwar unabhängig davon, ob der Schuldner abhängig beschäftigt, selbständig oder erwerbslos ist[147]. Wendete man § 851c Abs. 1 ZPO auf den Pfändungsschutz der Berufsunfähigkeitsrenten an, wären diese wie Arbeitseinkommen in den Grenzen des § 850c ZPO pfändbar. Damit würde das gegenüber § 850c ZPO erhöhte Schutzniveau des § 850b ZPO unterlaufen. § 850b Abs. 1 ZPO ordnet die grundsätzliche Unpfändbarkeit der dort bezeichneten Einkünfte an, lediglich ausnahmsweise wird unter den Voraussetzungen des § 850b Abs. 2 ZPO eine Pfändbarkeit wie Arbeitseinkommen ermöglicht. Der Anwendungsbereich des § 850b Abs. 1 Nr. 1 ZPO soll nach der Gesetzesbegründung von § 851c ZPO unangetastet bleiben[148]. Für dieses Verständnis spricht auch die amtliche Überschrift von § 851c ZPO, die eindeutig auf den Pfändungsschutz von *Alters*renten beschränkt ist. Wollmann weist zutreffen darauf hin, dass

---

VuR 2010, S. 445, 449; Hasse, VersR 2007, S. 870, 884; offen Meller-Hannich in Kindl/Meller-Hannich/Wolf, Hk-ZV § 851c ZPO, Rn. 13.

145 Begriff von Ahrens in: Prütting/Gehrlein, ZPO, § 851c, Rn. 17.

146 Ahrens, VuR 2010, S. 445, 449.

147 BGH, Urteil v. 15.07.2010 – IX ZR 132/09, Rn. 42 = NZI 2010, S. 777, 780; BGH, Urteil v. 18.11.2009 – IV ZR 39/08 = NJW 2010, S. 374; BGH, Urteil v. 25.01.1978 – VIII ZR 137/76 = BGHZ 70, 206, 211; K. Stöber in: Zöller, ZPO, § 850b, Rn. 2; Meller-Hannich in: Kindl/Meller-Hannich/Wolf, Hk-ZV, § 850b, Rn. 6; Becker in Musielak, ZPO, § 850b, Rn. 2; Smid in MüKo-ZPO, § 850b, Rn. 3; Brehm in: Stein/ Jonas, ZPO, § 850b, Rn. 7; Dietzel, VIA 2009, S. 6; Wollmann, ZInsO 2009, S. 2319, 2324; Gutzeit, NJW 2010, S. 1644, 1646.

148 BT-Drs. 16/886, S. 8.

ansonsten der Umfang des Pfändungsschutzes für Berufsunfähigkeitsrenten allein vom rein formalen Kriterium abhinge, ob ein einzelner Vertrag, also ein Haupt- und Zusatzvertrag oder zwei selbständige Verträge abgeschlossen worden sind[149].

2) Voraussetzungen des § 851c Abs. 1 Nr. 1 ZPO

Gemäß § 851c Abs. 1 Nr. 1 ZPO darf die Leistung nicht vor Vollendung des 60. Lebensjahres oder nur bei Eintritt der Berufsunfähigkeit gewährt werden. Das Tatbestandsmerkmal „lebenslang" bezieht sich dabei sowohl auf die Alternative des Leistungsbeginns „nicht vor Vollendung des sechzigsten Lebensjahres" als auch auf die Alternative des Leistungsbeginns „bei Eintritt der Berufsunfähigkeit"[150]. Teilweise wird daraus gefolgert, eine Berufsunfähigkeitsrente, die aufgrund eines nach § 851c ZPO geschützten Vertrages vereinbart ist, müsse lebenslang gewährt werden[151]. Solche Versicherungen sind allerdings, worauf auch die Gesetzesbegründung hinweist, derzeit am Markt nicht erhältlich[152]. Nach der Gesetzesbegründung soll die Formulierung bewirken, dass der Pfändungsschutz gem. § 851c ZPO nicht auf bestimmte, bestehende Versicherungsprodukte beschränkt, sondern für neue Formen der Altersvorsorge offen gehalten wird[153]. Dies beinhaltet aber die Aussage, dass bestehende Produkte wie die Berufsunfähigkeits-Zusatzversicherung nicht vom Anwendungsbereich des § 851c ZPO ausgeschlossen werden sollen.

Normzweck des § 851c Abs. 1 Nr. 1 ZPO ist es, zu vermeiden, dass eine Versorgungslücke in dem Zeitraum zwischen Ende der Berufsunfähigkeitsleistungen und Beginn der Altersrente entsteht[154]. Es sollen vertragliche Gestaltungen unterbunden werden, bei denen die Berufsunfähigkeitsrente nicht bis zum Beginn der Altersrente gezahlt wird. Im Rahmen von § 851c Abs. 1 Nr. 1 ZPO ist somit keine lebenslange Berufsunfähigkeitsrente, sondern eine lebenslange Versorgung ab Eintritt der Berufsunfähigkeit erforderlich[155]. Es muss somit vertraglich

---

149 Wollmann, ZInsO 2009, S. 2319, 2325.
150 BGH, Urteil vom 15.07.2010 – IX ZR 132/09, Rn. 30 = NZI 2010, S. 777, 779; OLG Hamm, Urteil v. 20.05.2009 – 20 U 135/08 = VersR 2010, S. 100; Meller-Hannich in: Kindl/Meller-Hannich/Wolf, Hk-ZV § 851c ZPO, Rn. 13; Kemper in: Saenger, ZPO, § 851c, Rn. 5.
151 OLG Hamm, a.a.O.; Meller-Hannich, a.a.O.; Neuhaus/Köther, ZfV 2009, S. 248, 252.
152 BT-Drs. 16/886, S. 8; BGH, Urteil v. 15.07.2010 – IX ZR 132/09, Rn. 28 = NZI 2010, S. 777, 778; Wollmann, S. 47 f.; Wimmer, jurisPR-InsolvenzR 7/2007, Anm. 5, S. 4.
153 BT-Drs. 16/886, S. 8.
154 Dietzel, VIA 2010, S. 76; Ahrens, VuR 2010, S. 445, 448.
155 BGH, Urteil v. 15.07.2010 – IX ZR 132/09, Rn. 29 = NZI 2010, S. 777, 778; Th. Lange, ZVI 2012, S. 403, 409.

vereinbart sein, dass sich den Renten aus der Berufsunfähigkeits-Zusatzversicherung zeitlich unmittelbar die Altersrenten anschließen. Dass dann begrifflich keine lebenslange Berufsunfähigkeitsrente vorliegt, ist unerheblich[156]. Eine lebenslange Versorgung aufgrund einer Berufsunfähigkeits-Zusatzversicherung wäre außerdem sinnwidrig, denn die Verbindung mit einer Hauptversicherung dient gerade dem Zweck, die Altersvorsorge auch im Falle der Berufsunfähigkeit weiter aufbauen zu können. Die Altersrentenversicherung steht für die Versorgung im Alter zur Verfügung.

2. Verfügungsbeschränkungen, § 851c Abs. 1 Nr. 2 ZPO

a) Normzweck des § 851c Abs. 1 Nr. 2 ZPO

Ein Pfändungsschutz besteht nur, wenn über die Ansprüche aus dem Vertrag nicht verfügt werden darf, § 851c Abs. 1 Nr. 2 ZPO. Der Gesetzgeber hatte bei der Schaffung dieser Norm die Gefährdungslage bei der Kapitallebensversicherung, die das typische Instrument der privaten Altersvorsorge Selbständiger gewesen ist, im Blick. Einerseits werden vielfach sämtliche Ansprüche aus einer Kapitallebensversicherung zum Zwecke der Kreditsicherung abgetreten, § 398 BGB, oder verpfändet, § 1274 BGB[157]. Betroffen von der Abtretung sind bei Versicherungsverträgen die zukünftigen Versicherungsansprüche sowie der Anspruch auf den Rückkaufswert gem. § 169 VVG[158]. Andererseits kann der Schuldner sowohl einen Kapitallebens- als auch einen Rentenversicherungsvertrag während der Ansparphase vorzeitig kündigen, § 168 Abs. 1 VVG. In der Folge verliert er bei Rentenversicherungsverträgen den Anspruch auf die lebenslange Versorgung und kann sich das Vorsorgevermögen auszahlen lassen und darüber frei verfügen[159]. Schließlich sehen Rentenversicherungsverträge in der Praxis regelmäßig ein Kapitalwahlrecht vor. Durch die Ausübung des Kapitalwahlrechts kann der Schuldner anstelle der Rentenleistung im Alter eine einmalige Kapitalabfindung erhalten. Dass diese nicht gleichermaßen wie eine monatliche Rente zum Bestreiten des Lebensunterhaltes im Alter geeignet ist, liegt auf der Hand und ist auch der Grund, warum der Gesetzgeber seit 2005 in § 10 Abs. 1 Nr. 2 EStG von der steuerlichen Förderung der Kapitallebensversicherung für die Zukunft abgesehen hat.

---

156 BGH, Urteil v. 15.07.2010 – IX ZR 132/09, Rn. 32 = NZI 2010, S. 777, 779.
157 Ortmann in: Schwintowski/Brömmelmeyer, VVG, Vorbem. v. §§ 150 ff., Rn. 11.
158 Hasse, Interessenkonflikte bei der Lebensversicherung zugunsten Dritter, S. 2.
159 BT-Drs. 16/886, S. 7.

b) Voraussetzungen des § 851c Abs. 1 Nr. 2 ZPO

§ 851c Abs. 1 Nr. 2 ZPO setzt voraus, dass über die Ansprüche aus dem Vertrag nicht verfügt werden darf. Eine Verfügung ist ein Rechtsgeschäft, das unmittelbar darauf gerichtet ist, auf ein bestehendes Recht einzuwirken[160]. Konkret sind solche Rechtsgeschäfte die Veräußerung und Belastung von Rechten wie auch die Ausübung von Gestaltungsrechten in Schuldverhältnissen, beispielsweise Kündigung oder Anfechtung[161]. § 851c Abs. 1 Nr. 2 ZPO erfasst somit die ordentliche sowie außerordentliche Kündigung des Vertrags, die Abtretung und Verpfändung sämtlicher Ansprüche aus dem Vertrag sowie die Ausübung eines Kapitalwahlrechts als Gestaltungsrecht.

Der Wortlaut des § 851c Abs. 1 Nr. 2 ZPO legt zunächst nahe, dass lediglich die Vereinbarung einer schuldrechtlichen Verpflichtung i.S.d. § 137 S. 2 BGB, nicht über die Ansprüche aus dem Vertrag zu verfügen, erforderlich ist. In diesem Fall blieben Verfügungen über die Ansprüche aus dem Vertrag rechtlich möglich, eine verbotswidrige Verfügung führte aber dazu, dass der Pfändungsschutz mit ex-nunc-Wirkung entfiele[162].

Betrachtet man den Normzweck des § 851c Abs. 1 Nr. 2 ZPO, ließe sich die Vorschrift aber in teleologischer Auslegung auch so verstehen, dass sämtliche Verfügungsmöglichkeiten rechtlich ausgeschlossen sein müssen, sodass der Schuldner nicht mehr über die Ansprüche aus dem Vertrag verfügen kann[163]. Eine solche Auslegung stützt auch die Entwurfsbegründung. Dort heißt es, für den Pfändungsschutz sei erforderlich, dass über die Ansprüche aus dem Vertrag nicht verfügt werden kann[164]. Der Verfügungsausschluss müsse unwiderruflich sein, wodurch die Vorsorgefunktion des Vermögens endgültig sei[165]. An anderer Stelle heißt es, mit § 851c Abs. 1 Nr. 2 ZPO solle sichergestellt werden, dass eine Verwendung des Vorsorgevermögens für andere Zwecke als der Altersversorgung ausgeschlossen sei[166].

---

160 BGH, Urteil v. 15.03.1951 – IV ZR 9/50 = BGHZ 1, 294, 304; Bayreuther in: MüKo-BGB, § 185, Rn. 3; Ellenberger in: Palandt, BGB, § 185, Rn. 2.
161 BGH, a.a.O.; Ellenberger in: Palandt, BGB, Überbl. v. § 104, Rn. 16.
162 Ahrens in: Prütting/Gehrlein, ZPO, § 851c, Rn. 20; vgl. auch Wollmann, S. 59 f.
163 Winter in: Bruck/Möller, VVG, § 167, Rn. 26, der einen „dinglich wirkenden Verfügungsverzicht" für erforderlich hält; so wohl auch Becker in: Musielak, ZPO, § 851c, Rn. 2; K. Stöber, Forderungspfändung, Rn. 71a; Meller-Hannich in: Kindl/Meller-Hannich/Wolf, Hk-ZV, § 851c, Rn. 14; Smid in: MüKo-ZPO, § 851c, Rn. 5.
164 BT-Drs. 16/886, S. 10.
165 BT-Drs. 16/886, S. 8; Wollmann, S. 62.
166 BT-Drs. 16/886, a.a.O.

Die letztgenannte Auslegung steht im Einklang mit der oben beschriebenen[167] Systematik der §§ 850 ff. ZPO, wonach der Schuldner keine Verfügungsbefugnis über die Quelle der Einkünfte hat, soweit ein Pfändungsschutz besteht. Ferner ist Normzweck des § 851c ZPO, Einkünfte aus der Basisversorgung von Selbständigen pfändungsschutzrechtlich den Einkünften aus der gesetzlichen Rentenversicherung gleichzustellen[168]. Dies spricht dafür, die Tatbestandsmerkmale des § 851c Abs. 1 ZPO so auszulegen, dass die Ausgestaltung des Privatvorsorgevertrages an die Strukturmerkmale der gesetzlichen Rentenversicherung angenähert wird. Bei dieser hat der Schuldner wie gezeigt[169] keine Verfügungsgewalt über das Vorsorgevermögen, so dass im Rahmen von § 851c Abs. 1 Nr. 2 ZPO ebenfalls grundsätzlich ein Ausschluss der Verfügungsmöglichkeiten zu fordern ist.

Insbesondere spricht für ein solches Verständnis, dass eine Einschränkung des grundrechtlich geschützten Befriedigungsrechts des Gläubigers aus Art. 14 GG[170] nur insoweit hingenommen werden kann, wie es zum Erhalt des ebenfalls grundrechtlich geschützten Existenzminimums[171] des Schuldners im Alter tatsächlich erforderlich ist. Könnte der Schuldner weiterhin über die Ansprüche aus dem Vertrag verfügen, so wäre nicht sichergestellt, dass das Vorsorgevermögen auch tatsächlich zur Versorgung im Alter eingesetzt wird. Der Gläubiger müsste in diesem Fall eine Beschränkung seines Befriedigungsrechts bis zum Zeitpunkt einer Verfügung des Schuldners, welche den Entfall des Pfändungsschutzes zur Folge hätte, hinnehmen, obwohl dies letztendlich zum Erhalt der Existenzsicherung des Schuldners im Alter nicht erforderlich gewesen ist.

Die Frage, wie der Ausschluss der Verfügungsmöglichkeit nach § 851c Abs. 1 Nr. 2 ZPO rechtlich ausgestaltet sein muss, kann erst abschließend beantwortet werden, wenn die einzelnen Verfügungsmöglichkeiten der Vertragsparteien betrachtet worden sind.

1) Ausschluss der ordentlichen Kündigungsrechte

Der Begriff der Verfügung umfasst, wie gezeigt, die Kündigung eines Dauerschuldverhältnisses. Unbefristeten Dauerschuldverhältnissen liegt gemeinsam der Gedanke zugrunde, dass sie durch ordentliche Kündigung der Parteien jederzeit

---

167 Kapitel **C. II.** 3.
168 BT-Drs. 16/886, S. 7.
169 Kapitel **C. II.** 3. c).
170 BGH, Urteil v. 25.03.1999 – IX ZR 223/97 = BGH NJW 1999, S. 1544, 1547; Meller-Hannich in: Kindl/Meller-Hannich/Wolf, Hk-ZV, § 850, Rn. 1.
171 BVerfG, Urteil v. 09.09.2010 – 1 BvL 1,3,4/09 = BVerfGE 125, 175.

beendet werden können, sofern keine bestimmte Mindestlaufzeit vereinbart worden ist[172]. Befristete Dauerschuldverhältnisse können hingegen während ihrer Laufzeit nicht durch ordentliche Kündigung beendet werden, es sei denn, es gibt eine abweichende Vereinbarung der Parteien oder eine gesetzliche Regelung, die eine ordentliche Kündigung ermöglicht. Mit einer Laufzeitvereinbarung geht eine Stabilisierung des Schuldverhältnisses einher, welche bei langfristig angelegten Vertragsbeziehungen ein erhebliches Gefährdungspotential durch Inflexibilität für die Parteien mit sich bringt[173]. Dieses Gefährdungspotential tritt bei privater Altersvorsorge in Form der Auswirkungen der Entwicklungen auf dem Kapitalmarkt auf das angelegte Vorsorgevermögen deutlich hervor. Zudem wird durch den Abschluss eines solchen Vertrags mit großer vermögensrechtlicher Tragweite für den Versicherungsnehmer ein besonderes Vertrauensverhältnis zwischen den Parteien begründet, dessen Zerrüttung eine Beendigung jederzeit rechtfertigt.

§ 168 Abs. 1 VVG mildert die Risiken einer langen Vertragsbindung für den Versicherungsnehmer eines Lebensversicherungsvertrags ab. Der Versicherungsnehmer hat nach dieser Vorschrift die Möglichkeit, einen Rentenversicherungsvertrag jederzeit für den Schluss der laufenden Versicherungsperiode ordentlich zu kündigen, solange der Vertrag die Verpflichtung zur Entrichtung laufender Prämien durch den Versicherungsnehmer vorsieht. Das Kündigungsrecht nach § 168 Abs. 1 VVG besteht damit nur während der Ansparphase[174]. Es ist gem. § 171 Abs. 1 VVG nicht abdingbar. In Verbindung mit § 171 Abs. 1 VVG bezweckt § 168 Abs. 1 VVG, den Versicherungsnehmer vor den Risiken einer überlangen Vertragsbindung zu schützen[175].

Das Versicherungsunternehmen kann den Vertrag gem. § 166 Abs. 1 VVG nur kündigen, wenn der Versicherungsnehmer die Beiträge nicht mehr bezahlt, § 38 Abs. 3 VVG. Auch in diesem Fall besteht ein weitreichender Schutz des Versicherungsnehmers. Die Kündigung des Versicherers hat nämlich nur zur Folge, dass sich der Versicherungsvertrag in eine prämienfreie Versicherung umwandelt, §§ 166 Abs. 1 S. 2, 165 Abs. 1 VVG. Der Versicherungsnehmer verliert deshalb seinen Anspruch auf die Rentenleistungen nicht, da der Versicherungsvertrag als solcher nicht beendet wird.

---

172 Oetker, Das Dauerschuldverhältnis und seine Beendigung, S. 248 f. u. S. 258 f.
173 Oetker, S. 248 ff.
174 Winter in: Bruck/Möller, VVG, § 168, Rn. 6; Mönnich in: MüKo-VVG, § 168, Rn. 1 u. 4; Brambach in: Rüffer/Halbach/Schimikowski, VVG, § 168, Rn. 10.
175 BT-Drs. 16/886, S. 14; Winter, a.a.O., Rn. 4.

α) Ordentliches Kündigungsrecht des Schuldners

(1) Vereinbarung über den Kündigungsausschluss

§ 168 Abs. 3 S. 2 VVG bestimmt, dass das ordentliche Kündigungsrecht des Versicherungsnehmers aus § 168 Abs. 1 VVG ausgeschlossen ist, soweit Ansprüche nach § 851c ZPO nicht gepfändet werden dürfen. Dem Wortlaut der Vorschrift könnte entnommen werden, dass die Rechtsfolge des § 168 Abs. 3 S. 2 VVG automatisch eingreift, wenn die Voraussetzungen des § 851c Abs. 1 ZPO erfüllt sind. § 851c Abs. 1 Nr. 2 ZPO setzt allerdings umgekehrt für den Pfändungsschutz voraus, dass über die Ansprüche aus dem Vertrag nicht verfügt werden darf. Diese Voraussetzung kann nur über § 168 Abs. 3 S. 2 VVG herbeigeführt werden.

Diese wechselseitige Verweisung der Normen aufeinander führt zu einer Tautologie[176]. Um diesen Widerspruch aufzulösen, ist § 168 Abs. 3 S. 2 VVG so auszulegen, dass eine vertragliche Vereinbarung des Schuldners mit dem Versicherer über den teilweisen Ausschluss des ordentlichen Kündigungsrechts erforderlich ist[177]. Diese These stützt auch die Gesetzesbegründung[178]. Dort heißt es, dass der Versicherungsnehmer unwiderruflich darauf zu verzichten habe, über seine Ansprüche aus dem Vertrag, z. B. durch Kündigung, zu verfügen. Dieser Befund lässt sich systematisch weiter durch einen Blick auf die Parallelnorm des § 168 Abs. 3 S. 1 VVG absichern, auf die § 168 Abs. 3 S. 2 VVG hinsichtlich der Rechtsfolge verweist. § 168 Abs. 3 S. 1 VVG setzt voraus, dass der Schuldner mit dem Versicherer eine Verwertung vor dem Ruhestand ausgeschlossen hat. Bereits aus dem Wortlaut von § 168 Abs. 3 S. 1 und S. 2 VVG folgt, dass eine vertragliche Vereinbarung über den Kündigungsausschluss erforderlich ist[179]. Auch der BGH hat sich in einer neueren Entscheidung zu § 168 Abs. 3 S. 1 VVG dieser Interpretation angeschlossen[180]. Eine solche vertragliche Vereinbarung über den Kündigungsausschluss fällt auch nicht unter § 137 S. 1 BGB, wonach die Befugnis, über ein veräußerliches Recht zu verfügen, nicht durch Rechtgeschäft ausgeschlossen werden kann. Diese Regelung findet keine Anwendung auf Rechte, bei welchen die Vertragsparteien vom Gesetz ermächtigt wurden, die Unveräußerlichkeit zu vereinbaren[181].

---

176 So auch Brambach in: Rüffer/Halbach/Schmimikowski, VVG, § 168, Rn. 14.
177 Im Ergebnis auch Winter in: Bruck/Möller, VVG, § 168, Rn. 69.
178 BT-Drs. 16/886, S. 8.
179 BSG, Beschluss v. 16.12.2008 – B 4 AS 77/08 B und Urteil v. 15.04.2008 – B 14/7b AS 56/06 R = BeckRS 2008, 56566; Winter in: Bruck/Möller, VVG, § 168, Rn. 69.
180 BGH, Urteil v. 01.12.2011 – IX ZR 79/11, Rn. 27 = NJW 2012, S. 678.
181 BGH, a.a.O., Rn. 28; Wollmann, S. 60.

Setzt man eine vertragliche Vereinbarung über den Kündigungsausschluss auch im Rahmen des § 168 Abs. 3 S. 2 VVG voraus, besteht bei Rentenversicherungsverträgen eine sachgerechte Wahlmöglichkeit des Schuldners zwischen pfändungsgeschützter und nicht pfändungsgeschützter Altersvorsorge. Ansonsten würde jeder Rentenversicherungsvertrag automatisch in den Anwendungsbereich des § 851c ZPO fallen, wenn aufgrund der Gestaltung dessen übrige Voraussetzungen erfüllt sind.

Der vertragliche Ausschluss des Kündigungsrechts gem. § 168 Abs. 3 S. 2 VVG ist lediglich während der Ansparphase erforderlich. Während der Auszahlungsphase besteht bei Rentenversicherungsverträgen gegen laufende Beitragsleistungen gem. § 168 Abs. 1 VVG ohnehin kein Kündigungsrecht des Schuldners mehr, weil in diesem Zeitraum keine laufenden Prämien mehr zu entrichten sind[182].

(2) Grenzen des Kündigungsausschlusses

Eine teilweise Auszahlung des pfändbaren Vorsorgekapitals kann ein Pfändungsgläubiger lediglich dann erreichen, wenn er den Anspruch auf den Rückkaufswert der Rentenversicherung gem. § 169 Abs. 1 VVG nicht nur pfänden, sondern durch Ausübung eines mitgepfändeten Kündigungsrechts des Schuldners auch fällig stellen kann. Der Ausschluss des Kündigungsrechts des Versicherungsnehmers nach § 168 Abs. 3 S. 2 VVG kann deshalb nur insoweit erfolgen, als Ansprüche nach § 851c ZPO nicht gepfändet werden dürfen.

§ 168 Abs. 3 S. 2 VVG bezieht sich auf die jeweilige nach § 851c Abs. 2 S. 2 ZPO zu bestimmende Gesamtsumme des pfändungsgeschützten Vorsorgevermögens, deren Höhe vom Lebensalter des Schuldners abhängt. Der Kündigungsausschluss umfasst auch den Erhöhungsbetrag nach § 851c Abs. 2 S. 3 ZPO, sog. 3/10-Regelung, soweit der Pfändungsschutz reicht. Dies folgt aus dem Wortlaut des § 168 Abs. 3 S. 2 ZPO. Nach § 851c Abs. 2 S. 3 ZPO sind drei Zehntel des überschießenden Betrages bis zur Höchstgrenze des § 851c Abs. 2 S. 4 ZPO unpfändbar, wenn der Rückkaufwert der Alterssicherung den unpfändbaren Betrag nach § 851c Abs. 2 S. 1 ZPO übersteigt.

Wollmann nimmt an, für den die 3/10-Grenze des § 851c Abs. 2 S. 3 ZPO übersteigenden und damit pfändbaren Betrag müsse bis zur Grenze des § 851c Abs. 2 S. 4 ZPO ebenfalls das Kündigungsrecht des Versicherungsnehmers nach § 168

---

182 Winter in: Bruck/Möller, VVG, § 168, Rn. 6; Mönnich in: MüKo-VVG, § 168, Rn. 1 und 4; Brambach in: Rüffer/Halbach/Schimikowski, VVG, § 168, Rn. 10.

Abs. 3 S. 2 VVG ausgeschlossen sein[183]. Der Erhöhungsbetrag des § 851c Abs. 2 S. 3 ZPO genieße nur deshalb Pfändungsschutz, wenn und weil der Schuldner zusätzlich auf die Zugriffsmöglichkeit hinsichtlich des die 3/10-Grenze übersteigenden Betrags verzichtet hat. Diese Erweiterung des Kündigungsausschlusses ist abzulehnen. Aus dem Wortlaut des § 168 Abs. 3 S. 2 VVG folgt eindeutig, dass ein Kündigungsausschluss nur insoweit erfolgen muss, wie Pfändungsschutz besteht[184]. Dies entspricht auch der Grundkonzeption der §§ 850 ff. ZPO, 400 BGB. Dort korrelieren die Pfändungsbeschränkungen mit der Beschränkung der Zugriffsmöglichkeiten für den Schuldner. Ferner ist für eine weitergehende Beschränkung des Kündigungsrechts des Schuldners weder im Gesetz noch in den Gesetzesmaterialien ein Anhaltspunkt erkennbar.

Insbesondere muss nach der gesetzgeberischen Wertung des § 851c Abs. 2 S. 3 und S. 4 ZPO der die 3/10-Grenze übersteigende Betrag für die Gläubiger pfändbar und folglich auch realisierbar sein. Wenn aber kein Kündigungsrecht für diesen Erhöhungsbetrag besteht, ist der Anspruch für die Gläubiger während der Ansparphase nicht realisierbar. Dies erkennt auch Wollmann. Die Problematik führt ihn zu einer gesetzesfernen Herleitung eines Kündigungsrechts eines Pfändungsgläubigers, um diesem den Zugriff auf die überschießenden 7/10 des Deckungskapitals zu ermöglichen[185].

(3) Ausgestaltung des Kündigungsrechts

Notwendige Folge des teilweisen Ausschlusses des ordentlichen Kündigungsrechts nach § 168 Abs. 3 S. 2 VVG ist, dass der Schuldner ein Teilkündigungsrecht in Bezug auf den pfändbaren Teil des Vorsorgevermögens erhält. Das ordentliche Kündigungsrecht nach § 168 Abs. 1 VVG kann nämlich wegen § 171 VVG nicht weitergehend ausgeschlossen werden, als es § 168 Abs. 3 S. 2 VVG zulässt.

Ein solches Teilkündigungsrecht für Dauerschuldverhältnisse ist zwar dem allgemeinen Zivilrecht grundsätzlich fremd, weil Folge einer solchen Teilkündigung regelmäßig eine einseitige Vertragsänderung des kündigenden Teils ist[186]. Dies gilt auch für das Versicherungsvertragsrecht[187]. Weil die Entstehung eines Teilkündigungsrechts aber notwendige Folge des gesetzlich vorgesehenen teilweisen

---

183 Wollmann, S. 216.
184 Winter in: Bruck/Möller, VVG, § 168, Rn. 79.
185 Wollmann, S. 217 ff.
186 Gaier in: MüKo-BGB, § 314, Rn. 19; BGH, Urteil v. 05.11.1992 – IX ZR 200/91 = NJW 1993, S. 1320, 1322.
187 Muschner in: Rüffer/Halbach/Schimikowski, VVG, § 11, Rn. 37.

Kündigungsausschlusses ist, ist ausnahmsweise auch von der Zulässigkeit des Teilkündigungsrechts des Schuldners auszugehen[188], zumal die Parteien den teilweisen Kündigungsausschluss ausdrücklich vereinbaren.

Dabei sind nur die überschießenden Anteile der jeweiligen, in § 851c Abs. 2 S. 2 ZPO aufgeführten Jahresbeträge pfändbar[189]. Das zwischen den Parteien aufgrund von § 168 Abs. 3 S. 2 VVG vereinbarte Teilkündigungsrecht ist daher nicht auf eine bestimmte Quote des gesamten Vorsorgevermögens bezogen, sondern auf die den jeweiligen pfändungsgeschützten Jahreshöchstbetrag des Vorsorgevermögens übersteigenden Anteile[190].

Rechtsfolge einer Teilkündigung ist, dass unter Aufrechterhaltung des Vertrages der Anspruch auf den Rückkaufswert, der aus dem pfändbaren Vorsorgevermögen gespeist wird, gem. § 169 Abs. 1 VVG fällig gestellt wird. Die vom Versicherer zu erbringende Rentenleistung ist nach anerkannten Regeln der Versicherungsmathematik mit den Rechnungsgrundlagen der Prämienkalkulation unter Zugrundelegung des verminderten Vorsorgevermögens entsprechend § 165 Abs. 2 und Abs. 3 VVG neu zu berechnen.

Ob eine Teilkündigung durch den Schuldner gleichzeitig auch als Erklärung der Umwandlung des Vertrages in eine prämienfreie Versicherung nach § 165 Abs. 1 VVG anzusehen ist, ist Auslegungsfrage. Die Umwandlung nach § 165 Abs. 1 VVG lässt die Beitragspflicht des Versicherungsnehmers entfallen und führt zu einer verringerten, nach § 165 Abs. 2 VVG zu errechnenden Beitragspflicht des Versicherers[191].

(4) Ordentliches Kündigungsrecht bei geplantem Vertragswechsel?

Der Schuldner kann ein schutzwürdiges Interesse an der ordentlichen Kündigung des Vertrags trotz des nach § 168 Abs. 3 S. 2 VVG vereinbarten Kündigungsausschlusses haben. Zu den übergreifenden Schutzprinzipien des Rechts der privaten Altersvorsorge wird die Möglichkeit zur Beendigung des Vertrags gerechnet[192]. Aufgrund der langfristigen Bindung seines Kapitals und der ungewissen Entwicklung des Kapitalmarktes während dieses Zeitraums[193] kann dem Schuldner daran gelegen sein, eine gewisse Flexibilität in Bezug auf die Anlage seines Vorsorgevermögens zu erreichen.

---

188 Winter in: Bruck/Möller, VVG, § 167, Rn. 56; Brögelmann in: Saenger/Ulrich/Siebert, ZwangsvollstreckungsR, § 851c, Rn. 7; Schwarz/Facius, ZVI 2009, S. 188, 193.

189 Ahrens in: Prütting/Gehrlein, ZPO, § 851c, Rn. 41.

190 Ders., a.a.O.

191 Mönnich in: MüKo-VVG, § 165, Rn. 22; BGH, Urteil v. 08.05.1954 – II ZR 20/53 = BGHZ 13, 226, 234.

192 Roth, Private Altersvorsorge, S. 1 ff., 193 ff.

193 Ders., a.a.O.

§ 1 Abs. 1 S. 1 Nr. 10 c) AltZertG gewährt dem Vorsorgenden bei Riester-Verträgen deshalb einen Anspruch, das Vorsorgevermögen auf einen anderen Vertrag desselben oder eines anderen Anbieters zu übertragen. Im Bereich der betrieblichen Altersversorgung ist die Möglichkeit des Arbeitnehmers, die Versorgungsanwartschaft auf einen anderen Arbeitgeber zu übertragen, ohne auf diese selbst zugreifen zu können, in § 3 BetrAVG ausdrücklich vorgesehen. In der gesetzlichen Rentenversicherung existiert keine Regelung, es besteht auch kein Regelungsbedürfnis, weil kein alternativer Versorgungsträger existiert.

Dieses übergreifende Strukturmerkmal sowie das besondere Vertrauensverhältnis bei einem vermögensverwaltenden Vertrag mit lebenslanger Laufzeit rechtfertigen es, dem Schuldner das zur Durchführung eines Anbieterwechsels erforderliche Kündigungsrecht auch im Rahmen des § 851c ZPO unabhängig von den Voraussetzungen der §§ 313, 314 BGB zuzugestehen[194]. In einem Spannungsverhältnis hierzu stehen die Regelungen der § 851c Abs. 1 Nr. 2 ZPO, § 168 Abs. 3 S. 2 VVG und § 400 BGB, die gerade Verfügungen des Schuldners unterbinden sollen und der Zweckbindung des Altersvorsorgevermögens dienen. Außerdem führt ein Wechsel des Anbieters durch die entstehenden Transaktionskosten häufig zu erheblichen finanziellen Einbußen beim Schuldner, die dem Zweck zuwiderlaufen, Altersvorsorgevermögen zu erwirtschaften.

§ 851c Abs. 1 Nr. 2 ZPO setzt seinem Normzweck zufolge aber nicht unbedingt den Bestand des einzelnen Vorsorgevertrages voraus. Die Norm soll lediglich verhindern, dass der Schuldner das Vorsorgevermögen zu anderen Zwecken als dem Lebensunterhalt im Alter einsetzt, wenn es einmal der Altersvorsorge gewidmet worden ist[195]. § 851c Abs. 1 Nr. 2 ZPO kann deshalb so interpretiert werden, dass lediglich die Zweckbindung des Vorsorgevermögens als solche unabhängig vom konkreten Vorsorgevertrag aufrecht erhalten bleiben muss.

Die Leitgedanken der Rechtsprechung zu § 400 BGB lassen sich auf § 851c Abs. 1 Nr. 2 ZPO übertragen. Nach § 400 BGB kann eine Forderung nicht abgetreten werden, soweit sie der Pfändung nicht unterworfen ist. Die Norm bezweckt, den Pfändungsschutz der §§ 850 ff. ZPO durch Ausschluss der Verfügungsmöglichkeit des Schuldners materiell-rechtlich abzusichern. § 400 BGB überträgt somit die in den Pfändungsverboten zum Ausdruck kommende Schutzbedürftigkeit des Schuldners auch auf den Fall der rechtsgeschäftlichen Aufgabe der Forderungen durch Abtretung[196]. Die Vorschrift ist in teleologischer Reduktion allerdings dann

---

194 Vgl. auch Ahrens in: Prütting/Gehrlein, § 851c, Rn. 19.
195 BT-Drs. 16/886, S. 8.
196 Roth in: MüKo-BGB, § 400, Rn. 1.

nicht anzuwenden, wenn der Schuldner infolge der Abtretung unmittelbar eine gleichwertige Gegenleistung erlangt, die er für seinen Lebensunterhalt einsetzen kann[197]. Folglich lässt sich argumentieren, dass die Verfügungsbeschränkungen zulasten des Schuldners aus § 851c Abs. 1 Nr. 2 ZPO, die mit dem Pfändungsschutz verbunden sind, nur insoweit gelten, wie es zur Sicherung des Versorgungszwecks erforderlich ist.

§§ 851c Abs. 1 Nr. 2 ZPO, 168 Abs. 3 S. 2 VVG stehen der Vereinbarung eines ordentlichen Kündigungsrechts für den Fall, dass der Schuldner den Altersvorsorgevertrag wechseln möchte, grundsätzlich nicht entgegen. Es muss allerdings das Risiko ausgeschlossen werden, dass der Schuldner sein Kündigungsrecht dazu einsetzt, das Vorsorgevermögen zweckwidrig zu verwenden. Dazu muss im Vertrag vereinbart sein, dass der Schuldner erst dann ordentlich kündigen kann, wenn er den Anspruch auf den Rückkaufswert zuvor an einen Anbieter abgetreten hat, der einen den Voraussetzungen des § 851c ZPO entsprechenden Vertrag mit ihm abgeschlossen hat. Auf diesen neuen Vertrag muss der Anspruch auf Auszahlung des Vorsorgevermögens gegen den alten Anbieter angerechnet werden. § 400 BGB steht dieser Abtretung trotz der eigentlichen Unpfändbarkeit des Anspruchs auf den Rückkaufswert gem. § 851c Abs. 2 ZPO nach dem Gesagten nicht entgegen. Tritt der Schuldner diesen Anspruch an einen anderen Versicherer ab, mit dem er zuvor einen den Voraussetzungen des § 851c Abs. 1 ZPO entsprechenden Versicherungsvertrag geschlossen hat, erhält der Schuldner aufgrund des neuen Vertrags eine dem Versorgungszweck des alten Vertrages entsprechende Gegenleistung. Der Schuldner kann den Anspruch nicht selbst einziehen, da er das Kündigungsrecht nicht ausüben kann, solange ihm selbst noch der Anspruch zusteht.

Durch diese Konstruktion wird sichergestellt, dass die Zweckbindung des Vorsorgevermögens als solche abstrakt aufrechterhalten wird, der Schuldner das Vorsorgevermögen aber zwischen verschiedenen Vorsorgeverträgen flexibel verteilen kann. Verdeckte Rückzahlungen an den Schuldner durch den neuen Anbieter werden vermieden, weil der Vertrag mit dem neuen Anbieter ebenfalls die Voraussetzungen des § 851c Abs. 1 ZPO erfüllen muss. Das Risiko solcher Zahlungen ist somit nicht größer als beim bestehenden Altvertrag. Dass bei einem Vertragswechsel Transaktionsverluste entstehen, die sich auch zulasten der Gläubiger auswirken können, ist hinzunehmen. Der Schuldner wird bereits im eigenen Interesse bemüht sein, diese Verluste so gering wie möglich zu halten.

---

197 BGH, Beschluss v. 31.5.1954 – GSZ 2/54 = BGHZ 13, 360, 369; zuletzt BGH, Urteil v. 09.11.1994 – IV ZR 66/94 = BGHZ 127, 354, 357; Roth in: MüKo-BGB, § 400, Rn. 6 m.w.N.; Grüneberg in Palandt, BGB; § 400, Rn. 3.

β) Ordentliches Kündigungsrecht des Versicherers

Der Versicherer hat wegen § 166 Abs. 1 VVG kein ordentliches Kündigungsrecht. Aus versicherungsrechtlicher Sicht steht dahinter der Gedanke, dass sich der Versicherer von einer Zusage über die Übernahme eines Risikos nicht bei Verschlechterung der äußeren Umstände wieder lossagen kann[198]. Im Hinblick auf den Pfändungsschutz der Altersvorsorge sichert dieser gesetzliche Ausschluss des ordentlichen Kündigungsrechts des Versicherers den Anspruch des Schuldners auf lebenslange Versorgung, der in § 851c Abs. 1 Nr. 1 ZPO vorausgesetzt wird.

2) Ausschluss der außerordentlichen Kündigungsrechte

Dauerschuldverhältnisse kann jeder Vertragteil bei Vorliegen eines wichtigen Grundes jederzeit kündigen, § 314 Abs. 1 S. 1 BGB. Ein wichtiger Grund liegt vor, wenn dem kündigendem Teil unter Berücksichtigung aller Umstände des Einzelfalls und unter Abwägung der beiderseitigen Interessen die Fortsetzung des Vertragsverhältnisses nicht mehr zugemutet werden kann, § 314 Abs. 1 S. 2 BGB. Als Kündigungsgründe kommen grundsätzlich nur solche in Betracht, die im Risikobereich des Kündigungsgegners liegen[199].

Außerordentliche Kündigungsrechte der Vertragsparteien müssen im Rahmen des § 851c Abs. 1 Nr. 2 ZPO nicht ausgeschlossen werden[200]. Ein vertraglicher Ausschluss dieser Rechte, wie § 168 Abs. 3 S. 2 VVG ihn für das ordentliche Kündigungsrecht des Schuldners fordert, wäre zudem rechtlich nicht möglich. Das unbedingte Bestehen eines außerordentlichen Kündigungsrechts bei Dauerschuldverhältnissen ist Ausdruck eines allgemeinen Rechtsgedankens. Niemand soll auf unbestimmte Zeit an einem Vertrag festgehalten werden können, wenn ihm dies unzumutbar ist. Die Vorschrift ist im Kern zwingendes Recht und unterliegt nicht der Disposition der Parteien[201].

In der Gesetzesbegründung wird die Frage aufgeworfen, ob auch ein außerordentliches Kündigungsrecht des Schuldners ausnahmsweise bei sonstiger Unzumutbarkeit gem. §§ 314 Abs. 1, 313 Abs. 3 BGB bestehen kann[202]. Dies könne

---

198 Winter in: Bruck/Möller, VVG, § 166, Rn. 2.
199 BGH, Urteil v. 11.11.2010 – III ZR 57/10 = NJW-RR 2011, S. 916; BGH, Urteil v. 27.03.1991 – IV ZR 130/90 = NJW 1991, S. 1828, 1829; Gaier in: MüKo-BGB, § 314, Rn. 10 m.w.N.; Grüneberg, in: Palandt, BGB, § 314, Rn. 7.
200 BT-Drs. 16/886, S. 14; Ahrens in: Prütting/Gehrlein, ZPO, § 851c, Rn. 24; Winter in: Bruck/Möller, VVG, § 168, Rn. 57, 70.
201 Gaier in: MüKo-BGB, § 314, Rn. 4; Grüneberg in: Palandt, BGB, § 314, Rn. 3.
202 BT-Drs. 16/886, S. 14.

beispielsweise der Fall sein, wenn der Schuldner in eine finanzielle Notlage gerate, ihm aber Leistungen nach SGB II versagt werden, weil er noch über Vorsorgevermögen im Rahmen des § 851c Abs. 2 ZPO verfügt[203]. Kündigungsgrund i.S.d. §§ 314 Abs. 1, 313 Abs. 3 BGB wird in der Regel ein pflichtwidriges Verhalten des anderen Teils sein, zumindest aber ein Umstand, der in dessen Risikosphäre fällt[204]. Eine wirtschaftliche Notlage des Schuldners fällt ausschließlich in dessen eigenen Risikobereich, so dass ein außerordentliches Kündigungsrecht nach §§ 314 Abs. 1, 313 Abs. 3 BGB in diesen Fällen nicht gegeben ist.

Ferner kann die Versagung oder Kürzung von Leistungen nach SGB II aus einem anderen Grund nicht darauf gestützt werden, dass nach § 851c Abs. 2 ZPO geschütztes Vorsorgevermögen vorhanden ist. Nach § 12 Abs. 1 SGB II sind als Vermögen alle verwertbaren Vermögensgegenstände zu berücksichtigen. Aufgrund der Verfügungsbeschränkungen handelt es sich bei dem pfändungsgeschützten Vorsorgevermögen des § 851c Abs. 2 ZPO nicht um berücksichtigungsfähiges Vermögen im Sinne des § 12 Abs. 1 SGB II. Es ist in den Grenzen des § 851c Abs. 2 ZPO nicht verwertbar, da der Schuldner wegen des Kündigungsausschlusses nach § 168 Abs. 3 S. 2 VVG keinen Zugriff hierauf hat[205]. Entsprechendes gilt im Anwendungsbereich des SGB XII. Im Rahmen der Grundsicherung für nicht erwerbsfähige Personen aufgrund des SGB XII ist gemäß § 90 Abs. 1 SGB XII ebenfalls nur das verwertbare Vermögen einzusetzen.

3) Abtretungs- und Verpfändungsausschluss

Der Begriff der Verfügung in § 851c Abs. 1 Nr. 2 ZPO umfasst weiter die Abtretung oder die Verpfändung aller Ansprüche aus dem Vertrag. Dies betrifft die späteren Rentenansprüche gleichermaßen wie den Anspruch auf den Rückkaufswert gem. § 169 Abs. 1 VVG sowie den Anspruch auf eine Kapitalleistung im Todesfall nach § 851c Abs. 1 Nr. 4 ZPO.

Zum Teil wird in der Literatur angenommen, die Abtretbarkeit aller Ansprüche aus einem nach § 851c ZPO zu schützendem Vertrag müsse gem. § 399 Alt. 2 BGB durch Vereinbarung der Vertragsparteien ausgeschlossen werden[206]. Eine nähere

---

203 BT-Drs. 16/886, S. 14.
204 BGH, Urteil v. 11.11.2010 – III ZR 57/10 = NJW-RR 2011, S. 916; BGH, Urteil v. 27.03.1991 – IV ZR 130/90 = NJW 1991, S. 1828, 1829; Gaier in: MüKo-BGB, § 314, Rn. 10 m.w.N.; Grüneberg, in: Palandt, BGB, § 314, Rn. 7.
205 LSG Rheinland-Pfalz, Urteil v. 29.01.2008 – L 3 AS 88/06 = BeckRS 2010, 66548; Mecke in: Eicher, SGB II, § 12, Rn. 45 und 66; Wollmann, S. 77 ff.
206 Becker in: Musielak, ZPO, § 851c, Rn. 2; K. Stöber, Forderungspfändung, Rn. 71a; ders. in: Zöller, ZPO, § 851c, Rn. 2; Meller-Hannich in Kindl/Meller-Hannich/Wolf,

Begründung, warum die Vereinbarung eines vertraglichen Abtretungsverbots erforderlich sein soll, wird nicht gegeben. Vielmehr wird jeweils auf die Formulierung der Entwurfsbegründung verwiesen, derzufolge der Versicherungsnehmer unwiderruflich darauf verzichten müsse, über die Ansprüche aus dem Vertrag zu verfügen[207]. Dieser Abtretungsausschluss könne wegen dessen vertraglicher Natur nur so lange gelten, wie die Parteien dies wollen. Damit blieben entgegen § 851c Abs. 1 Nr. 2 ZPO Verfügungen über die genannten Ansprüche möglich, wenn beide Parteien sich einig sind[208]. Um dieses für unrichtig befundene Ergebnis zu korrigieren, wird argumentiert, der Abtretungsausschluss diene nicht den Interessen des Schuldners, sondern vielmehr denen der Allgemeinheit bzw. des Vollstreckungsgläubigers. Aus diesem Grund sei vom Zweck des § 851c Abs. 1 Nr. 2 ZPO her ein nachträglicher Verzicht durch einvernehmliche Aufhebung des Abtretungsverbots zwischen Schuldner und Anbieter der Altersvorsorge nicht mehr möglich[209].

Der Ausschluss der Abtretungsmöglichkeit ergibt sich über § 400 BGB bereits aus der Rechtsfolge des § 851c Abs. 1 ZPO. Soweit eine Forderung dem Pfändungsschutz unterfällt, kann sie gem. § 400 BGB nicht abgetreten und gem. § 1274 Abs. 2 BGB nicht verpfändet werden. § 400 BGB soll im öffentlichen Interesse verhindern, dass der Schuldner durch seine Vertragspartner im Voraus dazu gedrängt wird, alle zukünftigen Lohnansprüche sicherungshalber abzutreten und ihm somit die Lebensgrundlage gänzlich entzogen wird[210]. § 400 BGB ist ebenso wie die Regelungen des Pfändungsschutzes nicht disponibel[211], so dass die Parteien den Verfügungsausschluss auch nicht wie im Falle des § 399 Alt. 2 BGB durch Vereinbarung aufheben können.

Gegen die oben beschriebene Ansicht spricht außerdem, dass ein vertragliches Abtretungsverbot wegen § 851 Abs. 2 ZPO grundsätzlich nicht zur Unpfändbarkeit der betroffenen Ansprüche führt. Warum ein vertragliches Abtretungsverbot nunmehr gerade Voraussetzung für den Pfändungsschutz des § 851c ZPO sein soll,

---

Hk-ZV § 851c ZPO, Rn. 14; Ahrens in: Prütting/Gehrlein, ZPO, § 851c, Rn. 19; Prahl, RV 2007, S. 121; ähnlich auch der Referentenentwurf 2004, S. 9.

207 Becker in: Musielak, ZPO, § 851c, Rn. 2; K. Stöber in: Zöller, ZPO, § 851c, Rn. 2 unter Verweis auf BT-Drs. 16/886, S. 8.
208 Prahl, RV 2007, S. 121.
209 Wollmann, S. 65.
210 BGH, Urteil v. 10.02.1994 – IX ZR 55/93 = BGHZ 125, 116, 122; Roth in: MüKo-BGB, § 400, Rn. 2; Grüneberg in: Palandt, BGB, § 400, Rn. 1; Busche in: Staudinger, BGB, § 400, Rn. 1.
211 Roth, a.a.O.; Grüneberg, a.a.O.

wäre zumindest erklärungsbedürftig. Der Weg über § 399, 2. Var. BGB erscheint gegenüber der hier vorgeschlagenen Lösung konstruiert. Im Ergebnis bedarf es daher keiner vertraglichen Vereinbarung über die Unabtretbarkeit der Ansprüche aus dem Vertrag. Ein dennoch vereinbartes vertragliches Abtretungsverbot führt die vollständige Unpfändbarkeit der Ansprüche wegen § 851 Abs. 2 ZPO nicht herbei[212].

Ein Abtretungsverbot gilt über § 851c Abs. 1 Nr. 3 ZPO auch für den Anspruch auf eine Kapitalleistung im Todesfall. Dieser ist zwar nicht pfändungsgeschützt[213], sodass § 400 BGB nicht eingreift. Der Anspruch auf die Kapitalleistung im Todesfall muss, wie noch zu zeigen ist[214], in den Nachlass des Schuldners fallen und unterliegt dort vollumfänglich dem Zugriff von dessen Gläubigern[215]. Wenn der Schuldner das Kapital nicht mehr für seine Altersvorsorge benötigt, was mit seinem Tod der Fall ist, so soll es nach der gesetzlichen Wertung wieder dem Gläubigerzugriff offen stehen[216]. Um den Gläubigern den Zugriff auf die Todesfallleistung zu sichern, bestimmt § 851c Abs. 1 Nr. 3 ZPO, dass die Ansprüche aus dem Vertrag grundsätzlich nicht Dritten zugewendet werden können. Dem Normzweck des § 851c Abs. 1 Nr. 3 ZPO kann daher ein gesetzliches Abtretungsverbot für den Anspruch auf die Kapitalleistung im Todesfall entnommen werden[217].

4) Ausschluss des Umwandlungsrechts, § 165 VVG

Verlangt der Versicherungsnehmer Umwandlung in eine beitragsfreie Versicherung gem. § 165 Abs. 1 VVG, entfällt dessen Beitragspflicht. Die Umwandlung führt außerdem zu einer verringerten, nach § 165 Abs. 2 VVG zu errechnenden Beitragspflicht des Versicherungsnehmers unter Aufrechterhaltung der übrigen Vertragspflichten[218]. Das Umwandlungsrecht des § 165 Abs. 1 VVG stellt keine nach § 851c Abs. 1 Nr. 2 ZPO auszuschließende Verfügungsmöglichkeit dar, denn das bereits in den Vertrag einbezahlte Kapital wird bei Ausübung dieses Gestaltungsrechts nicht zweckentfremdet verwendet. Es bleibt weiterhin im Vertrag gebunden

---

212 BGH, Urteil v. 01.12.2011 – IX ZR 79/11, Rn. 34 = NJW 2012, S. 678, 681; Meller-Hannich in Kindl/Meller-Hannich/Wolf, Hk-ZV § 851c ZPO, Rn. 14.

213 Ahrens in: Prütting/Gehrlein, ZPO, § 851c, Rn. 28.

214 Kapitel **D. IV.** 3. und 5.

215 Wollmann, S. 68.

216 Wollmann, S. 90; Ahrens in: Prütting/Gehrlein, ZPO, § 851c, Rn. 28; Winter in: Bruck/Möller, VVG, § 167, Rn. 26.

217 Vgl. auch Winter, a.a.O.

218 Mönnich in: MüKo-VVG, § 165, Rn. 22; BGH, Urteil v. 08.05.1954 – II ZR 20/53 = BGHZ 13, 226, 234.

und wird später als Altersrente ausgeschüttet. Der Versicherungsnehmer könnte darüber hinaus eine dem § 165 Abs. 1 VVG vergleichbare Rechtsfolge ohnehin erreichen, indem er seine Beiträge nicht mehr entrichtet. In diesem Fall wird der Versicherer gem. § 38 Abs. 1, Abs. 3 VVG kündigen mit der Folge, dass gem. §§ 166 Abs. 1 S. 1, 165 VVG die Versicherung ebenfalls als prämienfreie fortgeführt wird.

5) Aufhebungsvertrag, § 311 Abs. 1 BGB

Den Parteien bleibt es unbenommen, einen Aufhebungsvertrag gem. § 311 Abs. 1 BGB zu schließen. Dem steht § 851c Abs. 1 Nr. 2 ZPO nicht entgegen. Dann entfällt der Pfändungsschutz mit ex-nunc-Wirkung.

c) Leitgedanken und Wertungskriterien des § 851c Abs. 1 Nr. 2 ZPO

§ 851c Abs. 1 Nr. 2 ZPO setzt voraus, dass Verfügungen der Vertragsparteien über die Ansprüche aus dem Vertrag grundsätzlich nicht mehr möglich sind, soweit der Pfändungsschutz reicht. Dies ergibt sich zunächst aus einer Gesamtschau der verschiedenen Norm, die mit § 851c ZPO im Zusammenhang stehen. § 168 Abs. 3 S. 2 VVG setzt den vertraglichen Ausschluss des ordentlichen Kündigungsrechts des Schuldners während der Ansparphase voraus. § 400 BGB nimmt dem Schuldner die rechtliche Möglichkeit, die Ansprüche aus dem Vertrag abzutreten.

Insbesondere steht diese Auslegung im Einklang mit den Leitgedanken des Pfändungsschutzes für Forderungen, wonach der Schuldner grundsätzlich keine Verfügungsgewalt über die Quelle der Einkünfte, die dem Pfändungsschutz unterliegen, hat. Außerdem besteht ein Gleichlauf der Anforderungen an den Privatvorsorgevertrag mit den Strukturmerkmalen der gesetzlichen Rentenversicherung. Diese ist leitbildgebend für § 851c ZPO, da sie ebenfalls die Grundversorgung des Schuldners im Alter sicherstellen soll. Bei der gesetzlichen Rentenversicherung besteht keine Möglichkeit des Schuldners, über das Vorsorgevermögen zu verfügen.

§ 851c Abs. 1 Nr. 2 ZPO, wonach nicht über die Ansprüche aus dem Vertrag verfügt werden darf, ist daher so zu lesen, dass über die Ansprüche aus dem Vertrag nicht verfügt werden kann. Die Norm soll verhindern, dass der Schuldner unabhängig von besonderen Voraussetzungen über den Bestand des Vorsorgevertrags und über das pfändungsgeschützte Vorsorgevermögen verfügen kann. Andererseits soll ihnen aber nicht jegliche Möglichkeit genommen werden, sich von dem pfändungsgeschützten Vertrag zu lösen, denn die außerordentlichen Kündigungsrechte bleiben unberührt.

§ 851c Abs. 1 Nr. 2 ZPO setzt dieses Regelungsprogramm um, indem die Norm an Strukturen des Versicherungsvertragsrechts anknüpft. § 168 Abs. 3 S. 2 VVG ermöglicht den in § 851c Abs. 1 Nr. 2 ZPO vorausgesetzten Ausschluss des ordentlichen Kündigungsrechts des Schuldners während der Ansparphase. In der Rentenbezugsphase besteht wegen § 168 Abs. 1 VVG keine Möglichkeit des Schuldners mehr, den Vertrag zu kündigen, weil dann keine laufenden Prämien mehr zu entrichten sind. Ein ordentliches Kündigungsrecht des Versicherers, welches diesem ermöglichen würde, den Vertrag als solchen zu beenden, besteht bei Versicherungsverträgen grundsätzlich nicht. § 851c Abs. 1 Nr. 2 ZPO macht sich diesen Umstand ebenfalls zunutze, um dem Schuldner den Anspruch auf die lebenslange Versorgung in der Auszahlungsphase zu sichern. Abtretungen oder Verpfändungen der pfändungsgeschützten Ansprüche kann der Schuldner bereits kraft Gesetzes gem. § 400 BGB nicht mehr vornehmen, soweit der Pfändungsschutz reicht.

Diese Leitgedanken entsprechen grundsätzlich denen des Systems des Forderungspfändungsschutzes. Die §§ 850 ff. ZPO erfassen wie gezeigt[219] Einkünfte, bei denen die Quelle der Einkünfte der Verfügungsgewalt des Schuldners vollständig entzogen ist. Hierdurch ist auch ein Gläubigerzugriff auf das Vorsorgevermögen der gesetzlichen Rentenversicherung und der betrieblichen Altersversorgung vollständig ausgeschlossen. Diese Verfügungs- und Verwertungsbeschränkungen zulasten von Schuldner und Gläubiger beruhen jeweils auf der spezifischen Ausgestaltung des Rechtsinstituts, dem die Alterseinkünfte entspringen. Sie sind nicht auf den Konflikt zwischen Gläubiger- und Schuldnerinteressen abgestimmt, sondern dienen vielmehr unterschiedlichen Zwecken.

§ 851c Abs. 1 Nr. 2 ZPO bewirkt demgegenüber, dass auch die Verfügungs- und Verwertungsbeschränkungen für das Vorsorgevermögen während der Ansparphase in ihrer Reichweite mit dem Umfang des Pfändungsschutzes korrespondieren. Diesen von § 851c Abs. 1 Nr. 2 ZPO geforderten Verfügungs- und Verwertungsbeschränkungen liegen nunmehr spezifisch pfändungsschutzrechtliche Wertungen zugrunde. § 851c Abs. 2 ZPO schützt das Vorsorgevermögen insoweit vor Pfändung, als es benötigt wird, um eine Altersrente in Höhe der Pfändungsfreigrenze des § 850c ZPO zu erhalten. Hiermit korrespondieren die Verfügungsbeschränkungen zulasten des Schuldners nach § 851c Abs. 1 Nr. 2 ZPO und § 168 Abs. 3 S. 2 VVG.

Durch die Orientierung der Verfügungsbeschränkungen am pfändungsgeschützten Betrag des Vorsorgevermögens wird sichergestellt, dass der Schuldner während

---

219 Kapitel **C. II. 3.**

der Ansparphase auf den nicht pfändungsgeschützten Teil des Vorsorgevermögens zugreifen kann. Damit wird die Zweckbindung des Vorsorgevermögens sichergestellt. Dies ist notwendig, weil eine Einschränkung des grundrechtlich geschützten Befriedigungsrechts des Gläubigers nur insoweit hingenommen werden kann, wie es zum Erhalt des ebenfalls grundrechtlich geschützten Existenzminimums des Schuldners im Alter erforderlich ist. Das Regelungskonzept des § 851c Abs. 1 Nr. 2 ZPO stellt einen sachgerechten Ausgleich von Gläubiger- und Schuldnerinteressen dar.

3. Ausschluss von Drittberechtigungen, § 851c Abs. 1 Nr. 3, 1. Var. ZPO

Die Beschränkung des Gläubigerzugriffs auf das Vorsorgevermögen ist nur solange gerechtfertigt, wie dieses benötigt wird, um den Lebensunterhalt des Schuldners im Alter zu sichern[220]. Deshalb dürfen Ansprüche aus dem Vertrag grundsätzlich nur dem Schuldner zustehen. Die Bestimmung von Dritten mit Ausnahme von Hinterbliebenen als Berechtigte muss deshalb ausgeschlossen sein, § 851c Abs. 1 Nr. 3 ZPO. Die Norm zielt darauf ab, die Ausgestaltung des Vertrages als Vertrag zugunsten Dritter auf den Todesfall gem. §§ 328 Abs. 1, 331 BGB zu unterbinden. Der Begriff der Berechtigung in § 851c Abs. 1 Nr. 3 ZPO ist als Anspruchsberechtigung eines Dritten aus dem nach § 851c ZPO zu schützenden Vertrag zu verstehen. Könnte der Vertrag als Vertrag zugunsten Dritter auf den Todesfall ausgestaltet werden, so erwürbe der Dritte im Fall des Todes des Schuldners den Anspruch auf Auszahlung des Vorsorgevermögens unter Umgehung des Nachlasses und damit unter Ausschluss der Nachlassgläubiger[221]. In diesen Fällen wäre vorbehaltlich einer Insolvenz- bzw. Gläubigeranfechtung keine Zugriffsmöglichkeit der Gläubiger auf das Vorsorgevermögen mehr gegeben. § 851c Abs. 1 Nr. 3 ZPO bewirkt damit die Vererblichkeit des Vorsorgekapitals des Vertrages zugunsten der Gläubiger.

---

220 Referentenentwurf 2004, S. 38.
221 BGH, Beschluss v. 27.04.2010 – IX ZR 245/09, Rn. 2 = NZI 2010, S. 646; BGH, Urteil v. 26.11.2003 – IV ZR 438/02 = BGHZ 157, 79; BGH, Urteil v. 23.10.2003 – IX ZR 252/01 = BGHZ 156, 350, 353; Heiss in: MüKo-VVG, § 159, Rn. 9, 67; Winter in: Bruck/Möller, VVG, § 159, Rn. 189; Jagmann in: Staudinger, BGB, § 331, Rn. 10; Gottwald in: MüKo-BGB, § 331, Rn. 4; Grüneberg in: Palandt, BGB, Einf. v. §§ 328 ff., Rn. 6; Petersen, AcP 2004, S. 832 ff.

Der Wortlaut des § 851c Abs. 1 Nr. 3 ZPO stellt auf eine Besonderheit des Versicherungsrechts gegenüber den Regelungen des BGB über den Vertrag zugunsten Dritter ab. Nach § 851c Abs. 1 Nr. 3 ZPO muss die Bestimmung von Dritten als Berechtigte ausgeschlossen sein. Im Rahmen der §§ 328 ff. BGB kann einem Dritten nur durch Vertrag mit dem Versprechenden ein eigener Anspruch eingeräumt werden. § 159 Abs. 1 VVG modifiziert diese Regelung für Versicherungsverträge und ermöglicht es, einem Dritten durch einseitiges Rechtsgeschäft des Versicherungsnehmers einen Anspruch einzuräumen[222]. Dieses Recht des Versicherungsnehmers muss gem. § 851c Abs. 1 Nr. 3 ZPO durch vertragliche Vereinbarung mit dem Versicherer während der gesamten Vertragslaufzeit ausgeschlossen werden.

4. Anspruchszuwendung an Hinterbliebene, § 851c Abs. 1 Nr. 3, 2. Var. ZPO

Der Schuldner darf seinen Hinterbliebenen eine Bezugsberechtigung für den Todesfall einräumen, § 851c Abs. 1 Nr. 3 ZPO. Dies stellt die Ausnahme von dem von § 851c Abs. 1 Nr. 3 ZPO aufgestellten Grundsatz dar, dass Dritten keine Ansprüche aufgrund des Vertrages zugewendet werden dürfen.

a) Regelungsfunktion des § 851c Abs. 1 Nr. 3 ZPO

§ 851c Abs. 1 Nr. 3 ZPO regelt nicht den Pfändungsschutz für die Leistungen, die den Hinterbliebenen aufgrund des Vertrages gewährt werden. Für diese Leistungen besteht gegenüber den Gläubigern der Hinterbliebenen Pfändungsschutz nach § 850b Abs. 1 Nr. 3, 2. Var. ZPO. Nach dieser Norm sind fortlaufende Einkünfte, die ein Schuldner auf Grund der Fürsorge und Freigebigkeit eines Dritten bezieht, unpfändbar. Der Pfändungsschutz des § 850b ZPO soll von § 851c ZPO nicht verdrängt werden[223]. § 851c Abs. 1 Nr. 3 ZPO gibt dem Schuldner lediglich die Befugnis, Hinterbliebene während der gesamten Vertragslaufzeit als Berechtigte zu bestimmen[224]. § 851c Abs. 1 Nr. 3 ZPO entspricht damit strukturell § 851c Abs. 1 Nr. 1 ZPO, der es dem Schuldner erlaubt, einen früheren Leistungsbeginn

---

222 Heiss in: MüKo-VVG, § 159, Rn. 1.
223 BT-Drs. 16/886, S. 8.
224 Kemper in: Saenger, ZPO, § 851c, Rn. 7; A.A.: K. Stöber in: Zöller, ZPO, § 851c, Rn. 2; ders., Forderungspfändung, Rn. 71h; Wollmann, S. 58, Winter in: Bruck/Möller, VVG, § 167, Rn. 22 u. 23, die von einer Anwendbarkeit des § 851c Abs. 1 ZPO auch auf die Hinterbliebenenrente ausgehen.

als das 60. Lebensjahr für den Fall der Berufsunfähigkeit zu vereinbaren, dessen Funktion aber nicht im Pfändungsschutz für die Berufsunfähigkeitsrenten liegt.

§ 851c Abs. 1 Nr. 3 ZPO regelt auch nicht den Pfändungsschutz der Hinterbliebenenleistungen vor Zugriffen von Gläubigern des Schuldners. Diese können nicht unmittelbar im Wege der Pfändung gem. §§ 828 ff. ZPO auf die Hinterbliebenenleistungen zugreifen, da die Hinterbliebenen die Rentenansprüche aufgrund der §§ 328, 331 BGB unter Umgehung des Nachlasses erwerben. Insoweit besteht kein Regelungsbedürfnis für einen Pfändungsschutz für die Hinterbliebenenleistungen.

b) Voraussetzungen einer Hinterbliebenenversorgung

Im Rahmen von nach § 851c ZPO geschützten Rentenversicherungsverträgen können Hinterbliebene sowohl widerruflich, § 159 Abs. 2 VVG, als auch unwiderruflich, § 159 Abs. 3 VVG, als Bezugsberechtigte bezeichnet werden[225]. Die Bezeichnung des Dritten kann bei oder aber auch nach Vertragsschluss erfolgen.

1) Begriff des Hinterbliebenen

Nach dem Sprachgebrauch umfasst der Begriff der Hinterbliebenen zumindest die nächsten Familienangehörigen, also die Kinder und den überlebenden Ehegatten[226]. Nach der weitesten Auffassung ist Hinterbliebener jede Person, die nach dem Tode des Betroffenen zurückbleibt, und zwar ohne Rücksicht auf ein Verwandtschafts- oder sonstiges Näheverhältnis[227]. Zum Teil wird auf ein Verwandtschaftsverhältnis im Sinne des BGB unabhängig von dessen Qualität abgestellt[228]. Der BGH hat in einer neueren Entscheidung allerdings klargestellt, dass jedenfalls nichteheliche Lebensgefährten nicht von § 851c Abs. 1 Nr. 3 ZPO erfasst werden[229]. In den Gesetzesmaterialien wird auf den im Versorgungsrecht herrschenden Hinterbliebenenbegriff verwiesen, in Anlehnung daran seien als Hinterbliebenen zumindest der Ehegatte, die Kinder und Pflegekinder des Schuldners anzusehen[230].

---

225 Hasse, VersR 2007, S. 870, 885; A.A. Wollmann, S. 154.

226 Meller-Hannich in: Kindl/Meller-Hannich/Wolf, Hk-ZV, § 851c, Rn. 15; Brehm in: Stein/Jonas, ZPO, § 850, Rn. 35; Wimmer, jurisPR-InsolvenzR 7/2007, S. 6.

227 LG Mönchengladbach, Urteil v. 15.02.1996 – 10 O 407/95 = VersR 1997, S. 478.

228 Hartmann in: Baumbach/Lauterbach/Albers/Hartmann, ZPO, § 851c, Rn. 7.

229 BGH, Beschluss v. 25.11.2010 – VII ZB 5/08 = NZI 2011, S. 67.

230 BT-Drs. 16/3844, S. 21 ff., so auch Smid in: MüKo-ZPO, § 851c, Rn. 7; Becker in: Musielak, ZPO, § 851c, Rn. 2.

Holzer[231] interpretiert den Begriff Versorgungsrecht als Verweis auf das Bundesentschädigungsgesetz (BEG)[232], und zwar auf den Hinterbliebenenbegriff in § 17 BEG. Allerdings müsste dann konsequenterweise auch das Bundesversorgungsgesetz (BVG)[233], dabei insbesondere § 38 Abs. 1 BVG, herangezogen werden, das bereits den Begriff der Versorgung im Titel enthält. Der Hinterbliebenenbegriff des BVG ist enger als der des BEG. Der Verweis des Rechtsausschusses auf das Versorgungsrecht ist somit nicht eindeutig. Der Hinterbliebenenbegriff wird auch in § 850 Abs. 2 ZPO verwendet, ohne dass er dort legal definiert wird. Die Literatur verweist bei der Auslegung des § 850 Abs. 2 ZPO pauschal auf Witwen, Witwer und Kinder sowie unter Umständen auch Verwandte der aufsteigenden Linie nach den Versorgungsgesetzen, insbesondere dem Beamtenversorgungsgesetz[234].

Keiner der genannten Definitionsansätze vermag zu überzeugen. Aufgrund der Leitbildfunktion der gesetzlichen Rentenversicherung für § 851c ZPO kann der Hinterbliebenenbegriff des § 851c Abs. 1 Nr. 3 ZPO unter Rückgriff auf die im SGB VI genannten Personengruppen definiert werden, die im Rahmen der gesetzlichen Rentenversicherung Ansprüche auf Renten von Todes wegen haben, §§ 46 ff. SGB VI. § 851c ZPO soll einen Gleichlauf der Voraussetzungen des Pfändungsschutzes der privaten Altersvorsorge mit denen der gesetzlichen Rentenversicherung im Hinblick auf den Pfändungsschutz bewirken. Auch im Recht der betrieblichen Altersversorgung wird für die Interpretation des Hinterbliebenenbegriffs in § 1 Abs. 1 BetrAVG auf die gesetzliche Rentenversicherung zurückgegriffen[235]. Mit dieser Auslegung werden die wegen Todes anspruchsberechtigten Personen in allen drei Säulen der Altersvorsorge gleich behandelt. Dieser Ansicht ist auch der BGH im Grundsatz zugeneigt, hat aber die Definition des Hinterbliebenenbegriffs im Einzelnen letztlich offen gelassen[236]. Er hat lediglich zutreffend festgestellt, dass der Lebensgefährte des Schuldners kein Hinterbliebener im Sinne des § 851c Abs. 1 Nr. 3 ZPO ist und betont, dass § 851c Abs. 1 Nr. 3 ZPO eng auszulegen ist[237].

---

231 Holzer, DStR 2007, S. 767, 769.
232 Gesetz zur Entschädigung der Opfer nationalsozialistischer Verfolgung i.d.F. v. 29.06.1956, BGBl. I S. 559, zuletzt geändert durch Gesetz v. 23.07.2013, BGBl. I, S. 2586.
233 Gesetz über die Versorgung der Opfer des Krieges i.d.F. v. 22.01.1982, BGBl. I, S. 21, zuletzt geändert durch Gesetz v. 14.08.2013, BGBl. I, S. 3227.
234 K. Stöber, ZPO, § 850, Rn. 8; ders. in: Forderungspfändung, Rn. 885; Smid in: MüKo-ZPO, § 850, Rn. 34; Brehm in: Stein/Jonas, ZPO, § 850, Rn. 35.
235 Rolfs in: Blomeyer/Rolfs/Otto, BetrAVG, § 1, Rn. 27.
236 BGH, Beschluss v. 25.11.2010 – VII ZB 5/08, Rn. 15 = NZI 2011, S. 67, 68.
237 BGH, a.a.O.

Hinterbliebene i.S.d. § 851c Abs. 1 Nr. 3 ZPO sind somit Witwen bzw. Witwer sowie Lebenspartner, § 46 Abs. 1 und 4 SGB VI, darüber hinaus leibliche Kinder sowie Stief- und Pflegekinder, soweit sie in den Haushalt des Verstorbenen aufgenommen waren oder von ihm im Wesentlichen unterhalten worden sind, § 48 Abs. 3 SGB VI, § 56 Abs. 2 SGB I. Hinterbliebene des Schuldners sind ferner Enkel und Geschwister, die in den Haushalt der Witwe oder des Witwers aufgenommen sind oder von diesen überwiegend unterhalten werden, § 67 Abs. 2 SGB VI[238].

In der Literatur wird vielfach die Frage aufgeworfen, ob auch der Lebenspartner im Sinne des Lebenspartnerschaftsgesetzes[239] in den Hinterbliebenenbegriff des § 851c Abs. 1 Nr. 2 ZPO einzubeziehen ist[240]. Hintergrund ist, dass eine Einigung der Koalitionsparteien über die Einführung einer Legaldefinition des Begriffs der Hinterbliebenen im Gesetzgebungsverfahren an dieser Frage scheiterte[241]. Da die meisten Autoren die Einbeziehung von Lebenspartnern in den Anwendungsbereich des § 851c Abs. 1 Nr. 3 ZPO für wünschenswert halten, wird ein großer Begründungsaufwand betrieben, um dieses Ergebnis herzuleiten[242]. Wollmann geht davon aus, der Lebenspartner sei vom Schutzbereich des § 851c Abs. 1 Nr. 3 ZPO nur erfasst, wenn dieser Kinder erziehe[243]. Hierfür führt er an, es fehle an einer ausdrücklichen gesetzgeberischen Wertentscheidung zugunsten des Lebenspartners. Auch eine teleologische Auslegung vermöge eine unbeschränkte Einbeziehung nicht zu rechtfertigen. Es fehle an der typischen besonderen Schutzbedürftigkeit des Lebenspartners, da bei Lebenspartnerschaften das Fortkommen eines der Partner anders als bei Ehegatten in aller Regel nicht durch Kindererziehungszeiten und „Hausfrauen-Ehen" beeinträchtigt würden[244].

---

238 So auch Wollmann, S. 151 f.; vgl. auch Winter in: Bruck/Möller, VVG, § 167, Rn. 31.

239 Lebenspartnerschaftsgesetz v. 16.02.2001, BGBl. I, S. 266; zuletzt geändert durch Gesetz v. 07.05.2013, BGBl. I, S. 1122.

240 Vgl. nur Wimmer, jurisPR-InsolvenzR 7/2007, Anm. 5, S. 6; ders., ZInsO 2007, S. 281, 285; Holzer, DStR 2007, S. 767, 769; M. Stöber, NJW 2007, S. 1242, 1245; offen Kessal-Wulf in: Schuschke/Walker, Vollstreckung, § 851c, Rn. 3.

241 Vgl. die Zusammenstellung der Änderungsanträge der beteiligten Fraktionen in BT-Drs. 16/3844, S. 13 ff.; zur Entstehungsgeschichte der Norm ausführlich Wollmann, S. 128 f.

242 Wimmer, jurisPR-InsolvenzR 7/2007, Anm. 5, S. 6; ders., ZInsO 2007, S. 281, 285; Holzer, DStR 2007, S. 767, 769; M. Stöber, NJW 2007, S. 1242, 1245; ablehnend Kessal-Wulf in: Schuschke/Walker, Vollstreckung, § 851c, Rn. 3.

243 Wollmann, S. 142 ff.

244 Wollmann, a.a.O.

Aus verfassungsrechtlicher Sicht ist der Gesetzgeber nach der Rechtsprechung des BVerfG und des BGH nicht grundsätzlich gehalten, den Lebenspartner in begünstigende Normanwendungsbereiche, die Ehegatten offen stehen, einzubeziehen. Es besteht wegen Art. 6 Abs. 1 GG die Möglichkeit, die Ehe gegenüber anderen Formen des Zusammenlebens zu privilegieren[245]. Das BVerfG hat diese Aussagen in der einer Entscheidung aus dem Jahre 2009 allerdings für den Bereich der betrieblichen Altersversorgung erheblich eingeschränkt[246]. Danach sei die Ungleichbehandlung von Ehe und eingetragener Lebenspartnerschaft im Bereich der betrieblichen Hinterbliebenenversorgung für Arbeitnehmer des öffentlichen Dienstes, die bei der Versorgungsanstalt des Bundes und der Länder zusatzversichert sind, mit Art. 3 Abs. 1 GG unvereinbar, da sie eine unzulässige Differenzierung nach der sexuellen Orientierung darstelle.

In dem zu entscheidenden Fall war nach der Satzung der Versorgungsanstalt des Bundes und der Länder für die Arbeitnehmer des öffentlichen Dienstes eine Hinterbliebenenversorgung für Lebenspartner des Bediensteten ausgeschlossen. Gehe die Privilegierung der Ehe mit einer Benachteiligung anderer Lebensformen einher, obgleich diese nach dem geregelten Lebenssachverhalt und den mit der Normierung verfolgten Zielen der Ehe vergleichbar sind, rechtfertige der bloße Verweis auf das Schutzgebot der Ehe gemäß Art. 6 Abs. 1 GG eine solche Differenzierung nicht[247]. Es bedürfe vielmehr eines weiteren sachlichen Grundes, der vorliegend nicht gegeben sei. Ein Grund für die Unterscheidung von Ehe und eingetragener Lebenspartnerschaft könne nicht darin gesehen werden, dass typischerweise bei Eheleuten wegen Lücken in der Erwerbsbiographie aufgrund von Kindererziehung ein anderer Versorgungsbedarf bestünde als bei Lebenspartnern. Auch eine Lebenspartnerschaft könne in der Weise ausgestaltet sein, dass der eine Partner eher auf den Beruf und der andere eher auf den häuslichen Bereich einschließlich der Kinderbetreuung ausgerichtet sei[248]. Diese Entscheidung dürfte auf den Pfändungsschutz der Altersvorsorge übertragbar sein. Der Lebenspartner im Sinne des LPartG ist mithin in den Hinterbliebenenbegriff mit einzubeziehen[249].

In diese Richtung weist auch eine Entscheidung des EuGH aus dem Jahre 2011. Danach kann es eine unmittelbare Diskriminierung wegen der sexuellen

---

245 BVerfG, Urteil v. 17.07.2002 – 1 BvF 1/01, 2/01 = BVerfGE 105, 313, 346; BGH, Urteil v. 14.02.2007 – IV ZR 267/04 = NJW-RR 2007, S. 1441, 1442.
246 BVerfG, Beschluss v. 07.07.2009 – 1 BvR 1164/07 = BVerfGE 124, 199.
247 BVerfG, a.a.O., Rn. 105.
248 BVerfG, a.a.O., Rn. 113.
249 Ahrens in: Prütting/Gehrlein, ZPO, § 851c, Rn. 25.

Ausrichtung darstellen, die gegen Art. 1, 2 Abs. 2 lit a) der Richtlinie 2000/78/EG zur Festlegung eines allgemeinen Rahmens für die Verwirklichung der Gleichbehandlung in Beschäftigung und Beruf verstößt, wenn sich überlebende Ehegatten und überlebende Lebenspartner in einer vergleichbaren Situation in Bezug auf die Hinterbliebenenversorgung befinden, aber unterschiedlich behandelt werden[250]. In der Entscheidung ging es um das hamburgische Versorgungsgesetz für Angehörige des öffentlichen Dienstes, das eine geringere Höhe von Versorgungsbezügen von hinterbliebenen Lebenspartnern gegenüber hinterbliebenen Ehegatten vorsah. Dennoch dürfte diese Entscheidung nur zurückhaltend für die Auslegung des § 851c Abs. 1 Nr. 3 ZPO heranzuziehen sein, denn sie bezieht sich lediglich auf die Ungleichbehandlung bezüglich der Höhe des Arbeitsentgelts, Art. 3 Abs. 1 lit. c) der Richtlinie 2000/78/EG und Art. 157 AEUV und somit auf eine Spezialmaterie des Europarechts.

Aber auch in gesetzessystematischer Hinsicht wäre kaum zu rechtfertigen, Lebenspartner nicht in den Schutzbereich des § 851c Abs. 1 Nr. 3 ZPO mit einzubeziehen. Definiert man den Hinterbliebenenbegriff unter Rückgriff auf die §§ 46 ff. SGB VI, so wird auch der Lebenspartner erfasst, § 46 Abs. 4 SGB VI. Innerhalb der Pfändungsschutzvorschriften der ZPO wird der Lebenspartner ausdrücklich erwähnt, z. B. in §§ 850c Abs. 1 S. 2, 850d Abs. 1 S. 1 und 850i Abs. 1 a.F. ZPO[251]. Es ist kein Grund ersichtlich, den Lebenspartner innerhalb der Pfändungsschutzvorschriften desselben Abschnitts unterschiedlich zu behandeln. Auch die teleologischen Argumente Wollmanns dürften nicht allein tragfähig sein, diese deutlichen systematischen Argumente zu entkräften. Die von Wollmann unterstellten Fakten zur tatsächlichen Ausgestaltung der Lebenspartnerschaft rechtfertigen nach der Ansicht des BVerfG gerade keine unterschiedliche Behandlung von Ehegatten und Lebenspartnern[252].

2) Verhältnis zur materiellen Unterhaltspflicht

§ 851c Abs. 1 Nr. 3 ZPO setzt nicht voraus, dass die begünstigten Hinterbliebenen im Zeitpunkt des Todes des Schuldners diesem gegenüber nach materiellem Recht unterhaltsberechtigt gewesen sind. Für eine Anknüpfung an die materielle Unterhaltspflicht lässt sich zwar anführen, dass eine Einschränkung der Zugriffsmöglichkeiten der Gläubiger, die mit dem Pfändungsschutz verbunden ist, nur dann

250 EuGH, Urteil v. 10.05.2011 – C-147/08 = Slg. I 2011, 3645.
251 Wimmer, ZInsO 2007, S. 281, 285.
252 BVerfG, Beschluss v. 07.07.2009 – 1 BvR 1164/07, Rn. 112 f. = BVerfGE 124, 199, 229.

gerechtfertigt sei, wenn das Vorsorgevermögen tatsächlich zu Versorgungszwekken eingesetzt wird. Dies wäre nur dann der Fall, wenn der begünstigte Hinterbliebene auch unterhaltsberechtigt wäre. Diese Auslegung stünde im Einklang mit § 850c Abs. 1 S. 2 ZPO, wonach sich die Pfändungsfreigrenze nur erhöht, wenn der Schuldner einer der dort genannten Personen tatsächlich Unterhalt gewährt.

Gegen eine solche Auslegung des § 851c Abs. 1 Nr. 3 ZPO spricht zunächst ein Umkehrschluss aus § 850 Abs. 3 b) ZPO. Nach § 850 Abs. 3 b) ZPO muss der Schuldner die Versicherung zur Versorgung seiner unterhaltsberechtigten Angehörigen eingegangen sein. Die Norm setzt somit anders als § 851c Abs. 1 Nr. 3 ZPO ausdrücklich eine materielle Unterhaltspflicht des Schuldners voraus. Insbesondere aber lässt sich zum Zeitpunkt des Vertragsschlusses als dem maßgeblichen Zeitpunkt für das Vorliegen der Voraussetzungen des § 851c Abs. 1 ZPO[253] kaum voraussagen, welche Personen im Zeitpunkt des Todes des Schuldners unterhaltsberechtigt sein werden. Auch die gesetzliche Rentenversicherung stellt deshalb eigene Kriterien für die Gewährung von Hinterbliebenenleistungen auf, die von der materiellen Unterhaltspflicht unabhängig sind, §§ 46 ff. SGB VI. Dies schließt nicht aus, dass in vielen Fällen ein Gleichlauf der Voraussetzungen bestehen kann.

§ 851c Abs. 1 Nr. 3 ZPO setzt damit voraus, dass bei den Hinterbliebenen im Falle des Todes des Schuldners typischerweise ein Versorgungsbedarf gegeben ist[254]. Diese Vermutung eines typisierten Versorgungsbedarfs bei den Hinterbliebenen rechtfertigt es, letzteren Versorgungsleistungen unabhängig vom Bestehen einer materiell-rechtlichen Unterhaltspflicht zuzuwenden.

3) Zahlungsform der Hinterbliebenenleistung

§ 851c Abs. 1 Nr. 3 ZPO trifft keine Vorgaben dahingehend, in welcher Zahlungsform den Hinterbliebenen Leistungen zugewendet werden dürfen. In der Literatur wird angenommen, es sei möglich, den Hinterbliebenen wahlweise einen Anspruch sowohl auf eine Kapital- als auch auf eine Rentenleistung zuzuwenden. Einige Autoren leiten dies aus einer Gesamtschau der Voraussetzungen des § 851c Abs. 1 ZPO ab[255]. Die Hinterbliebeneneigenschaft des Begünstigten gem. § 851c Abs. 1 Nr. 3 ZPO setze notwendigerweise den Tod des Vorsorgenden voraus, womit § 851c Abs. 1 Nr. 4 ZPO anwendbar sei. Für den Todesfall

---

253 Dazu ausführlich Kapitel **D. IV.** 6.

254 Vgl. BVerfG, Beschluss v. 07.07.2009 – 1 BvR 1164/07, Rn. 109 = BVerfGE 124, 199, 228.

255 M. Stöber, NJW 2007, S. 1242, 1245; Holzer, DStR 2007, S. 767, 770; Ahrens in: Prütting/Gehrlein, ZPO, § 851c, Rn. 26, 27.

sei ausweislich § 851c Abs. 1 Nr. 4 ZPO die Auszahlung einer einmaligen Kapitalleistung zulässig. § 851c Abs. 1 Nr. 3 ZPO regele lediglich die Empfangszuständigkeit für die Kapitalleistung. Dies widerspreche auch nicht dem Versorgungszweck, weil mit einem Todesfall erhebliche Zahlungspflichten entstehen können, beispielsweise Beerdigungskosten[256]. Die gedanklich davon zu trennende Frage, ob eine solche Kapitalleistung dann auch Pfändungsschutz genießt, wird uneinheitlich beantwortet.

Hinterbliebenen dürfen im Rahmen von § 851c Abs. 1 Nr. 3 ZPO nur Leistungen in Rentenform zugewendet werden. Hierfür lässt sich zunächst anführen, dass in der gesetzlichen Rentenversicherung, an deren Ausgestaltung § 851c ZPO angelehnt ist, Leistungen der Hinterbliebenenversorgung ebenfalls nur in Rentenform gewährt werden, §§ 46 – 49 SGB VI[257]. Gleiches gilt auch für die steuerlich geförderten privaten Altersvorsorge nach § 1 Abs. 1 S. 1 Nr. 4 AltZertG sowie für die private Basisrente nach § 10 Abs. 1 Nr. 2 b) EStG. Eine Hinterbliebenenversorgung soll einen mit dem Tode des Schuldners bei den Hinterbliebenen typischerweise entstehenden Versorgungsbedarf unabhängig von einer materiell-rechtlichen Unterhaltspflicht abdecken[258]. Obwohl die Hinterbliebenenversorgung somit von der materiell-rechtlichen Unterhaltspflicht abgekoppelt ist, steht erstere funktional der Gewährung von Unterhalt nahe, denn auch Unterhaltsleistungen dienen der Versorgung des Berechtigten. Unterhalt wird grundsätzlich in Form einer Geldrente gewährt, §§ 1361 Abs. 4, 1612 Abs. 1 BGB. Die funktionale Vergleichbarkeit beider Institute rechtfertigt es, auch für die Hinterbliebenenleistungen eine Zahlung in Rentenform zu verlangen.

Die mit dem Pfändungsschutz für das Vorsorgevermögen verbundenen Beschränkungen des Gläubigerzugriffs lassen sich nur mit dem Versorgungszweck rechtfertigen. Nach dem Tod des Schuldners muss das Kapital nach dem Grundgedanken des § 851c Abs. 1 Nr. 3 ZPO dem Zugriff der Gläubiger wieder offen stehen, wenn es nicht mehr zu Versorgungszwecken benötigt wird. Zu Versorgungszwecken wird es hingegen weiterhin benötigt, wenn noch Leistungen an die Hinterbliebenen erfolgen. Dieser Versorgungszweck kann aber nur erfüllt werden, wenn die genannten Leistungen an den Hinterbliebenen ebenfalls pfändungsgeschützt sind. Ein Pfändungsschutz zugunsten der Hinterbliebenen besteht aber nach § 850b Abs. 1 Nr. 3 ZPO nur, wenn dem Hinterbliebenen fortlaufende Einkünfte auf Grund der Fürsorge und Freigiebigkeit des verstorbenen Schuldners

---

256 Ahrens in: Prütting/Gehrlein, § 851c, Rn. 27.
257 Wollmann, S. 46.
258 BVerfG, Beschluss v. 07.07.2009 – 1 BvR 1164/07 = BVerfGE 124, 199, 228.

gewährt werden. Es muss sich dabei nicht um regelmäßige, aber zumindest um wiederholte Einkünfte handeln[259], eine Kapitalleistung erfüllt diese Voraussetzungen nicht. Wäre es möglich, Hinterbliebenen eine Kapitalleistung zuzuwenden, für die kein Pfändungsschutz nach § 850b Abs. 1 Nr. 3 ZPO bestünde, könnten Gläubiger des Hinterbliebenen unter Ausschluss der Gläubiger des Schuldners hierauf zugreifen, denn der Anspruchserwerb vollzieht sich beim Vertrag zugunsten Dritter unter Umgehung des Nachlasses[260]. Das Vorsorgevermögen kann in diesem Fall nicht mehr der Versorgung des Hinterbliebenen dienen. Im Ergebnis würden die Gläubiger des Hinterbliebenen gegenüber denen des Schuldners ohne ersichtlichen Grund bevorzugt. Letztere mussten nämlich Pfändungsbeschränkungen zu Lebzeiten des Schuldners hinnehmen, obwohl das Vorsorgevermögen nunmehr weder der Versorgung des Schuldners noch der Versorgung der Hinterbliebenen dient.

Das Argument, auch eine Kapitalleistung könne Versorgungszwecken dienen, weil den Angehörigen mit dem Tod des Schuldners erhebliche finanzielle Belastungen entstehen können wie beispielsweise Beerdigungskosten[261], überzeugt nicht. Eine Kapitalleistung, die solchen Zwecken dient, wäre nur unter den Voraussetzungen des spezielleren § 850b Abs. 1 Nr. 4 ZPO pfändungsgeschützt. Danach muss der Vertrag ausschließlich auf den Todesfall geschlossen sein[262].

4) Dauer der Hinterbliebenenleistungen

α) Anwendbarkeit des § 851c Abs. 1 Nr. 1 ZPO

§ 851c Abs. 1 Nr. 3 ZPO enthält keine Vorgaben hinsichtlich des Zeitpunkts, ab dem die Rentenleistungen an Hinterbliebene aufgrund des Vertrages frühestens gewährt werden dürfen. Jedenfalls ist die Beschränkung des § 851c Abs. 1 Nr. 1 ZPO, wonach die Rentenleistungen nur nach Vollendung des 60. Lebensjahres

---

259 Ahrens in: Prütting/Gehrlein, ZPO, § 850b, Rn. 15; Smid in: MüKo-ZPO, § 850b, Rn. 10; K. Stöber, Forderungspfändung, Rn. 1016.

260 BGH, Beschluss v. 27.04.2010 – IX ZR 245/09, Rn. 2 = NZI 2010, S. 646; BGH, Urteil v. 26.11.2003 – IV ZR 438/02 = BGHZ 157, 79; BGH, Urteil v. 23.10.2003 – IX ZR 252/01 = BGHZ 156, 350, 353; Heiss in: MüKo-VVG, § 159, Rn. 9, 67; Schneider in: Prölss/Martin, VVG, § 159, Rn. 9; Jagmann in: Staudinger, BGB, § 331, Rn. 10; Gottwald in: MüKo-BGB, § 331, Rn. 4; Grüneberg in: Palandt, BGB, Einf. v. §§ 328 ff., Rn. 6; Petersen, AcP 2004, S. 832 ff.

261 Ahrens in: Prütting/Gehrlein, ZPO, § 851c, Rn. 27.

262 BVerfG, Beschluss v. 03.05.2004 – 1 BvR 479/04 = NJW 2004, S. 2585; BGH, Urteil vom 03.07.1961 – II ZR 188/59 = BGHZ 35, 261, 263; K. Stöber in: Zöller, ZPO, § 850b, Rn. 10.

gewährt werden dürfen, unanwendbar. Das Gesetz stellt diese Voraussetzung für die Altersversorgung des Schuldners auf, damit der Schuldner nicht einen weit vor seinem Altersruhestand liegenden Zeitpunkt für den Beginn der Leistungen wählen kann. Dies ist gerechtfertigt, weil dessen finanzieller Bedarf im Alter planbar ist. Eine Hinterbliebenenversorgung soll hingegen mit sofortiger Wirkung einen unplanmäßigen typisierten Versorgungsbedarf bei den Hinterbliebenen abdecken, der mit dem Tode des Schuldners typischerweise entsteht[263]. Dieser Unterschied rechtfertigt es, § 851c Abs. 1 Nr. 1 ZPO nicht auf die Hinterbliebenenleistungen anzuwenden.

Auch ist § 851c Abs. 1 Nr. 1 ZPO im Hinblick auf das Tatbestandsmerkmal der lebenslangen Leistungsgewährung nicht anwendbar. Wollmann hingegen hält § 851c Abs. 1 ZPO auch auf den Pfändungsschutz der Leistungen an die Hinterbliebenen für anwendbar[264]. Konsequenterweise wendet er auch § 851c Abs. 1 Nr. 1 ZPO an, wonach die Leistung aufgrund des Vertrages lebenslang gewährt werden muss. Wenn man aber wie hier eine Anwendung des § 851c Abs. 1 Nr. 1 ZPO in Bezug auf das Merkmal „nicht vor Vollendung des 60. Lebensjahres" ausschließt, so ist nicht ersichtlich, warum das in der Norm enthaltenen Merkmal „lebenslang" Anwendung finden soll. Der Pfändungsschutz für die Hinterbliebenenleistungen folgt bereits aus § 850b Abs. 1 Nr. 3 ZPO, der gerade keine lebenslange Versorgung voraussetzt.

β) Lebenslange Versorgung von Ehegatten

Der Schuldner darf seinem Ehegatten bzw. seinem Lebenspartner im Rahmen des § 851c Abs. 1 Nr. 3 ZPO eine lebenslange Altersversorgung einräumen. Dies ergibt sich aus der Parallelwertung des § 46 SGB VI, nach der in der gesetzlichen Rentenversicherung ebenfalls eine lebenslange Versorgung des Ehegatten bzw. Lebenspartner erfolgt. Auch das Unterhaltsrecht stützt diese These. Zwischen Ehegatten besteht gem. § 1360 Abs. 1 BGB eine Pflicht zum gegenseitigen Unterhalt, und zwar grundsätzlich lebenslang, da die Ehe eine auf Dauer angelegte Versorgungsgemeinschaft darstellt. In der gegenwärtigen Unterhaltspflicht ist auch die Pflicht zur Sicherung des zukünftigen Unterhalts, also auch der Altersvorsorge enthalten[265]. Wenn somit im Unterhaltsrecht eine Pflicht zum gegenseitigen

---

263 BVerfG, Beschluss v. 07.07.2009 – 1 BvR 1164/07 = BVerfGE 124, 199, 228.
264 Wollmann, S. 57 f.
265 BGH, Urteil v. 29.04.1960 – VI ZR 51/59 = BGHZ 32, 246, 249; Gernhuber/Coester-Waltjen, Familienrecht, § 21 I, Rn. 23; Ahrens in: Prütting/Gehrlein, ZPO, § 851c, Rn. 26.

lebenslangen Unterhalt besteht, muss es auch im Rahmen des § 851c Abs. 1 Nr. 3 ZPO möglich sein, dem Ehegatten eine lebenslange Hinterbliebenenversorgung einzuräumen. Zwingend ist die Einräumung einer lebenslangen Versorgung des Ehegatten für den Schuldner indes mangels Anwendbarkeit von § 851c Abs. 1 Nr. 1 ZPO nicht[266].

χ) Befristete Versorgung von Kindern

Soweit Kindern des Schuldners als Hinterbliebenen Leistungen zugewendet werden, ist eine Einschränkung der möglichen Bezugsdauer der Leistungen zu fordern. Könnte auch den Kindern eine lebenslange Versorgung eingeräumt werden, würde Kapital dem Gläubigerzugriff entzogen, ohne dass dies von den Schutzzwecken des § 851c ZPO gedeckt ist. Die Pfändungsbeschränkungen des § 851c ZPO sollen in erster Linie die Altersversorgung für den Schuldner sichern, Hinterbliebenenleistungen können nur ausnahmsweise vereinbart werden. Betrachtet man die Regelungen zur Waisenrente in der gesetzlichen Rentenversicherung in § 48 SGB VI, wird deutlich, dass Leistungen an hinterbliebene Kinder jedenfalls nicht deren Altersversorgung dienen sollen. Vielmehr sollen diese nur solange versorgt werden, bis sie eigenständig für ihren Unterhalt aufkommen können. Die Voraussetzungen des § 48 SGB VI, wonach der Anspruch auf Waisenrente längstens bis zur Vollendung des 18. Lebensjahres oder bei andauernder Ausbildung bis zur Vollendung des 27. Lebensjahres bestehen darf, ist auf § 851c Abs. 1 Nr. 3 ZPO zu übertragen.

Hasse will die Möglichkeit der Gewährung von Waisenrenten entsprechend den Altersgrenzen des § 32 Abs. 6 EStG, die 18 bzw. 25 Jahre betragen, eingrenzen[267]. Er begründet dies mit der Parallele zur Riester- sowie zur privaten Basisrente, insbesondere mit der Einheitlichkeit der Anforderungen an privaten Altersvorsorge. Näher liegt der Vergleich mit § 48 SGB VI, da der Gesetzgeber mit Einführung des § 851c ZPO den rechtlichen Rahmen der Privatvorsorge der Ausgestaltung der gesetzliche Rentenversicherung annähern wollte[268]. Außerdem liegt dem § 32 Abs. 6 EStG eine spezifisch steuerrechtliche Wertung zugrunde, die nicht ohne Weiteres auf den Vollstreckungsschutz übertragen werden kann.

Wollmann hingegen geht davon aus, Waisen könne eine lebenslange Versorgung eingeräumt werden, allerdings genössen die Leistungen nur für einen

---

266 A.A. Winter in: Bruck/Möller, VVG, § 167, Rn. 23.

267 Hasse, VersR 2007, S. 870, 885.

268 BGH, Beschluss v. 25.11.2010 – VII ZB 5/08, Rn. 15 = NZI 2011, S. 67, 68; so auch Winter, in: Bruck/Möller, VVG, § 167, Rn. 22.

bestimmten Zeitraum Pfändungsschutz[269]. Dabei werden zwei Aspekte nicht beachtet. Zum einen können die Gläubiger des Schuldners wie beschrieben nicht unmittelbar auf die Hinterbliebenenrenten zugreifen, da diese vom Hinterbliebenen unter Umgehung des Nachlasses erworben werden. Dass die Leistungen nach Auffassung Wollmanns nur in zeitlich begrenztem Umfang Pfändungsschutz geniessen, begünstigt die Gläubiger des Schuldners somit nicht. Zum anderen besteht für die Hinterbliebenenrenten bereits der gegenüber dem § 851c Abs. 1 ZPO erhöhte Pfändungsschutz nach § 850b Abs. 1 Nr. 3 ZPO, der zeitlich unbeschränkt eingreift.

5. Ausschluss von Kapitalleistungen, § 851c Abs. 1 Nr. 4 ZPO

a) Kapitalleistung für den Erlebensfall

Nach § 851c Abs. 1 Nr. 4 ZPO darf eine Kapitalleistung, ausgenommen eine Zahlung für den Todesfall, nicht vereinbart werden. Kapitalleistungen können die Existenzgrundlage des Schuldners nicht dauerhaft sichern[270]. Der Begriff der Kapitalleistung ist in Abgrenzung zur regelmäßigen Leistungsgewährung nach § 851c Abs. 1 Nr. 1 ZPO zu bestimmen. Eine Kapitalleistung liegt vor, soweit dem Schuldner neben den vereinbarten regelmäßigen Zahlungen Leistungen, die nicht in regelmäßigen Zeitabständen erfolgen, erbracht werden sollen. Dies gilt auch für eine Kapitalleistung, die dem Schuldner zu Lebzeiten aus dem nach § 851c Abs. 2 ZPO pfändbaren Teil des Vorsorgevermögens gewährt werden soll. § 851c Abs. 1 ZPO gewährt nur Pfändungsschutz, *wenn* und nicht *soweit* keine Kapitalleistung vereinbart ist[271].

Außerdem darf auch ein Kapitalwahlrecht des Schuldners, dass bei praktisch üblichen Rentenversicherungsverträgen enthalten ist[272], nicht vereinbart sein[273]. Die Ausübung eines solchen Rechts ermöglicht es dem Versicherungsnehmer,

---

269 Wollmann, S. 56 f.
270 Ahrens in: Prütting/Gehrlein, ZPO, § 851c, Rn. 28; A.A. Menzel, S. 161 f.
271 Wollmann, S. 159 f.
272 Heiss/Mönnich in: MüKo-VVG, Vorbem. v. §§ 150–171, Rn. 21; vgl. auch Winter in: Bruck/Möller, VVG, Einf. v. §§ 150–171, Rn. 69.
273 BT-Drs. 16/886, S. 10; BGH, Urteil v. 15.07.2010 – IX ZR 132/09, Rn. 34 = NZI 2010, S. 777, 779; BGH, Beschluss v. 25.11.2010 – VII ZB 5/08, Rn. 27 = NZI 2011, S. 67, 69 u. Beschluss v. 22.08.2012 – VII ZB 2/11 = NZI 2012, S. 809.

den Vertrag zu beenden und statt der monatlichen Rente einen Anspruch auf Auszahlung des Vorsorgevermögens zu erhalten. Die Ausübung dieses Rechts stellt zudem eine nach § 851c Abs. 1 Nr. 2 ZPO unzulässige Verfügung über die Ansprüche aus dem Vertrag dar.

b) Kapitalleistung für den Todesfall

Ein Anspruch auf eine Kapitalleistung darf für den Todesfall vereinbart werden, § 851c Abs. 1 Nr. 4 ZPO. Normzweck des § 851c Abs. 1 Nr. 4 ZPO ist es, den vollstreckenden Gläubiger gegenüber der Versichertengemeinschaft zu privilegieren und den sog. Heimfall des Kapitals zu vermeiden[274]. Schließt der Schuldner eine Leibrentenversicherung ohne Todesfallleistungen ab, so kommt das aufgrund des frühzeitigen Todes des Schuldners nicht für Rentenleistungen verbrauchte Vorsorgekapital grundsätzlich der Versichertengemeinschaft zugute, sog. Heimfall[275]. Die Gläubiger, die zu Lebzeiten des Schuldners die Vollstreckungsbeschränkungen des § 851c ZPO hinnehmen mussten, können nun nicht mehr auf das nicht für Rentenleistungen verbrauchte Vorsorgekapital zugreifen.

Dies steht im Widerspruch zum Normkonzept des § 851c ZPO. Danach lässt sich eine Einschränkung der Gläubigerrechte nur mit der Altersvorsorgefunktion für den Schuldner legitimieren. Kann dieser Zweck etwa durch vorzeitigen Tod des Schuldners nicht mehr erreicht werden, so ist es geboten, den Gläubigern wieder Zugriff auf das ursprünglich der Altersvorsorge dienende Kapital zu ermöglichen[276]. Zum Schutz der Zugriffsmöglichkeiten der Gläubiger ist es bei Rentenversicherungsverträgen im Rahmen von § 851c ZPO daher erforderlich, eine Kapitalleistung für den Todesfall zu vereinbaren, sofern keine Hinterbliebenenleistungen gem. § 851c Abs. 1 Nr. 3 ZPO im Vertrag vorgesehen sind.

Der Heimfall des Kapitals kann in der versicherungsrechtlichen Praxis durch Vereinbarung eines sog. Beitragsrückgewährtarifs, der Vereinbarung zusätzlicher Todesfallleistungen oder der Vereinbarung einer Rentengarantiezeit vermieden werden, sofern die dadurch garantierten Renten im Wege einer einmaligen Kapitalzahlung abgefunden werden[277].

---

274 Wollmann, S. 43.
275 Winter in: Bruck/Möller, VVG, § 169, Rn. 43 ff.; Prölss/Martin, VVG, § 169, Rn. 21; Mönnich in: MüKo-VVG, § 169, Rn. 38 f.; Eisenecker, S. 27.
276 Referentenentwurf 2004, S. 38.
277 Winter in: Bruck/Möller, VVG, § 169, Rn. 43 ff.; Ortmann in: Schwintowski/Brömmelmeyer, VVG, v. §§ 150 ff., Rn. 12; Heiss in: MüKo-VVG, v. §§ 150 ff., Rn. 20.

6. Maßgeblicher Zeitpunkt für das Vorliegen der Voraussetzungen

a) Die Entscheidungen des BGH vom 25.11.2010

Der neueren Rechtsprechung des BGH zufolge genügt es, wenn die Voraussetzungen des § 851c Abs. 1 ZPO allesamt im Zeitpunkt der Frage über die Gewährung von Pfändungsschutz vorliegen[278]. In dem ersten Fall, den der BGH in diesem Zusammenhang zu entscheiden hatte[279], ging es um zwei Rentenversicherungsverträge. In einem Vertrag wurde bei Vertragsschluss eine Hinterbliebenenversorgung vereinbart, die nicht den Voraussetzungen des § 851c Abs. 1 Nr. 3 ZPO entsprach, weil die unwiderruflich bezugsberechtigte Person kein Hinterbliebener des Schuldners im Sinne der genannten Norm gewesen ist. Nachdem die Anspruchsberechtigung des Hinterbliebenen durch Zeitablauf entfallen war, gewährte der BGH dem Schuldner Pfändungsschutz für die danach erfolgten Altersrentenleistungen aus dem Vertrag nach § 851c Abs. 1 ZPO.

Entsprechendes gilt nach dem BGH für den anderen streitgegenständlichen Rentenversicherungsvertrag. Darin war ein Kapitalwahlrecht des Schuldners vereinbart, das gegen § 851c Abs. 1 Nr. 4 ZPO verstieß. Dieses konnte allerdings vom Schuldner mit Beginn der Rentenleistungen nicht mehr ausgeübt werden. Der BGH gewährte ebenfalls Pfändungsschutz für diese Rentenleistungen nach § 851c Abs. 1 ZPO, da mit deren Beginn das Kapitalwahlrecht nicht mehr ausgeübt werden konnte und nunmehr die Voraussetzungen des § 851c Abs. 1 ZPO allesamt vorlagen. Sei der Vertrag von vornherein darauf angelegt, dass die Voraussetzungen des § 851c Abs. 1 ZPO erst ab einem bestimmten Zeitpunkt vorliegen, so sei es nach Sinn und Zweck des Gesetzes geboten, den Pfändungsschutz für die Versorgungsleistungen ab diesem Zeitpunkt zu gewähren[280]. Könne sich nach der Vertragslage eine Situation, der die Voraussetzungen des § 851c Abs. 1 ZPO entgegenwirken wollen, und die darin besteht, dass der Schuldner Vermögenswerte zweckwidrig dem Gläubigerzugriff entzieht, nicht mehr verwirklichen, sei der Altersvorsorgecharakter des Vertrages gesichert[281].

---

278 BGH, Beschluss v. 25.11.2010 – VII ZB 5/08 = NZI 2011, S. 67; BGH, Urteil v. 01.12.2011 – IX ZR 79/11, Rn. 11 = NJW 2012, S. 678 u. Beschluss v. 22.08.2012 – VII ZB 2/11 = NZI 2012, S. 809.
279 BGH, Beschluss v. 25.11.2010, a.a.O.
280 BGH, a.a.O., Rn. 21.
281 BGH, a.a.O., Rn. 21.

b) Stellungnahme

Für die Ansicht des BGH, der sich auch die überwiegende Literatur angeschlossen hat[282], spricht zunächst, dass es sich bei § 851c Abs. 1 ZPO um eine verfahrensrechtliche und nicht um eine materiell-rechtliche Regelung handelt, deren Voraussetzungen typischerweise erst mit dem Verfahren erfüllt sein müssen. Ferner lässt sich die Parallele zu § 850 Abs. 3 b) ZPO anführen. Auch in diesem Fall wird es für ausreichend erachtet, dass die Voraussetzungen der Norm im Zeitpunkt der Pfändung vorliegen[283]. Außerdem könnten bei einem anderen Verständnis ansonsten kleinere Defizite bei der Ausgestaltung des Vertrages stets zum vollständigen Entfall des Pfändungsschutzes führen.

Die Voraussetzungen des § 851c Abs. 1 ZPO müssen allesamt im Zeitpunkt des Vertragsschlusses vorliegen. Für § 851c Abs. 1 Nr. 4 ZPO ergibt sich ein diesbezüglicher Anhaltspunkt bereits aus dem Wortlaut der Norm. Danach besteht ein Pfändungsschutz nur, wenn die Zahlung einer Kapitalleistung, ausgenommen eine Leistung für den Todesfall, *„nicht vereinbart wurde"*. Bereits aus dieser Formulierung lässt sich schließen, dass es auf den Zeitpunkt des Vertragsschlusses ankommt.

Aber auch sämtliche weiteren Voraussetzungen müssen im Zeitpunkt des Vertragsschlusses vorliegen. Nach der Gesetzesbegründung ist eine Beschränkung der Gläubigerrechte nur dann gerechtfertigt, wenn der Schuldner sein Altersvorsorgevermögen unwiderruflich der Altersvorsorge gewidmet habe[284]. Zwar wird in der Gesetzesbegründung einschränkend ausgeführt, dass die Endgültigkeit der Vorsorgefunktion erst im Zeitpunkt der Pfändung feststehen müsse[285], was vordergründig für die Ansicht des BGH sprechen würde. Diese Aussage bezieht sich allerdings auf den besonderen Fall einer zuvor bestehenden Kapitallebensversicherung, die gem. § 167 S. 1 VVG in eine nach § 851c ZPO pfändungsgeschützte Rentenversicherung umgewandelt wird[286]. Daraus folgt im Umkehrschluss, dass ausschließlich in diesem Fall die Voraussetzungen des § 851c Abs. 1 Nr. 1 ZPO nicht bereits im Zeitpunkt des Vertragsschlusses vorliegen müssen. Dies ist auch interessengerecht. Bei der Umwandlung einer bestehenden Kapitallebensversicherung nach

---

282 K. Stöber, Forderungspfändung, Rn. 71a; Becker in: Musielak, ZPO, § 851c, Rn. 2a; Meller-Hannich in: Kindl/Meller-Hannich/Wolf, Hk-ZV, § 851c, Rn. 12; Ahrens in: Prütting/Gehrlein, ZPO, § 851c, Rn. 5.
283 Becker in: Musielak, ZPO, § 850, Rn. 13; Smid in: MüKo-ZPO, § 850, Rn. 15.
284 BT-Drs. 16/886, S. 7.
285 BT-Drs. 16/886, a.a.O.
286 BT-Drs. 16/886, a.a.O.

§ 167 S. 1 VVG hatte der Schuldner bei Abschluss des Vertrags keine Wahlmöglichkeit, ob er den Pfändungsschutz des § 851c ZPO in Anspruch nehmen will, weil § 167 VVG nur auf Lebensversicherungsverträge anwendbar ist, die vor Einführung des § 851c ZPO abgeschlossen worden sind[287]. Diese Wahlmöglichkeit wird ihm mit § 167 S. 1 VVG nachträglich eingeräumt. Schließt der Schuldner seit Geltung des § 851c ZPO einen Vorsorgevertrag ab, hat er nunmehr bei Vertragsschluss die Wahl, ob er einen Pfändungsschutz erhalten möchte oder nicht. Will er einen solchen in Anspruch nehmen, muss er sogleich die damit verbundenen Beschränkungen der Verfügungsmöglichkeiten hinnehmen.

Bei der Auslegung des BGH werden dem Schuldner Spekulationsmöglichkeiten über den Einsatz des Vorsorgekapitals bis zum Rentenbeginn eingeräumt. Bis zu diesem Zeitpunkt kann er immer noch auf einen Pfändungsschutz für die Renten hoffen, obwohl er zuvor frei über das Vorsorgevermögen verfügen konnte. Dies soll von § 851c Abs. 1 Nr. 2 ZPO gerade verhindert werden. Es besteht nämlich die Gefahr, dass der Schuldner die Risiken seines wirtschaftlichen Handelns falsch einschätzt. Dieser Gefahr will § 851c Abs. 1 Nr. 2 ZPO entgegenwirken und den Schuldner anhalten, frühzeitig eine effektive und sichere Altersvorsorge aufzubauen[288]. Insoweit kommt § 851c ZPO auch ein Steuerungs- und Anreizfunktion für den Aufbau einer effektiven und sicheren Altersvorsorge zu. Diesen Gedanken blendet der BGH aus, wenn er annimmt, eine von seinem Ergebnis abweichendes Verständnis des § 851c Abs. 1 ZPO liefe dem Zweck des Gesetzes, einen Anreiz für den Aufbau einer privaten Altersvorsorge zu schaffen, zuwider.

Auch der Vergleich zu § 850 Abs. 3 b) ZPO überzeugt nicht. Die Norm schützt anders als § 851c ZPO nur die Rentenleistungen während der Auszahlungsphase, nicht aber das Vorsorgevermögen während der Ansparphase[289]. Der Schuldner kann somit während der Ansparphase uneingeschränkt über das Vorsorgevermögen einer in der Rentenbezugsphase nach § 850 Abs. 3 b) ZPO geschützten Rentenversicherung verfügen. Daher ist es auch gerechtfertigt, im Rahmen des § 850 Abs. 3 b) ZPO auf den Zeitpunkt der Pfändung als den maßgeblichen Zeitpunkt für das Vorliegen der tatbestandlichen Voraussetzungen abzustellen. Aus den genannten Gründen kann dieser Gedanke aber nicht auf § 851c ZPO übertragen werden.

---

287 Dazu ausführlich Kapitel **E. I.** 2. b).
288 BT-Drs. 16/886, S. 1
289 Menzel, S. 117; v. Gleichenstein, ZVI 2004, S. 149, 153.

V. Rechtsfolgen und Konkurrenzen des § 851c Abs. 1 ZPO

1. Pfändungsschutz für die Rentenleistungen

Ansprüche auf Leistungen aus nach § 851c Abs. 1 ZPO geschützten Verträgen sind wie Arbeitseinkommen pfändbar. § 851c Abs. 1 ZPO verweist mit dieser Formulierung auf § 850 Abs. 1 ZPO, wobei aufgrund des Wortlauts die gesamten Pfändungsschutzvorschriften der §§ 850 – 850g ZPO für die Versorgungsleistungen zur Anwendung gelangen[290]. In der Literatur wird teilweise angenommen, § 851c Abs. 3 ZPO bewirke mit dem ausdrücklichen Verweis auf die entsprechende Anwendbarkeit der § 850e Nr. 2 und Nr. 2a ZPO im Umkehrschluss, dass alle anderen Vorschriften der §§ 850 ff. ZPO nicht anwendbar seien[291]. Dem ist nunmehr auch der BGH gefolgt[292].

Diese Auslegung steht im Widerspruch zu § 851c Abs. 1 S. 1 ZPO, der die Pfändbarkeit der Rentenansprüche wie Arbeitseinkommen, also nach Maßgabe der §§ 850 – 850g ZPO anordnet[293]. Überdies sollen nach der Gesetzesbegründung § 850 Abs. 3 b) ZPO sowie § 850b Abs. 1 Nr. 1 ZPO von § 851c ZPO unberührt bleiben[294]. Dies setzt deren Anwendbarkeit neben § 851c Abs. 1 ZPO voraus. Insbesondere bliebe bei einem solchen Verständnis unklar, welche Regelungen der §§ 850 ff. ZPO auf den Pfändungsschutz der Versorgungsleistungen Anwendung finden sollen. Es besteht jedenfalls ein praktisches Bedürfnis, die der Flexibilisierung der Pfändungsfreigrenzen dienenden Normen, beispielsweise die §§ 850d und 850f ZPO, anzuwenden, die nach der genannten Auffassung ebenfalls unanwendbar wären. In den Gesetzmaterialien heißt es, die entsprechende Anwendung der § 850e Nr. 2 und Nr. 2 a ZPO werde nur deshalb angeordnet, um die ansonsten nur für Rentenleistungen passenden Vorschriften auch auf das Vorsorgekapital anwenden zu können[295]. Dies spricht für die Anwendbarkeit sämtlicher Normen, die sich auf den Pfändungsschutz für Arbeitseinkommen beziehen[296].

---

290 BT-Drs. 16/886, S. 9; Wollmann, S. 161 ff.; Holzer DStR 2007, S. 767, 768; Smid, FPR 2007, S. 443, 445; Busch, VuR 2011, S. 370, 376; Ernst, JurBüro 2012, S. 405, 407.

291 Kessal-Wulf in: Schuschke/Walker, Vollstreckung, § 851c, Rn. 5; Hasse, VersR 2007, S. 870, 886; offen Meller-Hannich in: Kindl/Meller-Hannich/Wolf, Hk-ZV, § 851c, Rn. 20.

292 BGH, Beschluss v. 12.05.2011 – IX ZB 181/10, Rn. 12 = NJW-RR 2011, S. 1617, 1618.

293 BT-Drs. 16/886, S. 9; K. Stöber, Forderungspfändung, Rn. 71d.

294 BT-Drs. 16/886, S. 8.

295 BT-Drs. 16/886, S. 19.

296 Ahrens in: Prütting/Gehrlein, ZPO, § 851c, Rn. 44.

2. Kontopfändungsschutz, § 850k ZPO

Werden Rentenleistungen nach § 851c ZPO auf das Konto des Schuldners bei einem Geldinstitut überwiesen, so ist der Anspruch auf Auszahlung des Guthabens automatisch vom Pfändungsschutz des § 850k Abs. 1 ZPO[297] erfasst, wenn es sich um ein sog. Pfändungsschutzkonto im Sinne dieser Norm handelt. § 850k ZPO zielt darauf ab, das Existenzminimum des Schuldners unabhängig von der Art seiner Einkünfte zu sichern[298]. Es kommt danach grundsätzlich nicht darauf an, aus welcher Quelle das Kontoguthaben des Schuldners stammt, so dass nicht nur Arbeitseinkommen im Sinne des § 850 Abs. 2 ZPO, sondern unter anderem auch Einkünfte Selbstständiger, die auf das Pfändungsschutzkonto (sog. P-Konto) eingezahlt werden, bei der Kontopfändung geschützt sind[299]. Auf dem Pfändungsschutzkonto des § 850k ZPO besteht ohne gerichtliche Entscheidung und ohne zeitanteilige Berechnung für ein Guthaben des Schuldners unabhängig von seiner Herkunft und seiner Regelmäßigkeit Basispfändungsschutz in Höhe des Freibetrages nach § 850c ZPO, und zwar unabhängig von einem Antrag des Schuldners[300].

Der Kontopfändungsschutz nach § 850l ZPO a.F., der vom Antrag des Schuldners abhängig war, wurde mit Wirkung zum 01.01.2012 insgesamt abgeschafft[301].

3. Pfändungsschutz von Bargeld, § 811 Nr. 8 ZPO

Wird Bargeld direkt an den Schuldner aus nach § 851c ZPO geschützten Verträgen ausgezahlt, ist § 811 Nr. 8 ZPO nicht direkt anwendbar. Die Regelung verweist ausschließlich auf Einkünfte nach den §§ 850 – 850b ZPO. § 851c Abs. 1 ZPO wird hier, anders als in § 850k Abs. 1 ZPO, nicht ausdrücklich aufgeführt. In einer teleologischen Extension ist der umgekehrte Verweisungsgedanke aus § 851c

---

297 Eingeführt durch Gesetz zur Reform des Kontopfändungsschutzes v. 07.07.2009, BGBl. I, S. 1707; BT-Drs. 16/7615.
298 Meller-Hannich in: Kindl/Meller-Hannich/Wolf, Hk-ZV, § 850k, Rn. 9; Becker, in: Musielak, ZPO, § 850k, Rn. 1.
299 BT-Drucks. 16/7615, S. 18; Meller-Hannich, a.a.O.; Becker, a.a.O.; Bitter, WM 2008, S. 141, 144.
300 Meller-Hannich, a.a.O.; Becker, a.a.O., Rn. 2; Remmert, NZI 2008, S. 70, 72.
301 Art. 7 Nr. 6 des Gesetzes zur Reform des Kontopfändungsschutzes v. 07.07.2009, BGBl. I, S. 1707.

Abs. 1 ZPO auf das Arbeitseinkommen und damit auch auf § 811 Nr. 8 ZPO anzunehmen, um einen umfassenden Schutz des Schuldners auch nach Auszahlung annehmen zu können[302].

4. Konkurrenzen

a) Konkurrenz zu § 850i ZPO

Nach der Neufassung von § 850i ZPO[303] stellt sich die Frage, ob ein Pfändungsschutz für Versorgungsleistungen Selbständiger nicht auch über diese Norm gewährt werden kann. Nach § 850i Abs. 1 ZPO kann das Vollstreckungsgericht dem Schuldner auf Antrag im Rahmen einer Pfändung von nicht wiederkehrend zahlbaren sonstigen Einkünften, die kein Arbeitseinkommen sind, während eines angemessenen Zeitraums hiervon so viel belassen, als ihm nach freier Schätzung des Gerichts verbleiben würde, wenn sein Einkommen aus laufenden Arbeits- oder Dienstlohn bestünde. Bei Anwendung von § 850i ZPO könnte der Schuldner unabhängig von den Voraussetzungen des § 851c Abs. 1 ZPO Pfändungsschutz für Versorgungsleistungen aufgrund von Privatvorsorgeverträgen erhalten.

Zum Einkommen i.S.d. § 850i Abs. 1 ZPO gehören nach der Gesetzesbegründung sämtliche aus selbstständiger Tätigkeit erlangten Einkünfte, unabhängig davon, ob sie auf Grund persönlich geleisteter Arbeiten oder Dienste erzielt werden oder etwa durch im Unternehmen oder Betrieb des Schuldners angestellte Kräfte[304]. Normzweck des § 850i ZPO ist es, die unregelmäßigen Einkünfte aus selbständiger Tätigkeit pfändungsschutzrechtlich zu erfassen. Dem Selbständigen sollen die Vorteile, die ein Arbeitnehmer aufgrund der regelmäßigen Zahlungsweise seines Arbeitseinkommens beim Pfändungsschutz hat, ebenfalls gewährt werden. § 850i ZPO erfasst somit nur Erwerbseinnahmen Selbständiger[305], nicht aber den Vermögensstamm[306] und auch nicht Alterseinkünfte aufgrund von Privatvorsorgeverträgen[307].

---

302 Ahrens in: Prütting/Gehrlein, ZPO, § 851 c, Rn. 5.
303 Neugefasst durch Gesetz zur Reform des Kontopfändungsschutzes v. 07.07.2009, BGBl. I, S. 1707; ausführlich hierzu Ahrens, ZInsO 2010, S. 2357.
304 BT-Drs. 16/7615, S. 12; Ahrens, ZInsO 2010, S. 2357.
305 K. Stöber, Forderungspfändung, Rn. 1234.
306 Ahrens, ZInsO 2010, S. 2357, 2360.
307 K. Stöber, Forderungspfändung, Rn. 1234; Meller-Hannich in: Kindl/Meller-Hannich/Wolf, Hk-ZV, § 850i, Rn. 7; Ising, S. 229; Stephan, NZI 2004, S. 505, 511; A.A. Wollmann, S. 118 ff.

Wollmann geht davon aus, der Geltungsbereich des § 850i Abs. 1 ZPO sei nicht auf Einkünfte aus selbständiger Erwerbstätigkeit beschränkt[308]. Er ist aber ebenfalls der Auffassung, dass § 850i ZPO auf Rentenleistungen aus Privatvorsorgeverträgen Selbständiger keine Anwendung findet, weil ansonsten die Voraussetzungen des § 851c Abs. 1 ZPO unterlaufen werden könnten. Systematisch macht er diese Einschränkung im Tatbestand des § 850i Abs. 1 ZPO an dem Merkmal „überwiegende Belange des Gläubigers" in S. 3 fest. Eine Beschränkung des Gläubigerzugriffs sei lediglich dann gerechtfertigt, wenn die Altersvorsorgefunktion sichergestellt ist, was nur dann der Fall sei, wenn die Voraussetzungen des § 851c Abs. 1 ZPO erfüllt sind[309].

Mit der oben beschriebenen engen Auslegung des § 850i ZPO, wonach nur die Einkünfte aus gegenwärtiger Erwerbstätigkeit erfasst werden, wird gleichzeitig eine Konkurrenz zu § 851c Abs. 1 ZPO vermieden, der exklusiv den Pfändungsschutz für Renteneinkünfte unter den beschriebenen engen Voraussetzungen regelt. Bei Renteneinkünften nach § 851c ZPO handelt es sich nicht um Einkünfte aus gegenwärtiger Erwerbstätigkeit.

b) Konkurrenz zu § 850 Abs. 3 b) ZPO und § 850b Abs. 1 ZPO

Der Pfändungsschutz des § 851c Abs. 1 ZPO erfasst die Altersrentenleistung. Kommt es zu Überschneidungen mit dem Anwendungsbereich des § 850 Abs. 3 b) ZPO, wird in der Literatur teilweise angenommen, dass grundsätzlich sowohl § 850 Abs. 3 b) ZPO als auch § 851c ZPO Anwendung fänden; der jeweils weiter reichende Pfändungsschutz gehe vor[310]. Inwiefern der Umfang des Pfändungsschutzes der beiden genannten Normen differieren soll, ist nicht erkennbar. Beide Normen nehmen mit dem Verweis auf die Pfändbarkeit wie Arbeitseinkommen die gesamten §§ 850 ff. ZPO in Bezug, so dass stets ein Gleichlauf des Umfangs des Pfändungsschutzes besteht. Werden Berufsunfähigkeitsrenten oder Hinterbliebenenrenten aufgrund des geschützten Vertrags ausbezahlt, so greifen die §§ 850b Abs. 1 Nr. 1 und § 850b Abs. 1 Nr. 3 ZPO mit ihrem erhöhten Schutzniveau[311].

---

308 Wollmann, S. 118 ff.
309 Ders., S. 124 f.
310 Meller-Hannich in: Kindl/Meller-Hannich/Wolf, Hk-ZV, § 851c ZPO, Rn. 11; Kessal-Wulf in: Schuschke/Walker, Vollstreckung, § 851c, Rn. 1; Ahrens in: Prütting/Gehrlein, ZPO, § 851c, Rn. 4.
311 Kapital **D. IV.** 1. d) und **D. IV.** 4. a).

VI. Voraussetzungen für den Schutz des Vorsorgevermögens nach § 851c Abs. 2 ZPO

1. Normzweck und Funktion des § 851c Abs. 2 S. 1 ZPO

§ 851c Abs. 2 ZPO bezweckt den Pfändungsschutz des Vorsorgekapitals während der gesamten Vertragslaufzeit. Da für das Vorsorgevermögen einer privaten Altersvorsorge im System der §§ 850 ff. ZPO keine Schutznorm bestand[312], konnten während der Ansparphase Gläubiger uneingeschränkt auf dieses zugreifen. Dies gilt auch für Rentenversicherungsverträge, die von abhängig Beschäftigten geschlossen wurden und deren Versorgungsleistungen von § 850 Abs. 3 b) ZPO geschützt sind. Diese Schutzlücke wird mit § 851c Abs. 2 ZPO geschlossen. Der Schuldner kann nach § 851c Abs. 2 S. 1 ZPO unter Berücksichtigung der Entwicklung auf dem Kapitalmarkt, des Sterblichkeitsrisikos und der Höhe der Pfändungsfreigrenze, nach seinem Lebensalter gestaffelt, jährlich einen bestimmten Betrag unpfändbar auf der Grundlage eines in Absatz 1 bezeichneten Vertrags bis zu einer Gesamtsumme von € 256.000[313] ansammeln, § 851c Abs. 2 S. 1 ZPO. Dieser bestimmte Betrag ist nach Maßgabe von § 851c Abs. 2 S. 2 ZPO jeweils nach dem Lebensalter des Schuldners zu berechnen.

Das Vorsorgevermögen soll mit § 851c Abs. 2 ZPO insoweit der Pfändung entzogen werden, als es für regelmäßige Versorgungsleistungen im Alter benötigt wird, die betragsmäßig dem unpfändbaren Arbeitseinkommen entsprechen[314]. Damit wird eine Verknüpfung zwischen § 851c Abs. 2 ZPO und § 850c ZPO hergestellt. In dem Umfang, wie § 851c Abs. 1 ZPO die monatliche Rente schützt, schützt § 851c Abs. 2 ZPO verhältnismäßig dazu die Anwartschaft auf diese. Außerdem legt § 851c Abs. 2 S. 1 ZPO im Zusammenspiel mit § 168 Abs. 3 S. 2 VVG die rechtlichen Grenzen für den Ausschluss des ordentlichen Kündigungsrechts fest, um die Realisierbarkeit des pfändbaren Teils des Vorsorgevermögens während der Ansparphase für die Gläubiger zu gewährleisten[315].

---

312 Kapitel **C. II.** 2. c), vgl. auch Winter in: Bruck/Möller, VVG, § 167, Rn. 43; Menzel, S. 117.

313 Ursprünglich war im Gesetz zum Pfändungsschutz der Altersvorsorge v. 26.03.2007, BGBl. I, S. 386, ein Betrag von 238.000 € vorgesehen, dieser wurde mit Wirkung zum 01.01.2013 durch das Gesetz zur Einführung einer Rechtsbehelfsbelehrung im Zivilprozess und zur Änderung anderer Vorschriften v. 05.12.2012, BGBl. I, S. 2418, auf 256.000 € angehoben; zur Begründung vgl. BT-Drs. 17/11385, S. 19.

314 BT-Drs. 16/886, S. 10; Meller-Hannich in: Kindl/Meller-Hannich/Wolf, Hk-ZV, § 851c, Rn. 18.

315 Kapitel **D. IV.** 2. b).

Wie gezeigt[316], sind die Altersgrenzen von § 851c Abs. 1 und Abs. 2 ZPO nicht aufeinander abgestimmt. Den pfändungsgeschützten Höchstbetrag des Vorsorgevermögens kann der Schuldner erst nach dem vollendeten 67. Lebensjahr[317] erreichen, während Leistungen aufgrund des Vertrages bereits ab dem 60. Lebensjahr des Schuldners erfolgen dürfen.

Der Betrag des jährlich ansparbaren Vorsorgevermögens erhöht sich mit steigendem Lebensalter des Schuldners. Durch diese progressive Ausgestaltung soll verhindert werden, dass der Schuldner in jungen Jahren bereits wesentliche Vermögenswerte dem Gläubigerzugriff entzieht[318]. Bei einem wirtschaftlichen Scheitern in jungen Jahren soll der Schuldner hingegen noch ausreichend Zeit haben, eine private Altersvorsorge aufzubauen[319]. Ferner berücksichtigt der Gesetzgeber dabei die mit zunehmendem Alter steigende finanzielle Leistungsfähigkeit des Schuldners[320]. Demgegenüber erhalten ältere Versicherungsnehmer, welche die Höchstbeträge nach § 851c Abs. 2 S. 2 ZPO für die früheren Lebensjahre nicht oder nicht vollständig angesammelt haben, aufgrund der progressiven Ausgestaltung für einen größeren Teil ihrer eingezahlten Beträge Pfändungsschutz[321].

§ 851c Abs. 2 S. 3 ZPO ermöglicht eine Erhöhung des pfändungsgeschützten Betrages i.S.d. § 851c Abs. 2 S. 1 ZPO um drei Zehntel, um dem Schuldner einen Anreiz zu bieten, eine Altersvorsorge aufzubauen[322]. Durch die Kappungsgrenze des S. 4 wird dieser erhöht pfändungsgeschützte Betrag auf drei Zehntel des dreifachen Wertes des in S. 1 genannten Betrages beschränkt.

2. Ungeschriebene Voraussetzung des § 851c Abs. 2 ZPO

§ 851c Abs. 2 ZPO enthält eine ungeschriebene Voraussetzung für den Pfändungsschutz. Die Anwendbarkeit der Norm setzt voraus, dass ein Anspruch auf den Rückkaufswert gem. § 169 Abs. 1 VVG aufgrund des zu schützenden

---

316 Kapitel **D. IV. 1. b)**.
317 Die Altersgrenze wurde ebenfalls mit Wirkung zum 01.01.2013 vom 65. auf das 67. Lebensjahr durch das Gesetz zur Einführung einer Rechtsbehelfsbelehrung im Zivilprozess und zur Änderung anderer Vorschriften v. 05.12.2012, BGBl. I, S. 2418, angehoben; zur Begründung vgl. BT-Drs. 17/11385, S. 19.
318 BT-Drs. 16/886, S. 10.
319 BT-Drs. 16/886, S. 10.
320 Holzer, DStR 2007, S. 767, 770; Winter in: Bruck/Möller, VVG § 168, Rn. 78.
321 Wollmann, S. 207 f.
322 BT-Drs. 16/886, S. 10.

Versicherungsvertrags besteht. Bestünde ein solcher Anspruch nicht, wäre ein Zugriff des Gläubigers auf den die Grenzen des § 851c Abs. 2 S. 1 ZPO übersteigenden Teil des Vorsorgevermögens nicht möglich.

Der Versicherer hat gem. § 169 Abs. 1 VVG den Rückkaufswert zu zahlen, wenn eine Versicherung, die Versicherungsschutz für ein Risiko bietet, bei dem der Eintritt der Verpflichtung des Versicherers gewiss ist, durch Kündigung des Versicherungsnehmers aufgehoben wird. Bei Rentenversicherungsverträgen, die als reine Erlebensfallversicherung ausgestaltet sind, besteht ein solcher Anspruch nicht, da der Umfang der Leistungspflicht des Versicherers allein von der Lebensdauer des Schuldners abhängig und damit nicht gewiss im Sinne des § 169 Abs. 1 VVG ist[323]. Im Falle eines frühzeitigen Todes kommen die vom Versicherungsnehmer eingezahlten Beiträge, die noch nicht für Rentenleistungen verbraucht worden sind, der Versichertengemeinschaft zugute[324]. Ein solcher Vertrag kann daher die Voraussetzungen des § 851c Abs. 2 ZPO nicht erfüllen.

Die Voraussetzungen des § 169 Abs. 1 VVG und somit die des § 851c Abs. 1 ZPO können nur umgesetzt werden, indem zusätzliche Todesfallleistungen vereinbart werden, also entweder eine Beitragsrückgewähr in Form einer Todesfallkapitalleistung oder Hinterbliebenenrenten[325]. In diesen Fällen ist die Leistungspflicht des Versicherers gewiss im Sinne des § 169 Abs. 1 VVG, so dass ein Anspruch auf einen Rückkaufswert besteht und die Gläubiger auf den pfändbaren Teil des Vorsorgevermögens zugreifen können.

Wollmann geht davon aus, dass wegen des Ausschlusses des ordentlichen Kündigungsrechtes nach § 168 Abs. 3 S. 2 VVG kein Anspruch auf einen Rückkaufswert für den pfändungsgeschützten Teil des Vorsorgevermögens bestehen könne[326]. Dies ist nicht zutreffend, weil der Versicherungsvertrag im Rahmen des § 169 Abs. 1 VVG auch durch Rücktritt gem. § 19 Abs. 2 VVG oder Anfechtung gem. § 22 Abs. 2 VVG des Versicherers einerseits oder andererseits durch Widerruf des Versicherungsnehmers gem. § 8 Abs. 2 VVG, außerordentliche Kündigung oder wegen Fehlens der Geschäftsgrundlage beendet werden kann, was ebenfalls den Anspruch auf den Rückkaufswert entstehen lässt[327].

---

323 Winter in: Bruck/Möller, VVG, § 169, Rn. 43.
324 Wollmann, S. 43; Prölss/Martin, VVG, § 169, Rn. 21; Mönnich in: MüKo-VVG, § 169, Rn. 38 f.; Winter, a.a.O., Rn. 43 ff.
325 Winter, a.a.O., Mönnich, a.a.O.; Eisenecker, S. 27.
326 Wollmann, S. 188 f.; Flitsch, ZVI 2007, S. 161, 164.
327 Winter in: Bruck/Möller, VVG, § 169, Rn. 58; Mönnich in: MüKo-VVG, § 169, Rn. 49, 50 u. 52; Brambach in: Rüffer/Halbach/Schimikowski, VVG, § 169, Rn. 6.

3. Berechnungsfaktoren des § 851c Abs. 2 S. 1 ZPO

§ 851c Abs. 2 S. 1 ZPO bestimmt, dass der Schuldner das Kapital unter Berücksichtigung der Entwicklung auf dem Kapitalmarkt, des Sterblichkeitsrisikos und der Höhe der Pfändungsfreigrenze ansammeln kann. Aus der Angabe einer starren Gesamtsumme von € 256.000 am Ende des Satzes sowie aus der Gesetzesbegründung[328] ergibt sich, dass diese Norm keine flexible Handhabung der Pfändungsfreigrenzen im Einzelfall, wie beispielsweise § 850f ZPO, ermöglichen soll. Vielmehr beinhaltet die Norm einen Handlungsauftrag an den Gesetzgeber, die Werte regelmäßig zu überprüfen und gegebenenfalls anzupassen. Die Vorschrift legt zu diesem Zweck die Faktoren offen, die der Ermittlung des Höchstbetrages zugrunde liegen und die auch vom zukünftigen Gesetzgeber zu berücksichtigen sind.

a) Pfändungsfreigrenze für Arbeitseinkommen

Die Pfändungsfreigrenze für Arbeitseinkommen gem. § 850c ZPO ist ein Faktor, der in die Ermittlung des derzeitigen Höchstbetrages von € 256.000 eingeflossen ist und vom Gesetzgeber auch zukünftig im Rahmen des § 851c Abs. 2 S. 1 ZPO berücksichtigt werden soll. § 851c Abs. 2 S. 1 ZPO enthält für den Höchstbetrag des Vorsorgekapitals keine dynamische Anpassungsregel an die Entwicklung des Grundfreibetrags des Einkommensteuerrechts nach § 32a EStG, wie sie § 850c Abs. 2a ZPO für das Arbeitseinkommen vorsieht[329]. Eine erstmalige Anpassung des pfändungsgeschützten Höchstbetrages von € 238.000 auf € 256.000 ist mit Gesetz vom 05.12.2012[330] erfolgt. Nicht berücksichtigt wurde in der Folge die weitere Erhöhung der Pfändungsfreigrenzen zum 01.07.2013 durch die Pfändungsfreigrenzenbekanntmachung 2013[331].

b) Sterblichkeitsrisiko

Das Sterblichkeitsrisiko ist ausweislich des Wortlauts des § 851c Abs. 2 S. 1 ZPO als Berechnungsfaktor bei zukünftigen Erhöhungen der Beträge des § 851c

---

328 BT-Drs. 16/886, S. 10.
329 Vgl. Ahrens in: Prütting/Gehrlein, ZPO, § 850c, Rn. 20.
330 Gesetz zur Einführung einer Rechtsbehelfsbelehrung im Zivilprozess und zur Änderung anderer Vorschriften v. 05.12.2012, BGBl. I, S. 2418.
331 Pfändungsfreigrenzenbekanntmachung v. 26.03.2013, BGBl. I, S. 710.

Abs. 2 ZPO zu berücksichtigen. Dies ist auch sachgerecht, denn im Rahmen von Lebensversicherungen ist das Sterblichkeitsrisiko ein versicherungsmathematischer Berechnungsfaktor für die aufzubringenden Beitragsleistungen und das daraus aufzubauende Vorsorgevermögen. Bei der Gestaltung von § 851c Abs. 2 S. 1 ZPO wurde das Sterblichkeitsrisiko anhand der sog. Sterbetafeln der deutschen Aktuarvereinigung e. V. (DAV) berücksichtigt[332].

1) Gleichbehandlung von Männern und Frauen durch einheitlichen pfändungsgeschützten Höchstbetrag

§ 851c Abs. 2 ZPO weist mit der geschlechtsneutralen Formulierung „Schuldner" Männern und Frauen einen gleich hohen pfändungsgeschützten Höchstbetrag zu. Hieraus resultieren Probleme im Hinblick auf den in Art. 3 Abs. 3 S. 1, 1. Var. GG verfassungsrechtlich verankerten Gleichbehandlungsgrundsatz.

Das Sterblichkeitsrisiko hängt unter anderem vom Geschlecht einer Person ab. § 20 Abs. 2 S. 1 AGG[333] erlaubte bis zum 21.12.2012 die geschlechtsbezogene Differenzierung für Versicherungstarife, wenn die Berücksichtigung des Geschlechts bei einer auf relevanten und genauen versicherungsmathematischen und statistischen Daten beruhenden Risikobewertung ein bestimmender Faktor ist. Bis zur Abschaffung des § 20 Abs. 2 S. 1 AGG musste deshalb für Rentenversicherungsverträge von weiblichen Personen aufgrund deren höherer Lebenserwartung von ca. 6 Jahren[334] mehr Kapital aufgebracht werden, um eine gleich hohe lebenslange Rente wie eine männliche Person zu erhalten[335]. Dementsprechend wurden in der Praxis auch unterschiedliche Versicherungstarife für Männer und Frauen angeboten.

§ 20 Abs. 2 S. 1 AGG wurde infolge der EuGH-Entscheidung vom 01.03.2011[336] aufgehoben. Der EuGH hatte entschieden, dass Versicherungstarife ab dem 21.12.2012 geschlechtsneutral ausgestaltet sein müssen, weil die Berücksichtigung des Geschlechts von Versicherten als Risikofaktor diskriminierend und mit dem in

---

332 Aktuell für Rentenversicherung DAV 2004R; vgl. dazu BT-Drs. 17/11385, S. 18.

333 § 20 Abs. 2 S. 1 AGG wurde mit Wirkung zum 21.12.2012 gestrichen durch Gesetz v. 03.04.2013, BGBl. I, S. 610.

334 Statistisches Bundesamt Deutschland, Lebenserwartung in Deutschland 2006–2011; abrufbar unter: https://www.destatis.de/DE/ZahlenFakten/GesellschaftStaat/Bevoelkerung/Sterbefaelle/Tabellen/LebenserwartungDeutschland.html.

335 Ambrosius/Klose/Braunroth in: Däubler/Bertzbach, Hk-AGG, § 20, Rn. 38 u. 48; Baroch Castellvi, AltZertG, § 1, Rn. 4.

336 EuGH, Urteil v. 01.03.2011 – C-236/09 = Slg. I 2011, 800; Anmerkung v. Armbrüster in: LMK 2011, 315339.

Art. 21 und 23 der EU-Grundrechtecharta verankerten Grundsatz der Gleichheit von Frauen und Männern unvereinbar sei[337]. Folge dieses Urteils ist, dass ab dem 21.12.2012 keine nach dem Geschlecht differenzierenden Versicherungstarife und -bedingungen mehr vereinbart werden dürfen. § 20 Abs. 2 S. 1 AGG wurde in der Folge aufgehoben. Weil Männer und Frauen nunmehr Rentenversicherungsverträge zu den gleichen Konditionen abschließen können, sind Gleichbehandlungsprobleme im Hinblick auf den Pfändungsschutz für das Vorsorgevermögen nach § 851c Abs. 2 ZPO damit für Verträge, die nach dem 21.12.2012 geschlossen worden sind, beseitigt.

2) Geschlechtsbezogene Ungleichbehandlung bei Altverträgen
(vor dem 21.12.2012)

Eine Übergangsregelung für hier sog. Altverträge enthält § 20 Abs. 5 AGG: Danach ist bei Versicherungsverhältnissen, die vor dem 21.12.2012 begründet worden sind, eine unterschiedliche Behandlung wegen des Geschlechts im Falle des § 19 Abs. 1 Nr. 2 AGG bei den Prämien oder Leistungen nur zulässig, wenn dessen Berücksichtigung bei einer auf relevanten und genauen versicherungsmathematischen und statistischen Daten beruhenden Risikobewertung ein bestimmender Faktor ist. Bei Altverträgen können somit durchaus noch unterschiedliche Tarife für Frauen und Männer vereinbart sein.

Wenn § 851c Abs. 2 ZPO, der auch auf diese Altverträge anwendbar ist, hinsichtlich des pfändungsgeschützten Betrages des Vorsorgevermögens nicht zwischen Männern und Frauen differenziert, liegt hierin eine versteckte Diskriminierung der Frau, die gegen Art. 3 Abs. 2, Abs. 3 S. 1 GG verstößt. Frauen müssen aufgrund ihrer höheren Lebenserwartung ein größeres Vorsorgevermögen aufbauen als Männer, um eine gleich hohe Rente zu erhalten.

Gesetzliche Regelungen, die geschlechtsneutral formuliert sind, können diskriminierend wirken, wenn sie aufgrund natürlicher Unterschiede oder der gesellschaftlichen Bedingungen überwiegend ein Geschlecht betreffen[338]. Eine solche mittelbare oder faktische Diskriminierung setzt voraus, dass eine Regelung erstens erhebliche Nachteile aufbürdet, die zweitens überwiegend ein Geschlecht treffen[339]. Dies ist wegen des höheren Kapitalbedarfs einer Rentenversicherung

---

337 EuGH, Urteil v. 01.03.2011 – C-236/09 = Slg. I 2011, 800.
338 BVerfG, Beschluss v. 05.04.2005 – 1 BvR 774/02 = BVerfGE 113, 1, 15; BVerfG, Urteil v. 30.01.2002 – 1 BvL 23/96 = BVerfGE 104, 373, 393; BVerfG, Beschluss v. 27.11.1997 – 1 BvL 12/91 = BVerfGE 97, 35, 43.
339 BVerfG, Beschluss v. 05.04.2005, a.a.O.

für Frauen der Fall. Erfolgt eine Pfändung des Vorsorgevermögens während der Ansparphase, so kann bei Männern und Frauen jeweils der gleiche Betrag gepfändet werden. Die späteren Rentenleistungen einer Frau fallen dann aber aufgrund der längeren Rentenbezugsdauer der Frau notwendigerweise geringer aus als die eines Mannes.

Eine Ungleichbehandlung von Männern und Frauen ist nur gerechtfertigt, wenn sie auf biologischen Unterschieden beruht und aus diesem Grund zwingend erforderlich ist[340]. Eine Rechtfertigung für die Ungleichbehandlung im Hinblick auf den Pfändungsschutz ist nicht ersichtlich. In der Gesetzesbegründung wird zwar die unterschiedliche Lebenserwartung von Männern und Frauen thematisiert[341], schließlich aber trotzdem ohne weitere Begründung der einheitliche Höchstbetrag festgesetzt. Damit verstößt § 851c Abs. 2 ZPO gegen Art. 3 Abs. 3 S. 1, 1. Alt GG.

3) Verfassungskonforme Auslegung des § 851c Abs. 2 ZPO für Altverträge (vor dem 21.12.2012)

Für Altverträge, die vor dem 21.12.2012 geschlossen worden sind, hat eine verfassungskonforme Auslegung des § 851c Abs. 2 ZPO zu erfolgen. Eine an Art. 3 GG orientierte verfassungskonforme Auslegung von § 851c Abs. 2 ZPO muss die unterschiedliche Lebenserwartung und die unterschiedlichen Versicherungstarife berücksichtigen. Ausweislich seines Wortlauts will § 851c Abs. 2 S. 1 ZPO dem Schuldner eine angemessene Alterssicherung ermöglichen. Es liegt also mit dem Begriff „angemessen" ein unbestimmter Rechtsbegriff vor, der eine verfassungskonforme Auslegung ermöglicht. Zur Ausfüllung dieses unbestimmten Rechtsbegriffs kann hier die Anführung des Sterblichkeitsrisikos in § 851c Abs. 2 S. 1 ZPO herangezogen werden. Unter einer angemessenen Alterssicherung wird in der Gesetzesbegründung die Anwartschaft auf eine monatliche Altersrente in Höhe der Pfändungsfreigrenzen angesehen. Frauen müssen dazu einen 15 % höheren Betrag aufwenden, um diese zu erhalten, als Männer. Dies ist bei der Berechnung des pfändbaren Höchstbetrages nach § 851c Abs. 2 S. 1 ZPO bei Altverträgen in verfassungskonformer Auslegung der Vorschrift zu berücksichtigen.

---

340 BVerfG, Urteil v. 28.01.1992 – 1 BvR 1025/82, 1 BvL 16/83, 1 BvL 10/91 = BVerfGE 85, 191.
341 BT-Drs. 16/3844, S. 23.

c) Entwicklung auf dem Kapitalmarkt

Nach § 851c Abs. 2 ZPO ist die Entwicklung auf dem Kapitalmarkt zu berücksichtigen. Die Gesetzesbegründung legte dabei den Rechnungszins für Versicherungen in Höhe von 2,25 % nach der Deckungsrückstellungsverordnung in der Fassung von 2006 zugrunde[342]. Dieser Wert hat sich in der derzeit gültigen DeckRV[343] auf 1,75 % verringert. Die Bezugsgrößen für die Ermittlung des Höchstbetrages in § 851c Abs. 2 S. 1 ZPO zeigen die Orientierung des Gesetzgebers an der Versicherungswirtschaft.

4. Berechnung des Höchstbetrags nach § 851c Abs. 2 S. 1 ZPO

Der Schuldner kann, nach seinem Lebensalter gestaffelt, jährlich einen bestimmten Betrag unpfändbar auf der Grundlage eines in Absatz 1 bezeichneten Vertrags bis zu einer Gesamtsumme von 256.000 Euro ansammeln, § 851c Abs. 2 S. 1 ZPO. Die Höhe des jeweiligen bestimmten Betrages ist nach dem Lebensalter des Schuldners aufgrund von § 851c Abs. 2 S. 2 ZPO zu ermitteln. § 851c Abs. 2 S. 2 ZPO geht davon aus, dass der Schuldner im Regelfall jährlich Kapital in den Vorsorgevertrag einzahlt. Auf diesen Jahresbetrag kann der Vorsorgende auch monatliche oder anders gestaffelte Raten einzahlen, die mit Zahlungseingang bis zur jährlichen Obergrenze gesichert sind[344]. Ausweislich des Wortlauts ist bei der Berechnung in zeitlicher Hinsicht nicht auf das Kalenderjahr bzw. die laufende Versicherungsperiode, sondern taggenau auf das Lebensalter des Schuldners abzustellen[345].

a) Bestimmung der Berechnungsgrundlage

Die Bestimmung der Bezugsgröße, an die § 851c Abs. 2 ZPO die Berechnung des unpfändbaren Vorsorgevermögens knüpft, wirft aufgrund des unklaren Wortlauts der Norm besondere Schwierigkeiten auf. Dies hängt damit zusammen, dass sowohl versicherungsrechtliche Begriffe wie beispielsweise „Rückkaufswert" als auch von § 851c ZPO neu eingeführte Begriffe wie „bestimmter Betrag" verwendet werden.

---

342 BT-Drs. 16/3844, S. 23.
343 Verordnung über Rechnungsgrundlagen für die Deckungsrückstellungen (Deckungsrückstellungsverordnung – DeckRV) v. 06.05.1996, BGBl. I, S. 670, zuletzt geändert durch Gesetz v. 01.03.2011, BGBl. I, S. 345.
344 Ahrens in: Prütting/Gehrlein, ZPO, § 851c, Rn. 37.
345 Ders., a.a.O.

1) „Bestimmter Betrag" als Rückkaufswert?

Die Formulierung „einen bestimmten Betrag unpfändbar auf der Grundlage des Vertrags…ansammeln" in § 851c Abs. 2 S. 2 ZPO legt zunächst nahe, dass die Summe der vom Schuldner eingezahlten Beträge gemeint ist. Diese werden aber nicht vollständig aufgrund des Vertrages angesammelt, denn von den Beiträgen ist der Kosten- und Risikoanteil abzuziehen[346].

In der Literatur wird angenommen, der bestimmte Betrag in § 851c Abs. 2 S. 1 ZPO sei der Rückkaufswert einer Rentenversicherung gem. § 169 Abs. 1 VVG nach fiktiver Kündigung[347]. Der Rückkaufswert ergibt sich gem. § 169 Abs. 3 VVG aus dem Deckungskapital, das nach den anerkannten Regelungen der Versicherungsmathematik mit den Rechnungsgrundlagen der Prämienkalkulation zum Schluss der laufenden Versicherungsperiode entstanden und angelegt worden ist[348]. Gemäß § 169 Abs. 5 VVG kann ein Abzug durch den Versicherer bei vorzeitiger Vertragsbeendigung vorgenommen werden, sofern dieser vereinbart, beziffert und angemessen ist. Zieht man § 851c Abs. 2 S. 3 und S. 4 ZPO zur Auslegung heran, so könnte in der Tat aus der dortigen Verwendung des Begriffs „Rückkaufwert" und der Bezugnahme dieser Normen auf Satz 1 geschlossen werden, dass es sich bei dem „bestimmten Betrag" in § 851c Abs. 2 S. 1 ZPO ebenfalls um den Betrag des Rückkaufswert einer Rentenversicherung handelt[349]. Zudem wäre eine unterschiedliche Anknüpfung der Beträge in § 851c Abs. 2 S. 1 ZPO einerseits und S. 3 und S. 4 ZPO andererseits unpraktikabel[350]. Das Abstellen auf den Rückkaufswert bietet zudem den Vorteil, dass diese Bezugsgröße für den Schuldner transparent ist, weil der Betrag des Rückkaufswertes vom Versicherer mitzuteilen ist[351].

Der bestimmten Betrag in § 851c Abs. 2 S. 2 ZPO ist nicht mit dem Betrag des Rückkaufswertes eines Rentenversicherungsvertrags gleichzusetzen. In § 851c Abs. 2 S. 1 ZPO wird mit dem Begriff des „bestimmten Betrages" bewusst ein anderer Begriff als der des „Rückkaufwerts", der in § 851c Abs. 2 S. 3 und S. 4 ZPO

---

346 Winter in: Bruck/Möller, VVG, § 168, Rn. 75; Wollmann, S. 183.

347 Kessal-Wulf in: Schuschke/Walker, Vollstreckung, § 851c, Rn. 4; Meller-Hannich in: Kindl/Meller-Hannich/Wolf, Hk-ZV, § 851c, Rn. 18; ähnlich Ahrens in: Prütting/ Gehrlein, ZPO, § 851c, Rn. 34 („übereinstimmende Berechnungsmethode"); Winter, a.a.O.; Könnecke, DGVZ 2012, S. 17, 22; M. Stöber, NJW 2007, S. 1242, 1245; Hasse, VersR 2007, S. 870, 888; Neuhaus/Köther, ZfV 2009, S. 248, 249; Wollmann, S. 190 f.

348 Winter in: Bruck/Möller, VVG, § 169, Rn. 22.

349 Winter, a.a.O, § 168, Rn. 75.

350 Wollmann, S. 191.

351 Winter in: Bruck/Möller, VVG, § 168, Rn. 75.

genannt ist, verwendet. Bei der Gleichsetzung dieses Betrages mit dem Rückkaufswert gem. § 169 Abs. 1 VVG wäre insbesondere der direkte Anwendungsbereich des § 851c Abs. 2 ZPO auf Versicherungsverträge beschränkt, weil es sich
bei dem Begriff des Rückkaufwertes um einen spezifisch versicherungsrechtlichen Begriff handelt. Ziel des § 851c ZPO ist es aber, den Pfändungsschutz nicht
auf Versicherungsverträge zu beschränken, sondern auch andere Instrumente der
privaten Altersvorsorge zu erfassen[352].

Normzweck des § 851c Abs. 2 S. 1 ZPO ist es, dem Schuldner zu ermöglichen,
eine pfändungsgeschützte Anwartschaft auf eine Altersrente in Höhe der Pfändungsfreigrenzen aufzubauen[353]. Damit wird eine Verknüpfung zwischen § 851c
Abs. 2 ZPO und § 850c ZPO hergestellt. In dem Umfang, wie § 851c Abs. 1 ZPO
die monatliche Rente schützt, schützt § 851c Abs. 2 ZPO verhältnismäßig dazu
die Anwartschaft auf diese. Der Gesetzgeber geht davon aus, dass zu diesem
Zweck ein Kapital von € 256.000 aufgebracht werden muss. Nach dem Wortlaut des § 851c Abs. 2 S. 1 ZPO soll dieses Kapital, welches auf der Grundlage
des Vertrags angesammelt wurde, geschützt werden. Das auf der Grundlage eines
Vertrages angesammelte Kapital entspricht betragsmäßig gerade nicht dem Rückkaufswert, sondern ist höher als dieser. Der Rückkaufswert wird dadurch ermittelt,
dass von dem eingezahlten Kapital ein Abzug vorgenommen wird, § 169 Abs. 5
und 6 VVG. Stellte man im Rahmen des § 851c Abs. 2 ZPO auf den Rückkaufswert ab, wirkte sich dieser Abzug zulasten der Gläubiger aus, weil er zum Betrag
des pfändungsgeschützten Vorsorgevermögens hinzuzurechnen ist[354].

2) „Bestimmter Betrag" als Deckungskapital

Ausgangspunkt für die Auslegung des Begriffs des „bestimmten Betrags" in
§ 851c Abs. 2 S. 1 ZPO ist die vom Schuldner aufgebrachte Summe der Beitragsleistungen. Hiervon abzuziehen sind die versicherungstypischen Abschluss-, Ver-
waltungs- und Vertriebskosten[355]. Nach der Gesetzesbegründung sind diese zwar
in der Gesamtsumme von € 256.000 enthalten[356]. Allerdings spricht der Wortlaut
des § 851c Abs. 2 S. 1 ZPO gegen eine Berücksichtigung dieser Kosten im Rahmen des Pfändungsschutzes. Diese Kosten werden gerade nicht auf der Grundlage eines Vertrags angesammelt, sondern ermöglichen erst die Schaffung eines

---

352 BT-Drs. 16/886, S. 7, 10.
353 BT-Drs. 16/886, a.a.O.
354 Winter in: Bruck/Möller, VVG, § 168, Rn. 75.
355 Wollmann, S. 183; vgl. auch Mönnich in: MüKo-VVG, § 169, Rn. 90.
356 BT-Drs. 16/886, S. 10.

solchen. Weiter sind die Risikoanteile abzuziehen. Risikoanteile werden ebenfalls nicht auf der Grundlage des Vertrages angesammelt, sondern mit der Risikotragung durch den Versicherer über einen bestimmten Zeitraum verbraucht. Damit ist nur das sog. Deckungskapital der Versicherung nach § 169 Abs. 3 S. 1 VVG bei der Berechnung des Höchstbetrages zu berücksichtigen. Das Deckungskapital i.S.d. § 169 Abs. 3 VVG wird als derjenige Teil der Beträge definiert, den der Versicherer zu einem bestimmten Zeitpunkt angesammelt und zurückgelegt haben muss, um zusammen mit den künftig fällig werdenden Prämien die noch zu erwartenden Verpflichtungen zu erfüllen[357]. Es setzt sich aus den mit dem Rechnungszins angesammelten Beiträgen des Versicherungsnehmers zusammen, soweit diese nicht für Risiko- und Kostendeckung vorgesehen sind[358]. Durch das Abstellen auf das Deckungskapital wird insbesondere vermieden, dass sich ein möglicher Abzug nach § 169 Abs. 5 VVG zulasten der Gläubiger auswirkt.

b) Rückwirkende Erfassung von Einzahlungen

Um den pfändungsgeschützten Höchstbetrag nach dem Lebensalter des Schuldners im Rahmen des § 851c Abs. 2 S. 2 ZPO zu bestimmen, kommen zwei Auslegungsmöglichkeiten der Norm in Betracht. Zum einen könnten sämtliche, von § 851c Abs. 2 S. 2 ZPO für die vergangenen Lebensjahre des Schuldners bestimmten Höchstbeträge einschließlich des jeweiligen Höchstbetrags für das gegenwärtige Lebensalter addiert werden. Die Summe ist dann der jeweils pfändungsgeschützte Höchstbetrag i.S.d. § 851c Abs. 2 S. 1 ZPO[359].

In der Literatur wird teilweise davon ausgegangen, dass nicht ein einziger Betrag nach dem derzeitigen Lebensalter zu ermitteln sei, sondern für jedes Lebensjahr ein Teilbetrag. Die Summe dieser Teilbeträge sei nur für die Zukunft zu errechnen und ergebe den individuellen pfändungsgeschützten Betrag[360]. Hiermit ist gemeint, dass der pfändungsgeschützte Höchstbetrag ausschließlich der Betrag ist, den § 851c Abs. 2 S. 2 ZPO für das jeweilige Lebensalter bestimmt, ohne dass die Beträge für die früheren Lebensjahre des Schuldners hinzugerechnet werden.

---

357 Winter in: Bruck/Möller, VVG, § 169, Rn. 22.
358 Reiff in: Prölss/Martin, VVG, § 169, Rn. 31; Mönnich in: MüKo-VVG, § 169, Rn. 81.
359 Ahrens in: Prütting/Gehrlein, ZPO, § 851c, Rn. 34; Becker in: Musielak, ZPO, § 851c, Rn. 4; Winter in: Bruck/Möller, VVG, § 168, Rn. 76; so wohl auch Kessal-Wulf in: Schuschke/Walker, Vollstreckung, § 851c, Rn. 4; Henning, VIA 2009, S. 17, 19.
360 Ausführlich hierzu Wollmann, ZInsO 2013, S. 902; ders., S. 198 ff.; Flitsch, ZVI 2007, S. 161, 163.

Wollmann bezeichnet die in § 851c Abs. 2 S. 2 ZPO genannten Beträge deshalb als Sockelbeträge. Als Argument hierfür führt er den Wortlaut des § 851c Abs. 2 S. 1 und S. 2 ZPO an. Das Tatbestandsmerkmal „jährlich...ansammeln" könne so interpretiert werden, dass das Vermögen über einen gewissen Zeitraum aufgebaut werden muss und nicht durch Einmalzahlung eingebracht werden kann[361]. Ansonsten würden die Voraussetzungen eines kontinuierlichen Ansparvorgangs ausgehebelt[362]. Auch in der gesetzlichen Rentenversicherung, der Riester-Rente sowie der privaten Basisrente seien rückwirkende Einzahlungen rechtlich nicht vorgesehen[363]. Ferner verweist er auf die Missbrauchsgefahr[364]. Schuldner, insbesondere im rentennahen Alter, könnten durch eine rückwirkende Einmalzahlung große Vermögenswerte der Pfändung entziehen.

Eine rückwirkende Einzahlung durch den Schuldner ist zulässig. Der Wortlaut des § 851c Abs. 2 S. 1 ZPO, wonach der Schuldner einen bestimmten Betrag unpfändbar auf der Grundlage des Vertrags ansammeln kann, spricht nicht gegen ein solches Verständnis. Dem Schuldner wird der sukzessive Aufbau des Vorsorgevermögens lediglich ermöglicht, nicht aber zwingend vorgeschrieben. Dies folgt aus der Verwendung der Begriffe „kann" in § 851c Abs. 2 S. 1 ZPO und „darf" in § 851c Abs. 2 S. 2 ZPO. In der Gesetzesbegründung wird zudem ausdrücklich betont, dass eine Nachholung der Einzahlung möglich ist[365]. Ein Schuldner, der kurz vor dem Eintritt in den Altersruhestand steht, könnte ansonsten nur einen äußerst geringen Pfändungsfreibetrag für das Vorsorgevermögen erreichen. Außerdem würde mit zunehmendem Alter des Schuldners ansonsten der Anreiz, eine pfändungsgeschützte Grundversorgung für das Alter aufzubauen, stetig geringer. Dies dürfte dem Normzweck des § 851c ZPO widersprechen.

Die Staffelung der Beträge in § 851c Abs. 2 S. 2 ZPO soll lediglich verhindern, dass der Schuldner in jungen Jahren bereits Kapital dem Gläubigerzugriff entzieht[366]. Bei rückwirkender Ausnutzung der Freibeträge des § 851c Abs. 2 S. 2 ZPO besteht diese Gefahr gerade nicht. Wollmanns Argumente, die hauptsächlich an bestimmten Formulierungen in der Gesetzesbegründung festgemacht werden[367], vermögen deshalb nicht zu überzeugen. Auch aus einem Vergleich mit Riester-Verträgen

---

361 Wollmann, S. 203; Flitsch, ZVI 2007, S. 161, 163.
362 Wollmann, a.a.O.
363 Ders., ZInsO 2013, S. 902, 906.
364 Ders., S. 203.
365 BT-Drs. 16/886, S. 10.
366 BT-Drs. 16/886, a.a.O.
367 Vgl. Wollmann, S. 202.

und der privaten Basisrente können insoweit keine Schlussfolgerungen für die Auslegung des § 851c Abs. 2 S. 2 ZPO gezogen werden, da der steuerrechtlichen Förderung spezifische Wertungskriterien zugrunde liegen, die nicht vollständig auf die Interessenlage in der Zwangsvollstreckung übertragbar sind. Möglichen Missbrauchsgefahren kann im Wege der Insolvenzanfechtung gem. §§ 129 ff. InsO begegnet werden.

Der Schuldner kann somit in der Vergangenheit nicht erfolgte Beitragsleistungen durch rückwirkende Einzahlungen nachholen, soweit der nach dem Lebensalter des Schuldners zu bestimmende Höchstbetrag noch nicht erreicht ist[368]. Erst recht kann eine verhältnismäßige Erhöhung der zukünftig zu leistenden einzelnen Beitragszahlungen erfolgen. Ferner können auch nach dem 67. Lebensjahr noch Einzahlungen erfolgen, die bis zur Höhe des Gesamtbetrages des § 851c Abs. 2 S. 1 ZPO pfändungsgeschützt sind.

c) Erfassung überschießender Beitragszahlungen in der Zukunft

Zahlt der Schuldner einen die jeweilige jährliche Höchstgrenze übersteigenden Betrag ein, wird dieser im Folgejahr nachträglich vom Pfändungsschutz des § 851c Abs. 2 S. 1 ZPO erfasst, soweit der Höchstbetrag für das Folgejahr noch nicht erreicht ist. Dies gilt auch für den Fall, dass der Schuldner bei Vertragsschluss sogleich eine Einmalzahlung leistet, die den für sein Lebensalter nach § 851c Abs. 2 S. 2 ZPO zu bestimmenden pfändungsgeschützten Höchstbetrag übersteigt. Das Vorsorgevermögen wird sukzessive in Höhe der jeweiligen, nach dem Lebensalter zu bestimmenden Sockelbeiträgen vom Pfändungsschutz erfasst.

Der Schuldner darf nicht deshalb schlechter stehen, weil er einen die nach seinem Lebensalter zu bestimmende Höchstgrenze übersteigenden Kapitalbetrag in den Vorsorgevertrag eingezahlt hat, anstatt ihn sich zunächst zur freien Verfügung zu halten und hieraus einzelne jährliche Raten in den Vorsorgevertrag einzuzahlen. Zahlt der Schuldner in jungen Jahren einen hohen Betrag in seinen Altersvorsorgevertrag ein, der die Sockelbeträge für sein Lebensalter übersteigt, so tut er doch gerade das, was der Gesetzgeber von ihm verlangt: Er sorgt frühzeitig für eine effektive Altersvorsorge[369]. Gerade bei Selbständigen sind die zukünftigen Einkommensverhältnis nur schwer absehbar, so dass es vorausschauend und vernünftig erscheint, wenn der Schuldner zu einem Zeitpunkt, in dem ihm gerade

---

368 Ahrens in: Prütting/Gehrlein, ZPO, § 851c, Rn. 37; Kessal/Wulf in: Schuschke/Walker, Vollstreckung, § 851c, Rn. 4; Becker in: Musielak, ZPO, § 851c, Rn. 4.
369 Wollmann, S. 232.

ein größerer Kapitalbetrag zur Verfügung steht, diesen vollständig in den Altersvorsorgevertrag einzahlt. Die Gläubigerbefriedigung wird durch die hier vorgeschlagene Auslegung nicht gefährdet. Durch die Staffelung der pfändungsfreien Beträge nach dem Lebensalter des Schuldners wird verhindert, dass der Schuldner in jungen Jahren unangemessen viel Kapital dem Gläubigerzugriff entzieht[370].

5. Erhöhung des Grundfreibetrags, § 851c Abs. 2 S. 3 ZPO

Nach § 851c Abs. 2 S. 3 ZPO sind, sofern der Rückkaufwert den unpfändbaren Betrag übersteigt, drei Zehntel des überschießenden Betrags unpfändbar. § 851c Abs. 2 S. 4 ZPO enthält eine Kappungsgrenze für diesen Betrag. Danach gilt Satz 3 nicht für den Teil des Rückkaufwerts, der den dreifachen Wert des in Satz 1 genannten Betrags übersteigt. Mit § 851c Abs. 2 S. 3 und S. 4 ZPO legt das Gesetz somit einen Progressionsbereich fest, innerhalb dessen der Schuldner einen zusätzlichen Pfändungsschutz für ein gegenüber dem jeweiligen Grundfreibetrag des § 851c Abs. 2 S. 2 ZPO erhöhtes Vorsorgevermögen erlangen kann.

Bei der Berechnung dieses Betrags ist bis zum Erreichen der Altersgrenze von 67 Jahren jeweils nicht auf den absoluten Höchstbetrag von € 256.000, sondern auf den gem. § 851c Abs. 2 S. 2 ZPO jeweils nach dem Lebensalter des Schuldners zu ermittelnden Betrag abzustellen[371], weil § 851c Abs. 2 S. 3 ZPO mit „unpfändbaren Betrag" den in § 851c Abs. 2 S. 1 ZPO als „bestimmten Betrag" bezeichneten, nach den Altersgrenzen des § 851c Abs. 2 S. 2 ZPO zu bestimmenden Betrag in Bezug nimmt und nicht den als „Gesamtsumme" bezeichneten Höchstbetrag von € 256.000. Die Kappungsgrenze des § 851c Abs. 2 S. 4 ZPO gilt ebenfalls für die jeweiligen Jahresbeträge[372].

a) Normzweck

Eine mit § 851c Abs. 2 S. 3 ZPO vergleichbare Regelung findet sich für das laufende Arbeitseinkommen in § 850c Abs. 2 ZPO. Danach werden dem Schuldner von seinem Mehrerwerb innerhalb eines bestimmten Progressionsbereichs drei Zehntel pfändungsfrei belassen. Normzweck von § 850c Abs. 2 ZPO ist es, den Schuldner zu motivieren, seine Arbeitsleistung zu erhalten und zu verbessern, was

---

370 BT-Drs. 16/886, S. 10.
371 Ahrens in: Prütting/Gehrlein, ZPO, § 851c, Rn. 43; Wollmann, S. 226 ff., Hauß, FPR 2007, S. 190 f.
372 Ahrens, a.a.O.; A.A. Winter in: Bruck/Möller, VVG, § 168, Rn. 80, der auf den Höchstbetrag in § 851c Abs. 2 S. 1 ZPO abstellt.

im öffentlichen Interesse liegt[373]. § 850c Abs. 2 ZPO dient auch den Interessen des Gläubigers. Dem Gläubiger ist daran gelegen, dass der Schuldner seine Arbeitsleistung verbessert und dadurch eventuell ein größeres Einkommen erwirtschaftet, welches der Gläubiger sodann verwerten kann. Jedenfalls hat der Gläubiger ein Interesse daran, dass der Schuldner seine Arbeit nicht ganz einstellt, weil ohnehin nicht mehr von seinem Einkommen übrig bleibt als der Sozialhilfesatz[374].

Ob sich der Leitgedanke des § 850c Abs. 2 ZPO auch auf den Pfändungsschutz der privaten Altersvorsorge übertragen lässt, ist zweifelhaft. Über den Verweis von § 851c Abs. 1 ZPO auf § 850c Abs. 2 ZPO unterliegen die Versorgungsleistungen aus einem Privatvorsorgevertrag wie Arbeitseinkommen einem erweiterten Pfändungsschutz. Der Schuldner benötigt während des Zeitraums, in dem er die Versorgungsleistungen bezieht, allerdings keinen Anreiz mehr, um einen Mehrerwerb zu erzielen. Die Versorgungsleistungen werden ihm aufgrund einer bereits bestehenden vertraglichen Verpflichtung in zuvor bestimmtem Umfang geleistet.

Zu Erwerbszeiten des Schuldners können mit § 851c Abs. 2 S. 3 ZPO ebenfalls keine Anreize verbunden sein, einen Mehrerwerb zu erzielen. Zahlt der Schuldner Vermögen in einen pfändungsgeschützten Vertrag ein, so erzielt er gerade keinen Mehrerwerb, sondern entzieht vorhandenes Vermögen dem Gläubigerzugriff. Diese Beschränkung wird nicht unmittelbar durch bessere Befriedigungschancen für die Gläubiger ausgeglichen. Zwar wird ein gegenüber dem Grundfreibetrag des § 851c Abs. 2 S. 1 ZPO erhöhtes Vorsorgevermögen aufgebaut, aus dem im Alter höhere Versorgungsleistungen generiert werden können. Von diesen erhöhten Versorgungsleistungen profitieren die Gläubiger aber erst in der Auszahlungsphase.

Bedenkt man, dass zwischen Anspar- und Auszahlungsphase ein jahrzehntelanger Zeitraum liegen kann, wird deutlich, dass im Falle des § 851c Abs. 2 S. 3 ZPO die rechtfertigende Verknüpfung von Mehrerwerbsanreiz und zusätzlichem Pfändungsschutz, die in der gleichzeitigen Berücksichtigung von Gläubigerinteressen liegt, schwach ist. Zu Erwerbszeiten des Schuldners würde sich § 851c Abs. 2 S. 3 ZPO zugunsten der Gläubiger nur auswirken, wenn man unterstellt, dass dem Schuldner die Erwerbsmotivation insgesamt genommen werden könnte, wenn er um den Bestand selbst erwirtschafteter existenzsichernder Ansprüche für das Alter fürchten muss[375]. Diese Gefahr dürfte aber bereits mit dem Grundfreibetrag des § 851c Abs. 2 S. 1 ZPO ausgeräumt sein.

---

373 Brehm in: Stein/Jonas, ZPO, § 850, Rn. 1; K. Stöber, Forderungspfändung, Rn. 1044; Lippross, S. 162.
374 Lippross, a.a.O.
375 Ahrens, VuR 2010, S. 445, 446.

§ 851c Abs. 2 S. 3 ZPO verfolgt somit vorrangig den Zweck, den Schuldner im öffentlichen Interesse zu motivieren, eine Altersvorsorge in möglichst weitem Umfang aufzubauen[376]. Gleichgerichtete Interessen des Gläubigers existieren nicht. Insoweit stellt die Norm einen Fremdkörper im System der §§ 850 ff. ZPO dar. Dies ist als gesetzgeberische Entscheidung hinzunehmen.

Hierfür spricht jedenfalls, dass die 3/10-Regelung des Pfändungsschutzes für Arbeitseinkommen nach § 850c Abs. 2 ZPO kraft Verweisung auf sämtliche Einkunftsarten angewendet wird, unabhängig davon, ob der Schuldner die Einkünfte aufgrund eigener Arbeitsleistung erwirtschaften muss oder nicht. Wenn für die Altersrenten über den Verweis des § 851c Abs. 1 ZPO auf § 850c Abs. 2 ZPO die erhöhten Freibeträge zur Anwendung gelangen, ist es nur konsequent, auch den Freibetrag für das Vorsorgevermögen, aus dem diese Einkünfte in der Zukunft generiert werden sollen, einem erhöhten Pfändungsschutz zu unterstellen. Insbesondere wäre ein Abweichen von der Systematik der §§ 850 ff. ZPO nur hinsichtlich des Vorsorgevermögens eines nach § 851c ZPO geschützten Vertrags derzeit auch unter Gleichbehandlungsgesichtspunkten nicht zu rechtfertigen, denn der Gesetzgeber wollte mit § 851c ZPO den Pfändungsschutz der privaten Altersvorsorge entsprechend dem von Einkünften aus der gesetzlichen Rentenversicherung sowie aus der privaten Altersvorsorge abhängig Beschäftigter ausgestalten.

b) Bestimmung der Berechnungsgrundlage

Berechnungsgrundlage für den Erhöhungsbetrag der § 851c Abs. 2 S. 3 und S. 4 ZPO ist dem Wortlaut dieser Normen zufolge der „Rückkaufwert". Damit wird auf den versicherungsrechtlichen Anspruch auf den Rückkaufswert nach § 169 Abs. 1 VVG (dort mit Fugen-s) in Bezug genommen. Dies führt zu einer Diskrepanz zu § 851c Abs. 2 S. 1 ZPO, denn bei der Ermittlung des pfändungsfreien Grundbetrages ist nach der hier vertretenen Auffassung das Deckungskapital Berechnungsgrundlage[377]. Warum der Gesetzgeber unterschiedliche Anknüpfungspunkte für die Berechnung des Grundbetrags und des Erhöhungsbetrages gewählt hat, ist nicht erklärlich.

Um eine einheitliche Berechnungsgrundlage von § 851c Abs. 2 S. 1 ZPO einerseits und § 851c Abs. 2 S. 3 und S. 4 ZPO andererseits zu gewährleisten, wird in der Literatur vorgeschlagen, im Rahmen des § 851c Abs. 2 S. 3 und S. 4 ZPO entgegen deren Wortlaut statt auf den Rückkaufwert auf das Deckungskapital

---

376 BT-Drs. 16/886, S. 10.
377 Kapitel **D. VI. 4. a)**.

abzustellen[378]. Würde bei der vorzunehmenden Berechnung im Rahmen von § 851c Abs. 1 S. 3 und S. 4 ZPO auf den Rückkaufswert abgestellt, so ergäbe sich zugunsten des Schuldners ein höheres pfändungsgeschütztes Deckungskapital, da der Rückkaufswert regelmäßig geringer sei als letzteres[379]. Der nach § 169 Abs. 5 VVG vorzunehmende Abzug wirkte sich zulasten der Gläubiger aus. Dies sei nicht zu rechtfertigen. Die Entwurfsbegründung stelle ausdrücklich auf das Vorsorgekapital ab. Damit sei kein eindeutiger Wille des Gesetzgebers zu ermitteln[380]. Vielmehr sei von einem „handwerklichen Fehler" auszugehen[381].

Der Gesetzeswortlaut des § 851c Abs. 2 S. 2 ZPO ist an dieser Stelle eindeutig. Die Gesetzesmaterialien sind zu diesem Punkt unergiebig[382]. Ein eindeutiger Zweck, warum der Gesetzgeber hinsichtlich der Ermittlung des 3/10-Betrages auf den Rückkaufswert statt auf das Deckungskapital einer Versicherung abstellt, lässt sich nicht ermitteln. Da der Rückkaufswert wegen des möglichen Abzugs nach § 169 Abs. 5 VVG regelmäßig geringer ausfällt als das Deckungskapital der Versicherung, wirkt sich die Bezugnahme auf den Rückkaufswert als Berechnungsgrundlage in § 851c Abs. 2 S. 3 und S. 4 ZPO zugunsten des Schuldners aus. Als gesetzgeberische Entscheidung ist dies für Versicherungsverträge hinzunehmen.

Wird auf den Rückkaufswert als Berechnungsgrundlage von § 851c Abs. 2 S. 3 und S. 4 ZPO abgestellt, ergibt sich eine umständliche Berechnungsmethode. Zunächst muss der hypothetische Betrag des Anspruchs auf den Rückkaufswert ermittelt werden, der sich aus dem Betrag des Deckungskapitals ergibt, der die jeweilige Grenze, die gem. § 851c Abs. 2 S. 1 und S. 2 ZPO nach dem Lebensalter des Schuldners zu ermitteln ist, übersteigt. Die hypothetische Ermittlung des Betrags dieses Anspruchs dient dem Zweck, den Erhöhungsbetrag aus § 851c Abs. 2 S. 3 ZPO rechnerisch berücksichtigen zu können. Drei Zehntel des Betrags des hypothetischen Rückkaufswerts sind als Erhöhungsbetrag dem unpfändbaren Vermögen zuzuschlagen. Dies gilt nicht für den Teil des Rückkaufswertes, der den dreifachen Betrag des jeweils nach dem Lebensalter des Schuldners pfändungsfreien Betrages übersteigt, § 851c Abs. 2 S. 4 ZPO.

Nun kann der tatsächlich pfändbare Betrag des Anspruchs auf den Rückkaufswert ermittelt werden. Dies ist der Betrag des Rückkaufswert, der sich aus dem Teil des Deckungskapitals ergibt, welches die Grenze des § 851c Abs. 2 S. 1 ZPO

---

378 Wollmann, S. 191 ff.
379 Ders., S. 187.
380 BT-Drs. 16/886, S. 10.
381 Wollmann, S. 196.
382 Vgl. BT-Drs. 16/886, S. 8 u. BT-Drs. 16/3844, S. 12.

übersteigt. Hinzuzurechnen sind die zuvor errechneten drei Zehntel des Betrags des hypothetischen Rückkaufswerts, § 851c Abs. 2 S. 3 ZPO. Die Summe entspricht dem pfändungsgeschützten Kapital im Sinne des § 851c Abs. 2 ZPO. Das diesen Betrag überschießende Deckungskapital unterliegt der Pfändung, d.h. der hieraus resultierende Rückkaufswert kann von Gläubigern gepfändet werden.

Um den pfändbaren Betrag zu ermitteln, kann der Gläubiger einen Auskunftsanspruch des Schuldners gegen den Versicherer gem. §§ 155 Abs. 1, 169 Abs. 3 VVG oder gem. § 242 BGB einen eigenen Auskunftsanspruch direkt gegen den Versicherer geltend machen[383].

6. Flexibilisierung des Höchstbetrags, § 851c Abs. 2 ZPO

§ 851c Abs. 2 ZPO soll dem Schuldner den Aufbau eines Vorsorgekapitals ermöglichen, welches er zum Erhalt einer Rente in Höhe der Pfändungsfreigrenzen nach § 850c ZPO aufwenden muss[384]. Damit wird eine Verknüpfung zwischen § 851c Abs. 2 ZPO und § 850c ZPO hergestellt. In dem Umfang, wie § 850 Abs. 1 ZPO über den Verweis des § 851c Abs. 1 ZPO die monatliche Rente schützt, schützt § 851c Abs. 2 ZPO verhältnismäßig dazu die Anwartschaft auf diese. Dieser funktionale Zusammenhang wird unterbrochen, indem in § 851c Abs. 2 S. 2 ZPO ein starrer absoluter Höchstbetrag von € 256.000 für den Pfändungsschutz des Vorsorgevermögens festgelegt wird. Während § 851c Abs. 1 ZPO für die Rentenleistungen die Pfändbarkeit wie Arbeitseinkommen anordnet und damit über den Verweis auf § 850c Abs. 1 S. 2 ZPO automatisch gesetzliche Unterhaltsverpflichtungen des Schuldners berücksichtigt werden, fehlt planwidrig eine Regelung zur Berücksichtigung der zukünftigen gesetzlichen Unterhaltspflichten für das Vorsorgevermögen im Rahmen von § 851c Abs. 2 ZPO. Dieses Ergebnis entspricht der Ausgestaltung der gesetzlichen Rentenversicherung, bei der die Höhe der Beitragsleistungen ebenfalls nicht von der Anzahl der unterhaltsberechtigten Angehörigen abhängig ist[385]. Allerdings kann die zu erwartende Rentenleistung aus einem Vorsorgevermögen von € 256.000 im Einzelfall weit hinter den möglichen Leistungen aus der gesetzlichen Rentenversicherung zurück bleiben[386].

---

383   LG Chemnitz, Urteil v. 16.01.2004 – 6 S 1679/03 = NJW-RR 2004, S. 461; Ortmann in: Schwintowski/Brömmelmeyer, VVG, § 169, Rn. 39; ausführlich Wollmann, S. 242 ff.
384   BT-Drs. 16/886, S. 7, 10.
385   Ahrens in: Prütting/Gehrlein, ZPO, § 851c, Rn. 38.
386   Ders., a.a.O.

Der Gedanke aus § 850c Abs. 1 S. 2 ZPO, wonach sich die Pfändungsfreigrenze für laufendes Arbeitseinkommen bzw. Rentenleistungen je nach Anzahl der unterhaltsberechtigten Angehörigen erhöht, wurde für den Pfändungsschutz des Vorsorgevermögens gem. § 851c Abs. 2 ZPO nicht umgesetzt[387]. Ferner wurde nicht berücksichtigt, dass der Schuldner im Alter einen höheren Bedarf haben kann als zu Erwerbszeiten. Dies wird sogar typischerweise der Fall sein, man denke nur an Kosten für ein Senioren- oder Pflegeheim. § 850f Abs. 1 c) ZPO, der eine flexible Erhöhung der pauschalen Beträge auf Antrag des Schuldners durch das Vollstreckungsgericht vorsieht, ist ausweislich seines Wortlauts nicht auf das Vorsorgekapital anwendbar. Die Norm verweist lediglich auf den nach § 850c, § 850d und § 850i ZPO pfändbaren Teil seines Arbeitseinkommens, nicht aber auf § 851c Abs. 2 S. 1 und S. 2 ZPO. Umgekehrt verweist auch § 851c Abs. 3 ZPO nicht auf § 850f ZPO. § 851c Abs. 1 ZPO verweist zwar auf die Vorschriften für die Pfändung von Arbeitseinkommen, wozu auch § 850f ZPO zu zählen ist. Allerdings gilt dieser Verweis ausschließlich für die Pfändung der Rentenleistungen, nicht aber für die hier in Frage stehende Pfändung des Vorsorgevermögens nach § 851c Abs. 2 ZPO. Somit kommt mangels Verweisung eine direkte Anwendung des § 850f Abs. 1 c) ZPO nicht in Betracht.

Wollmann lehnt das Vorliegen einer planwidrigen Regelungslücke ab[388]. Aufgrund einer in der Ansparphase erfolgten Vollstreckung in das Vorsorgevermögen anhand der Grenzen des § 851c Abs. 2 ZPO beschränkten sich die Rentenleistungen auf den in § 850c Abs. 1 S. 1 ZPO genannten Betrag. Dies wiederum führe zu einer fehlenden Leistungsfähigkeit des Unterhaltsverpflichteten, weshalb wegen § 1603 BGB keine Ansprüche der Unterhaltsberechtigten gegeben seien[389]. Das Argument Wollmanns steht nicht im Einklang mit dem Regelungszweck des § 851c ZPO. Durch die Regelung soll auch die öffentliche Hand von Sozialleistungen entlastet werden. Dies spricht für eine weitgehende Berücksichtigung von Unterhaltspflichten des Schuldners, weil die Berechtigten ansonsten der Sozialhilfe anheim fallen würden. Insbesondere zeigen § 850f Abs. 1 a) und c) ZPO, dass die materielle Unterhaltspflicht des Schuldners nach der gesetzlichen Wertung grundsätzlich Vorrang vor den Gläubigerinteressen hat. Daraus folgt, dass sich der Pfändungsschutz nach dem Bestehen der Unterhaltspflichten richtet und nicht umgekehrt.

---

387 Ahrens in: Prütting/Gehrlein, ZPO, § 851c, Rn. 38.
388 Wollmann, S. 209 ff.
389 Ders., S. 210 f.

Damit besteht eine planwidrige Regelungslücke, die durch entsprechende Anwendung von § 850f Abs. 1 ZPO auf das Vorsorgekapital geschlossen werden kann. Zwar wäre auch eine Übertragung des Modells des § 850c Abs. 1 S. 2 ZPO, wonach die Pfändungsfreigrenzen nach Anzahl der unterhaltsberechtigten Personen pauschal erhöht werden, denkbar. Dieser Gedanke entspräche der Pauschalisierungs- und Vereinfachungsfunktion der §§ 850 ff. ZPO. Allerdings dürfte der noch in ferner Zukunft liegende Unterhaltsbedarf von Angehörigen des Schuldners während der Ansparphase nur schwierig zu bestimmen sein. Diese Unsicherheit hinsichtlich der in der Zukunft liegenden Unterhaltsverpflichtungen gebietet eine umfassende Interessenabwägung zwischen den Belangen des Schuldners und denen des Gläubigers durch das Vollstreckungsgericht, die nur im Einzelfall erfolgen kann. Hierfür bietet eine analoge Anwendung von § 850f Abs. 1 b) und c) ZPO die geeignete Handhabe.

Für die Ermittlung des zukünftigen Bedarfs im Rahmen einer analogen Anwendung des § 850f Abs. 1 ZPO muss dem Schuldner ein Prognosespielraum zuerkannt werden. Dabei kann bei Ehegatten bzw. Lebenspartnern aufgrund der auf Lebenszeit angelegten Gemeinschaft vermutet werden, dass diese im Alter noch mit dem Schuldner zusammenleben und unterhaltsberechtigt sein werden, so dass hohe Anforderungen an die entgegenstehenden Belange des Gläubigers, die eine Versagung des Pfändungsschutzes nach § 850f Abs. 1 ZPO rechtfertigen würden, zu stellen sind. Bei Kindern bzw. Enkeln wird in der Regel kein Unterhaltsbedürfnis mehr bestehen, wenn der Schuldner sich im Rentenalter befindet, da Kinder und Enkel typischerweise im Erwachsenenalter über eigenes Einkommen verfügen. Hier dürften an die Darlegung dieses zukünftigen Bedarfs seitens des Schuldners hohe Anforderungen zu stellen sein, da die Unterhaltsberechtigung von Kindern im Alter des Schuldners die Ausnahme darstellt. Zu denken wäre hier beispielsweise an Behinderungen oder schwere Krankheiten der Kinder.

7. Pfändungsschutz für Beitragsleistungen

a) Problemstellung

Tavakoli hat die Frage aufgeworfen, ob sich der Pfändungsschutz des § 851c Abs. 2 S. 1 ZPO auf das eingezahlte Vorsorgevermögen beschränkt oder sich zusätzlich auf die laufenden, noch einzuzahlenden Beiträge erstreckt[390]. In der Literatur

---

390 Tavakoli, NJW 2008, S. 3259.

wird in diesem Zusammenhang von einem dreistufigen Vollstreckungsschutz der privaten Altersvorsorge gesprochen, der sich aus dem Pfändungsschutz für die Rentenleistungen, dem Pfändungsschutz für das Vorsorgevermögen sowie dem Pfändungsschutz für die aufzubringenden Beitragsleistungen zusammensetzt[391].

Die Grenzen des § 850c Abs. 1 ZPO, in denen das gegenwärtige Einkommen des Schuldners nicht gepfändet werden kann, dürften nur für Sicherung des aktuellen Lebensunterhalt ausreichend sein, nicht aber für den parallel erfolgenden Aufbau einer privaten Altersvorsorge[392]. Die Erweiterung des Pfändungsschutzes von § 850c Abs. 1 ZPO auf laufende Beiträge für einen privaten Vorsorgevertrag über § 851c Abs. 2 S. 1 ZPO würde es dem Schuldner ermöglichen, aus seinem Arbeitseinkommen eine private Altersvorsorge aufzubauen. Tavakoli zieht damit für die private Altersvorsorge unausgesprochen eine Parallele zu § 850e Nr. 1 ZPO. Nach § 850e Nr. 1 ZPO sind Beiträge, die unmittelbar aufgrund sozialrechtlicher Vorschriften zur Erfüllung gesetzlicher Pflichten vom Schuldner abzuführen sind, nicht zum Arbeitseinkommen zu rechnen. Wegen § 28e SGB IV sind somit die Beiträge, die ein abhängig beschäftigter Schuldner zur gesetzlichen Rentenversicherung abführt, von dessen pfändbaren Arbeitseinkommen abzuziehen.

Die Erweiterung des Anwendungsbereichs des § 851c Abs. 2 ZPO auf noch einzuzahlende Beiträge macht Tavakoli zunächst am Wortlaut des § 851c Abs. 2 S. 1 ZPO fest, und zwar am Begriff des „Ansammelns". Diesen Begriff definiert er als aktiven, fortdauernden Vorgang. Hieraus folgert er, dass dies die Vorbereitung der Einzahlung in den Vertrag umfassen müsse. Sollte § 851c Abs. 2 ZPO lediglich das bereits im Vertrag angesammelte Kapital schützen, hätte man dies leicht durch die Verwendung des Begriffs „angesammelt" zum Ausdruck bringen können[393].

b) Die Entscheidungen des BGH vom 12.05.2011

Der BGH hat den gesonderten Schutz von noch einzuzahlenden Beträgen für einen privaten Vorsorgevertrag aufgrund von § 851c Abs. 2 ZPO verneint[394]. In dem

---

391 Busch, VuR 2011, S. 371; BGH, Beschluss v. 12.05.2011 – IX ZB 181/10, Rn. 8 = NJW-RR 2011, S. 1617; Schumacher in: FK-InsO, § 36, Rn. 31.

392 Busch, a.a.O.

393 Tavakoli, NJW 2008, S. 3259, 3261.

394 BGH, Beschluss v. 12.05.2011 – IX ZB 181/10, Rn. 8 = NJW-RR 2011, S. 1617; bestätigt in BGH, Urteil v. 30.01.2013 – XII ZR 158/10 = FamRZ 2013, S. 616; LAG Mecklenburg-Vorpommern, Urteil v. 07.12.2010 – 5 Sa 203/10 = NZA-RR 2011, S. 484, 487; LAG Niedersachsen, Urteil v. 19.08.2010 – 4 Sa 970/09 B = BeckRS 2010, 74680;

entschiedenen Fall ist der Schuldner ursprünglich selbständig gewesen. Sodann wechselte er in die abhängige Beschäftigung und schloss einen nach § 851c ZPO pfändungsgeschützten Vertrag ab. In dem danach eröffneten Insolvenzverfahren über sein Vermögen wollte er über §§ 36 Abs. 1 InsO, 851c Abs. 2 ZPO eine Erhöhung des Betrags seines unpfändbaren Einkommens erreichen, um den Privatvorsorgevertrag weiter bedienen zu können.

Der Schuldner sei als Arbeitnehmer über § 850e Nr. 1 ZPO ausreichend geschützt, indem die Beiträge zur gesetzlichen Rentenversicherung nicht zu seinem pfändbaren Arbeitseinkommen gerechnet werden. Bei Gewährung eines weiteren unpfändbaren Betrages zum Aufbau der Privatvorsorge würde der Schuldner auf Kosten der Gläubiger doppelt begünstigt.

Eine Erstreckung des Pfändungsschutzes auf laufende Beiträge zu einem Privatvorsorgevertrag ergebe sich auch nicht aus dem Wortlaut des § 851c Abs. 2 ZPO. Aus der Gesetzesbegründung folge, dass mit § 851c ZPO lediglich ein zweistufiger Pfändungsschutz geschaffen werden soll, von dem die Versorgungsleistungen und das angesparte Vorsorgevermögen erfasst werden, nicht aber die laufenden Beitragsleistungen[395]. Ein Pfändungsschutz für letztere hätte systematisch eher in § 850f ZPO geregelt werden müssen.

Auch eine teleologische Auslegung des § 851c Abs. 2 ZPO ergebe nichts anders. Normzweck sei, bestehende Regelungslücken bei dem Vollstreckungszugriff gegen selbständige Personen zu schließen und diesen einen ähnlichen Pfändungsschutz ihrer Altersvorsorge zu verschaffen, wie sie abhängig Beschäftigte im Hinblick auf ihre Sozialversicherungsbezüge genössen. Arbeitnehmer müssten Beiträge zur gesetzlichen Rentenversicherung unmittelbar aufgrund sozialrechtlicher Verpflichtungen aus ihrem Arbeitseinkommen abführen. Demgegenüber könne bei Selbständigen der Aufbau des Vorsorgevermögens im Rahmen privater Altersvorsorge auf unterschiedliche Art und Weise erfolgen. Denkbar seien Zahlungen aus dem Vermögen, aus Kapitaleinkünften, Mieteinkünften. Dass der Gesetzgeber ungeachtet der unterschiedlichen Herkunft der Mittel, die zum Aufbau einer gesetzlichen Rentenversicherung und zur Bildung einer privaten Altersvorsorge eingesetzt werden, die Einkünfte eines Selbständigen pfändungsfrei stellen

---

LG Bonn, Beschluss v. 03.04.2009 – 6 T 101/08 = BeckRS 2009, 10251 u. Beschluss v. 04.03.2009 – 6 T 221/08 = BeckRS 2009, 10252; dem BGH folgt auch die Literatur: Meller-Hannich in: Kindl/Meller-Hannich/Wolf, Hk-ZV, § 851c, Rn. 24; Becker in: Musielak, ZPO, § 851c, Rn. 4a; Ahrens in: Prütting/Gehrlein, ZPO, § 851c, Rn. 40.

395 BGH, Beschluss v. 12.05.2011, a.a.O., unter Verweis auf BT-Drs. 16/886; so auch Wollmann, S. 235 ff.

wollte, wenn diese zum Aufbau einer privaten Altersvorsorge eingesetzt werden, sei weder dem Gesetz noch der Begründung des Gesetzgebers zu entnehmen[396]. Eine Regelungslücke, die eine analoge Anwendung des § 850f ZPO rechtfertigen würde, bestehe aus den genannten Gründen ebenfalls nicht.

c) Stellungnahme

Der Entscheidung des BGH ist zuzustimmen. Allerdings bedürfen die Leitaussagen der Entscheidung einiger Präzisierung. Ein zusätzlicher Pfändungsschutz für die laufenden Beitragsleistungen kann jedenfalls nicht über § 851c Abs. 2 ZPO, sondern nur über eine weitere Schutznorm hergestellt werden[397]. Dies zeigt auch der Vergleich zu § 97 EStG. Dort hat der Gesetzgeber die Beiträge zur Riester-Rente nach §§ 10a, 79 ff. EStG ausdrücklich einem Schutz unterstellt[398].

Als eine solche weitere Schutznorm für Selbständige kommt § 850i ZPO in Betracht. Zu den geschützten Einkommensarten des § 850i Abs. 1 ZPO gehören sämtliche Einkünfte, unabhängig davon, ob sie auf Grund persönlich geleisteter Arbeiten oder Dienste erzielt werden oder durch im Unternehmen oder Betrieb des Schuldners angestellte Kräfte. Erforderlich ist jedenfalls, dass es sich um Einkünfte aus tatsächlich ausgeübter Erwerbstätigkeit und nicht um Einkünfte aus Vermögen handelt[399]. Im Rahmen von § 850i Abs. 1 ZPO ist der Rechtsgedanke aus § 850e Nr. 1 ZPO, wonach bei der Berechnung des pfändbaren Arbeitseinkommens die anteiligen Beträge zur gesetzlichen Rentenversicherung nicht mitgerechnet werden, für die Altersvorsorge Selbständiger entsprechend zu berücksichtigen[400]. Der BGH hat dies für die Pflichtbeiträge zum Versorgungswerk der Architektenkammer entschieden[401]. Die Beiträge seien in der Höhe zu berücksichtigen, in der für einen sozialversicherungspflichtigen Arbeitnehmer entsprechende Beiträge zu berücksichtigen wären[402]. Dieser Gedanke lässt sich auch auf Beitragsleistungen

396 BGH, Beschluss v. 12.05.2011 – IX ZB 181/10, Rn. 9 = NJW-RR 2011, S. 1617.
397 Busch, VuR 2011, S. 371, 375; Wollmann, S. 237.
398 Kapitel **F. IV.** 4.
399 K. Stöber, Forderungspfändung, Rn. 1234; Meller-Hannich in: Kindl/Meller-Hannich/Wolf, Hk-ZV, § 850i, Rn. 7; Ising, S. 229; Stephan, NZI 2004, S. 505, 511; A.A. Wollmann, S. 118 ff.
400 BGH, Beschluss v. 24.07.2008 – VII ZB 34/08 = NJW-RR 2009, S. 410; K. Stöber, a.a.O.; Becker in: Musielak, ZPO, § 850i, Rn. 6; Ahrens in: Prütting/Gehrlein, ZPO, § 850i, Rn. 15; Busch, VuR 2011, S. 371, 376.
401 BGH, Beschluss v. 24.07.2008, a.a.O.
402 BGH, a.a.O.

eines Selbständigen zum Aufbau einer nach § 851c ZPO geschützten Altersvorsorge übertragen[403]. Als Orientierungspunkt zur Ermittlung der dafür erforderlichen Beträge können die Pflichtbeiträge zur gesetzlichen Rentenversicherung einschließlich der Arbeitgeberanteile herangezogen werden[404]. Die zur privaten Altersvorsorge eines Selbständigen aufgewendeten bzw. aufzuwendenden Beiträge sind somit vom pfändbaren Teil des Einkommens nach § 850i ZPO abzuziehen.

Bei diesem Verständnis werden auch die vom BGH in der Entscheidung vom 12.05.2011 formulierten Leitgedanken, wonach nicht jegliche Beitragsleistungen zu privater Altersvorsorge einem zusätzlichen Pfändungsschutz unterliegen sollen, berücksichtigt. § 850i ZPO erfasst nur solche Einkünfte, die der Schuldner aufgrund von gegenwärtiger Erwerbstätigkeit erwirtschaftet. Somit unterliegen nur Beiträge einem zusätzlichen Pfändungsschutz, die aus gegenwärtiger Erwerbstätigkeit des Schuldners aufgebracht werden, nicht aber solche aus Vermögen oder aus Kapitaleinkünften. Diese Differenzierung ist sachgerecht, weil auch bei abhängig Beschäftigten grundsätzlich nur die Beiträge, die unmittelbar aus ihrem Arbeitseinkommen abgeführt werden, vom pfändbaren Arbeitseinkommen abzuziehen sind, § 850e Nr. 1 ZPO und § 28e SGB IV.

Busch geht demgegenüber davon aus, dass der erweiterte Pfändungsschutz für die Beitragsleistungen nicht bei § 850i ZPO anzusiedeln sei, weil von diesem nur Selbständige, nicht aber Arbeitnehmer profitierten[405]. § 851c ZPO gelte aber für alle Personengruppen. Hieraus resultiere eine Ungleichbehandlung von Arbeitnehmern und Selbständigen. Ferner könnten die Beiträge zum Aufbau einer privaten Altersvorsorge nach § 851c ZPO nicht mit Pflichtbeiträgen zu Versorgungswerken der freien Berufe gleichgesetzt werden, denn zum einen gebe es keinen gesetzlichen Zwang zum Abschluss eines Privatvorsorgevertrages. Ferner scheide eine Typisierung der Beitragshöhe angesichts unterschiedlicher Erwerbsbiographien von abhängig Beschäftigten und Selbständigen aus[406].

Arbeitnehmer bedürfen entgegen der Ansicht Buschs nicht des Schutzes des § 850i ZPO. Diese sind, wie schon der BGH ausgeführt hat, umfassend durch andere Normen geschützt. Für Beiträge zur gesetzlichen Rentenversicherung als Grundversorgung für das Alter ergibt sich dies aus § 850e Nr. 1 ZPO. Wenn Arbeitnehmer zusätzliche private Altersvorsorge betreiben, soll dies nach der gesetzgeberischen Wertung des

---

403 Ahrens in: Prütting/Gehrlein, ZPO, § 851c, Rn. 40; ders. in: ZInsO 2010, S. 2357, 2362; Ernst, JurBüro 2012, S. 405, 407; vgl. auch Wollmann, S. 237.

404 Ahrens in: ZInsO 2010, S. 2357, 2362; K. Stöber, Forderungspfändung, Rn. 1240.

405 Busch, VuR 2011, S. 371, 376

406 Dies., a.a.O.

§ 10a Abs. 1 EStG vorrangig über die Riester-Rente geschehen. Für diese sind die Beitragsleistungen gesondert über § 97 S. 1 EStG der Pfändung entzogen.

Es besteht auch kein Grund, Beitragsleistungen, die aufgrund einer gesetzlichen Verpflichtung erbracht werden, pfändungsschutzrechtlich besser zu stellen als Beitragsleistungen zu Privatvorsorgeverträgen[407]. Faktisch trifft nach dem gesetzgeberischen Willen alle Erwerbstätigen zumindest eine Obliegenheit, für das Alter vorzusorgen. Ob dies freiwillig durch Privatvorsorge oder verpflichtend aufgrund einer Mitgliedschaft in einem Versorgungswerk der freien Berufe geschieht, ist mehr oder weniger zufällig und kann sich während der Dauer der Berufstätigkeit mehrfach ändern. Ferner können gerade durch die vom Vollstreckungsgericht im Rahmen des § 850i ZPO vorzunehmende Einzelfallentscheidung die jeweils zu schützende Beitragshöhe und die unterschiedlichen Erwerbsbiographien anhand des Rechtsgedankens des § 850e Nr. 1 ZPO berücksichtigt werden.

VII. Rechtsfolgen des § 851c Abs. 2 ZPO

Nach § 851c Abs. 2 S. 1 ZPO ist der Anspruch auf Auszahlung des Rückkaufswertes in den Grenzen des § 851c Abs. 2 S. 2 ZPO pfändungsgeschützt. Der Schuldner kann wegen § 400 BGB den Anspruch nicht abtreten.

VIII. Zusammenrechnung von Vorsorgevermögen, § 851c Abs. 3 ZPO

1. Normzweck des § 851c Abs. 3 ZPO

§ 851c Abs. 3 ZPO soll mit dem Verweis auf die Anrechnungsvorschriften des § 850e Nr. 2 und Nr. 2a ZPO verhindern, dass der Schuldner in den Genuss eines gegenüber dem § 851c ZPO erhöhten Pfändungsschutzes gelangt, wenn er über weitere Anwartschaften auf Alterseinkünfte neben dem Vorsorgekapital des § 851c Abs. 2 ZPO verfügt. Gerade bei selbständigen Schuldnern ist der Aufbau mehrerer, unterschiedlichen Systemen der Altersvorsorge zuzuordnender Anwartschaften typisch. Ein Pfändungsschutz über die Grenzen des § 851c ZPO hinaus beeinträchtigte die verfassungsrechtlich geschützten Gläubigerinteressen zu weitgehend[408].

---

407 Wollmann, S. 239.
408 Ders., S. 262.

2. Verweisungstechnik des § 851c Abs. 3 ZPO

§ 851c Abs. 3 ZPO ordnet die entsprechende Geltung von § 850e Nr. 2 und Nr. 2a an. Dieser Verweis ist ausschließlich auf den Pfändungsschutz des Vorsorgekapitals nach § 851c Abs. 2 ZPO zu beziehen. Zwar spricht die systematische Stellung des Absatzes 3 gegen diese Annahme, denn durch die Ausgestaltung als eigener Absatz wird auf beide vorangegangenen Absätze verwiesen. § 850e Nr. 2 und Nr. 2a ZPO sind aber auf die Rentenleistungen bereits kraft der Verweisung des § 851c Abs. 1 ZPO anwendbar, so dass die Anordnung einer entsprechenden Anwendbarkeit überflüssig wäre. Auf das Vorsorgekapital ist die Norm hingegen nicht direkt anwendbar, da § 850e Nr. 2 und Nr. 2a ZPO nur auf Rentenleistungen, nicht aber auf das Vorsorgekapital i.S.d. § 851c Abs. 2 ZPO zugeschnitten sind. Dieses Ergebnis folgt auch aus der Gesetzesbegründung. Danach wird die entsprechende Anwendung der §§ 850e Nr. 2 und Nr. 2 a ZPO nur deshalb angeordnet, um die ansonsten nur für Rentenleistungen passenden Vorschriften auch auf das Vorsorgekapital anwenden zu können[409]. § 851c Abs. 3 ZPO ist damit als § 851 Abs. 2 S. 5 ZPO zu lesen[410].

3. Zusammenrechnung von laufenden Alterseinkünften

a) Leistungen aus mehreren Privatvorsorgeverträgen

Gemäß § 851c Abs. 1 S. 1 und § 850e Nr. 2 ZPO sind Renteneinkünfte aus verschiedenen privatrechtlichen Vorsorgeverträgen zusammenzurechnen. Der unpfändbare Grundbetrag ist in erster Linie den Renteneinkünften zu entnehmen, die die wesentliche Grundlage der Lebenshaltung des Schuldners bilden, § 850e Nr. 2 S. 2 ZPO. Dies werden regelmäßig die Renteneinkünfte aus dem nach § 851c ZPO geschützten Vertrag sein, da aufgrund von § 851c ZPO die Grundversorgung des Schuldners im Alter gesichert werden soll.

b) Renten aus der gesetzlichen Rentenversicherung

Nach § 850e Nr. 2a ZPO sind Ansprüche auf laufende Geldleistungen nach dem Sozialgesetzbuch mit dem Arbeitseinkommen zu verrechnen, soweit erstere der Pfändung unterworfen sind. Folglich wären mit den nach § 851c Abs. 1 ZPO

---

409 BT-Drs. 16/886, S. 19.
410 Ahrens in: Prütting/Gehrlein, ZPO, § 851c, Rn. 44; so wohl auch Kessal-Wulf in: Schuschke/Walker, Vollstreckung, § 851c, Rn. 4.

geschützten Versorgungsleistungen über § 850e Nr. 2a ZPO auch Leistungen aus der gesetzlichen Rentenversicherung zusammenzurechnen. Dies kann relevant werden, wenn der Schuldner zunächst abhängig beschäftigt gewesen ist und in diesem Zeitraum eine Rentenanwartschaft in der gesetzlichen Rentenversicherung erworben hat, sich sodann aber selbständig gemacht und eine nach § 851c ZPO geschützte Privatvorsorge aufgebaut hat und auch hieraus Leistungen bezieht.

§ 850e Nr. 2a ZPO bestimmt, dass eine Zusammenrechnung mit Arbeitseinkommen nur erfolgen kann, soweit die laufenden Einkünfte nach dem Sozialgesetzbuch, mithin die Renten aus der gesetzlichen Rentenversicherung, der Pfändung unterworfen sind. Nach § 54 Abs. 4 SGB I sind diese wie Arbeitseinkommen pfändbar. Folgt man dem Wortlaut des § 54 Abs. 4 SGB I, wäre eine Zusammenrechnung mit Ansprüchen aus einem privatrechtlichen Vorsorgevertrag im Rahmen des § 850e Nr. 2a ZPO nicht möglich, da die Leistungen aus der gesetzlichen Rentenversicherung bis zur Pfändungsfreigrenze des § 850c Abs. 1 ZPO nicht pfändbar sind. Folge wäre, dass der Schuldner zweimal in den Genuss der Freigrenze des § 850c Abs. 1 ZPO käme, nämlich einmal bezüglich der privaten Altersrente und ein weiteres Mal bezüglich der Rente aus der gesetzlichen Rentenversicherung.

§ 850e Nr. 2a ZPO ließe sich aber auch so verstehen, dass es lediglich auf die grundsätzliche Pfändbarkeit der Leistungen ankommt. Die §§ 54 Abs. 1 und 3 SGB I schreiben eine absolute Unpfändbarkeit bestimmter Sozialleistungen vor. Für laufende Rentenleistungen wird hingegen die Geltung der Vorschriften über die Pfändung von Arbeitseinkommen angeordnet, § 54 Abs. 4 SGB I. Leistungen nach § 54 Abs. 1 – 3 SGB I sind somit nicht mit anderem Einkommen des Schuldners zusammenzurechnen, da sie unpfändbar (Leistungen nach Abs. 1 und Abs. 3) oder zumindest nur bedingt pfändbar (Leistungen nach Abs. 2) sind. Leistungen nach § 54 Abs. 4 SGB I sind hingegen grundsätzlich wie Arbeitseinkommen pfändbar und könnten damit mit anderem Einkommen des Schuldners zusammengerechnet werden.

Hiergegen ließe sich zwar vorbringen, dass der Wortlaut des § 850e Nr. 2a ZPO mit der Formulierung „…soweit sie der Pfändung unterworfen sind" ausdrücklich den unpfändbaren Teil der laufenden Sozialleistung in Bezug nimmt[411]. Auch der BGH[412] geht davon aus, dass eine Zusammenrechnung von Arbeitseinkommen und Sozialleistungen nicht in Betracht kommt. Grund sei, dass der Gesetzgeber in § 54 Abs. 4 und Abs. 3 SGB I die Unpfändbarkeit im Hinblick auf

---

411 Behr, JurBüro 1996, S. 234; ders., JurBüro 1997, S. 235.
412 BGH, Beschluss v. 05.04.2005 – VII ZB 20/05 = NJW-RR 2005, S. 1010.

die Zweckbestimmung der Sozialleistungen erklärt habe. Sie sollen dem Berechtigten ungeschmälert verbleiben und nicht letztlich auf Kosten der Allgemeinheit dazu dienen, titulierte Ansprüche seines Gläubigers zu befriedigen. Darin liege ein ebenso sachlich gerechtfertigter Grund, wie er in der Anordnung der Unpfändbarkeit für bestimmte Bezüge des erwerbstätigen Schuldners in § 850a ZPO zu sehen sei, die gleichfalls auf sozialen Erwägungen beruhe[413].

Die Erwägungen des BGH treffen für Altersrentenleistungen aus der gesetzlichen Rentenversicherung nicht zu. Um solche ging es in der zitierten Entscheidung auch nicht, sondern um vollständig unpfändbare Einkünfte nach § 54 Abs. 3 SGB I, auf die das Gericht allerdings § 54 Abs. 3 und Abs. 4 SGB I kumulativ angewendet hat. Altersrenten aus der gesetzlichen Rentenversicherung unterliegen hingegen keiner besonderen Zweckbestimmung wie z. B. die in der Entscheidung des BGH in Frage stehenden Bezüge i.S.d. § 54 Abs. 3 SGB I, sondern dienen dem Lebensunterhalt im Alter. Auf diese Einkünfte ist ausschließlich § 54 Abs. 4 SGB I anwendbar.

Insbesondere ist bei einer Zusammenrechnung von Renten aus der gesetzlichen Rentenversicherung mit Einkünften aus pfändungsgeschützten Privatvorsorgeverträgen über § 851c ZPO sichergestellt, dass dem Schuldner noch ein Betrag in Höhe der Pfändungsfreigrenze zu dessen Existenzsicherung verbleibt. Des Weiteren beruhen die Renten aus der gesetzlichen Rentenversicherung auf eigenen Leistungen des Berechtigten und sind nicht Sozialleistungen im eigentlichen Sinne, so dass das Argument, der Staat solle mit der Sozialleistung keine Gläubigeransprüche befriedigen, ebenfalls abgeschwächt ist. Bei teleologischer Auslegung des § 850e Nr. 2a ZPO ist eine Zusammenrechnung von Rentenleistungen aus der privaten Altersvorsorge mit solchen aus der gesetzlichen Rentenversicherung möglich.

4. Zusammenrechnung von Rentenanwartschaften

a) Anwartschaften aus Privatvorsorgeverträgen

Mehrere aufgrund von Privatvorsorgeverträgen gebildete Vorsorgevermögen sind zusammenzurechnen, §§ 851c Abs. 2, Abs. 3, 850e Nr. 2 ZPO[414]. Dabei ist der unpfändbare Grundbetrag in erster Linie demjenigen Vorsorgevertrag zu entnehmen,

---

413 BGH, Beschluss v. 05.04.2005 – VII ZB 20/05 = NJW-RR 2005, S. 1010, 1011.
414 Ahrens in: Prütting/Gehrlein, ZPO, § 851c, Rn. 44; so wohl auch Kessal-Wulf in: Schuschke/Walker, Vollstreckung, § 851c, Rn. 4; K. Stöber, Forderungspfändung, Rn. 711.

der die wesentliche Grundlage der Lebenshaltung des Schuldners bildet. Dies ist in der Regel das Vorsorgevermögen, das nach § 851c Abs. 2 ZPO geschützt ist, da § 851c ZPO die Grundversorgung im Alter sichern soll und dieser Vorsorgevertrag aufgrund der Verfügungsbeschränkungen des § 851c Abs. 1 Nr. 2 ZPO die größte Versorgungssicherheit bietet. Sind mehrere nach § 851c ZPO geschützte Verträge vorhanden, so sind die jeweils unpfändbaren Teile separat gem. § 851c Abs. 2 ZPO zu ermitteln. Sodann ist zu prüfen, ob der pfändungsfreie Teil je Vertrag und Lebensjahr bei Saldierung für das jeweilige Lebensjahr den entsprechenden pfändungsfreien Sockelbetrag übersteigt[415].

b) Anwartschaften aus der gesetzlichen Rentenversicherung

Eine Zusammenrechnung hat auch mit sozialrechtlichen Rentenanwartschaften zu erfolgen. Dabei muss § 850e Nr. 2a ZPO so interpretiert werden, dass auf bestehende Rentenanwartschaften statt auf laufende Geldleistungen aus der gesetzlichen Rentenversicherung abgestellt wird, denn § 851c Abs. 3 ZPO ordnet insoweit die entsprechende Anwendbarkeit an[416]. Die Einschränkung in § 850e Nr. 2a ZPO, dass eine Zusammenrechnung nur insoweit erfolgt, als die Sozialleistungsansprüche der Pfändung unterworfen sind, kann nicht sinnvoll entsprechend angewendet werden, da bei der gesetzlichen Rentenversicherung kein pfändbares Vorsorgevermögen besteht[417].

Daraus resultiert die Frage, mit welchem Kapitalbetrag die Anwartschaft auf eine gesetzliche Rente angerechnet werden soll. Ausgangspunkt soll nach Zimmermann die Höhe der künftigen Altersrente nach aktuellem Stand sein, welche die Deutsche Rentenversicherung allen Pflichtversicherten jeweils zu Jahresanfang schriftlich in Form einer aktuellen Renteninformation mitteilt, § 109 Abs. 1 S. 1 SGB VI[418]. Dabei ist zu berücksichtigen, dass die jährliche Renteninformation aufgrund ihrer prognostischen Ausrichtung eine Rente beziffert, die bei planmäßigen weiteren Einzahlungen bis zum Ende der Erwerbstätigkeit zur Auszahlung gelangen würde[419].

---

415 Wollmann, S. 266.
416 Im Ergebnis auch Wollmann, S. 278 f. u. Schwarz/Facius, ZVI 2009, S. 188, 189.
417 Vgl. BGH, Urteil v. 10.01.2008 – IX ZR 94/06 = NZI 2008, S. 244, 245; BGH, Beschluss v. 21.11.2002 – IX ZB 85/02 = NJW 2003, S. 1457, 1458.
418 Zimmermann, Informationsdienst Schuldnerberatung, Ausgabe 1/2008, S. 15; s. auch Wollmann, S. 279.
419 Schmidt in: Kreikebohm, SGB VI, § 109, Rn. 23; Schwarz/Facius, ZVI 2009, S. 188, 189.

Berechnet werden kann die Höhe der Rentenanwartschaft nach dem Vorschlag von Zimmermann[420] wie folgt: Wenn nach Ansicht des Gesetzgebers für eine Rente in Höhe von € 1.045 ein Gesamtkapital von € 256.000 erforderlich ist, so macht dies für einen Euro Rente ein Kapital von € 244[421]. Somit ergibt sich das maximal geschützte Deckungskapital aus der Formel

$$X = € \ 256.000 - R \ x \ € \ 244^{422}.$$

X: pfändungsgeschütztes Deckungskapital
R: monatliche Rente aus der derzeitigen Rentenanwartschaft

Wollmann weist zu recht darauf hin, dass bei einer linearen Berechnung der Rentenanwartschaft aus der gesetzlichen Rentenversicherung das Lebensalter des Schuldners, anders als in § 851c Abs. 2 S. 2 ZPO vorgesehen, nicht berücksichtigt wird[423]. Deshalb ist der Betrag nach einem Vorschlag von Winkel[424] wie folgt zu berechnen: Zunächst ist die zu erwartende Rente aus der Rentenanwartschaft zu der derzeit erforderlichen Rente von € 1.045 monatlich ins Verhältnis zu setzen. Sodann ist der über die Rentenanwartschaft abgesicherte Anteil der erforderlichen Altersvorsorge von dem jeweiligen Lebensalter des Schuldners zugeordneten Gesamtbetrag zu subtrahieren[425]. Die Berechnungsformel lautet dann:

$$X = (€ \ 256.000 - S) \ x \ (1\text{-}R/1.045)^{426}.$$

X: pfändungsgeschütztes Deckungskapital
R: monatliche Rente aus der derzeitigen Rentenanwartschaft
S: Summe der bis zur Vollendung des 67. Lebensjahres verbleibenden Sockelbeträge.

---

420 Zimmermann, Informationsdienst Schuldnerberatung, Ausgabe 1/2008, S. 15; s. auch Wollmann, S. 279.
421 Beispiel von Zimmermann vom Verfasser auf die aktuellen Freigrenzen nach § 851c Abs. 2 und § 850c Abs. 1 ZPO umgerechnet.
422 Zimmermann, Informationsdienst Schuldnerberatung, Ausgabe 1/2008, S. 15.
423 Wollmann, S. 279 ff.
424 Winkel, SozSich 2008, S. 205, 210; Wollmann, S. 279 ff.
425 Winkel, a.a.O.; Wollmann, S. 281 f.
426 Formel von Winkel wurde vom Verfasser auf die aktuellen Freigrenzen nach § 851c Abs. 2 und § 850c Abs. 1 ZPO angepasst.

c) Vorsorgevermögen der privaten Basisrente, § 10 Abs. 1 Nr. 2 b) EStG

Bei privaten Basisrentenverträgen besteht wie bei der gesetzlichen Rentenversicherung kein Vorsorgevermögen, welches einer Auszahlung unterliegt[427]. Eine Anrechnung muss deshalb nach den Grundsätzen über die Zusammenrechnung des Vorsorgevermögens eines Privatvorsorgevertrages mit der Rentenanwartschaft aus der gesetzlichen Rentenversicherung erfolgen. § 850e Nr. 2a ZPO gilt somit entsprechend.

---

427 Dazu ausführlich Kapitel **F. V.** 4.

E. Anwendbarkeit des § 851c ZPO auf weitere Privatvorsorgeverträge

Durch ständig neuartige Finanzprodukte entstehen immer mehr Zugriffsmöglichkeiten der Gläubiger, ohne dass der Gesetzgeber hierauf mit der Schaffung eines jeweils speziellen Pfändungsschutzes reagieren kann. Aufgabe eines Vollstreckungsschutzes für die private Altersvorsorge ist es, ein von einheitlichen Leitgedanken getragenes Schutzmodell zu schaffen, das nicht nur auf aktuelle Bedürfnisse reagiert, sondern so wertungsoffen gestaltet ist, dass auch zukünftige Altersvorsorgeinstrumente erfasst werden können[428].

Das Gesetz zum Pfändungsschutz der Altersvorsorge verfolgt das Ziel, in einem ersten Schritt die am weitesten verbreiteten Formen der Alterssicherung Selbständiger, nämlich die Lebensversicherung und die private Rentenversicherung, vor dem schrankenlosen Gläubigerzugriff abzusichern[429]. Andererseits soll der Anwendungsbereich nicht auf bestehende Altersvorsorgeprodukte, insbesondere auf Versicherungen, beschränkt sein. Deshalb wurde bewusst der Begriff „Renten", der besonders auf Rentenversicherungsverträge hindeutet, durch die neutrale Formulierung „Ansprüche auf Leistungen" in § 851c Abs. 1 ZPO ersetzt[430]. Da der Gesetzgeber einen „weiteren Schritt" im Hinblick auf den Pfändungsschutz weiterer Altersvorsorgeprodukte bislang nicht vollzogen hat, ist zu untersuchen, inwieweit das Normkonzept des § 851c ZPO tragfähig ist, auch andere Instrumente der privaten Altersvorsorge neben Versicherungsverträgen zu erfassen. Dabei kann auf die im Rahmen der Erörterung von § 851c ZPO am Beispiel der privaten Rentenversicherung herausgearbeiteten grundlegenden Strukturen und Wertungskriterien der Vorschrift zurückgegriffen werden.

---

428 Ahrens in: Prütting/Gehrlein, ZPO, § 829, Rn. 6.
429 BT-Drs. 16/886, S. 7.
430 Vgl. BT-Drs. 16/3844, S. 5.

I. Umwandlung einer Kapitallebensversicherung, § 167 S. 1 VVG

1. Funktion und Normzweck des § 167 S. 1 VVG

Nach § 167 S. 1 VVG, der zusammen mit § 851c ZPO eingeführt wurde[431], kann ein Versicherungsnehmer einer bestehenden Lebensversicherung, die bislang nicht die Voraussetzungen des § 851c Abs. 1 erfüllt, diese in eine nach § 851c ZPO pfändungsgeschützte Rentenversicherung umwandeln[432]. Dem Schuldner sollen durch das Umwandlungsrecht des § 167 S. 1 VVG Kündigungsverluste bei seiner Altversicherung sowie Abschlusskosten für eine pfändungsgeschützte Neuversicherung erspart werden[433].

2. Voraussetzungen einer Umwandlung nach § 167 S. 1 VVG

a) Begriff der Lebensversicherung

Der Begriff der Lebensversicherung in § 167 S. 1 VVG ist im Hinblick auf die Vorschrift des § 851c Abs. 1 ZPO zu interpretieren, dessen Voraussetzungen nach der Umwandlung erfüllt sein müssen. Eine Lebensversicherung kann grundsätzlich auf den Todesfall des Versicherten oder auf dessen Erlebensfall geschlossen werden, §§ 159 ff. VVG. Von § 167 S. 1 VVG erfasst sind nur Versicherungen, die eine Leistung für den Erlebensfall vorsehen und damit der Altersvorsorge des Versicherungsnehmers dienen können. Die reine Todesfallversicherung scheidet aus, da sie lediglich der wirtschaftlichen Absicherung der Hinterbliebenen des Schuldners dient, nicht aber der Altersvorsorge des Schuldners[434]. Erfasst sind somit die gemischte Kapitallebensversicherung sowie Rentenversicherungsverträge,

---

431 Ursprünglich als § 173 VVG durch das Gesetz zum Pfändungsschutz der Altersvorsorge v. 26.03.2007, BGBl. I, S. 368, eingeführt, Nummerierung geändert in § 167 VVG durch Gesetz zur Reform des Versicherungsvertragsrechts v. 23. 11. 2007, BGBl. I, S. 2631.

432 Ausführlich Specker, VersR 2011, S. 958 f.; zu den familienrechtlichen Auswirkungen, insbesondere im Recht des Zugewinnausgleichs vgl. Kogel, FamRZ 2007, S. 870 und Hauß, FPR 2007, S. 147.

433 Referentenentwurf 2004, S. 10.

434 Mönnich in: MüKo-VVG, § 167, Rn. 5; Reiff in: Prölss/Martin, VVG, § 167, Rn. 2; Brambach in: Rüffer/Halbach/Schimikowski, § 167, Rn. 2; vgl. auch BT-Drs. 16/886, S. 14.

die bislang nicht die Voraussetzungen des § 851c Abs. 1 ZPO erfüllen. Ferner ist § 167 S. 1 VVG auch auf fondsbasierte Versicherungsverträge anwendbar[435].

b) Beschränkung auf Altverträge

Voraussetzung des Umwandlungsrechts nach § 167 S. 1 VVG ist, dass der umzuwandelnde Versicherungsvertrag bereits bei Einführung der Norm am 26.03.2007 bestanden haben muss[436]. Der Wortlaut lässt eine Beschränkung der zeitlichen Anwendbarkeit zwar nicht erkennen[437], diese folgt aber aus dem Normzweck des § 851c Abs. 1 Nr. 2 ZPO und des § 167 S. 1 VVG. § 167 S. 1 VVG soll lediglich verhindern, dass der Versicherungsnehmer zur Erlangung eines Pfändungsschutzes darauf angewiesen ist, einen bestehenden Vertrag zur privaten Altersvorsorge, in den er seit längerer Zeit Beiträge eingezahlt hat, zu kündigen und einen neuen Vertrag abzuschließen, nur um in den Genuss des Pfändungsschutzes zu gelangen[438]. Seit der Einführung von § 851c ZPO hat der Vorsorgewillige aber die Möglichkeit, sofort einen nach § 851c ZPO geschützten Vertrag abzuschließen. Dazu müssen aber bei Vertragsschluss die Voraussetzungen des § 851c Abs. 1 ZPO erfüllt sein[439].

Würde man dem Schuldner gestatten, auch eine nach dem genannten Stichtag abgeschlossene Kapitalversicherung noch gem. § 167 S. 1 VVG in pfändungsgeschützte Altersvorsorge umzuwandeln, würde man ihm Spekulationsmöglichkeiten offen halten, die § 851c Abs. 1 Nr. 2 ZPO ausschließen soll. Der Schuldner könnte ansonsten nämlich zunächst eine Kapitalversicherung als Altersvorsorge abschließen, um über das Vorsorgevermögen während der Ansparphase weiterhin frei verfügen zu können. Er hätte aber immer noch die Option, diese mittels § 167 S. 1 VVG einem Pfändungsschutz nach § 851c ZPO zuzuführen[440]. Solchen Spekulationsmöglichkeiten will aber § 851c Abs. 1 Nr. 2 ZPO entgegenwirken.

c) Keine entgegenstehenden Rechte Dritter

Eine Umwandlung gem. § 167 S. 1 VVG kann nur dann erfolgen, wenn Rechte Dritter nicht entgegenstehen. Die Gesetzesbegründung nennt dazu beispielhaft,

---

435 Reiff in: Prölss/Martin, VVG, § 167, Rn. 2; Wollmann, S. 287.
436 So wohl auch Schumacher in: FK-InsO, § 36, Rn. 31; A.A. Wollmann, S. 291; Winter in: Bruck/Möller, VVG, § 167, Rn. 66.
437 Wollmann, a.a.O.
438 BT-Drs. 16/886, S. 14.
439 Kapitel **D. IV.** 6.
440 Wollmann, S. 290; Winter in: Bruck/Möller, VVG, § 167, Rn. 66.

dass die Ansprüche noch nicht gepfändet sein dürfen[441]. Dass eine Umwandlung gem. § 167 S. 1 VVG als Ausübung eines Gestaltungsrechts und damit als Verfügung nach einer Pfändung der Lebensversicherung unzulässig ist, ergibt sich bereits aus § 829 Abs. 1 S. 2 ZPO. Praktisch bedeutsam dürfte vielmehr die Behandlung bereits nach § 159 VVG eingeräumter Bezugsrechte Dritter im Rahmen gemischter Kapitallebensversicherungen sein. Grundsätzlich bleibt ein bestehendes Bezugsrecht eines Dritten von der Umwandlung unberührt. Ob infolge der Umwandlung auch ein gem. § 159 Abs. 2 VVG widerruflich eingeräumtes Bezugsrecht konkludent widerrufen werden soll, ist durch Auslegung zu ermitteln. Dies liegt nahe, wenn der Vertrag ansonsten nicht die Voraussetzungen des § 851c Abs. 1 ZPO erfüllen kann, insbesondere wenn der Dritte nicht zum Personenkreis des Hinterbliebenen nach § 851c Abs. 1 Nr. 3 ZPO gehört[442].

Eine Umwandlung einer Kapitallebensversicherung mit unwiderruflichem Bezugsrecht eines Dritten ist nur möglich, wenn der Dritte im Falle des Todes des Schuldners Hinterbliebener i.S.d. § 851c Abs. 1 Nr. 3 ZPO wäre. In den Fällen der unwiderruflichen Bezugsberechtigung gem. § 159 Abs. 3 VVG kann die Berechtigung des Dritten nicht durch die Umwandlung entfallen, so dass die Voraussetzungen des § 851c Abs. 1 Nr. 3 ZPO nicht erfüllt sind, wenn es sich bei dem Dritten nicht um einen Hinterbliebenen des Schuldners handelt. Die Bezugsberechtigung des Hinterbliebenen kann also bestehen bleiben, wandelt sich allerdings in eine den Voraussetzungen des § 851c Abs. 1 Nr. 3 ZPO entsprechende Hinterbliebenenversorgung mit Rentenbezugsberechtigung um. Wegen dieser Änderung des Leistungsinhalts ist eine Zustimmung des betroffenen unwiderruflich begünstigen Hinterbliebenen zur Erklärung nach § 167 S. 1 VVG erforderlich[443].

3. Rechtsfolgen der Umwandlung

a) Umfang des Pfändungsschutzes für das Vorsorgevermögen gem. § 851c Abs. 2 S. 2 ZPO

Durch das Umwandlungsrecht aus § 167 S. 1 VVG kann ein Versicherungsnehmer eines bestehenden Lebensversicherungsvertrags diesen unmittelbar in eine Rentenversicherung umwandeln, die den Voraussetzungen des § 851c Abs. 1 ZPO

---

441 BT-Drs. 16/886, S. 14.
442 Specker, VersR 2011, S. 958, 962.
443 Winter in: Bruck/Möller, VVG, § 167, Rn. 72; Reiff in: Prölss/Martin, VVG, § 167, Rn. 8; Brambach in: Rüffer/Halbach/Schimikowski, VVG, § 167, Rn. 4, anders Specker, VersR 2011, S. 958, 962, der zusätzlich einen Verzicht des Dritten für erforderlich hält.

entspricht. Pfändungsschutz für das Vorsorgevermögen des Vertrags erlangt er sodann in den für sein jeweiliges Lebensalter maßgeblichen Grenzen des § 851c Abs. 2 S. 2 ZPO. Auch der diese Grenzen übersteigenden Betrag des Vorsorge-vermögens wandelt sich von einem Anspruch auf eine Kapitalleistung in einen Anspruch auf eine Rentenleistung um, da Kapitalleistungen nach § 851c Abs. 1 Nr. 4 ZPO ausschließlich für den Todesfall vereinbart werden dürfen. Wollmann, der bereits die Möglichkeit rückwirkender Einzahlungen verneint, nimmt da-gegen konsequenterweise an, das Deckungskapital genieße nur insoweit Pfän-dungsschutz, als es der Staffelung des § 851c Abs. 2 S. 2 ZPO gemäß jährlich angesammelt worden ist[444].

b) Beginn des Pfändungsschutzes nach § 851c Abs. 2 ZPO

§ 167 S. 1 VVG berechtigt den Versicherungsnehmer, die Umwandlung jederzeit für den Schluss der laufenden Versicherungsperiode zu verlangen. Als Versiche-rungsperiode gilt, falls nicht die Prämie nach kürzeren Zeitabschnitten bemessen ist, der Zeitraum eines Jahres, § 12 VVG. Der Zeitpunkt, ab dem Pfändungs-schutz erlangt werden kann, hängt davon ab, ob man § 167 S. 1 VVG als gesetz-liches Gestaltungsrecht[445] oder als schuldrechtlichen Anspruch auf Abschluss eines Änderungsvertrages ansieht[446]. Im ersten Falle ließe sich ein Pfändungs-schutz mit Zugang der Umwandlungserklärung gem. § 130 Abs. 1 BGB begrün-den[447], im zweiten spricht zunächst mehr dafür, erst ab Erfüllung des Anspruchs durch den Versicherer durch Vornahme der Umwandlung zum Ende der Versi-cherungsperiode einen Pfändungsschutz anzunehmen[448]. Folgt man der letzten

---

444 Wollmann, S. 319.
445 Ahrens in: Prütting/Gehrlein, ZPO, § 851c, Rn. 10; Hasse, VersR 2007, S. 870, 889; M. Stöber, NJW 2007, S. 1242, 1247.
446 Mönnich in: MüKo-VVG, § 167, Rn. 10; Winter in: Bruck/Möller, VVG, § 167, Rn. 81; Reiff in: Prölls/Martin, VVG, § 167, Rn. 11; wohl auch Brambach in: Rüffer/ Halbach/Schimikowski, VVG, § 167, Rn. 14 ff.; Meller-Hannich in: Kindl/Meller-Hannich/Wolf, Hk-ZV, § 851c, Rn. 27; Becker in: Musielak, ZPO, § 851c, Rn. 2a; Specker, VersR 2011, S. 958, 961; Neuhaus/Köther, ZfV 2009, S. 248, 250; offen hinsichtlich der Rechtsnatur Wollmann, S. 304 ff.
447 Reiff, a.a.O., Rn. 14; Brambach, a.a.O., Rn. 18; Ahrens in: Prütting/Gehrlein, ZPO, § 851c, Rn. 10; Hasse, VersR 2007, S. 870, 889; M. Stöber, NJW 2007, S. 1242, 1247; Tavakoli, NJW 2008, S. 3259.
448 LG Hamburg, Urteil v. 14.08.2009 – 332 O 55/09 = ZInsO 2011, S. 1018; Wollmann, S. 304; Specker, VersR 2011, S. 958, 961; einschränkend Mönnich in: MüKo-VVG, § 167, Rn. 13.

Auffassung, kann ein Zeitraum von bis zu einem Jahr zwischen dem Umwandlungsverlangen und dem Beginn des Pfändungsschutzes liegen, in dem das Vorsorgevermögen weiter dem Gläubigerzugriff offen steht. Deshalb wird teilweise auch von den Stimmen der Literatur, die § 167 S. 1 VVG als schuldrechtlichen Anspruch des Versicherungsnehmers qualifizieren, im Interesse des Schuldners der Beginn des Pfändungsschutzes auf den Zugang des Umwandlungsverlangens beim Versicherer vorverlegt[449].

Für die Qualifikation des § 167 S. 1 VVG als schuldrechtlichen Anspruch spricht zunächst der Wortlaut, wonach der Versicherungsnehmer die Umwandlung verlangen kann. Dies entspricht der Legaldefinition des schuldrechtlichen Anspruchs aus § 194 Abs. 1 BGB. Eine systematische Auslegung spricht hingegen für ein Gestaltungsrecht. Das Recht zur Prämienfreistellung des Versicherungsnehmers gem. § 165 VVG wird bei gleicher Formulierung als Gestaltungsrecht angesehen[450]. Ferner hätte es der Versicherungsnehmer bei Annahme eines Anspruchs auch nicht in der Hand, wann der Versicherer die rechtswirksame Umwandlung vornimmt, und indem das Verlangen auch kurz vor dem gesetzlichen Umwandlungszeitpunkt gestellt werden kann, ist es dem Versicherer gegebenenfalls gar nicht möglich, die Umwandlung zum oder vor dem Ende der laufenden Versicherungsperiode auch tatsächlich vorzunehmen. Die gesetzgeberischen Ziele des Pfändungsschutzes für die Altersvorsorge werden umso besser erreicht, je stärker die Position des Schuldners bei der Umwandlung ist[451].

Auch trägt der Einwand nicht, bei Annahme eines Gestaltungsrechts müssten die Rechtsfolgen bei der Erklärung im Einzelnen feststehen, was bei der Umwandlung eines Versicherungsvertrags aufgrund der vielfältigen Gestaltungsmöglichkeiten, von denen auch die Wahl des Tarifs abhängt, nicht der Fall sei[452]. Es ist zwischen der vollstreckungsrechtlichen und der versicherungsvertragsrechtlichen Wirkung des Umwandlungsverlangens zu differenzieren. Pfändungsschutz ist ab

---

449 Winter in: Bruck/Möller, VVG, § 167, Rn. 85; Reiff in: Prölss/Martin, VVG, § 167, Rn. 14; K. Stöber, Forderungspfändung, Rn. 71b; Mönnich in: MüKo-VVG, § 167, Rn. 16; i.E. auch Brambach in: Rüffer/Halbach/Schimikowski, VVG, § 167, Rn. 18; vgl. auch Neuhaus/Köther, ZfV 2009, S. 248, 251, die einen Pfändungsschutz nach § 765a ZPO ab Zugang des Umwandlungsverlangens befürworten.

450 Mönnich, a.a.O., Rn. 13; Brambach, a.a.O.; Reiff in: Prölss/Martin, VVG, § 165, Rn. 1; Specker, VersR 2011, S. 958, 960.

451 Wollmann, S. 295; Ahrens in: Prütting/Gehrlein, ZPO, § 851c, Rn. 10.

452 Ausführlich Specker, VersR 2011, S. 958, 959 f; Reiff in: Prölss/Martin, VVG, § 167, Rn. 5; Mönnich in: MüKo-VVG, § 167, Rn. 12 f.

dem Zugang der Umwandlungserklärung beim Versicherer zu gewähren[453]. Der Vertrag ist bereits mit dem Zugang der Umwandlungserklärung vollstreckungsrechtlich umgewandelt, der Schluss der laufenden Versicherungsperiode ist lediglich im Hinblick auf die versicherungsrechtliche Behandlung relevant[454]. Das Abstellen auf den Ablauf der Versicherungsperiode in § 167 S. 1 VVG hat nur versicherungstechnische Gründe. Die Vorschrift soll im Innenverhältnis zwischen Versicherer und Versicherungsnehmer wirken, nicht aber zugunsten der Gläubiger eine Verzögerung des Eintritts der Wirkungen des Pfändungsschutzes bewirken. Erkennbare schutzwürdige Interessen des pfändenden Gläubigers stehen dem nicht gegenüber[455].

Demzufolge besteht kein sachlicher Grund, den Eintritt der Pfändungsschutzwirkungen zeitlich hinauszuschieben. Pfändungsschutz des Versicherungsvertrags ist ab dem Zugang des Umwandlungsantrags beim Versicherer anzunehmen, § 130 Abs. 1 BGB. Allenfalls könnte für einen später eintretenden Pfändungsschutz angeführt werden, dass sich der Versicherungsnehmer „beizeiten" überlegen soll, ob er Pfändungsschutz für seine Lebensversicherung beanspruchen möchte[456]. Für diese rechtspädagogische Erwägung ist aber kein Anhaltspunkt ersichtlich. In diesem Zusammenhang verfängt das Argument Wollmanns nicht, der Versicherungsnehmer habe bis zur endgültigen Wirksamkeit der Umwandlung durch Vertragsumstellung die Möglichkeit, den Vertrag zu kündigen, was die Versagung des Pfändungsschutzes rechtfertige[457]. Eine Kündigungsmöglichkeit besteht ab Zugang des Umwandlungsverlangens nicht mehr. Mit der Umwandlungserklärung nach § 167 S. 1 VVG hat der Versicherungsnehmer zu erkennen gegeben, dass er den Vertrag ab sofort unter den Voraussetzungen des § 851c Abs. 1 ZPO fortführen möchte. Eine zeitlich der Umwandlungserklärung nachfolgende Kündigung wäre unter dem Gesichtspunkt des widersprüchlichen Verhaltens unwirksam. Die Möglichkeit der Abtretung oder Verpfändung der Ansprüche aus dem Vertrag wird dem Versicherungsnehmer als Folge des Eintritts der Pfändungsschutzwirkungen gem. § 400 BGB genommen.

---

453 Reiff in: Prölss/Martin, VVG, § 167, Rn. 14; Brambach in: Rüffer/Halbach/Schimikowski, VVG, § 167, Rn. 18; Ahrens in: Prütting/Gehrlein, ZPO, § 851c, Rn. 10; Hasse, VersR 2007, S. 870, 889; M. Stöber, NJW 2007, S. 1242, 1247; Tavakoli, NJW 2008, S. 3259; A.A. Wollmann, S. 310 ff.
454 Ahrens, a.a.O.
455 Brambach in: Rüffer/Halbach/Schimikowski, VVG, § 167, Rn. 18; A.A. Specker, VersR 2011, S. 958, 960.
456 Wollmann, S. 314.
457 Wollmann, S. 307.

II. Rentenversicherungsverträge gegen Einmalbetrag

1. Vertragliche Grundlage

§ 851c Abs. 2 S. 2 ZPO zeigt, dass § 851c ZPO strukturell auf Rentenversicherungsverträge gegen laufende Beiträge zugeschnitten ist. § 851c ZPO ist aber auf Rentenversicherungsverträge gegen Einmalbetrag mit sofort beginnender Rentenzahlung[458] ebenfalls anwendbar. Wie gezeigt[459], kann der Schuldner die für sein Lebensalter nach § 851c Abs. 2 S. 2 ZPO zu errechnende Summe des pfändungsgeschützten Vorsorgevermögens auch rückwirkend ausnutzen. Die Staffelung des maximal einzahlbaren Betrags soll lediglich bewirken, dass der Schuldner nicht bereits in jungen Jahren wesentliche Vermögenswerte dem Gläubigerzugriff entziehen kann[460].

2. Verfügungsbeschränkungen, § 851c Abs. 1 Nr. 2 ZPO

Nach § 851c Abs. 1 Nr. 2 ZPO und § 168 Abs. 3 S. 2 VVG muss das ordentliche Kündigungsrecht des Versicherungsnehmers bei einer Rentenversicherung gegen laufende Beiträge während der Ansparphase ausgeschlossen werden, soweit Ansprüche nach § 851c Abs. 2 S. 1 ZPO nicht gepfändet werden dürfen. Während der Auszahlungsphase besteht bei diesen Verträgen wegen § 168 Abs. 1 VVG kein Kündigungsrecht des Versicherungsnehmers mehr, da § 168 Abs. 1 VVG eine laufende Beitragspflicht des Versicherungsnehmers voraussetzt[461]. Dies gilt entsprechend für das Kündigungsrecht des Versicherungsnehmers nach § 168 Abs. 2 VVG für Rentenversicherungsverträge gegen Einmalbetrag, welches nur in dem Zeitraum zwischen Leistung des Einmalbetrages und dem Beginn der Rentenleistung besteht[462]. Während dieses Zeitraums muss das Kündigungsrecht nach § 168 Abs. 2, Abs. 3 S. 2 VVG ausgeschlossen werden.

---

458 Vgl. dazu Brömmelmeyer in: Beckmann/Matusche-Beckmann, VersR-Hdb., § 42, Rn. 18; Winter in: Bruck/Möller, VVG, § 167, Rn. 103; Schneider in: Prölss/Martin, VVG, Vorbem. zu §§ 150–171, Rn. 16.
459 Kapitel **D. VI.** 4. b).
460 BT-Drs. 16/886, S. 10.
461 Menzel, S. 113.
462 Winter in: Bruck/Möller, VVG, § 168, Rn. 8; Brambach in: Rüffer/Halbach/Schimikowski, VVG, § 168, Rn. 10.

3. Sonstige Anforderungen an die Ausgestaltung des Vertrags

Im Wesentlichen kann hinsichtlich der sonstigen Anforderungen an die Ausgestaltung des Vertrags auf die oben dargestellten[463] Grundsätze zum Rentenversicherungsvertrag gegen laufende Beitragsleistungen verwiesen werden.

III. Sparvertrag mit Auszahlungsplan, § 488 BGB

1. Vertragliche Grundlage

Funktional können auch Sparverträge mit Kreditinstituten in Form sog. Banksparpläne zur privaten Altersvorsorge eingesetzt werden[464]. Aufgrund eines solchen Sparvertrages wird durch langfristiges Ansparen ein Bankguthaben mit Verzinsung angesammelt[465]. Das angesparte Kapital kann bei Eintritt in den Altersruhestand auf der Grundlage eines vorher vereinbarten sog. Auszahlungsplanes in Raten über einen vorher bestimmten Zeitraum ausgeschüttet werden. Ein Sparvertrag stellt ein Darlehen des Schuldners i.S.d. § 851c Abs. 1 ZPO an ein Kreditinstitut gem. §§ 488 ff. BGB dar[466]. Die Ein- und Auszahlungsmodalitäten können im Rahmen des Sparvertrages grundsätzlich frei bestimmt werden[467].

2. Lebenslange Leistungsgewährung, § 851c Abs. 1 Nr. 1 ZPO

§ 851c Abs. 1 Nr. 1 ZPO setzt voraus, dass dem Schuldner die Leistungen aufgrund des Vertrages lebenslang gewährt werden. Die Summe der Raten ist bei Sparverträgen mit Auszahlungsplan auf das vorhandene Sparvermögen beschränkt. Dieses wird bei langer Lebensdauer des Schuldners regelmäßig nicht für eine lebenslange

---

463 Kapitel **D**.
464 K. Stöber, Forderungspfändung, Rn. 71.
465 Pelikan, Rentenversicherung SGB VI, S. 303.
466 Gößmann in: Schimansky/Bunte/Lwowsky, BankR-Hdb. § 70, Rn. 19; KP Berger in: MüKo-BGB, Vorbem. v. § 488, Rn. 67; Ahrens in: Prütting/Gehrlein, ZPO, § 851c, Rn. 11; Weidenkaff in: Palandt, BGB, Vorbem. v. § 488, Rn. 23.
467 BT-Drucks 12/4876, S. 6; Gößmann in: Schimansky/Bunte/Lwowsky, BankR-Hdb. § 70, Rn. 10 f.

Versorgung ausreichen. Eine lebenslange Versorgung des Schuldners kann bei Sparverträgen nur erreicht werden, wenn diese mit einer Leibrente, die regelmäßig aufgrund eines Rentenversicherungsvertrags gewährt wird, kombiniert werden.

a) Gestaltungsmöglichkeiten

Das angesparte Kapital kann zunächst bei Eintritt in den Altersruhestand auf der Grundlage des vorher vereinbarten sog. Auszahlungsplanes[468] in Raten ausgeschüttet werden. Ein Teil des noch nicht verbrauchten Kapitals wird zu einem bestimmten Zeitpunkt in einen Rentenversicherungsvertrag gegen Einmalbetrag eingebracht, aus dem sodann eine Leibrente gezahlt wird. Bei dieser Gestaltungsmöglichkeit spricht man von einem Auszahlungsplan mit anschließender Teilkapitalverrentung[469].

Alternativ hierzu kann das angesparte Kapital bereits bei Ende der Ansparphase als Einmalbetrag in einen Rentenversicherungsvertrag eingezahlt werden, aus dem die Altersrenten generiert werden. Bei letzterer Variante entfällt folglich der Auszahlungsplan während der Auszahlungsphase. Diese Gestaltung kann durch die Aufnahme einer Verpflichtung in den Vertrag zum Abschluss einer zusätzlichen Leibrentenversicherung durch den Finanzdienstleister zugunsten des Vorsorgenden gem. §§ 328 Abs. 1, 330 BGB umgesetzt werden. Die Verpflichtung des Anbieters des Sparvertrags, später den Abschluss eines Rentenversicherungsvertrags zugunsten des Schuldners zu vermitteln, genügt demgegenüber nicht[470].

b) Vereinbarkeit mit § 851c Abs. 1 Nr. 1 ZPO

Im Rahmen von § 851c Abs. 1 Nr. 1 ZPO ist die Kombination eines Sparvertrages mit einem Rentenversicherungsvertrag zulässig. Nach der Gesetzesbegründung soll der Anwendungsbereich des § 851c ZPO nicht auf Versicherungsverträge beschränkt sein, sondern auch andere Gestaltungen der privaten Altersvorsorge erfassen[471]. Das Tatbestandsmerkmal der lebenslangen Versorgung in § 851c Abs. 1 Nr. 1 ZPO setzt seinem Zweck nach nicht zwingend voraus, dass während der Auszahlungsphase ausschließlich Leistungen aufgrund eines Versicherungsvertrags erbracht werden. Dies ergibt sich aus der besonderen Eigenart des

---

468 Vgl. zum Begriff § 1 Abs. 1 S. 1 Nr. 4 a) AltZertG.

469 Vgl. zum Begriff § 1 Abs. 1 S. 1 Nr. 4 a) AltZertG; Baroch Castellvi, AltZertG, § 1, Rn. 17.

470 BaFin-Kommentar AltZertG, § 1, S. 3, betreffend die Riester-Rente.

471 BT-Drs. 16/3844, S. 5.

Altersrisikos im Verhältnis zu den anderen biologischen Risiken, nämlich Tod und Berufsunfähigkeit[472]. Der Zeitpunkt des Eintritts in den Altersruhestand ist nämlich kein unvorhersehbares Ereignis, das einen unplanmäßigen Bedarf hervorruft und damit ausschließlich versicherungsförmig abzudecken wäre. Diese Eigenschaft trifft vielmehr nur auf die anderen beiden biologischen Risiken, nämlich frühzeitiger Tod und Berufsunfähigkeit, zu. Das Risiko des unplanmäßigen Bedarfs bei der Altersversorgung liegt vielmehr in der Möglichkeit eines langen Lebens und damit einer hohen Gesamtsumme für Lebenshaltungskosten. Zum Zeitpunkt des Eintritts in den Ruhestand ist aufgrund des Sparvorgangs genügend Kapital vorhanden, um hieraus für einen bestimmten Zeitraum Versorgungsleistungen für den Schuldner zu generieren[473]. Es genügt daher, wenn zu einem bestimmten Zeitpunkt, den der Schuldner wählen kann, das noch nicht verbrauchte Kapital in einen Rentenversicherungsvertrag eingebracht wird, aus dem anschließend die Rentenleistungen lebenslang erbracht werden.

Um die Voraussetzungen des § 851c Abs. 1 Nr. 1 ZPO zu erfüllen, muss bereits zum Zeitpunkt des Vertragsschlusses feststehen, dass ein Anspruch auf eine lebenslange Versorgung besteht. Die Teilkapitalverrentung muss somit bereits bei Vertragsschluss vereinbart werden.

3. Verfügungsbeschränkungen, § 851c Abs. 1 Nr. 2 ZPO

a) Ausschluss der Kündigungsrechte

Für Sparverträge müssen die Vorgaben des § 851c Abs. 1 Nr. 2 ZPO in entsprechender Weise wie bei Rentenversicherungsverträgen umgesetzt werden. Die hierzu herausgearbeiteten Wertungen sind zugrunde zu legen[474]. Dies bedeutet, dass zunächst das ordentliche Kündigungsrecht des Schuldners während der Ansparphase ausgeschlossen sein muss, soweit der Pfändungsschutz des § 851c Abs. 2 ZPO reicht. Während der Auszahlungsphase muss es hingegen vollständig ausgeschlossen sein. Zu diesem Zweck hat der Gesetzgeber allerdings keine dem § 168 Abs. 3 S. 2 VVG entsprechende Regelung im Darlehensvertragsrecht eingefügt, die es ermöglicht, die Vorgaben des § 851c Abs. 1 Nr. 2 ZPO umzusetzen. Diese Rechtsfolge muss folglich aufgrund der allgemeinen Regelungen des Darlehensvertragsrechts herbeigeführt werden.

---

472 Henke, S. 106.
473 Henke, a.a.O.
474 Kapitel **D. IV. 2. b)**.

Das ordentliche Kündigungsrecht des Kreditinstituts muss hingegen während der gesamten Vertragslaufzeit vollständig ausgeschlossen sein. Die außerordentlichen Kündigungsrechte der Vertragsparteien gem. §§ 314, 315 BGB sind von diesem Kündigungsausschluss nicht betroffen.

1) Ordentliches Kündigungsrecht des Schuldners

Bei einem Darlehensvertrag, bei dem kein Termin für die Rückerstattung des Darlehensbetrages vereinbart ist, besteht ein jederzeitiges ordentliches Kündigungsrecht sowohl des Darlehensnehmers als auch des Darlehensgebers, § 488 Abs. 3 S. 1 BGB. Die ordentliche Kündigung hat zur Folge, dass der Rückerstattungsanspruch des Darlehensgebers gem. § 488 Abs. 1 S. 2 BGB fällig gestellt wird[475].

Sollen aufgrund eines mit dem Sparvertrag verbundenen Auszahlungsplans Versorgungsleistungen in regelmäßigen Zeitabständen erbracht werden, so handelt es sich um ein sog. Tilgungs- oder Annuitätendarlehen[476]. Bei solchen Darlehensverträgen ist die Fälligkeit des Rückerstattungsanspruchs vertraglich besonders geregelt. Der Anspruch des Schuldners auf Rückerstattung der Valuta wird durch Vereinbarung einer Zeitbestimmung gem. § 488 Abs. 3 S. 1 BGB automatisch, also ohne weitere Erklärungen oder Handlungen der Parteien, zu einem bestimmten Zeitpunkt fällig gestellt[477]. Ferner wird vereinbart, dass die Rückerstattung in bestimmten Raten zu festen Terminen zu erfolgen hat, sog. ratierliche Tilgung[478]. Im Rückzahlungszeitraum ist das ordentliche Kündigungsrecht beider Vertragsparteien nach § 488 Abs. 3 S. 1 BGB ausgeschlossen[479].

Soll das angesparte Vermögen hingegen direkt bei Erreichen der Altersgrenze des § 851c Abs. 1 Nr. 1 ZPO in eine Rentenversicherung eingebracht werden, handelt es sich um eine Rückerstattungsvereinbarung mit Endfälligkeit, bei der die Rückzahlung der Darlehensvaluta in einer Summe am Ende der Laufzeit zu erfolgen hat, sog. Festdarlehen[480]. Eine derartige Zeitbestimmung schließt das

---

475 KP Berger in: MüKo-BGB, § 488, Rn. 43, 242; Weidenkaff in: Palandt, BGB, § 488, Rn. 10, 26; Kessal-Wulf in: Prütting/Wegen/Weinreich, BGB, § 488, Rn. 5.

476 KP Berger, a.a.O., Vorbem. v. § 488, Rn. 46; Kessal-Wulf, a.a.O., Rn. 8.

477 BGH, Urteil v. 10. 11. 1998 – XI ZR 347/97 = ZIP 1998, S. 2145.

478 KP Berger in: MüKo-BGB, Vorbem. v. § 488, Rn. 46; Kessal-Wulf in: Prütting/Wegen/Weinreich, BGB, § 488, Rn. 8.

479 Bruchner/Krepold in: Schimanski/Bunte/Lwowski, BankR-Hdb., § 79, Rn. 9 ff.; KP Berger, a.a.O., § 488, Rn. 224.

480 KP Berger, a.a.O., Vorbem. v. § 488, Rn. 46; Rohe in: Bamberger/Roth, BGB, § 488, Rn. 19.

ordentliche Kündigungsrecht beider Parteien nach § 488 Abs. 3 S. 1 BGB während der Laufzeit des Darlehensvertrages ebenfalls aus[481].

Aufgrund solcher Laufzeitvereinbarungen, die erforderlich sind, weil § 851 Abs. 1 Nr. 1 ZPO eine Leistungsgewährung in regelmäßigen Zeitabständen voraussetzt, wird das ordentliche Kündigungsrecht des Schuldners nach § 488 Abs. 3 S. 1 BGB während der Ansparphase vollständig ausgeschlossen. Dies widerspricht den Leitgedanken der §§ 851c Abs. 1 Nr. 2 und Abs. 2 ZPO, 168 Abs. 3 S. 2 VVG[482]. § 851c ZPO setzt voraus, das der Teil des Vorsorgevermögens, der die Grenzen des § 851c Abs. 2 S. 1 ZPO übersteigt und damit pfändbar ist, für die Gläubiger auch realisierbar ist. Ist das ordentliche Kündigungsrecht des Schuldners aufgrund der Laufzeitvereinbarung vollständig ausgeschlossen und übersteigt das Vorsorgevermögen den nach § 851c Abs. 2 S. 1 ZPO pfändungsgeschützten Betrag, können die Gläubiger den Anspruch auf Auszahlung des Vorsorgevermögens zwar pfänden. Sie können ihn aber nicht fällig stellen, da kein Kündigungsrecht des Schuldners besteht.

Um den Erfordernissen des § 851c Abs. 1 Nr. 2 ZPO gerecht zu werden, muss der Schuldner mit seinem Kreditinstitut vertraglich vereinbaren, dass ihm während der Ansparphase ein Teilkündigungsrecht entsprechend den §§ 168 Abs. 3 S. 2 VVG, 851c Abs. 2 ZPO zusteht. Die Teilkündigung ist im Darlehensvertragsrecht ausdrücklich gesetzlich vorgesehen, wie § 489 Abs. 1 S. 1 BGB zeigt[483]. Ferner ist § 488 Abs. 3 BGB dispositiv[484]. Das Teilkündigungsrecht ist nicht auf eine bestimmte Quote des gesamten Vorsorgevermögens bezogen, sondern auf die den jeweiligen pfändungsgeschützten Jahreshöchstbetrag des Vorsorgevermögens übersteigenden Anteile[485].

2) Ordentliches Kündigungsrecht des Kreditinstituts

Nach der Wertung des § 851c Abs. 1 Nr. 2 ZPO muss das ordentliche Kündigungsrecht des Vertragspartners des Schuldners, hier also des Kreditinstituts, vollständig ausgeschlossen sein, um dem Schuldner den Anspruch auf die lebenslange Versorgung zu sichern.

---

481 KP Berger in: MüKo-BGB, § 488, Rn. 224.
482 Kapitel **D. IV.** 2. c).
483 Vgl. BGH, Urteil v. 04.05.1999 – XI ZR 137/98 = NJW 1999, S. 2269, 2270; Rohe in: Bamberger/Roth, BGB, § 488, Rn. 38.
484 KP Berger in: MüKo-BGB, § 488, Rn. 224, 240.
485 Ahrens in: Prütting/Gehrlein, ZPO, § 851c, Rn. 41.

Bei Rentenversicherungsverträgen, an deren rechtlicher Ausgestaltung sich § 851c Abs. 1 Nr. 2 ZPO orientiert, kann der Versicherer nicht ordentlich kündigen. Dies folgt aus dem Gedanken, dass sich der Versicherer nicht von einen einmal auf Zeit übernommenem Risiko ohne Grund wieder lösen kann, wenn sich die Wahrscheinlichkeit des Risikoeintritts zu seinen Lasten verschiebt. Im Rahmen des Pfändungsschutzes der privaten Altersvorsorge erweisen sich diese Regelungsstrukturen des Versicherungsvertragsrechts als zweckdienlich, weil sie eine erhöhte Vertragsstabilität bewirken, die dem Versorgungsinteresse des Schuldners geschuldet ist.

Dieser Gedanke muss auch für Sparverträge umgesetzt werden, wenn diese Pfändungsschutz nach § 851c ZPO genießen sollen. Das ordentliche Kündigungsrecht des Kreditinstituts als Darlehensnehmer nach § 488 Abs. 3 S. 1 BGB ist aufgrund der Laufzeitvereinbarung grundsätzlich vollständig ausgeschlossen.

α) Zusätzliche Kündigungsrechte nach § 489 BGB

Bei einem Darlehensvertrag mit veränderlichem Zinssatz besteht allerdings ein jederzeitiges ordentliches Kündigungsrecht des Kreditinstituts gem. § 489 Abs. 2 BGB, das vertraglich nicht beschränkt oder ausgeschlossen werden kann, § 489 Abs. 4 S. 1 BGB.

Bei einem Darlehensvertrag mit gebundenem Sollzinssatz bestehen für das Kreditinstitut als Darlehensnehmer die ordentliche Kündigungsrechte nach § 489 Abs. 1 BGB. § 489 Abs. 1 Nr. 1 BGB gewährt dem Kreditinstitut ein ordentliches Kündigungsrecht, wenn die Sollzinsbindung kürzer ist als die Vertragslaufzeit. Die Norm stellt eine Waffengleichheit zwischen den Parteien her und gibt dem Darlehensnehmer ein Druckmittel an die Hand, um einen marktüblichen Zinssatz aushandeln zu können[486].

§ 489 Abs. 1 Nr. 2 BGB enthält eine absolute Bindungsgrenze für Festzinskredite. Danach kann eine ordentliche Kündigung des Kreditinstituts in jedem Fall nach Ablauf von 10 Jahren nach dem vollständigen Empfang des Darlehens erfolgen. Damit soll zum einen das langfristige Kreditgeschäft erleichtert und gefördert werden. Andererseits soll die Regelung verhindern, dass die wirtschaftliche Bewegungsfreiheit des Kreditinstituts als Darlehensnehmer angesichts sich wandelnder Marktverhältnisse inakzeptabel begrenzt wird[487].

---

486 Bruchner/Krepold in: Schimanski/Bunte/Lwowski, BankR-Hdb., § 79, Rn. 15; KP Berger in: MüKo-BGB, § 489, Rn. 3; Kessal-Wulf in: Prütting/Wegen/Weinreich, BGB, § 489, Rn. 1.
487 Bruchner/Krepold, a.a.O, Rn. 16; Weidenkaff in: Palandt, BGB, § 489, Rn. 1; vgl. auch BT-Drucks. 10/4741, S. 23 zu § 609a BGB a.F.

Die genannten ordentlichen Kündigungsrechte können vertraglich nicht beschränkt oder ausgeschlossen werden, § 489 Abs. 4 S. 1 BGB.

β) Vereinbarkeit mit den Voraussetzungen des § 851c Abs. 1 Nr. 2 ZPO

Die beschriebenen Regelungen erschweren die rechtliche Umsetzung der Anforderungen des § 851c Abs. 1 Nr. 2 ZPO an die Ausgestaltung des Vertrags. Darlehensverträge mit variablem Zinssatz können die Tatbestandsvoraussetzungen des § 851c Abs. 1 Nr. 2 ZPO nicht erfüllen, weil bei diesen ein jederzeitiges und unabdingbares ordentliches Kündigungsrecht des Kreditinstituts als Vertragspartner des Schuldners nach § 489 Abs. 2 und Abs. 4 S. 1 BGB besteht.

Ein Sparvertrag mit einer kürzeren Sollzinsbindung als die Vertragslaufzeit fällt aus den gleichen Gründen nicht in den Anwendungsbereich des § 851c Abs. 1 ZPO, weil mit Ablauf der Zinsbindung ebenfalls ein ordentliches, indisponibles Kündigungsrecht des Kreditinstituts nach § 489 Abs. 1 Nr. 1 BGB entsteht, welches mit § 851c Abs. 1 Nr. 2 ZPO nicht zu vereinbaren ist.

Bei Verträgen, die weder Vereinbarungen nach § 489 Abs. 1 Nr. 1 oder Abs. 2 BGB enthalten, beschränkt das indisponible Kündigungsrecht des Darlehensnehmers nach § 489 Abs. 1 Nr. 2 BGB die mögliche Dauer der Auszahlungsphase aufgrund eines Auszahlungsplanes auf weniger als zehn Jahre. Ein ordentliches Kündigungsrecht des Kreditinstituts als Vertragspartner des Schuldners entsteht nach dieser Norm jedenfalls zehn Jahre nach dem vollständigen Empfang des Darlehensbetrages. Bei Sparverträgen, die der Altersvorsorge dienen, hat das Kreditinstitut das Darlehen vollständig erhalten, wenn der Schuldner das Vorsorgevermögen aufgebaut hat, mithin mit Ende der Ansparphase. Nach Ablauf von zehn Jahren von diesem Zeitpunkt an gerechnet würde das ordentliche Kündigungsrecht des Kreditinstituts des Schuldners entstehen, welches den Vorgaben des § 851c Abs. 1 Nr. 2 ZPO widerspricht. Somit können nur Gestaltungen gewählt werden, bei denen der Darlehensbetrag vor dem Ablauf von zehn Jahren nach dem Ende der Ansparphase in einen Rentenversicherungsvertrag eingezahlt wird.

b) Abtretungsausschluss

Bezüglich des erforderlichen Abtretungsausschlusses kann auf die zur Rentenversicherung gemachten Ausführungen verwiesen werden[488]. Sind die Voraussetzungen des § 851c Abs. 1 ZPO erfüllt, ergibt sich das Abtretungsverbot für die Ansprüche aus dem Vertrag aus § 400 BGB.

---

488 Kapitel **D. IV**. 2. b).

4. Todesfallkapitalleistung und Hinterbliebenenversorgung

Kapitalleistungen dürfen im Rahmen von Sparverträgen nur für den Todesfall vereinbart werden, § 851c Abs. 1 Nr. 4 ZPO. Alternativ hierzu kann das nicht für die Altersversorgung des Schuldners verbrauchte Kapital für eine Hinterbliebenenversorgung verwendet werden, § 851c Abs. 1 Nr. 3 ZPO. Der Sparvertrag kann zu diesem Zweck als Vertrag zugunsten Dritter auf den Todesfall gem. §§ 328, 331 BGB abgeschlossen werden. Da eine lebenslange Versorgung der Hinterbliebenen wie gezeigt[489] nicht erforderlich ist, kann der zusätzliche Abschluss eines Rentenversicherungsvertrags zur Hinterbliebenenversorgung unterbleiben. Es ist lediglich eine rentenförmige Zahlungsweise zu vereinbaren.

5. Schutz des Vorsorgevermögens nach § 851c Abs. 2 ZPO

Der Schutz des angesparten Vorsorgevermögens eines Sparvertrages richtet sich nach § 851c Abs. 2 ZPO. Aufgrund des neutralen Wortlauts der Norm, der es dem Schuldner ermöglicht, einen „bestimmten Betrag" anzusammeln, ist eine direkte Anwendung von § 851c Abs. 2 S. 1 und S. 2 ZPO auch auf den Anspruch auf Rückzahlung des Darlehensbetrages aus einem Sparvertrag nach § 488 Abs. 1 S. 2 BGB möglich.

Zur Ermittlung des jeweils unpfändbar ansammelbaren Höchstbetrags nach § 851c Abs. 2 S. 1 ZPO muss eine entsprechende Berechnungsmethode wie bei Rentenversicherungsverträgen angewandt werden[490]. Bei Sparverträgen ist der unpfändbare Betrag zunächst aus der Summe der eingezahlten Beträge zuzüglich Zinsen zu ermitteln. Die versicherungstypischen Abschlusskosten sowie Risikoanteile fallen bei Sparverträgen nicht an. Diese sind daher auch nicht bei der Ermittlung des unpfändbaren Höchstbetrags zu berücksichtigen. Dass solche Kosten bei der später einsetzenden Rentenversicherung im Rahmen der Teilkapitalverrentung anfallen, ist im Rahmen von § 851 Abs. 2 S. 1 und S. 2 ZPO unbeachtlich.

§ 851c Abs. 2 S. 3 und S. 4 ZPO gelten aufgrund ihrer ausdrücklichen Bezugnahme auf den Begriff des Rückkaufswerts[491] direkt nur für Versicherungsverträge.

---

489 Kapitel **D. IV. 4.** b).
490 Ahrens in: Prütting/Gehrlein, ZPO, § 851c, Rn. 35, vgl. Kapitel **D. VI. 4.**
491 Vgl. § 169 VVG.

Der Anwendungsbereich des § 851c ZPO soll der Gesetzesbegründung zufolge aber nicht auf Versicherungsverträge beschränkt sein[492]. Es ist auch kein Grund ersichtlich, Versicherungsverträge im Hinblick auf den Erhöhungsbetrag des § 851c Abs. 2 S. 3 und S. 4 ZPO gegenüber anderen Instrumenten der privaten Altersvorsorge zu privilegieren. Der Gedanke, dass der Schuldner einen Anreiz haben soll, eine möglichst umfassende private Altersvorsorge aufzubauen, trifft auf alle Privatvorsorgeverträge gleichermaßen zu. Somit besteht eine Regelungslücke für das Vorsorgevermögen bei Sparverträgen, die durch analoge Anwendung des § 851c Abs. 2 S. 3 und S. 4 ZPO zu schließen ist.

Die Berechnung des unpfändbaren Erhöhungsbetrages orientiert sich allein am Anspruch auf Auszahlung des Sparguthabens gem. § 488 Abs. 1 S. 2 BGB. Dadurch wird im Vergleich zu Rentenversicherungsverträgen ein relativ niedrigerer Betrag von der 3/10-Regelung des § 851c Abs. 2 S. 3 und S. 4 ZPO erfasst. Anders als beim Auszahlungsanspruch auf das Sparguthaben gem. § 488 Abs. 1 S. 2 BGB kann bei Rentenversicherungen durch den Versicherer ein angemessener Abzug vom Deckungskapital vorgenommen werden, § 169 Abs. 5 VVG. Durch Berücksichtigung dieses Abzugs bei der Ermittlung des unpfändbaren Erhöhungsbetrages[493] fällt letzterer im Ergebnis bei Rentenversicherungen höher aus als bei Sparverträgen. Somit besteht auch unter diesem Gesichtspunkt für Sparverträge ein dringender Bedarf, die Regelung über den Erhöhungsbetrag gem. § 851c Abs. 2 S. 3 und S. 4 ZPO anzupassen, um eine Ungleichbehandlung von Rentenversicherungsverträgen und anderen Instrumenten, die der privaten Altersvorsorge dienen können, zu vermeiden.

IV. Investmentvertrag mit Auszahlungsplan

1. Private Altersvorsorge und Investmentgeschäft

Beim Investmentgeschäft wird das vom Anleger eingelegte Geld von einer Kapitalverwaltungsgesellschaft nach dem Grundsatz der Risikomischung im eigenen Namen für gemeinschaftliche Rechnung der Anleger in einem Sondervermögen angelegt[494].

---

492 BT-Drs. 16/3844, S. 5.
493 Kapitel **D. VI. 5.**
494 Köndgen/Schmies in: Schimansky/Bunte/Lwowski, BankR-Hdb., § 113, Rn. 1.

a) Altersvorsorge-Sparplan gem. § 90 InvG a.F.

Bis zum 22.07.2013 war das Investmentgeschäft als Altersvorsorgeinstrument gesetzlich vorgesehen, §§ 87 – 90 InvG. Seit diesem Datum dürfen Altersvorsorge-Sondervermögen im Sinne dieser Vorschriften nicht mehr neu aufgelegt werden, § 347 Abs. 2 KAGB[495]. Für bis dahin abgeschlossen Verträge gelten die genannten Vorschriften des InvG fort, § 347 Abs. 1 S. 2 KAGB.

Der Altersvorsorge-Sparplan nach § 90 InvG hat eine Laufzeit von mindestens 18 Jahren, alternativ mindestens bis zur Vollendung des 60. Lebensjahres des Altersvorsorge-Sparers. Der Altersvorsorge-Sparer ist zur regelmäßigen Einzahlung verpflichtet, kann sich aber durch Kündigung gem. § 90 Abs. 3 InvG von der Beitragspflicht mit einer Frist von drei Monaten befreien. Die Kapitalanlagegesellschaft kann nur aus wichtigem Grund kündigen, § 90 Abs. 4 InvG. Das angesparte Kapital kann im Rahmen eines Auszahlungsplanes in einzelnen Raten durch Verkauf der einzelnen Anteile aus dem Bestand ausgeschüttet werden, vgl. § 90 Abs. 5 InvG[496]. Das sog. Altersvorsorge-Sondervermögen darf die Kapitalanlagegesellschaft wegen des Ziels des langfristigen Vorsorgesparens nur in bestimmte Vermögensgegenstände investieren, §§ 87, 88 InvG.

b) Investment-Konto

Es ist aber auch möglich, aufgrund eines praktisch üblichen Investment-Kontos private Altersvorsorge zu betreiben[497]. Ein Investment-Konto ist der Anteil an einem Sammeldepot, das von der Depotbank oder der Kapitalanlagegesellschaft selbst geführt wird[498]. Unterform des Investmentkontos ist der Investment-Einzahlplan. Aufgrund eines solchen Einzahlplanes kann der Vorsorgende ohne rechtliche Bindung monatlich Anlagen erwerben, um somit planmäßig ein Vorsorgevermögen aufzubauen[499]. Aufgrund eines sich der Ansparphase anschließenden Auszahlungsplanes erhält der Schuldner durch Rückverkauf von Anteilen aus dem Bestand an die Investmentgesellschaft Ansprüche auf Versorgungsleistungen in regelmäßigen Zeitabständen[500].

---

495 Das Investmentgesetz (InvG) wurde zum 22.07.2013 ersetzt durch das Kapitalanlagegesetzbuch (KAGB), Gesetz v. 04.07.2013, BGBl. I, S. 1981.
496 Baur in: Assmann/Schütze, Hdb. KapitalanlageR, § 20, Rn. 143 ff., 300 ff.
497 Köndgen/Schmies in: Schimansky/Bunte/Lwowski, BankR-Hdb., § 113, Rn. 23–24a; Baur, a.a.O., Rn. 289 f.
498 Baur, a.a.O., Rn. 289, 297 f.; Henke, S. 48.
499 Köndgen/Schmies in: Schimansky/Bunte/Lwowski, BankR-Hdb., § 113, Rn. 23–24a; Baur, a.a.O., Rn. 293 f.
500 Baur, a.a.O., Rn. 298.

2. Anwendbarkeit und Voraussetzungen des § 851c ZPO

Grundsätzlich wäre eine Anwendung des § 851c Abs. 1 ZPO auf die Ansprüche auf Versorgungsleistungen, die der Schuldner aufgrund der Rückgabe der Investmentanteile gem. § 98 Abs. 1 KAGB im Rahmen eines Auszahlungsplanes erwirbt, möglich. Bei den einzelnen Versorgungsleistungen handelt es sich um Geldforderungen, die § 851c Abs. 1 ZPO funktional erfassen kann. Das Vorsorgevermögen des Investmentvertrages wäre demgegenüber nicht nach § 851c Abs. 2 ZPO geschützt. Für die Einzahlung von Beiträgen gibt die Investmentgesellschaft dem Anleger Anteile aus, § 95 Abs. 1 S. 1 KAGB. In der Praxis handelt es sich um Inhaberpapiere[501]. Der Gläubigerzugriff auf Investmentvermögen erfolgt durch die Pfändung der Anteilsscheine nach den Vorschriften über die Pfändung beweglicher Sachen, §§ 808 Abs. 2 S. 1, 821 ZPO[502]. Soweit die Anteilsscheine wie in der Praxis üblich in einer Globalurkunde verbrieft sind und in Form der Girosammelverwahrung bei einem Kreditinstitut verwahrt werden[503], kommt eine Pfändung des nach § 6 Abs. 1 DepotG entstehenden Miteigentumsanteils des Schuldners an der Globalurkunde gem. §§ 857 Abs. 1, 829 ZPO in Betracht[504]. Ein Pfändungsschutz für das Vorsorgevermögen von Investmentverträgen wäre somit in systematischer Hinsicht nicht bei den §§ 850 ff. ZPO, sondern bei den §§ 811 ZPO oder bei § 857 ZPO zu regeln. § 851c ZPO ist auf die Pfändung von Anteilsscheinen nach §§ 808, 821 ZPO bzw. auf die Pfändung von Miteigentumsanteilen nach §§ 857 Abs. 1, 829 ZPO nicht anwendbar.

Auch auf die Versorgungsleistungen ist § 851c Abs. 1 ZPO nicht anwendbar[505]. Die nach § 851c Abs. 1 Nr. 2 ZPO erforderlichen Verfügungsbeschränkungen könnten im Rahmen der Vertragsgestaltung bei Investmentverträgen nicht herbeigeführt werden, sondern stehen im Widerspruch zu den Grundprinzipien des Investmentgeschäfts. Die Ausgabe von Anteilsscheinen soll den Anlegern die Möglichkeit der

---

501 Köndgen/Schmies in: Schimanski/Bunte/Lwowski, BankR-Hdb, § 113, Rn. 136.

502 K. Stöber, Forderungspfändung, Rn. 2096; Becker in: Musielak, ZPO, § 821, Rn. 3; Baur/Stürner/Bruns, ZwangsvollstreckungsR, § 28, Rn. 4.

503 Köndgen/Schmies in: Schimanski/Bunte/Lwowski, BankR-Hdb., § 113, Rn. 135; Baur in: Assmann/Schütze, Hdb. KapitalanlageR, § 20, Rn. 279.

504 BGH, Beschluss v. 12.12.2007 – VII ZB 21/07 = NJW-RR 2008, S. 494, 495; Menzel, S. 136 f.; Meller-Hannich in: Kindl/Meller-Hannich/Wolf, Hk-ZV, § 857, Rn. 3; Brehm in: Stein/Jonas, ZPO, § 857, Rn. 17.

505 A.A. Menzel, die eine Anwendung von § 851c ZPO bejaht.

Handelbarkeit und jederzeitigen Verwertbarkeit der Anteile eröffnen[506]. Diese Handelbarkeit muss erhalten bleiben, da das Investmentgeschäft vom Kapitalmarktrisiko abhängig ist und der Anleger vor einem Totalverlust seines Anlagevermögens im Wesentlichen durch die Veräußerbarkeit oder durch die Rückgabemöglichkeit der Anteilsscheine gem. § 98 Abs. 1 S. 1 KAGB geschützt wird[507]. Daran wird deutlich, dass Investmentfonds nicht zum Aufbau einer privaten Altersvorsorge, die der Basisversorgung im Alter dienen soll, geeignet sind.

V. Vermögensübergabe gegen Versorgungsleistungen

Die bisher beschriebenen Möglichkeiten der privaten Altersvorsorge sind dergestalt strukturiert, dass zu Erwerbszeiten des Schuldners auf Grund eines Vertrages ein Kapitalstamm aufgebaut wird, aus dem im Alter die Versorgungsleistungen für den Lebensunterhalt generiert werden soll. Es handelt sich jeweils um Verträge, die ausschließlich dem Aufbau der Altersvorsorge dienen und typischerweise mit Unternehmen der Versicherungs- und Finanzwirtschaft abgeschlossen werden. Subjektiv kann aber jeder beliebige Vermögensgegenstand zur Altersversorgung eingesetzt werden. In der Praxis sind dies regelmäßig Unternehmen, freiberufliche Praxen oder vermietete oder verpachtete Hausgrundgrundstücke. Diese Vermögensgegenstände können zur Altersversorgung nutzbar gemacht werden, indem der Schuldner diese bei Eintritt in den Altersruhestand einem Vertragspartner gegen die Gewährung von Versorgungsleistungen überträgt. Das wirtschaftliche Motiv für die Wahl solcher Gestaltungen liegt in der Praxis vornehmlich in steuerlichen Erwägungen, vgl. §§ 10 Abs. 1 Nr. 1 a, 22 Nr. 1 b) EStG[508]. Man spricht im Steuerrecht von Vermögensübergabe existenzsichernder Wirtschaftseinheiten gegen Versorgungsleistungen.

Anlass, sich mit diesen Formen der Altersvorsorge im Rahmen der vorliegenden Arbeit zu beschäftigen, ist die in Literatur vor Einführung des § 851c ZPO befürwortete Anwendung von § 765a ZPO auf die Versorgungsleistungen aus einem solchen Vertrag. Danach sei § 765a ZPO in Anlehnung an § 850i ZPO a.F.

---

506 Vgl. noch zum KAGG Schrödermeier/Baltzer in: Brinkhaus/Scherer, KAGG (2003), § 18, Rn. 3.
507 Vgl. noch zum KAGG Schrödermeier/Baltzer, a.a.O., § 11, Rn. 5.
508 Sudhoff, Unternehmensnachfolge, § 19, Rn. 4; Wacker in: L. Schmidt, EStG, § 16, Rn. 45 ff.

anwendbar, wenn das übertragene Unternehmen die Erbringung von persönlich geleisteten Arbeiten und Diensten entsprechend § 850i ZPO a.f. zum Gegenstand gehabt habe[509]. Im Folgenden soll untersucht werden, ob die genannten Formen der Altersvorsorge, die ihre Ausgestaltung vor allem im Hinblick auf ihre steuerlichen Folgen erhalten haben, nunmehr von Pfändungsschutz des § 851c Abs. 1 ZPO erfasst werden können.

1. Vertragliche Grundlage

a) Altenteilsvertrag als Prototyp, § 850b Abs. 1 Nr. 3 ZPO

Prototyp des Modells, ein Grundstück gegen Gewährung einer Versorgung einzutauschen, ist das Rechtsinstitut des Altenteilsvertrags. Dieses ist gesetzlich nicht geregelt, aber in Art. 96 Abs. 1 EGBGB sowie in § 850b Abs. 1 Nr. 3 ZPO vorausgesetzt.

Beim Altenteilsvertrag werden dem Veräußerer eines Gutes oder Grundstücks Versorgungsleistungen vom Erwerber zugewendet, vgl. Art. 96 EGBGB. Üblicherweise sind dies Rentenleistungen und ein Wohnrecht auf dem veräußerten Grundstück[510]. Der Erwerber kann sich kraft der Nutzung des Gutes oder Grundstücks eine eigene Lebensgrundlage schaffen und gleichzeitig den dem anderen Teil geschuldeten Unterhalt erwirtschaften. Dabei dürfen keine beiderseits als gleichwertig angesehenen Leistungen im Vordergrund stehen[511]. Die entstehende Beziehung zwischen den Vertragsparteien muss eine persönliche wechselseitige Gebundenheit der Beteiligten begründen, die zu einer Verknüpfung der beiderseitigen Lebensverhältnisse führt und über eine gewöhnliche schuldrechtliche Bindung hinausgeht[512]. Auf die Versorgungsleistungen aus einem solchen Vertrag findet der gegenüber § 850c ZPO weitergehende Pfändungsschutz des § 850b Abs. 1 Nr. 3 ZPO Anwendung.

---

509 Heßler in: MüKo-ZPO, § 765a, Rn. 51.
510 BGH, Beschluss v. 03.02.1994 – V ZB 31/93 = BGHZ 125, 69, 71; K. Stöber, Forderungspfändung, Rn. 1018.
511 BGH, Beschluss v. 04.07.2007 – VII ZB 86/06 = NJW-RR 2007, S. 1390, 1391; BayObLG, Beschluss v. 25.03.1975 – BReg. 2 Z 8/75 = BayOLGZ 1975, 132, 135 m.w.N.; Meller-Hannich in: Kindl/Meller-Hannich/Wolf, Hk-ZV, § 850b, Rn. 19; Becker in: Musielak, ZPO, § 850b, Rn. 6.
512 BayObLG, a.a.O.; Habersack in: MüKo-BGB, Art. 96 EGBGB, Rn. 7.

b) Übertragung existenzsichernder Wirtschaftseinheiten gegen Versorgungsleistungen

Verträge, die die Überlassung existenzsichernder Wirtschaftseinheiten gegen Versorgungsleistungen zum Inhalt haben, sind ähnlich wie Altenteilsverträge strukturiert, weisen aber einige Besonderheiten auf. Eine existenzsichernde Wirtschaftseinheit ist ein Gut, welches für die generationenübergreifende dauernde Anlage geeignet und bestimmt ist und dem Übernehmer zur Fortsetzung des Wirtschaftens überlassen wird, um damit wenigstens teilweise die Existenz des Übergebers zu sichern[513]. Wirtschaftseinheiten im genannten Sinne können Unternehmen, freiberufliche Praxen, aber auch vermietete oder verpachtete Immobilien sein. Grundlage der Überlassung dieser Wirtschaftseinheiten an den Erwerber sind regelmäßig Rechtsgeschäfte über die vorweggenommene Erbfolge.

1) Vorweggenommene Erbfolge

Unter Maßnahmen der vorweggenommenen Erbfolge versteht man die Übertragung des Vermögens des zukünftigen Erblassers oder eines wesentlichen Teils davon auf einen oder mehrere als Erben in Aussicht genommene Empfänger[514]. Leistung und Gegenleistung sind hierbei nicht unter kaufmännischen Gesichtspunkten gleichwertig. In der Praxis wird vielfach vereinbart, dass die Versorgungsbezüge des Veräußerers aus den Nettoerträgen des übertragenen Gegenstands zu erwirtschaften sind.

Die Versorgungsleistungen können eine vorher bestimmte, gleich bleibende Höhe haben oder in der Höhe vom Ertrag des Unternehmens abhängig gemacht werden. Vertragliche Grundlage ist eine Schenkung unter Auflage gem. § 525 Abs. 1 BGB, wenn die Versorgungsleistungen aus den Erträgen des Unternehmens nach einer Ertragsprognose erwirtschaftet werden können[515]. Demgegenüber liegt eine sog. gemischte Schenkung, d.h. eine Schenkung, die sich aus einem entgeltlichen und unentgeltlichen Teil zusammensetzt, vor, wenn der Beschenkte aus seinem Vermögen Aufwendungen tätigen muss, um den Schenkungsgegenstand zu erhalten[516]. Dies ist in der Regel der Fall, wenn die Erträge der Wirtschaftseinheit nicht ausreichend sind, um die Versorgungsleistungen zu bestreiten, oder

---

513 BFH, Beschluss v. 12.05.2003 – GrS 1/00 = BFHE 189, 497.
514 BGH, Urteil v. 30.01.1991 – IV ZR 299/89 = BGHZ 113, 310, 313; J. Koch in: MüKo-BGB, § 516, Rn. 84; Schallmoser in: Blümich, EStG, § 16, Rn. 100 f.
515 Hübner in: Sudhoff, Unternehmensnachfolge, § 78, Rn. 5.
516 Lüdicke/Fürwentsches in: Lüdicke/Sistermann, Unternehmenssteuerrecht, § 15, Rn. 24.

wenn beispielsweise Abfindungsleistungen an Dritte geleistet oder Schulden des Übergebers übernommen werden müssen[517].

2) Veräußerung gegen Leibrente

Eine Veräußerung der Wirtschaftseinheit aufgrund eines Kaufvertrages gegen Leibrente gem. §§ 433, 759 ff. BGB liegt vor, wenn Leistung und Gegenleistung nach kaufmännischen Gesichtspunkten gegeneinander abgewogen sind[518]. In diesem Fall entsprechen sich anders als in Fällen der vorweggenommenen Erbfolge die Werte von Leistung und Gegenleistung. Der Kaufpreis kann dann in Form einer Leibrente gem. §§ 759 ff. BGB ausbezahlt werden, die aus dem Barwert des Kaufpreises ermittelt wird[519]. In der Praxis kommt dies relativ selten vor, da mit dieser Ausgestaltung wirtschaftlich eine Stundung des Kaufpreises verbunden ist, deren Chancen und Risiken wie früher oder später Tod, Geldwert- und Zinsentwicklung, Zahlungsunfähigkeit des Leibrentenschuldners, schwierig abzuwägen und zu beherrschen sind[520].

2. Voraussetzungen des § 851c Abs. 1 ZPO

§ 851c Abs. 1 ZPO ist auf die Versorgungsleistungen aufgrund eines Vertrages, der die Übertragung existenzsichernder Wirtschaftseinheiten zum Inhalt hat, anwendbar. Im Rahmen von § 851c Abs. 1 ZPO ist anders als bei § 850b Abs. 1 ZPO unschädlich, wenn Gleichwertigkeit zwischen Leistung und Gegenleistung besteht. Auch ist für die Anwendbarkeit des § 851c Abs. 1 ZPO nicht erforderlich, dass aufgrund des Vertrages eine wirtschaftliche Schicksalsgemeinschaft zwischen veräußerndem Schuldner und Erwerber gegeben ist, wie dies im Rahmen des § 850b Abs. 1 Nr. 3 ZPO für Altenteilsverträge essentiell ist.

a) Lebenslange Versorgung, § 851c Abs. 1 Nr. 1 ZPO

Eine lebenslange Versorgung des Schuldners ist wegen § 851c Abs. 1 Nr. 1 ZPO erforderlich. Diese ist sichergestellt, wenn dem Schuldner eine Leibrente gem. §§ 759 ff. BGB eingeräumt worden ist. Es ist aber auch möglich, eine lebenslange

---

517 BFH, Beschluss v. 12.05.2003 – GrS 1/00 = BFHE 189, 497.
518 Vgl. hierzu J. Mayer, in: Staudinger, BGB, Vorbem. v. §§ 759 ff., Rn. 17.
519 Beckmann in: Staudinger, BGB, § 433, Rn. 46; Weidenkaff in: Palandt, § 433, Rn. 38.
520 J. Mayer in: Staudinger, BGB, Vorbem. v. §§ 759 ff., Rn. 5.

Versorgung durch die Kombination des Vertrages mit einem Rentenversiche-rungsvertrag herzustellen, wie dies auch bei Sparverträgen mit Auszahlungsplan möglich ist[521].

b) Verfügungsbeschränkungen, § 851c Abs. 1 Nr. 2 ZPO

Auch im Rahmen von Verträgen, die die Veräußerung einer existenzsichernden Wirtschaftseinheit gegen Versorgungsleistungen zum Inhalt haben, müssen die Verfügungsmöglichkeiten der Vertragsparteien gem. § 851c Abs. 1 Nr. 2 ZPO ausgeschlossen sein. Die hierzu im Rahmen von Rentenversicherungsverträgen herausgearbeiteten Wertungen sind zugrunde zu legen[522]. § 851c Abs. 1 Nr. 2 ZPO soll verhindern, dass die Vertragsparteien ohne sachlichen Grund über den Vorsorgevertrag und das Vorsorgevermögen disponieren können. Diejenigen Gestaltungsrechte der Vertragsparteien, die strukturell einer ordentlichen Kündigung entsprechen, müssen somit ausgeschlossen werden. Da bei Verträgen über die Veräußerung existenzsichernder Wirtschaftseinheiten keine Ansparphase existiert, ist auch für den Schuldner ein vollständiger Ausschluss dieser Rechte während der Auszahlungsphase erforderlich.

1) Vorweggenommene Erbfolge

Maßnahmen der vorweggenommenen Erbfolge liegt regelmäßig ein Schenkungsvertrag gem. § 516 BGB zugrunde. Bei diesem bestehen als Gestaltungsrechte des Schuldners die gesetzlichen Rechte des Schenkers. Er kann den Schenkungsgegenstand im Notbedarfsfall gem. § 528 BGB zurückfordern oder die Schenkung wegen groben Undanks gem. § 530 BGB widerrufen. Das Bestehen dieser Rechte ist im Hinblick auf § 851c Abs. 1 Nr. 2 ZPO unbeachtlich, denn die §§ 528, 530 BGB machen die Auflösung des Schenkungsvertrags von eng umgrenzten Tatbeständen abhängig und stellen Sonderfälle des Wegfalls der Geschäftsgrundlage gem. § 313 BGB dar[523], die nicht von § 851c Abs. 1 Nr. 2 ZPO erfasst werden. Ist als vertragliche Grundlage eine Schenkung unter Auflage vereinbart, gilt entsprechendes für das Recht des Schenkers bei Nichtvollziehung der Auflage nach § 527 BGB[524].

---

521 Kapitel **E. III.** 2.

522 Kapitel **D. IV.** 2. c).

523 BGH, Urteil v. 21.12.2005 – X ZR 108/03 = NJW-RR 2006, S. 699, 700; Weidenkaff in: Palandt, BGB § 528, Rn. 1 und § 530, Rn. 1.

524 Vgl. Weidenkaff, a.a.O., § 527, Rn. 1.

In der Praxis wird bei Verträgen, die die Übertragung von Grundstücken gegen Versorgungsleistungen zum Inhalt haben, häufig ein Widerrufsvorbehalt bei Vorliegen bestimmter, im Vertrag definierter Voraussetzungen vereinbart[525]. Beispiele für solche sog. benannten Widerrufsvorbehalte sind Widerrufsrechte für den Fall, dass der Abkömmling im Falle seiner Heirat keine Gütertrennung vereinbart oder für den Fall des Vorversterbens des Beschenkten vor dem Schenker. Der Schenker behält sich oft auch den Widerruf ohne besondere Angabe von Gründen vor, sog. unbenannter oder freier Widerrufsvorbehalt[526].

Ein freier Widerrufsvorbehalt ist im Rahmen des § 851c Abs. 1 ZPO jedenfalls unzulässig, er verstößt gegen § 851c Abs. 1 Nr. 2 ZPO, da er dem Schuldner ermöglicht, ohne sachlichen Grund über den Bestand des Vorsorgevertrags zu disponieren. Aber auch ein benannter Widerrufsvorbehalt dürfte regelmäßig nicht vereinbart werden können, da der Schuldner ansonsten durch Vereinbarung mit seinem Vertragspartner die Voraussetzungen des Widerrufs frei definieren und somit die Voraussetzungen des § 851c Abs. 1 Nr. 2 ZPO umgehen könnte.

2) Veräußerung gegen Leibrente

Bei der Veräußerung von Wirtschaftseinheiten gegen Versorgungsleistungen, der wie gezeigt ein Kaufvertrag gem. § 433 BGB zugrunde liegt, dürfen keine vertraglichen Rücktrittsrechte vorbehalten sein. Das Bestehen gesetzlicher Rechte, beispielsweise der Mängelrechte nach §§ 437, 453 ff. BGB, ist wiederum unschädlich.

c) Unanwendbarkeit von § 851c Abs. 2 ZPO

Vor Beginn der Auszahlungsphase kann kein Pfändungsschutz nach § 851c Abs. 2 ZPO für den gegen die Versorgungsleistungen übertragenen Vermögensgegenstand bestehen. Auf eine Zwangsvollstreckung in den jeweiligen Gegenstand ist § 851c Abs. 2 ZPO nicht anwendbar, da die Norm nur bei Vollstreckung in Geldforderungen gem. §§ 828 ff. ZPO gilt. Es wäre auch nicht sinnvoll, insbesondere Unternehmen einem Pfändungsschutz zu unterwerfen. Die Vorschriften des Insolvenzrechts würden ansonsten leerlaufen und wirtschaftlich schwache Unternehmen künstlich am Leben erhalten[527].

---

525   J. Koch in: MüKo-BGB, § 516, Rn. 13; Klumpp, ZEV 1995, S. 385.
526   J. Koch, a.a.O.; Klumpp, a.a.O.
527   Vgl. Lippross, S. 157.

3. Konkurrenzen der Pfändungsschutznormen

Altenteilsverträge als Prototypen derjenigen Vertragstypen, die eine Vermögensübergabe gegen Versorgungsleistungen zum Inhalt haben, werden stets von § 850b
Abs. 1 Nr. 3 ZPO mit seinem erhöhten Schutzniveau erfasst. § 850b Abs. 1 ZPO
sollte nach der Gesetzesbegründung von § 851c ZPO unberührt bleiben[528].

§ 851c Abs. 1 ZPO erfasst hingegen Versorgungsleistungen aufgrund von Verträgen, bei denen keine wirtschaftliche Schicksalsgemeinschaft zwischen Veräußerer
und Erwerber der existenzsichernden Wirtschaftseinheit entsteht. Hierbei können sich
auch wirtschaftlich gleichwertige Leistungen gegenüberstehen. Weil § 851c Abs. 1
ZPO mit dem Verweis auf § 850c ZPO eine Pfändung der Versorgungsleistungen
wie Arbeitseinkommen ermöglicht, besteht für diese ein geringeres Schutzniveau
im Vergleich zu Altenteilsverträgen. Der Altenteilsvertrag ist wegen der erforderlichen wirtschaftlichen Schicksalsgemeinschaft zwischen Veräußerer und Erwerber
sowie der fehlenden Äquivalenz von Leistung und Gegenleistung vom Gesetzgeber
als besonders schutzwürdig angesehen worden, was die bedingte Pfändbarkeit der
Einkünfte nach § 850b Abs. 1 Nr. 3 ZPO rechtfertigt. § 850b Abs. 1 Nr. 3 ZPO und
§ 851c Abs. 1 ZPO ermöglichen somit eine im Hinblick auf das Schutzniveau abge-
stufte pfändungsschutzrechtliche Erfassung vieler Vertragsgestaltungen, die Vermö-
gensübertragungen gegen Versorgungsleistungen zum Inhalt haben.

Eine Anwendung von § 765a ZPO auf die Rentenleistungen aus einem solchen
Vertrag ist damit nicht erforderlich und auch nicht möglich. Ansonsten könnten
die Voraussetzungen des § 851c Abs. 1 ZPO umgangen werden.

VI. Versorgungsleistungen aufgrund eines reverse mortgage-Vertrages

1. Private Altersvorsorge und selbstgenutzte Immobilie

Eine vom Schuldner zu Eigentum erworbene und lastenfreie Immobilie kann als
Altersversorgung nutzbar gemacht werden, indem das in der Immobilie verkörperte
Kapital unter Vorbehalt des Eigentums bis zum Tode des Schuldners freigesetzt
wird. Dieses Sachziel kann rechtlich durch den Abschluss eines reverse mortgage-
Vertrages umgesetzt werden. Bei einer sog. reverse mortgage[529], die auch als home

---

528 BT-Drs. 16/886, S. 7.
529 Auf deutsch etwa: umgekehrter Hypothekenkredit, teilweise auch als „home rever-
     sion" bezeichnet.

equity conversion mortgage bezeichnet wird[530], bleibt der Berechtigte bis zu seinem Tode Eigentümer der Immobilie und kann diese als Wohnung nutzen. Zusätzlich werden dem Berechtigten aufgrund eines Vertrags mit einem Finanzdienstleister Altersleistungen in Form eines Darlehens ratenweise gem. § 488 Abs. 1 BGB ausgezahlt, wobei die Rückzahlungsforderung mit dem Tode des Berechtigten fällig wird und durch erstrangige Grundpfandrechte an der Immobilie gesichert ist[531]. Daher stammt auch der Begriff reverse mortgage, also umgekehrte Hypothek, da der Geldfluss genau umgekehrt verläuft wie bei der herkömmlichen Hypothek[532]. Nach dem Tod des Berechtigten wird die Immobilie zur Begleichung der entstandenen Darlehensrückzahlungsforderung gem. § 488 Abs. 1 S. 2 BGB im Wege der Zwangsversteigerung verwertet[533]. Sie kann allerdings auch von den Erben gegen Begleichung der Rückzahlungsforderung abgelöst werden.

Eine weitere Kombinationsmöglichkeit von Immobilienerwerb und privater Altersvorsorge hat der Gesetzgeber im Rahmen der steuerlich geförderten Altersvorsorge mit § 92a EStG geschaffen. Dem Vorsorgenden soll es ermöglicht werden, die aufgrund eines steuerlich nach §§ 10a, 79 EStG geförderten Altersvorsorgevertrags angesparten Vermögenswerte für den Erwerb oder die Finanzierung einer selbstgenutzten Immobilie einzusetzen. Diese Verträge sind im Vergleich zu den reverse mortgage-Verträgen spiegelbildlich ausgestaltet. Das Vorsorgevermögen wird im Fall des § 92a EStG zum Erwerb der Immobilie eingesetzt, die dann zu Wohnzwecken im Alter genutzt werden kann, wohingegen bei reverse mortgage-Verträgen aus dem in der Immobilie verkörperten Vermögen Versorgungsleistungen erbracht werden sollen. Auf die Verträge nach § 92a EStG wird im Rahmen der Erörterung von § 851d ZPO zurückzukommen sein[534].

2. Voraussetzungen des § 851c Abs. 1 ZPO

Eine Anwendung von § 851c Abs. 1 ZPO auf die Versorgungsleistungen, die dem Schuldner aufgrund des reverse mortgage-Vertrages gewährt werden, kommt in Betracht, wenn die Voraussetzungen der Norm aufgrund der vertraglichen Gestaltung umgesetzt werden können.

---

530 Auf deutsch etwa: Hypothekenkredit, mit dem das in der Immobilie gebundene Kapital freigesetzt bzw. umgewandelt werden kann.
531 Reifner/Tiffe, Innovative Finanzdienstleistungen, S. 227, 265.
532 Schnabl, NZM 2007, S. 714, 715.
533 Schnabl, a.a.O.; Schneider, Immobilien&Finanzierung 2007, S. 592.
534 Kapitel **F. II. 2. e)**.

a) Lebenslange Versorgung, § 851c Abs. 1 Nr. 1 ZPO

Nach § 851c Abs. 1 Nr. 1 ZPO ist erforderlich, dass dem Schuldner die Leistungen aufgrund des Vertrages lebenslang gewährt werden. Die einfachste Gestaltung eines reverse mortage-Vertrags besteht darin, dass Altersleistungen in Form einer ratenweisen Auszahlung der Darlehenssumme ausgeschüttet werden[535]. Dadurch ist aber die lebenslange Versorgung des Berechtigten nicht gewährleistet, denn der Kreditrahmen ist auf den realisierbaren Wert der Immobilie beschränkt. Es ist daher entweder die Vereinbarung einer Leibrente gem. § 759 BGB oder der zusätzliche Abschluss eines Rentenversicherungsvertrags erforderlich, um eine lebenslange Versorgung zu erreichen. Die vertragliche Gestaltung muss sich dabei an den für Banksparpläne dargestellten[536] Grundsätzen orientieren.

b) Verfügungsbeschränkungen, § 851c Abs. 1 Nr. 2 ZPO

Die Verfügungsmöglichkeiten müssen nach § 851c Abs. 1 Nr. 2 ZPO ausgeschlossen sein. Die hierzu im Rahmen von Rentenversicherungsverträgen herausgearbeiteten Wertungen sind zugrunde zu legen[537].

1) Ordentliches Kündigungsrecht des Schuldners

Da bei reverse mortage-Verträgen keine Ansparphase, sondern lediglich eine Auszahlungsphase existiert, ist nach dem Leitgedanken des § 851c Abs. 1 Nr. 2 ZPO in diesem Zeitraum für den Schuldner ein vollständiger Ausschluss des ordentlichen Kündigungsrechts erforderlich[538].

Das ordentliche Kündigungsrecht des Schuldners gem. § 488 Abs. 3 S. 1 BGB besteht bereits deshalb nicht, weil bei reverse mortage-Verträgen eine Vereinbarung über den Zeitpunkt der Fälligkeit des Rückzahlungsanspruchs getroffen wird. Die Summe der ausbezahlten Versorgungsleistungen ist mit dem Tod des Schuldners zu erstatten. Es handelt sich somit um eine Rückerstattungsvereinbarung mit Endfälligkeit[539].

Dem Schuldner als Darlehensgeber eines reverse mortage-Vertrages stehen ferner die Kündigungsrechte nach § 489 Abs. 1 – 3 BGB zu, die wegen § 489 Abs. 4 S. 1 BGB nicht abdingbar sind. Ist ein Darlehen mit einem variablen Zinssatz vereinbart, so besteht ein jederzeitiges ordentliches Kündigungsrecht des Schuldners

---

535 Schnabl, NZM 2007, S. 714, 715.
536 Kapitel **E. III. 2.**
537 Kapitel **D. IV. 2. c).**
538 Kapitel **D. IV. 2. c)** und **E. II.**
539 KP Berger in: MüKo-BGB, Vorbem. v. § 488, Rn. 46.

gem. § 489 Abs. 2 BGB. Ein reverse mortgage-Vertrag mit variablem Zinssatz ist somit nicht geeignet, die Voraussetzungen des § 851c Abs. 1 Nr. 2 ZPO zu erfüllen.

Bei einem Darlehen mit festem Zinssatz stehen dem Schuldner die unabdingbaren Kündigungsrechte des § 489 Abs. 1 BGB zu. Ein Kündigungsrecht nach § 489 Abs. 1 Nr. 1 BGB besteht, wenn die Sollzinsbindungszeit kürzer als die Darlehenslaufzeit ist. Zulässig ist im Rahmen des § 851c ZPO damit nur ein Darlehen mit einer Zinsbindung über die gesamte Laufzeit.

Das Kündigungsrecht des Schuldners nach § 489 Abs. 1 Nr. 2 BGB besteht in jedem Fall nach Ablauf von 10 Jahren nach dem vollständigen Erhalt des Darlehens. Vollständiger Erhalt des Darlehens i.S.d. § 489 Abs. 1 Nr. 3 BGB liegt bei einem reverse mortgage-Vertrag vor, wenn entweder der Schuldner die letzte Versorgungsleistung vor seinem Tod erhalten hat oder wenn vom Finanzdienstleister die vorher bestimmte Summe in den sich anschließenden Rentenversicherungsvertrag eingebracht worden ist. Dem Normzweck des § 851c Abs. 1 Nr. 2 ZPO, den Schuldner an der zweckwidrigen Verwendung des Vorsorgevermögens zu hindern, steht das Kündigungsrecht des § 489 Abs. 1 Nr. 2 BGB nicht entgegen. Nach dem vollständigen Erhalt des Darlehens kann der Schuldner den Anspruch auf die lebenslange Versorgung durch eine Kündigung nach § 489 Abs. 1 Nr. 2 BGB nicht mehr verlieren. Entweder er ist nach Erhalt der letzten Zahlung aufgrund des Auszahlungsplanes verstorben, oder das Vorsorgevermögen wurde vom Finanzdienstleister in eine Rentenversicherung zugunsten des Schuldners eingebracht, bei der das ordentliche Kündigungsrecht des Schuldners nach §§ 851c Abs. 1 Nr. 2 ZPO, 168 Abs. 3 S. 2 VVG ausgeschlossen sein muss.

2) Ordentliches Kündigungsrecht des Vertragspartners

Ein ordentliches Kündigungsrecht des Vertragspartners des Schuldners als Darlehensnehmer gem. § 488 Abs. 3 S. 1 BGB besteht aufgrund der im reverse mortgage-Vertrag getroffenen Laufzeitvereinbarung nicht. Den Vorgaben des § 851c Abs. 1 Nr. 2 ZPO ist damit genüge getan.

3. Schutz des Hausgrundstücks als Vorsorgevermögen

Das selbst genutzte Hausgrundstück des Schuldners bleibt bis zu dessen Tode in seinem Eigentum. Es verkörpert das für die Altersvorsorge erforderliche Vorsorgevermögen[540]. § 851c Abs. 2 ZPO ist nicht auf den Pfändungsschutz für das Hausgrundstück

---

540 Menzel, S. 155.

anwendbar, da dieses im Wege der Zwangsversteigerung oder Zwangsverwaltung nach ZVG verwertet werden müsste, die Schutzwirkungen des § 851c ZPO aber nur im Rahmen der Forderungspfändung gem. §§ 828 ff. ZPO eingreifen.

Aufgrund der rechtlichen Ausgestaltung des reverse mortgage-Vertrages besteht allerdings eine gewisse Sicherung des Vorsorgevermögens vor einem Gläubigerzugriff. Die Rückzahlungsforderung für das Darlehen, die beim Tode des Begünstigten fällig wird, wird bei einem reverse mortgage-Vertrag durch erstrangige Grundpfandrechte an dem Hausgrundstück, regelmäßig durch Sicherungsgrundschuld, gesichert. Der Höchstbetrag der Grundschuld ist auf den maximal realisierbaren Verwertungserlös des Hausgrundstücks beschränkt[541]. Wird die Zwangsversteigerung betrieben, so ist der Vertragspartner des Schuldners durch eine erstrangige Grundschuld gesichert.

Das Vorsorgevermögen ist durch die dingliche Belastung des Grundstücks gleichsam vorab aus dem Immobilienwert ausgeschnitten und unwiderruflich dem Finanzdienstleister zur Finanzierung der Altersvorsorge zugewandt. Der Schuldner kann folglich den Kreditrahmen, bis zu dem die Grundschuld eingetragen ist, voll für seine Altersvorsorge ausschöpfen. Im Falle einer Zwangsversteigerung verliert er zwar das Eigentum an der Immobilie, der darin verkörperte Wert der Altersvorsorge bleibt ihm aber aufgrund des Deckungsprinzips des § 44 ZVG erhalten. Andererseits kann der Schuldner zwar weiterhin als Eigentümer über das Grundstück verfügen, aufgrund der dinglichen Belastung wird er aber lediglich denjenigen Teil des Immobilienwertes realisieren können, der den Betrag der Belastung des Grundstücks übersteigt.

VII. Versorgungsleistungen aufgrund von Glücksspielverträgen

In den Anwendungsbereich des § 851c Abs. 1 ZPO können auch Versorgungsleistungen aufgrund von Glücksspielverträgen fallen. § 851c Abs. 1 ZPO setzt seinem Wortlaut nach voraus, dass der Schuldner einen Anspruch auf die Leistungen hat. Folglich werden Leistungen vom Pfändungsschutz nur erfasst, wenn diese von einer staatlich genehmigten Lotterie oder Ausspielung erbracht werden, da ansonsten wegen §§ 763 S. 2, 762 Abs. 1 S. 1 BGB kein Rechtsanspruch auf die gewonnene Leistung bestünde[542].

---

541 Reifner/Tiffe, Innovative Finanzdienstleistungen, S. 359.
542 Habersack in: MüKo-BGB, § 763, Rn. 14; Sprau in: Palandt, BGB, § 762, Rn. 5.

Nach § 851c Abs. 1 Nr. 1 ZPO ist erforderlich, dass die Leistungen nicht vor Vollendung des 60. Lebensjahres des Schuldners gewährt werden. Rentenleistungen aufgrund eines Glücksspielvertrages setzen häufig bereits zum Gewinnzeitpunkt ein, unabhängig davon, ob der Berechtigte bereits das 60. Lebensjahr vollendet hat. Werden daher Rentenleistungen aufgrund des Glücksspielvertrages bereits vor dem 60. Lebensjahr des Schuldners erbracht, so ist § 851c Abs. 1 ZPO auch nicht auf die nach dem 60. Lebensjahr erfolgenden Rentenleistungen anwendbar, denn die Voraussetzungen des § 851c Abs. 1 ZPO müssen allesamt bereits zum Zeitpunkt des Vertragsschlusses erfüllt sein[543].

Bei Glücksspielverträgen gem. § 762 BGB, die die Ausschüttung einer Leibrente zum Inhalt haben, bestehen in der Regel keine Gestaltungsrechte, die nach § 851c Abs. 1 Nr. 2 ZPO ausgeschlossen werden müssten. Ein Pfändungsschutz nach § 851c ZPO besteht außerdem nur, wenn auf eine Kapitalisierungsoption verzichtet wird, § 851c Abs. 1 Nr. 4 ZPO.

VIII. Versorgungsleistungen aufgrund von Zuwendungen von Todes wegen

§ 851c Abs. 1 ZPO ist auf Versorgungsansprüche anwendbar, die dem Schuldner aufgrund einer erbvertraglichen Vereinbarung gewährt werden[544]. Demgegenüber erfasst § 851c Abs. 1 ZPO Versorgungsansprüche, die dem Schuldner aufgrund eines Vermächtnisses gem. §§ 2147 ff. BGB zugewendet worden sind, nicht. § 851c Abs. 1 ZPO ist seinem Wortlaut zufolge nur anwendbar auf Ansprüche auf Leistungen, die aufgrund von Verträgen gewährt werden. Bei Vermächtnisansprüchen handelt es sich hingegen um Ansprüche, die aufgrund einer Verfügung von Todes wegen gewährt wurden. Es besteht auch kein Bedarf einer analogen Anwendung. Die genannten Ansprüche werden regelmäßig bereits vom Pfändungsschutz des § 850b Abs. 1 Nr. 3 ZPO erfasst, sofern sie aufgrund der Fürsorge und Freigiebigkeit eines Dritten gewährt werden.

---

543 Kapitel **D. IV. 6.**
544 Ahrens in: Prütting/Gehrlein, ZPO, § 851c, Rn. 12.

F. § 851d ZPO

§ 851d ZPO ordnet für monatliche Leistungen in Form einer lebenslangen Rente oder monatlicher Ratenzahlungen im Rahmen eines Auszahlungsplanes nach § 1 Abs. 1 S. 1 Nr. 4 AltZertG aus steuerlich gefördertem Altersvorsorgevermögen die Pfändbarkeit wie Arbeitseinkommen an. Die Norm soll Leistungen aufgrund von steuerlich nach §§ 10a, 79 EStG geförderten Altersvorsorgeverträgen[545], den sog. Riester-Verträgen, vor Pfändung schützen. § 851d ZPO enthält keine eigenständigen Voraussetzungen, sondern knüpft seinen persönlichen und sachlichen Anwendungsbereich an die Voraussetzungen an, die das Steuerrecht in §§ 10a, 79 EStG und dem Altersvorsorgeverträge-Zertifizierungsgesetz (AltZertG)[546] an die steuerliche Förderungsfähigkeit von Altersvorsorgeverträgen stellt[547].

Anlass dieser Regelungen zur steuerlichen Förderung der privaten Altersvorsorge war die demographische Entwicklung in Deutschland. Aufgrund der Überalterung der Gesellschaft, geringer Geburtenzahlen und hoher Erwerbslosigkeit wäre eine Anhebung des Beitragssatzes zur gesetzlichen Rentenversicherung im Jahr 2001 erforderlich gewesen, um ein gleich bleibendes Rentenniveau zu erhalten[548]. Um diese Folge zu vermeiden, beschloss der Gesetzgeber, das Rentenniveau für die Zukunft abzusenken[549]. Die erforderlichen Maßnahmen wurden 2001 im Altersvermögensgesetz[550] und im Altersvermögensergänzungsgesetz[551] getroffen. Vor allem Arbeitnehmer sollen ihre künftig geringeren Einkünfte aus der gesetzlichen Rentenversicherung

---

545 Der Begriff des Altersvorsorgevertrags bezeichnet im Folgenden entsprechend der gesetzlichen Systematik ausschließlich Verträge, die nach den §§ 10a, 79 ff. EStG förderungsfähig sind, §§ 80, 82 Abs. 1 EStG, §§ 1, 5 AltZertG.

546 Gesetz v. 26.06.2001, BGBl. I, S. 1310; zuletzt geändert durch Gesetz v. 28.08.2013, BGBl. I, S. 3395.

547 Meller-Hannich in: Kindl/Meller-Hannich/Wolf, Hk-ZV, § 851d, Rn. 1; Winter in: Bruck/Möller, VVG, § 167, Rn. 12.

548 BT-Drs. 14/4595, S. 37; Baroch Castellvi, AltZertG, § 1, Rn. 1; vgl. auch Winter, a.a.O., Einf. v. §§ 150–171, Rn. 15.

549 Baroch Castellvi, a.a.O.; Schiegl in Ernst&Young/VDR, Ratgeber Altersvorsorge, C 1.

550 Gesetz v. 21.06.2001, BGBl. I, S. 1310 ff. (AVmG).

551 Gesetz v. 21.03.2001, BGBl. I, S. 403 ff. (AVmEG).

durch eine zusätzliche private Altersvorsorge ergänzen können[552]. Diese teilweise Abkehr von der gesetzlichen Rentenversicherung und damit auch vom Umlageverfahren wird als Subvention der Finanzwirtschaft kritisiert[553].

Die steuerliche Förderung der privaten Altersvorsorge gem. §§ 10a, 79 ff. EStG soll Anreize zum Aufbau einer zusätzlichen, kapitalgedeckten Altersvorsorge schaffen[554]. Die steuerlichen Vergünstigungen werden durch eine progressionsunabhängige Altersvorsorgezulage oder durch den gegebenenfalls günstigeren Sonderausgabenabzug gewährt[555]. Die Versorgungslücke, die aufgrund der nunmehr geringeren Leistungen aus der gesetzlichen Rentenversicherung entsteht, lässt sich allerdings nicht vollständig durch die nach §§ 10a, 79 EStG steuerlich geförderten Altersvorsorgeverträge schließen. Die Riester-Rente dient lediglich dem Zweck, die Folgen des weiteren Absinkens des Leistungsniveaus in der gesetzlichen Rentenversicherung aufzufangen[556]. Eine darüber hinausgehende private Altersvorsorge erachtet der Gesetzgeber weiterhin für notwendig, um den Lebensstandard im Alter erhalten zu können. Dies zeigt sich an den Regelungen der §§ 12 Abs. 2 Nr. 3 SGB II, 168 Abs. 3 S. 1 VVG.

I. Regelungsfunktion

Nach § 851d ZPO sind monatliche Leistungen in Form einer lebenslangen Rente oder monatlicher Ratenzahlungen im Rahmen eines Auszahlungsplanes nach § 1 Abs. 1 S. 1 Nr. 4 AltZertG aus steuerlich gefördertem Altersvorsorgevermögen wie Arbeitseinkommen pfändbar. Gemeint sind nicht die Leistungen als solche, sondern die schuldrechtlichen Ansprüche auf die Leistungen[557]. Dies ergibt sich aus der systematischen Stellung von § 851d ZPO bei den Vorschriften über die Forderungspfändung. Funktional erfasst § 851d ZPO somit die Ansprüche auf die laufenden Versorgungsleistungen, die aufgrund eines nach §§ 10a, 79 EStG steuerlich geförderten Altersvorsorgevertrages an den Schuldner ausgezahlt werden.

---

552   Lindberg in: Blümich, EStG, § 10a, Rn. 7; Winter in: Bruck/Möller, VVG, Einf. v. §§ 150–171, Rn. 15, 67.

553   Weber-Grellet in: L. Schmidt, EStG, § 10a, Rn. 1.

554   BT-Drs. 14/4595, S. 37; Lindberg in: Blümich, EStG, § 10a, Rn. 7; Weber-Grellet, a.a.O.

555   Weber/Grellet, a.a.O.; Myßen, NWB 2001 Fach 3, S. 11645.

556   Baroch Castellvi, AltZertG, § 1, Rn. 1; Pelikan, Rentenversicherung SGB VI, S. 10; Müller, S. 22.

557   Ahrens in: Prütting/Gehrlein, ZPO, § 851d, Rn. 5.

Einen Pfändungsschutz für das Vorsorgevermögen entsprechend § 851c Abs. 2 ZPO regelt § 851d ZPO nicht[558]. Die Zugriffsmöglichkeiten der Gläubiger auf das Vorsorgevermögen sind aufgrund von § 97 S. 1 EStG über § 851 Abs. 1 ZPO beschränkt. Nach § 97 S. 1 EStG ist das geförderte Altersvorsorgevermögen nicht übertragbar und damit gem. § 851 Abs. 1 ZPO auch nicht pfändbar.

II. Voraussetzungen für den Schutz der Versorgungsleistungen

§ 851d ZPO knüpft die Voraussetzungen des Pfändungsschutzes für Leistungen an die steuerliche Förderungsfähigkeit des zugrunde liegenden Vertrags nach §§ 10a, 79 EStG. Pfändungsschutz nach § 851d ZPO besteht solange, wie der Vertrag die Anforderungen an die steuerliche Förderung erfüllt.

1. Persönlicher Anwendungsbereich von § 851d ZPO

Der persönliche Anwendungsbereich des § 851d ZPO ist unter Rückgriff auf die §§ 10a, 79 ff. EStG zu bestimmen. Diese Normen legen den für die private Altersvorsorge steuerlich förderungsberechtigten Personenkreis fest.

a) Steuerlich förderungsberechtigte Personengruppen

§ 10a Abs. 1 EStG bestimmt den Personenkreis, dessen private Altersvorsorge der steuerlichen Förderung nach den §§ 79 ff. EStG unterliegt. Dies sind insbesondere die in der inländischen gesetzlichen Rentenversicherung Pflichtversicherten, § 10a Abs. 1 S. 1 EStG. Grundgedanke dieser Norm ist, dass alle Personen erfasst werden sollen, die von der Absenkung der Leistungen in der gesetzlichen Rentenversicherung unmittelbar oder mittelbar betroffen sind[559]. Dies sind Arbeitnehmer, § 10a Abs. 1 S. 1, 1. HS EStG sowie bestimmte rentenversicherungspflichtige Selbstständige, § 2 SGB VI[560]. Diesen Personengruppen werden gem. § 10a Abs. 1, 2. HS

---

558 Meller-Hannich in: Kindl/Meller-Hannich/Wolf, Hk-ZV, § 851d, Rn. 1; Ahrens, in: Prütting/Gehrlein, ZPO, § 851d, Rn. 7; Becker in: Musielak, ZPO, § 851d, Rn. 7a.
559 Lindberg in: Blümich, EStG, § 10a, Rn. 19.
560 BMF-Schreiben v. 24.07.2013, BStBl. I, S. 1022, Rn. 2 = BeckVerw 274400; Lindberg, a.a.O., Rn. 21; Weber-Grellet in: L. Schmidt, EStG, § 10a, Rn. 8, 10 ff.

Nr. 1 – 5 EStG Besoldungsempfänger, Empfänger von Amtsbezügen, beamten-
ähnliche Arbeitnehmer und die in Nr. 4 und 5 genannten Personen gleichgestellt[561].
Beamte sind als zwar nicht in der gesetzlichen Rentenversicherung pflichtversichert, denn die hergebrachten Grundsätze des Berufsbeamtentums beinhalten eine
lebenslange Alimentation des jeweiligen Beamten aufgrund des Beamtenverhält-
nisses, Art. 33 Abs. 5 GG. Dennoch sind Beamte mittelbar von der Absenkung
des Leistungsniveaus in der gesetzlichen Rentenversicherung betroffen, weil die
Leistungsbeschränkungen für die gesetzlich Rentenversicherten wirkungsgleich
auf die Alterssicherung der Beamten übertragen werden[562].

Aufgrund des Eigenheimrentengesetzes[563] sind gem. § 10a Abs. 1 S. 4 EStG
nunmehr außerdem Personen förderungsberechtigt, die eine Rente wegen voller
Erwerbsminderung oder Erwerbsunfähigkeit oder eine Versorgung aus einem der
in § 10a Abs. 1 S. 1 oder S. 3 EStG genannten Alterssicherungssystemen beziehen,
wenn sie unmittelbar vor dem Bezug der Leistungen einer in § 10a Abs. 1 S. 1 oder
S. 3 EStG genannten Personengruppe angehörten.

Für den Ehegatten eines der genannten Förderungsberechtigten besteht eine ab-
geleitete Förderungsberechtigung nach § 79 S. 2 EStG. Diese wird unabhängig davon gewährt, ob der Ehegatte selbst den förderungsberechtigten Personengruppen
angehört[564]. Voraussetzung ist lediglich, dass er einen auf seinen Namen lautenden
Altersvorsorgevertrag abgeschlossen hat[565]. Das Gesetz geht davon aus, dass auch
der nicht pflichtversicherte Ehegatte von der Senkung des Rentenniveaus betroffen ist, was teilweise als systemwidrig angesehen wird[566].

b) Einordnung in das System des Vollstreckungsschutzes

§ 851d ZPO knüpft den Pfändungsschutz an Bezüge an, die Einkünfte aus einem
Arbeits- oder Dienstverhältnis i.S.d. § 850 ZPO substituieren. Die Riester-Rente

---

561 Weber-Grellet in: L. Schmidt, EStG, § 10a, Rn. 12; zu den Einzelheiten vgl. BMF-
  Schreiben v. 24.07.2013, BStBl. I, S. 1022, Rn. 2 = BeckVerw 274400.
562 Lindberg in: Blümich, EStG, § 10a, Rn. 1; Wollschläger in: Ernst/Young/VDR, Ratgeber Altersvorsorge, E 1.
563 Gesetz v. 29.07.2008, BGBl. I, S. 1509; BT-Drs. 16/8869, S. 32, 33; dazu Melchior,
  DStR 2008, S. 1405; Walter, DWW 2008, S. 326; Schönemann/Dietrich/Kiesewetter,
  StuW 2009, S. 107; Fischer, DStR 2009, S. 722.
564 BFH, Urteil v. 21.07.2009 – X R 33/07 = BeckRS 2009, 24003768; Wacker in:
  L. Schmidt, EStG, § 79, Rn. 3; Lindberg in: Blümich, EStG, § 79, Rn. 5, 6.
565 Myßen, NWB 2001, Fach 3, S. 11645.
566 Lindberg in: Blümich, EStG, § 10a, Rn. 36.

soll gerade für Arbeitnehmer die Möglichkeit bieten, einen Ausgleich für die verringerten Leistungen aus der gesetzlichen Rentenversicherung durch Privatvorsorge zu schaffen. § 851d ZPO ermöglicht funktional vergleichbar mit § 850 Abs. 3 b) ZPO die Substitution von Einkünften aus der gesetzlichen Rentenversicherung und damit mittelbar auch die Substitution von Einkünften aus einem Arbeits- oder Dienstverhältnis durch einen privaten Vorsorgevertrag.

Dass der Ehegatte einer förderungsberechtigten Person über § 79 Abs. 1 S. 2 EStG den Pfändungsschutz nach § 851d ZPO unabhängig davon, ob er eigene Einkünfte aus einem Arbeits- oder Dienstverhältnis substituiert, für sich beanspruchen kann, stellt keine Durchbrechung dieses Prinzips dar. Insoweit besteht ebenfalls ein Gleichlauf mit § 850 Abs. 3 b) ZPO. Die Norm erfasst ihrem Wortlaut nach Versicherungsverträge, die zur Versorgung der unterhaltsberechtigten Angehörigen des Schuldners eingegangen worden sind, worunter auch der Ehegatte zu zählen ist. Im Rahmen von § 850 Abs. 3 b) ZPO kommt es nicht darauf an, ob der unterhaltsberechtigte Angehörige selbst Einkünfte aus einem Arbeits- oder Dienstverhältnis substituiert, solange der Schuldner zuvor solche Einkünfte gehabt hat.

2. Sachlicher Anwendungsbereich von § 851d ZPO

Der sachliche Anwendungsbereich des § 851d ZPO ist unter Rückgriff auf die Anforderungen, die das Steuerrecht an die Ausgestaltung der förderungsfähigen Verträge stellt, zu bestimmen. Die Anforderungen an die vertragliche Ausgestaltung eines nach §§ 10a, 79 EStG steuerlich förderungsfähigen Vertrags sind im Altersvorsorgeverträge-Zertifizierungsgesetz (AltZertG)[567] geregelt. Da das AltZertG und das EStG nach der Novellierung durch das Eigenheimrentengesetz[568] eine Vielzahl von förderungsfähigen Vertragsarten, die auch noch untereinander kombiniert werden können, vorsehen, ist die vorliegende Darstellung des sachlichen Anwendungsbereichs von § 851d ZPO auf diejenigen Vertragsarten zu beschränken, deren Versorgungsleistungen § 851d ZPO funktional erfassen kann. Dies sind nur solche Verträge, bei denen auf die Versorgungsleistungen im Wege der Forderungspfändung gem. §§ 828 ff. ZPO zugegriffen werden kann.

Weil § 851d ZPO ausdrücklich auf Leistungen aus steuerlich geförderten Altersvorsorgevermögen verweist, sind ausschließlich Leistungen aus nach §§ 10a,

---

567 Gesetz v. 26.06.2001, BGBl. I, S. 1310; zuletzt geändert durch Gesetz v. 28.08.2013, BGBl. I, S. 3395.

568 Gesetz v. 29.07.2008, BGBl. I, S. 1509; BT-Drs. 16/8869, S. 32, 33.

79 EStG geförderten Riester-Verträgen erfasst. § 851d ZPO ist damit nicht direkt auf Leistungen aufgrund eines privaten Basisrentenvertrags nach § 10 Abs. 1 Nr. 2 b) EStG anwendbar[569]. Das Einkommensteuergesetz verwendet den Begriff des steuerlich geförderten Altersvorsorgevermögens exklusiv im Zusammenhang mit § 10a EStG sowie dem Abschnitt XI, wie aus § 22 Nr. 5, § 82 Abs. 1 S. 3, § 93 Abs. 1, Abs. 2 EStG und § 97 S. 1 EStG folgt. Zwar sind die für die private Basisrente gezahlten Beiträge steuerlich als Sonderausgaben vom Einkommen abzugsfähig. Eine Förderung als Altersvorsorge, wie sie nach §§ 10a, 79 EStG für Riester-Verträge erfolgt, besteht für private Basisrentenverträge aber nicht[570]. Die nachfolgenden Ausführungen beziehen sich damit zunächst auf die nach §§ 10a, 79 EStG geförderten Altersvorsorgeverträge. Der Pfändungsschutz von privaten Basisrentenverträgen nach § 10 Abs. 1 Nr. 2 b) EStG wird gesondert erörtert[571].

a) Allgemeine Voraussetzungen der steuerlichen Förderung von Altersvorsorgeverträgen

Für alle steuerlich förderungsfähigen Vertragstypen ist erforderlich, dass eine lebenslange Versorgung gewährleistet wird und die Versorgungsleistungen nicht vor Vollendung des 62. Lebensjahres des Schuldners erbracht werden, § 1 Abs. 1 S. 1 Nr. 2 AltZertG. Die Versorgungsleistungen aufgrund des Vertrags müssen monatlich erbracht werden, § 1 Abs. 1 S. 1 Nr. 4 AltZertG, was hinsichtlich der Voraussetzungen für den Pfändungsschutz bereits aus § 851d ZPO folgt. Eine Hinterbliebenen- oder Berufsunfähigkeitsversicherung kann zusätzlich vereinbart werden, § 1 Abs. 1 S. 1 Nr. 2 AltZertG[572]. Weitere spezifisch steuerrechtliche Vorgaben sind die Garantie, dass zumindest die eingezahlten Beträge für die Altersvorsorge zur Verfügung stehen, § 1 Abs. 1 S. 1 Nr. 3, sowie die Möglichkeit, den Vertrag ruhen zu lassen oder nach Kündigung das angesparte Kapital auf einen Vertrag desselben oder eines anderen Anbieters übertragen zu lassen, der ebenfalls die Voraussetzungen des AltZertG erfüllt, § 1 Abs. 1 S. 1 Nr. 10[573].

---

569 Ahrens in: Prütting/Gehrlein, ZPO, § 851d, Rn. 2; Kessal-Wulf in: Schuschke/Walker, Vollstreckung, § 851d, Rn. 2; A.A. Meller-Hannich in: Kindl/Meller-Hannich/Wolf, HK-ZV, § 851d, Rn. 2; Becker in: Musielak, ZPO, § 851d, Rn. 2; Kessal-Wulf in: Schuschke/Walker, Vollstreckung, § 851d, Rn. 1; Winter in: Bruck/Möller, VVG, § 167, Rn. 204.
570 Mecke in: Eicher, SGB II, § 12, Rn. 60.
571 Kapitel **F. V.**
572 Baroch Castellvi, AltZertG, § 1, Rn. 6, 7.
573 Vgl. Winter in: Bruck/Möller, VVG, § 167, Rn. 182 f.

Es ist nicht erforderlich, dass sich der Vertragspartner verpflichtet, regelmäßige Einzahlungen zu tätigen. Dies ergibt sich aus § 86 Abs. 1 S. 1 EStG. Erbringt der Vorsorgende nicht den nach § 86 Abs. 1 S. 1 EStG erforderlichen Mindesteigenbetrag, wird die steuerliche Förderung gekürzt. Grund hierfür ist, dass mit den §§ 10a, 79 EStG eine Privatvorsorge gefördert, nicht aber eine staatlich finanzierte Grundrente eingeführt werden soll[574]. Zu weiteren Voraussetzungen, die im Einzelnen für die Erörterung des Pfändungsschutzes nicht relevant sind, wird auf die ausführliche Normierung in § 1 Abs. 1 S. 1 AltZertG[575] verwiesen.

b) Anforderungen bei Rentenversicherungsverträgen

1) Lebenslange Versorgung

Rentenleistungen aufgrund von Rentenversicherungsverträgen werden von § 851d, 1. Var. ZPO erfasst, sofern diese eine monatliche Leistung in Form einer lebenslangen Rente vorsehen. Erforderlich ist auch, dass die Rentenleistung nicht vor Vollendung des 62. Lebensjahres des Schuldners gezahlt werden darf, § 1 Abs. 1 S. 1 Nr. 2 AltZertG.

2) Verfügungsbeschränkungen

α) Ordentliches Kündigungsrecht des Schuldners

Die Anforderungen an die Ausgestaltung des Vertrages sind abschließend im Alt-ZertG und im EStG geregelt. § 851d ZPO enthält keine eigenständigen und spezifisch auf den Pfändungsschutz abgestimmten Voraussetzungen, sondern verweist diesbezüglich auf die genannten Normkomplexe. Damit besteht ein Gleichlauf der Voraussetzungen des Pfändungsschutzes und der steuerlichen Förderungsfähigkeit.

Bei Versicherungsverträgen besteht während der Ansparphase grundsätzlich ein ordentliches Kündigungsrecht des Schuldners gem. § 168 Abs. 1 VVG. Zunächst spricht der Verweis des § 168 Abs. 3 S. 2 VVG dafür, dass auch im Rahmen des § 851d ZPO während der Ansparphase ein Ausschluss des ordentlichen Kündigungsrechts des Schuldners nach § 168 Abs. 1 VVG in den Grenzen des Pfändungsschutzes, vergleichbar mit § 851c Abs. 1 Nr. 2 ZPO, erforderlich ist[576]. In der Rentenbezugsphase ist das ordentliche Kündigungsrecht des Schuldners ohnehin ausgeschlossen, vgl. § 168 Abs. 1 VVG.

---

574 Wacker in: L. Schmidt, EStG, § 86, Rn. 1; Lindberg in: Blümich, EStG, § 86, Rn. 1.
575 Erläutert bei Baroch Castellvi, AltZertG, § 1.
576 Winter in: Bruck/Möller, VVG, § 167, Rn. 194; offen Baroch Castellvi, a.a.O., Rn. 9; A.A. Becker in: Musielak, ZPO, § 851d, Rn. 3a.

Aus der Wertung des § 93 EStG folgt aber, dass ein Ausschluss des ordentlichen Kündigungsrechts des Schuldners während der Ansparphase weder Voraussetzung der steuerlichen Förderungsfähigkeit des Vertrages noch des Pfändungsschutzes ist[577]. Nach § 93 EStG wird die vorzeitige Entnahme des in einen Riester-Vertrag eingezahlten Kapitals durch die Verpflichtung zur Rückzahlung der steuerlichen Förderung sanktioniert[578]. Wäre es erforderlich, das Kündigungsrecht auszuschließen, so wäre die Regelung einer solchen Sanktion überflüssig. Eine Auszahlung des Kapitals kann der Schuldner nur durch Ausübung seines ordentlichen Kündigungsrechts erreichen.

Zudem spricht auch § 97 S. 1 EStG dagegen, dass das ordentliche Kündigungsrecht des Schuldners ausgeschlossen sein muss. § 97 S. 1 EStG regelt die Verfügungsbeschränkungen, denen der Schuldner hinsichtlich des Vorsorgevermögens unterliegt und beschränkt diese auf die Übertragung des steuerlich geförderten Altersvorsorgevermögens. Im Umkehrschluss ist daraus zu folgern, dass die sonstigen Verfügungsmöglichkeiten wie beispielsweise das ordentliche Kündigungsrecht nach § 168 Abs. 1 VVG unberührt bleiben.

Diese gegenüber § 851c Abs. 1 Nr. 2 ZPO weniger restriktiven Verfügungsbeschränkungen lassen sich mit der Stellung der Riester-Verträge im Gesamtsystem der Altersvorsorge erklären. Während im Rahmen des § 851c ZPO im Wesentlichen Verträge geschützt werden, die die Basisversorgung im Alter gewährleisten sollen, dienen die sog. Riester-Verträge lediglich der Ergänzung einer bereits bestehenden Grundversorgung, nämlich regelmäßig der aus der gesetzlichen Rentenversicherung[579].

§ 168 Abs. 3 S. 2, 2. Var. VVG ist so auszulegen, dass dem Versicherungsnehmer lediglich die Option eingeräumt wird, das ordentliche Kündigungsrecht entgegen § 171 Abs. 1 VVG während der Ansparphase vertraglich auszuschließen, soweit Ansprüche nach § 851d ZPO nicht gepfändet werden dürfen[580]. Hieran kann er ein Interesse haben, wenn er sich selbst vor einer steuerschädlichen Verwendung disziplinieren möchte. Weil § 171 Abs. 1 VVG das Kündigungsrecht des Schuldners nach § 168 Abs. 1 VVG für unabdingbar erklärt, war die Regelung des § 168 Abs. 3 S. 2 VVG erforderlich, um dem Schuldner diese Gestaltungsmöglichkeit auch im Rahmen des § 851d ZPO einzuräumen.

---

577 Vgl. BaFin-Kommentar AltZertG, § 1, S. 8.
578 Lindberg in: Blümich, EStG, § 93, Rn. 2; Henke, S. 115, vgl. auch Wacker in: L.Schmidt, EStG, § 93, Rn. 1, der von einer zwingend erforderlichen Verwendung des Kapitals für eine Rentenleistung ausgeht, was für einen Ausschluss des Kündigungsrechts spräche.
579 Lindberg, a.a.O., § 10a, Rn. 7; Weber-Grellet in: L. Schmidt, EStG, § 10a, Rn. 1; vgl. auch Henke, S. 106 ff.
580 A.A. Winter in: Bruck/Möller, VVG, § 167, Rn. 194.

β) Grenze des möglichen Kündigungsausschlusses

Die Grenze, bis zu der ein Ausschluss der Kündigungsmöglichkeit zugunsten des Schuldners während der Ansparphase erfolgen kann, muss entgegen dem Wortlaut des § 168 Abs. 3 S. 2, 2. Var. VVG bestimmt werden. § 851d ZPO, auf den § 168 Abs. 3 S. 2, 2. Var. VVG diesbezüglich verweist, gibt keinen tauglichen Maßstab hierfür vor. § 851d ZPO regelt nur den Pfändungsschutz für die einzelnen Versorgungsleistungen. Zweck des ordentlichen Kündigungsrechts nach § 168 Abs. 1 VVG ist es aber unter anderem, den Anspruch auf Auszahlung des Vorsorgevermögens fällig stellen zu können. Wäre dieses Kündigungsrecht vollständig ausgeschlossen, könnten Gläubiger den Anspruch auf Auszahlung des pfändbaren Teils des Vorsorgevermögens während der Ansparphase zwar pfänden, aber nicht fällig stellen und damit auch nicht verwerten.

Die Grenze des möglichen Kündigungsausschlusses ist deshalb anhand des Betrags des unpfändbaren Vorsorgevermögens zu bestimmen, um den Gläubigern einen Zugriff auf den pfändbaren Teil des Vorsorgevermögens zu ermöglichen. Das ordentliche Kündigungsrecht des Schuldners kann gem. § 168 Abs. 2 S. 2, 2. Var. VVG nur insoweit ausgeschlossen werden, als das Vorsorgevermögen nicht der Pfändung unterliegt. Die Pfändbarkeit des Vorsorgevermögens bestimmt sich nach § 97 S. 1 EStG, § 851 Abs. 1 ZPO[581]. Nach § 97 S. 1 EStG ist das geförderte Altersvorsorgevermögen, soweit es der steuerlichen Förderung unterliegt, nicht übertragbar und damit gem. § 851 Abs. 1 ZPO in diesem Umfang auch nicht pfändbar.

χ) Kündigungsrecht des Versicherers

Ein ordentliches Kündigungsrecht des Vertragspartners des Schuldners muss demgegenüber ausgeschlossen sein[582]. Könnte sich dieser jederzeit vom Vertrag lösen, würde der Zweck dieses Vertrages, dem Schuldner ein lebenslanges zusätzliches Einkommen zu gewähren, vereitelt[583]. Für Versicherungsverträge besteht bereits nach allgemeinen Grundsätzen kein ordentliches Kündigungsrecht des Versicherers, weil sich dieser nicht von einen einmal auf Zeit übernommenem Risiko ohne Grund wieder lösen können soll, wenn sich die Wahrscheinlichkeit des Risikoeintritts zu seinen Lasten verschiebt[584].

---

581 K. Stöber, Forderungspfändung, Rn. 70; Ahrens in: Prütting/Gehrlein, ZPO, § 851d, Rn. 6; Meller-Hannich in: Kindl/Meller-Hannich/Wolf, Hk-ZV, § 851d, Rn. 7; Könnecke, DGVZ 2012, S. 17, 23.

582 BaFin-Kommentar AltZertG, § 1, S. 9; Winter in: Bruck/Möller, VVG, § 167, Rn. 193.

583 BaFin-Kommentar AltZertG, a.a.O.

584 Winter in: Bruck/Möller, VVG, § 166, Rn. 2.

δ) Sonstige Verfügungsmöglichkeiten

Das außerordentliche Kündigungsrecht der Vertragsparteien gem. § 314 BGB wird vom AltZertG nicht ausgeschlossen. Der Ausschluss der Abtretbarkeit und Verpfändbarkeit der Rentenansprüche für den Schuldner ergibt sich bereits aus §§ 400, 1274 Abs. 2 BGB, soweit der Pfändungsschutz reicht.

3) Zusätzliche Absicherung für den Fall der Berufsunfähigkeit

Leistungen zu einer ergänzenden Absicherung der verminderten Erwerbsfähigkeit oder Dienstunfähigkeit dürfen im Vertrag vereinbart werden, § 1 Abs. 1 S. 1 Nr. 2, 2. Satzteil AltZertG. Die verminderte Erwerbsfähigkeit ist der Oberbegriff für gesundheitsbedingte Beeinträchtigungen, aufgrund derer eine Person auf unabsehbare Zeit nicht mehr in der Lage ist, regelmäßig erwerbstätig zu sein oder nur geringfügige Einkünfte durch ihre Erwerbstätigkeit erzielen kann[585]. Dazu gehören teilweise und volle Erwerbsminderung bzw. Berufs- oder Erwerbsunfähigkeit. Die Zusatzversicherung muss die Auszahlung einer Rente vorsehen, wie sich aus § 1 Abs. 1 Satz 1 Nr. 2 AltZertG und § 82 Abs. 3 EStG ergibt[586].

§ 1 Abs. 1 S. 1 Nr. 2, 2. Satzteil AltZertG stellt wie § 851c Abs. 1 Nr. 3 ZPO eine Koppelungserlaubnis zugunsten einer Berufsunfähigkeits-Zusatzversicherung im Rahmen des steuerlich geförderten und nach § 851d ZPO pfändungsgeschützten Vertrages dar. Der Pfändungsschutz für die Berufsunfähigkeitsrenten ergibt sich aus § 850b Abs. 1 Nr. 1 ZPO[587].

4) Zusätzliche Absicherung von Hinterbliebenen

Gemäß § 1 Abs. 1 S. 1 Nr. 2, 2. Satzteil AltZertG darf auch eine ergänzende Absicherung von Hinterbliebenen im Vertrag vereinbart werden. Hinterbliebene in diesem Sinne sind der Ehegatte und die Kinder, § 1 Abs. 1 S. 1 Nr. 2, 3. Satzteil AltZertG. Der Lebenspartner i.S.d. LPartG ist damit ausdrücklich nicht erfasst, die genannte Aufzählung ist vielmehr abschließend[588]. Aus dem Wortlaut der Vorschrift, der eine Absicherung voraussetzt, folgt, dass zur Hinterbliebenenversorgung ausschließlich Versicherungsverträge eingesetzt werden können[589]. Die Erwähnung der Begriffe Waisenrente und Waisengeld in § 1 Abs. 1 S. 1 Nr. 2,

---

585 BaFin-Kommentar AltZertG, § 1, S. 20; Baroch Castellvi, AltZertG, § 1, Rn. 6.
586 BaFin-Kommentar AltZertG, a.a.O., S. 13; Baroch Castellvi, a.a.O., Rn. 8.
587 Kapitel **D. IV.** 1. c).
588 Baroch Castellvi, AltZertG, § 1, Rn. 8.
589 BaFin-Kommentar AltZertG, § 1, S. 11, 12.

4. Satzteil AltZertG könnte dafür sprechen, dass hinterbliebenen Kindern neben der Waisenrente eine einmalige Kapitalleistung, nämlich ein Waisengeld, zugewendet werden darf[590]. Die zeitliche Einschränkung in § 32a EStG kann aber nicht sinnvoll auf eine Einmalzahlung angewendet werden, so dass nur eine rentenförmige Zahlungsweise für Waisen zulässig ist[591].

Für den Ehegatten des Schuldners dürfen ebenfalls nur Rentenleistungen vereinbart werden[592]. Dem Ehegatten darf auch eine lebenslange Versorgung eingeräumt werden. Dies folgt aus einem Umkehrschluss aus § 1 Abs. 1 S. 1 Nr. 4, 4. Satzteil AltZertG, weil für Ehegatten anders als für Waisen keine zeitliche Beschränkung der Rentendauer geregelt ist. Weil in § 1 Abs. 1 S. 1 Nr. 4, 1. Satzteil eine lebenslange Versorgung ausdrücklich nur für den Vertragspartner, mithin den Schuldner, vorgesehen ist, ist eine lebenslange Versorgung des hinterbliebenen Ehegatten möglich, aber nicht zwingend erforderlich.

§ 1 Abs. 1 S. 1 Nr. 2 AltZertG stellt wie § 851c Abs. 1 Nr. 3 ZPO eine Koppelungserlaubnis für die Hinterbliebenenleistungen im Rahmen des nach § 851d ZPO pfändungsgeschützten Vertrages dar[593]. Der Pfändungsschutz für die Hinterbliebenenleistungen ergibt sich aus § 850b Abs. 1 Nr. 3 ZPO.

5) Vereinbarung von Kapitalauszahlungen

Kapitalauszahlungen aus dem steuerlich geförderten Vorsorgevermögen eines nach §§ 10a, 79 ff. EStG geförderten Rentenversicherungsvertrags dürfen vereinbart werden. Zum einen dürfen bis zu 30 Prozent des zu Beginn der Auszahlungsphase zur Verfügung stehenden Kapitals an den Vertragspartner außerhalb der monatlichen Leistungen ausgezahlt werden, § 1 Abs. 1 S. 1 Nr. 4 a), 4. Satzteil AltZertG. Zum anderen darf eine Kleinbetragsrente nach § 93 Abs. 3 EStG[594] abgefunden werden. Ein Pfändungsschutz für diese Kapitalleistungen besteht nicht[595].

---

590 Baroch Castellvi, AltZertG, § 1, Rn. 8.
591 Baroch Castellvi, a.a.O.
592 BaFin-Kommentar AltZertG, § 1, S. 11, 12
593 Kapitel **D. IV.** 4. a)
594 Eine Kleinbetragsrente ist eine Rente, die bei gleichmäßiger Verrentung des gesamten zu Beginn der Auszahlungsphase zur Verfügung stehenden Kapitals eine monatliche Rente ergibt, die 1 Prozent der monatlichen Bezugsgröße nach § 18 SGB IV nicht übersteigt; vgl. hierzu ausführlich Lindberg in: Blümich, EStG, § 93, Rn. 18.
595 A.A. K. Stöber, Forderungspfändung, Rn. 70a, der § 850 Abs. 3 b) ZPO auf die Abfindung der Kleinbetragsrente anwendet, weil diese Norm anders als § 851d ZPO keine monatliche Zahlungsweise voraussetzt.

Für den Todesfall darf vereinbart werden, dass das Kapital zurückgezahlt wird. Dies ergibt sich aus § 93 Abs. 1 S. 2 EStG[596]. Empfänger der Kapitalleistungen aus dem Vertrag können mangels gesetzlicher Regelung entweder die Erben oder die Hinterbliebenen sein[597]. Für diese Kapitalleistung besteht ebenfalls kein Pfändungsschutz.

c) Anforderungen bei Sparverträgen mit Auszahlungsplan und Teilkapitalverrentung

Für Ansprüche auf Ratenzahlungen im Rahmen eines Auszahlungsplans gem. § 1 Abs. 1 S. 1 Nr. 4 a), 1. Satzteil, 2. Var. AltZertG ordnet § 851d, 2. Var. ZPO eine Pfändbarkeit wie Arbeitseinkommen an. Indem § 851d ZPO den Pfändungsschutz auf solchen Leistungen erstreckt, wird eine Regelungslücke geschlossen. Im sachlichen Anwendungsbereich des § 850 Abs. 3 b) ZPO sind Ratenzahlungen im Rahmen von Auszahlungsplänen nicht erfasst, da die Norm lediglich Versicherungsrenten schützt[598].

1) Lebenslange Versorgung

Sparverträge mit anschließenden Auszahlungsplänen sind rechtlich als Darlehensvertrag gem. § 488 BGB einzuordnen[599]. Gemäß § 1 Abs. 1 S. 1 Nr. 2 und Nr. 4 a) AltZertG muss eine lebenslange Versorgung des Schuldners gewährleistet sein, die aber wie gezeigt[600] nicht allein aufgrund des angesparten Kapitals gewährleistet werden kann. § 1 Abs. 1 S. 1 Nr. 4 a), 1. Satzteil AltZertG regelt deshalb, dass sich dem Auszahlungsplan spätestens ab dem 85. Lebensjahr des Schuldners eine lebenslange Versorgung durch eine sog. Teilkapitalverrentung anschließen muss. Bei einer Teilkapitalverrentung wird das noch nicht für Ratenzahlungen verbrauchte Restkapital vom Anbieter des Altersvorsorgevertrags in einen Rentenversicherungsvertrag mit sofort beginnender Rentenleistung eingebracht und dem Schuldner ein Bezugsrecht hinsichtlich der Rentenleistungen eingeräumt. Möglich ist damit die beliebige Kombination von Auszahlungsplan

---

596 Drenseck in: L. Schmidt, EStG, § 93, Rn. 3; Baroch Castellvi, AltZertG, § 1, Rn. 17.
597 Winter in: Bruck/Möller, VVG, § 167, Rn. 198.
598 Kapitel **C. II. 1. b)**.
599 Kapitel **E. III. 1.**; werden Sparpläne mit Auszahlungsplan von Versicherungen angeboten, spricht man von sog. Kapitalisierungsprodukten; Winter in: Bruck/Möller, VVG, Einf. v. §§ 150–171, Rn. 109; ders., VersR 2004, S. 8, 14.
600 Kapitel **E. III. 2.**

mit Rentenversicherung zwischen dem 62. und 85. Lebensjahr des vorsorgenden Schuldners. Die Vereinbarung über die Einbringung des Kapitals in einen Rentenversicherungsvertrag muss aber bereits zum Zeitpunkt des Vertragsschlusses getroffen sein[601]. Der Anbieter des Sparvertrags bleibt im Verhältnis zum vorsorgenden Schuldner zu dessen lebenslanger Versorgung verpflichtet, er kann sich aber im Innenverhältnis zur Erfüllung dieser Vertragspflicht eines Versicherungsunternehmens bedienen[602].

2) Verfügungsbeschränkungen

α) Ordentliches Kündigungsrecht des Schuldners

Bei einem Sparvertrag mit Auszahlungsplan und anschließender Teilkapitalverrentung ist wegen der Laufzeitvereinbarung das ordentliche Kündigungsrecht der Parteien während der gesamten Vertragslaufzeit vollständig ausgeschlossen, § 488 Abs. 3 S. 1, 1. Var. BGB[603]. Ein ordentliches Kündigungsrecht des Schuldners muss aber während der Ansparphase und zumindest insoweit vereinbart werden, als das Vorsorgevermögen der Pfändung unterliegt, um die Verwertbarkeit des pfändbaren Teils des Vorsorgevermögens für die Gläubiger zu gewährleisten. Es darf aber auch ein ordentliches Kündigungsrecht des Schuldners, welches einen Zugriff auf das gesamte Vorsorgevermögen ermöglicht, vertraglich vereinbart werden[604].

β) Ordentliches Kündigungsrecht des Vertragspartners

Ein ordentliches Kündigungsrecht des Anbieters darf hingegen nicht vereinbart werden[605]. Durch die Möglichkeit des Anbieters, sich vom Vertrag zu lösen, würde der Zweck des Vertrages vereitelt, dem Schuldner ein zusätzliches lebenslanges Einkommen zu verschaffen.

Bei Sparverträgen entsteht ein Konflikt dieser Vorgaben mit den unabdingbaren Kündigungsrechten des Vertragspartners des Schuldners aus § 489 BGB. Sparverträge mit veränderlichem Zinssatz kann der Darlehensnehmer jederzeit kündigen, § 489 Abs. 2 BGB. Diese Verträge können somit die Voraussetzungen des AltZertG nicht erfüllen. Ein Sparvertrag mit einer kürzeren Sollzinsbindung als die Vertragslaufzeit

---

601 BaFin-Kommentar AltZertG, § 1, S. 3 f.
602 BaFin-Kommentar AltZertG, a.a.O., S. 17.
603 KP Berger in: MüKo-BGB, § 488, Rn. 224.
604 BaFin-Kommentar AltZertG, § 1, S. 8.
605 BaFin-Kommentar AltZertG, a.a.O., S. 2.

kann ebenfalls nicht vereinbart werden, weil mit Ablauf der Zinsbindung ein ordentliches Kündigungsrecht des Vertragspartners nach § 489 Abs. 1 Nr. 1 BGB entsteht, welches mit den Vorgaben des AltZertG nicht zu vereinbaren ist.

§ 489 Abs. 1 Nr. 2 BGB gewährt dem Vertragspartner des Schuldners ein ordentliches Kündigungsrecht spätestens zehn Jahre nach dem vollständigen Erhalt des Darlehensbetrages. Vollständiger Erhalt des Darlehensbetrages liegt bei Sparverträgen mit dem Ende der Ansparphase vor, so dass zehn Jahre nach diesem Zeitpunkt ein ordentliches Kündigungsrecht des Vertragspartners entsteht. Dieses Recht ist wegen § 489 Abs. 4 S. 1 BGB nicht disponibel.

In einem Spannungsverhältnis hierzu stehen die Vorgaben des § 1 Abs. 1 S. 1 Nr. 4 a) AltZertG. Die Regelung soll es dem Schuldner ermöglichen, einen Zeitpunkt für den Beginn der Teilkapitalverrentung zwischen dem 62. und dem 85. Lebensjahr zu wählen. Während dieses Zeitraums dürfen Ratenzahlungen aufgrund eines Auszahlungsplanes erbracht werden. Nach der gesetzlichen Konzeption darf somit eine Zeitspanne von bis zu 23 Jahren zwischen dem Ende der Ansparphase und der Teilkapitalverrentung liegen. Der Vertragspartner des Schuldners könnte aber wegen § 489 Abs. 1 Nr. 2 BGB bereits zehn Jahre nach Ende der Ansparphase den Vertrag ordentlich kündigen und auf diese Weise den Anspruch des Schuldners auf eine lebenslange Versorgung zu Fall bringen.

Da die Vorschriften des AltZertG denen des BGB für Altersvorsorgeverträge als lex specialis vorgehen, schließt § 1 Abs. 1 S. 1 Nr. 4 AltZertG das ordentliche Kündigungsrecht des Anbieters nach § 489 Abs. 1 Nr. 2 BGB aus. Der Gesetzgeber wollte mit § 1 Abs. 1 S. 1 Nr. 4 AltZertG dem Schuldner eine Wahlmöglichkeit über die Dauer des Auszahlungsplanes einräumen, die bei einem Zeitraum von 23 Jahren liegt. Diese Wertung darf nicht durch eine Anwendung von § 489 Abs. 1 Nr. 2 BGB unterlaufen werden.

3) Sonstige Ausgestaltungsmöglichkeiten des Vertrags

Zusätzliche Versicherungen für den Fall der verminderten Erwerbs- oder Dienstfähigkeit und an Hinterbliebene können entsprechend den bei Rentenversicherungsverträgen erörterten[606] Vorgaben vereinbart werden, § 1 Abs. 1 S. 1 Nr. 2, 2. Satzteil AltZertG. Für die Absicherung der Berufsunfähigkeit läuft § 1 Abs. 1 S. 1 Nr. 2, 2. Satzteil AltZertG bei Sparverträgen leer, denn eine zusätzliche Berufsunfähigkeitsversicherung kann nur mit einem Versicherungsvertrag kombiniert werden.

---

606 Kapitel **F. II.** 2. b).

d) Anforderungen bei Investmentverträgen mit Auszahlungsplan

§ 851d, 2. Var. ZPO erfasst auch Versorgungsleistungen, die aufgrund eines Investmentvertrages erfolgen, § 1 Abs. 2 Nr. 2 c) AltZertG[607]. Der Investmentvertrag kann sowohl als sog. Investment-Einzahlplan mit Einzahlungsverpflichtung als auch als sog. Investment-Konto ausgestaltet sein, bei dem keine Einzahlungsverpflichtung besteht[608]. Das angesparte Kapital kann sodann im Wege eines Auszahlungsplanes in einzelnen Raten an den Schuldner ausgeschüttet werden. Aufgrund eines solchen Auszahlungsplanes erhält der Schuldner durch den Rückverkauf von Anteilen aus dem Bestand an die Kapitalverwaltungsgesellschaft gem. § 98 Abs. 1 KAGB Ansprüche auf Versorgungsleistungen in regelmäßigen Zeitabständen[609].

1) Lebenslange Versorgung

Wegen § 1 Abs. 1 S. 1 Nr. 4 a), 1. Satzteil AltZertG ist im Anschluss an den Auszahlungsplan spätestens ab dem 85. Lebensjahr eine Teilkapitalverrentung erforderlich, da Investmentverträge ebenso wie Sparverträge keine lebenslange Versorgung des Schuldners gewährleisten können.

2) Verfügungsbeschränkungen

α) Ordentliches Kündigungsrecht des Schuldners

Bei Investmentverträgen kann der Schuldner als Anleger jederzeit verlangen, dass ihm gegen Rückgabe des Anteils sein Anteil an dem Sondervermögen aus diesem ausgezahlt wird, § 98 Abs. 1 KAGB. Dieses Recht steht der steuerlichen Förderungsfähigkeit und damit auch der Anwendbarkeit von § 851d ZPO nicht entgegen, denn wie gezeigt[610] wird eine vorzeitige Beendigung des Vorsorgevertrags ausschließlich steuerrechtlich über § 93 EStG sanktioniert.

β) Kündigungsrecht des Vertragspartners

Ein ordentliches Kündigungsrecht des Vertragspartners des Schuldners besteht nach Maßgabe des § 99 Abs. 1 KAGB. Danach kann die Kapitalverwaltungsgesellschaft die Verwaltung des Sondervermögens unter Einhaltung einer

---

607 Baroch Castellvi, AltZertG, § 1, Rn. 58.
608 Kapitel **E. IV.** 1. b).
609 Baur in: Assmann/Schütze, Hdb. KapitalanlageR, § 20, Rn. 298.
610 Kapitel **F. II.** 2 b).

Kündigungsfrist von sechs Monaten kündigen. In der Folge ist das Vermögen auf die Anleger zu verteilen, § 100 Abs. 2 KAGB. Dieses Kündigungsrecht kann nicht durch vertragliche Vereinbarung ausgeschlossen werden[611]. Für Investmentverträge, die der Altersvorsorge dienen sollen und die ansonsten die Voraussetzungen des AltZertG erfüllen, dürfte § 99 Abs. 1 KAGB aber unanwendbar sein. § 99 Abs. 1 KAGB wird durch die Vorschriften des AltZertG als lex specialis verdrängt. Der Gesetzgeber wollte es dem Vorsorgenden gerade ermöglichen, steuerlich geförderte Altersvorsorge auch mittels Investmentverträgen durchführen zu können. Dies ergibt sich aus der ausdrücklichen Nennung der Kapitalanlagegesellschaften in § 1 Abs. 2 Nr. 1 d) AltZertG. Ein jederzeitiges ordentliches Kündigungsrecht des Vertragspartners darf aber nicht bestehen, weil ansonsten die Voraussetzungen des § 1 Abs. 1 S. 1 Nr. 1 AltZertG unterlaufen und dem Schuldner der Anspruch auf die lebenslange Versorgung genommen werden könnte.

3) Sonstige Ausgestaltungsmöglichkeiten des Vertrags

Zusätzliche Versicherungen für den Fall der verminderten Erwerbs- oder Dienstfähigkeit und an Hinterbliebene können vereinbart werden, § 1 Abs. 1 S. 1 Nr. 2, 2. Satzteil AltZertG. Die Ausführungen zu Sparverträgen[612] gelten hier entsprechend, ebenso für die Möglichkeit, Kapitalauszahlungen zu vereinbaren.

e) Besondere Anforderungen bei Verträgen über die Minderung des Nutzungsentgelts für eine Genossenschaftswohnung

Nach § 1 Abs. 1 S. 1 Nr. 4 b) AltZertG sind Verträge steuerlich förderungsfähig, die die lebenslange Verminderung des Nutzungsentgelts für eine vom Schuldner selbst genutzte Genossenschaftswohnung ab dem 62. Lebensjahr zum Inhalt haben[613]. Alternativ kann auch eine zeitlich befristete Verminderung des Nutzungsentgelts mit anschließender Teilkapitalverrentung ab dem 85. Lebensjahr des Schuldners erfolgen. Im Folgenden soll untersucht werden, inwieweit ein Bedarf besteht, die Leistungen, die in der Verminderung des Nutzungsentgelts liegen, einem Pfändungsschutz zu unterstellen und, sollte dies der Fall sein, ob § 851d ZPO diese erfassen kann.

---

611 Vgl. zu dem § 99 KAGB weitgehend entsprechenden § 39 KAGG a.F. (2003) Schrödermeier/Baltzer in: Brinkhaus/Scherer, KAGG, § 13, Rn. 3.
612 Kapitel **F. II.** 2 c).
613 BaFin-Kommentar AltZertG, § 1, S. 26.

1) Vertragliche Grundlage

Steuerlich förderungsfähig sind gem. § 1 Abs. 1 S. 1 Nr. 4 b) AltZertG Verträge, die die lebenslange Verminderung eines Nutzungsentgeltes für eine vom Schuldner selbst genutzte Genossenschaftswohnung zum Inhalt haben. Genossenschaften sind juristische Personen, deren Zweck darauf gerichtet ist, den Erwerb oder die Wirtschaft ihrer Mitglieder oder deren soziale oder kulturelle Belange durch gemeinschaftlichen Geschäftsbetrieb zu fördern, § 1 Abs. 1 GenG[614]. Der von der Satzung der Genossenschaft festzulegende Geschäftsanteil bestimmt den Betrag, bis zu dem sich einzelne Mitglieder mit Einlagen beteiligen können. Der Geschäftsanteil ist nicht Mitgliedschaft, sondern eine bloße rechnerische Größe, er ist daher nicht übertragbar und nicht pfändbar[615]. Die Satzung kann das Mitglied verpflichten, sog. Pflichtanteile zu erwerben, aber dem Mitglied auch den Erwerb sog. weiterer Anteile ermöglichen, §§ 7 Nr. 1 und 7a GenG[616], die im AltZertG als weitere Genossenschaftsanteile bezeichnet werden[617]. Davon zu unterscheiden ist das Nutzungsverhältnis des einzelnen Mitglieds zur Genossenschaft. Bei den hier interessierenden Wohnungsgenossenschaften unterliegt dieses den Regelungen des Mietrechts, mithin den §§ 535 ff. BGB.

Die lebenslange Verminderung des Nutzungsentgelts für eine selbstgenutzte Genossenschaftswohnung stellt funktional eine Ratenzahlung aufgrund eines Auszahlungsplanes gem. § 1 Abs. 1 S. 1 Nr. 4 b) AltZertG dar. Der Schuldner erwirbt während der Ansparphase nach § 15b Abs. 1 S. 1 GenG sog. weitere Geschäftsanteile der Genossenschaft, deren Wohnung er während der gesamten Laufzeit des Vorsorgevertrages selbst nutzt. Hierdurch wird das Vorsorgevermögen aufgebaut. Der vorsorgende Schuldner muss während der Ansparphase zudem weiterhin eine Miete für die Nutzung der Wohnung bezahlen. Mit Beginn der Auszahlungsphase gelten alle in der Ansparphase erworbenen weiteren Geschäftsanteile als gekündigt, § 1 Abs. 1 S. 1 Nr. 4 b), 4. Satzteil AltZertG, § 67b Abs. 1 GenG. Aufgrund dieser Kündigungsfiktion wird das in den Geschäftsanteilen verkörperte Vorsorgevermögen, das sog. Geschäftsguthaben[618], zum Zwecke der Altersversorgung freigesetzt, § 73 Abs. 2 S. 2 GenG. Die Kündigungsfiktion ist erforderlich, damit das Freiwerden der Gelder nicht vom Willen des Vertragspartners abhängt[619]. Ein

---

614 Fandrich in: Pöhlmann/Fandrich/Bloehs, GenG, § 1, Rn. 1.
615 Fandrich, a.a.O., § 7, Rn. 2; K. Stöber, Forderungspfändung, Rn. 1632.
616 Fandrich, a.a.O.
617 Baroch Castellvi, AltZertG, § 1, Rn. 22.
618 Ders., a.a.O.; Fandrich in: Pöhlmann/Fandrich/Bloehs, GenG, § 7, Rn. 5.
619 BT-Drucks. 16/8869, S. 32.

Ausscheiden aus der Genossenschaft, das die Auszahlung des Auseinandersetzungsguthabens nach § 73 GenG zur Folge hätte, ist damit nicht verbunden[620]. Der Anspruch auf Auszahlung des Geschäftsguthabens gem. § 73 Abs. 2 S. 2 GenG ist nach der vertraglichen Vereinbarung in monatlichen Raten fällig. Mit diesem Anspruch wird jeweils gegen die monatlichen Mietzinsforderungen aus § 535 Abs. 2 BGB aufgerechnet, die für die Nutzung der Wohnung im Alter anfallen. Wirtschaftliches Ergebnis dieser vertraglichen Gestaltung ist eine monatliche Verminderung des Nutzungsentgelts für die Genossenschaftswohnung.

Rechtliche Grundlage für die laufenden Verrechnungen ist ein gesondert zwischen den Parteien geschlossener Aufrechnungsvertrag. Bei dem Anspruch auf Auszahlung des Geschäftsguthabens handelt es sich um eine künftig fällig werdende Forderung, die bereits unbedingt entstanden ist. Bei der Mietforderung, gegen die aufgerechnet wird, handelt es sich demgegenüber um eine künftige Forderung, da der Fortbestand des Mietverhältnisses aufgrund der Kündigungsmöglichkeit nach §§ 65 GenG, 568 BGB nicht gewiss ist[621]. Gegen künftige Forderungen, hier also die Mietforderungen, kann nach überwiegender Auffassung nicht gem. § 389 BGB durch einseitige Erklärung aufgerechnet werden[622].

Deshalb muss im Rahmen eines Vertrags über die Selbstnutzung einer Genossenschaftswohnung ein in die Zukunft wirkender Aufrechnungsvertrag zwischen den Parteien geschlossen werden. Dieser beinhaltet, dass gewisse, künftig unter den Parteien entstehende Forderungen aufgrund des vorweg geschlossenen Vertrages gegeneinander aufgerechnet sein sollen, ohne dass es dafür noch einer besonderen Aufrechnungserklärung bedarf[623]. Die jeweiligen Ansprüche auf Ratenzahlung aus dem Geschäftsguthaben erlöschen somit aufgrund des Aufrechnungsvertrags in entsprechender Anwendung des § 389 BGB in dem Zeitpunkt, in dem die jeweilige Mietforderung entsteht. Der Aufrechnung dieser Ansprüche mit der Mietforderung steht § 394 BGB nicht entgegen, da der Vertragspartner insoweit eine wirtschaftlich gleichwertige Gegenleistung in Form von ersparten Mietaufwendungen im Alter erhält[624].

---

620 Baroch Castellvi, AltZertG, § 1, Rn. 22.
621 Vgl. Gernhuber, Erfüllung, § 12 V 2 a.
622 Schlüter in: MüKo-BGB, § 387, Rn. 37; Gernhuber, a.a.O.; Gursky in: Staudinger, BGB, § 387, Rn. 121.
623 Schlüter, a.a.O., Rn. 51; Grüneberg in: Palandt, BGB, § 387, Rn. 19f.; Gursky, a.a.O.
624 BGH, Beschluss vom 31.05.1954 – GSZ 2/54 = BGHZ 13, 360, 368; zuletzt BGH, Urteil v. 09.11.1994 – IV ZR 66/94 = BGHZ 127, 354; Roth in: MüKo-BGB, § 400, Rn. 6; Grüneberg, a.a.O., § 400, Rn. 3.

Wie eine lebenslange Verminderung des monatlichen Nutzungsentgelts für eine selbstgenutzte Genossenschaftswohnung erreicht werden soll, ist fragwürdig, denn das zur Verrechnung mit dem Nutzungsentgelt zur Verfügung stehende Vermögen ist auf den Betrag des Geschäftsguthabens beschränkt. Dieser wird unter Umständen nicht für eine lebenslange Versorgung des Schuldners ausreichen. Deshalb ist entgegen dem Wortlaut des § 1 Abs. 1 S. 1 Nr. 4 b) AltZertG, der eine Teilkapitalverrentung nur alternativ neben der lebenslangen Verringerung des Nutzungsentgelts vorsieht, eine solche zwingend spätestens ab dem 85. Lebensjahr des Schuldners erforderlich, wobei die Rentenleistungen zur Tilgung der Mietforderungen für die Genossenschaft eingesetzt werden können.

2) Anwendbarkeit von § 851d ZPO

Die künftig fällig werdenden Ansprüche des Schuldners auf Auszahlung des Geschäftsguthabens gem. § 73 Abs. 2 S. 2 GenG können von den Gläubigern des vorsorgenden Schuldners gem. §§ 828, 829 ZPO gepfändet werden[625]. Da es sich bei den Ansprüchen auf Auszahlung des Geschäftsguthabens um Geldforderungen handelt, ist § 851d, 2. Var. ZPO auf diese Ansprüche anwendbar. § 851d ZPO nimmt den gesamten § 1 Abs. 1 S. 1 Nr. 4 AltZertG, in dessen Nr. 4 b) auch die Verträge über die Selbstnutzung einer Genossenschaftswohnung genannt sind, in Bezug. Insbesondere sind diese Verträge funktional mit Sparverträgen mit anschließendem Auszahlungsplan vergleichbar, die von § 851d, 2. Var. ZPO jedenfalls erfasst werden.

Es bestünde allerdings dann kein Bedarf einer Anwendung von § 851d, 2. Var. ZPO auf die Forderungen auf Auszahlung des Geschäftsguthabens, wenn diese bereits aufgrund der Besonderheiten der Vertragsgestaltung nicht dem Gläubigerzugriff unterlägen. Wie beschrieben, wird aufgrund eines Aufrechnungsvertrags mit der künftig fällig werdenden Forderung auf Auszahlung des Geschäftsguthabens gegen die künftigen Mietzinsansprüche aufgerechnet.

Für das Zusammentreffen eines Aufrechnungsvertrags über zwei künftige Forderungen einerseits und einer zeitlich dem Aufrechnungsvertrag nachfolgenden Forderungspfändung andererseits wird angenommen, dass der Aufrechnungsvertrag der Forderungspfändung vorgehe. Die Forderungspfändung greift wegen des Prioritätsprinzips bei Verfügungen ins Leere[626]. Bei Verträgen über

---

625 K. Stöber, Forderungspfändung, Rn. 1633; Fandrich in: Pöhlmann/Fandrich/Bloehs, GenG, § 66, Rn. 5.

626 BGH, Urteil v. 29.01.1968 – VIII ZR 199/65 = NJW 1968, S. 835; Schlüter, in: MüKo-BGB, § 392, Rn. 6; K. Stöber, Forderungspfändung, Rn. 575; Grüneberg in: Palandt, BGB, § 392, Rn. 2.

die Selbstnutzung von Genossenschaftsanteilen wird jedoch mit einer bereits bestehenden, lediglich künftig fällig werdenden Forderung auf Auszahlung des Geschäftsguthabens gegen die künftigen Mietzinsforderungen aufgerechnet. Der Aufrechnungsvertrag entfaltet seine Wirkungen entsprechend § 389 BGB erst mit Entstehung der Mietforderung als Gegenforderung. Daher kann eine Pfändung die bereits entstandenen Forderungen auf Auszahlung des Geschäftsguthabens erfassen, bevor die Aufrechnung wirkt, § 804 Abs. 3 ZPO.

Eine Anwendung von § 851d, 2. Var. ZPO auf die Ansprüche auf Auszahlung des Geschäftsguthabens ist somit erforderlich. Rentenansprüche, die dem Schuldner aufgrund eine Teilkapitalverrentung spätestens ab dem 85. Lebensjahr erbracht werden, sind nach § 851d, 1. Var. ZPO pfändungsgeschützt.

f) Sonstige steuerlich geförderte Vertragsarten

Durch das Eigenheimrentengesetz 2008[627] ergeben sich über die genannten Vorsorgeverträge hinaus Möglichkeiten, steuerlich geförderte Altersvorsorge und Erwerb einer selbstgenutzten Wohnung im Wege der sog. wohnungswirtschaftlichen Verwendung des Altersvorsorgevermögens zu kombinieren, § 1 Abs. 1a AltZertG und § 92a EStG. Diese Möglichkeiten der Altersvorsorge weisen keinen direkten Zusammenhang mit § 851d ZPO auf, da bei ihnen keine Forderungen des Schuldners auf Auszahlung einer Altersversorgung generiert werden, die § 851d ZPO funktional erfassen kann.

III. Rechtsfolgen des § 851d ZPO

1. Pfändungsschutz für die Versorgungsleistungen

§ 851d ZPO schützt monatliche Leistungen in Form einer lebenslangen Rente oder monatlicher Ratenzahlungen im Rahmen eines Auszahlungsplans nach § 1 Abs. 1 S. 1 Nr. 4 a) AltZertG aus steuerlich gefördertem Altersvorsorgevermögen wie Arbeitseinkommen vor einer Pfändung. Gemeint sind hiermit Ansprüche auf die genannten Leistungen[628]. Werden gem. § 1 Abs. 1 S. 1 Nr. 4 a), 3. Satzteil AltZertG bis zu zwölf Monatsleistungen in einer Auszahlung zusammengefasst, unterliegt diese ebenfalls dem Pfändungsschutz des § 851d ZPO. Die Leistung muss dann

---

627 Gesetz v. 29.06.2008, BGBl. I, S. 1509.
628 Kapitel **F. I.**; Ahrens in: Prütting/Gehrlein, ZPO, § 851d, Rn. 5.

unter Berücksichtigung des Rechtsgedankens aus § 850i ZPO auf eine monatliche Zahlungsweise umgerechnet werden[629].

Nicht vom Pfändungsschutz erfasst werden einmalige Kapitalauszahlungen nach § 1 Abs. 1 S. 1 Nr. 4 a), 4. Satzteil AltZertG oder die Abfindung einer Kleinbetragsrente. Pfändungsschutz besteht solange, wie der zugrunde liegende Vertrag die Voraussetzungen der steuerlichen Förderung erfüllt. Wird dieser beispielsweise vorzeitig vom Schuldner gekündigt, entfällt der Pfändungsschutz für sämtliche Ansprüche aus dem Vertrag.

2. Kontopfändungsschutz, § 850k ZPO

Kommt es zu einer Überweisung der Versorgungsleistungen auf ein Girokonto des Schuldners, so greift für das Kontoguthaben der Pfändungsschutz des § 850k Abs. 1 ZPO ein, soweit es sich um ein Pfändungsschutzkonto im Sinne dieser Norm handelt.

3. Pfändungsschutz für Bargeld, § 811 Nr. 8 ZPO

Auf Bargeld, das aus nach § 851d ZPO geschützten Verträgen ausgezahlt wird, ist § 811 Nr. 8 ZPO nicht direkt anwendbar. Die Regelung verweist ausschließlich auf Einkünfte nach den §§ 850 – 850b ZPO. In einer teleologischen Extension ist aus der Verweisung des § 851d ZPO auf die Vorschriften für die Pfändung von Arbeitseinkommen zu folgern, dass auch § 811 Nr. 8 ZPO entsprechende Anwendung finden soll[630].

4. Konkurrenzen

Ansprüche auf monatlich zu zahlende Leibrenten aufgrund von Rentenversicherungsverträgen sind gem. § 851d, 1. Var. ZPO vor Pfändung geschützt. Solche Ansprüche werden auch von § 850 Abs. 3 b) ZPO erfasst, wenn der Schuldner abhängig beschäftigt gewesen ist. § 851d, 1. Var. ZPO geht in diesen Fällen als die speziellere und später erlassene Norm vor. Ihr kommt aber insoweit aber kein eigenständiger Regelungsgehalt zu.

---

629 Kapitel **D. IV.** 1. a); vgl. Ahrens in: Prütting/Gehrlein, ZPO, § 850c, Rn. 9.
630 Kapitel **D. V.** 3.; Ahrens, a.a.O., § 851c, Rn. 5.

Für monatlich zu zahlende Ansprüche auf Ratenzahlungen aus Auszahlungsplänen gem. § 1 Abs. 1 S. 1 Nr. 4 a), 1. Satzteil, 2. Var. AltZertG ordnet § 851d, 2. Var. ZPO einen Pfändungsschutz wie Arbeitseinkommen an. Damit wird eine Regelungslücke geschlossen. Im sachlichen Anwendungsbereich des § 850 Abs. 3 b) ZPO sind Ratenzahlungen im Rahmen von Auszahlungsplänen nicht erfasst, da die Norm ausdrücklich nur Versicherungsrenten vor Pfändung schützt.

Pfändungsschutz für Berufsunfähigkeitsrenten, die aufgrund einer mit dem Altersvorsorgevertrag verbundenen Berufsunfähigkeits-Zusatzversicherung gewährt werden, besteht bereits nach § 850b Abs. 1 Nr. 1 ZPO, der § 851d ZPO insoweit verdrängt. Durch eine Anwendung von § 851d ZPO auf Berufsunfähigkeitsrenten würde das erhöhte Schutzniveau des § 850b ZPO unterlaufen. Entsprechendes gilt für die Rentenzahlungen aus einer Hinterbliebenenabsicherung. Diese sind bereits gem. § 850b Abs. 1 Nr. 3 ZPO geschützt[631].

IV. Schutz des Vorsorgevermögens nach § 97 S. 1 EStG, § 851 Abs. 1 ZPO

1. Funktion und Normzweck der § 97 S. 1 EStG, § 851 Abs. 1 ZPO

Das Vorsorgevermögen eines steuerlich geförderten Altersvorsorgevertrags wird aufgrund von § 97 S. 1 EStG über § 851 Abs. 1 ZPO der Pfändung entzogen. § 97 S. 1 EStG bestimmt, dass das nach § 10a EStG oder Abschnitt XI EStG geförderte Altersvorsorgevermögen einschließlich seiner Erträge, die geförderten laufenden Altersvorsorgebeiträge und der Anspruch auf die Zulage nicht übertragbar sind. Der Wortlaut des § 97 S. 1 EStG ist hinsichtlich der 1. Variante dahingehend zu präzisieren, dass die Norm nicht das Altersvorsorgevermögen als solches, sondern sämtliche Ansprüche aus dem Altersvorsorgevertrag, die eine Auszahlung des Vorsorgevermögens zum Inhalt haben, erfasst[632]. Das Vorsorgevermögen ist als solches kein taugliches Rechtsobjekt, welches übertragen werden könnte. Nach § 851 Abs. 1 ZPO unterliegen Ansprüche nicht der Pfändung, soweit sie nicht übertragbar sind. Somit sind sämtliche Ansprüche auf Auszahlung des Vorsorgevermögens unpfändbar, soweit diese aus steuerlich gefördertem Altersvorsorgevermögen aufgebaut sind.

---

631 Kapitel **D. IV.** 4. und **F. II.** 2. b).
632 Vgl. Winter in: Bruck/Möller, VVG, § 167, Rn. 198.

Das Übertragungsverbot des § 97 S. 1 EStG und folglich auch das Pfändungsverbot des § 851 Abs. 1 ZPO beschränken sich auf den Betrag des steuerlich geförderten Altersvorsorgevermögens. Die §§ 10a, 79 ff. EStG lassen es zu, beliebig viel Kapital in den Vertrag einzubezahlen. Eine steuerliche Förderung wird aber nur in den Grenzen der §§ 10a Abs. 1 S. 1, 83 – 85 EStG gewährt. Der Betrag des Altersvorsorgevermögens, der nicht der steuerlichen Förderung unterliegt, ist weiterhin übertragbar, § 97 S. 1 EStG, und unterliegt damit auch der Pfändung, weil § 851 Abs. 1 ZPO insoweit nicht eingreift. Damit ist der Pfändungsschutz des Vorsorgevermögens strukturell vergleichbar mit dem Modell der § 851c Abs. 1 Nr. 2 und Abs. 2 ZPO ausgestaltet[633]. Die Verwertbarkeit des Vorsorgevermögens zugunsten der Gläubiger wird sichergestellt, indem das Kündigungsrecht des Schuldners gem. § 168 Abs. 3 S. 2 VVG während der Ansparphase nur in den Grenzen des § 97 S. 1 EStG ausgeschlossen werden darf[634].

Die Unpfändbarkeit der Ansprüche auf Auszahlung des steuerlich geförderten Vorsorgevermögens ergibt sich über § 851 Abs. 1 ZPO als Folge des materiellrechtlichen Übertragungsverbots. Dieses Übertragungsverbot soll verhindern, dass die steuerliche Förderung Personen zugute kommt, die keine steuerliche Förderung ihrer Altersvorsorge beanspruchen können. Da dieses Risiko bei Übertragung und Pfändung der Ansprüche aus einem Altersvorsorgevertrag gleichermaßen besteht, ist ein Gleichlauf zwischen Verfügungsbeschränkungen und Unpfändbarkeit sachgerecht. Der Grund für die Wahl dieser Gestaltung durch den Gesetzgeber ist dennoch unklar. Hätte der Gesetzgeber einen ausdrücklichen Pfändungsschutz für das Vorsorgevermögen im Sinne einer staatlichen intendierten Zugriffsbeschränkung zum Schutze des Schuldners in § 851d ZPO verankert, so wären die Ansprüche wegen § 400 BGB ebenfalls nicht übertragbar. Im Hinblick auf den Pfändungsschutz der privaten Altersvorsorge bestehen zwar im Ergebnis keine Unterschiede, die Ausgestaltung eines Pfändungsschutzes für das Vorsorgevermögen wäre aber jedenfalls aus systematischen Gesichtspunkten näher liegend gewesen.

2. Berechnung des steuerlich geförderten Altersvorsorgevermögens

a) Berechnungsgrundlage des Altersvorsorgevermögens

§ 1 Abs. 5 AltZertG präzisiert den Begriff des Altersvorsorgevermögens in § 97 S. 1 EStG. Die Norm bestimmt die Berechnungsgrundlage, die zur Berechnung

---

633 Ahrens in: Prütting/Gehrlein, ZPO, § 851d, Rn. 6.
634 Kapitel **F. II. 2. b)**.

des Altersvorsorgevermögens heranzuziehen ist, für jeden steuerlich geförderten Vertragstyp gesondert und definiert diese als gebildetes Kapital.

1) Rentenversicherungsverträge

Bei Rentenversicherungsverträgen ist Berechnungsgrundlage für das Altersvorsorgevermögen gem. § 1 Abs. 5 S. 1 a) AltZertG das nach den anerkannten Regeln der Versicherungsmathematik mit den Rechnungsgrundlagen der Beitragskalkulation berechnete Deckungskapital der Versicherung zuzüglich bereits zugeteilter Überschussanteile, des übertragungsfähigen Werts aus Schlussüberschussanteilen sowie der nach § 153 Abs. 1 und 3 VVG zuzuteilenden Bewertungsreserven.

Die Problematik der Ungleichbehandlung nach dem Geschlecht im Hinblick auf die Berechnung des Vorsorgevermögens wie im Rahmen von § 851c Abs. 2 ZPO[635] stellt sich vorliegend nicht, denn der Gesetzgeber sieht im AltZertG ausdrücklich eine vom Geschlecht unabhängige Berechnung des Versicherungstarifs vor, § 1 Abs. 1 S. 1 Nr. 2 AltZertG.

2) Sparverträge mit Auszahlungsplan

Bei Sparverträgen mit Auszahlungsplan und anschließender Teilkapitalverrentung ist das Altersvorsorgevermögen aus dem Wert des Guthabens einschließlich der bis zum jeweiligen Stichtag entstandenen, aber noch nicht fälligen Zinsen zu berechnen, § 1 Abs. 5 c) AltZertG.

3) Investmentverträge mit Auszahlungsplan

Berechnungsgrundlage für das Altersvorsorgevermögen bei Investmentverträgen mit Auszahlungsplan und anschließender Teilkapitalverrentung ist der Wert der Fondsanteile zum jeweiligen Stichtag, § 1 Abs. 5 b) AltZertG.

4) Verträge über die Selbstnutzung von Genossenschaftswohnungen

Bei Verträgen über die Selbstnutzung einer Genossenschaftswohnung ist gem. § 1 Abs. 5 d) AltZertG der jeweilige Anschaffungspreis des Geschäftsanteils der Genossenschaft zur Berechnung des Altersvorsorgevermögens maßgeblich.

---

635 Kapitel **D. VI. 3.** b).

b) Berechnung des steuerlich geförderten Betrags des Altersvorsorgevermögens

Der steuerlich geförderte Betrag des Vorsorgevermögens nach § 97 S. 1 EStG errechnet sich aus der Summe der jährlich eingezahlten Beiträge, die steuerlich vom Einkommen abzugsfähig sind. Abzugsfähig sind jährlich maximal € 2.100, § 10a Abs. 1 S. 1 EStG. Dazu zu addieren sind die staatlichen Zulagen, die sich aus einer Grundzulage und einer Kinderzulage zusammensetzen, § 83 EStG. Die Grundzulage beträgt im Regelfall gem. § 84 S. 1 EStG jährlich € 154 und die Kinderzulage für jedes Kind gem. § 85 Abs. 1 S. 1 EStG jährlich € 185 bzw. € 300. Für die Einzelheiten der Berechnung, insbesondere im Hinblick auf die Günstigerprüfung und die Berücksichtigung von Ehegatten, wird auf die steuerrechtliche Literatur verwiesen[636].

3. Die vom Pfändungsverbot der § 97 EStG, § 851 Abs. 1 ZPO erfassten Ansprüche

a) Ansprüche auf Auszahlung des Vorsorgevermögens bei vorzeitiger Vertragsbeendigung

1) Rentenversicherungsverträge

Bei Rentenversicherungsverträgen ist der Anspruch auf den Rückkaufswert gem. § 169 Abs. 1 VVG wegen § 97 S. 1 EStG nicht übertragbar und somit in den Grenzen der steuerlichen Förderungsfähigkeit gem. § 851 Abs. 1 ZPO unpfändbar, wobei zur Berechnung des Umfangs der Unpfändbarkeit auf das gebildete Kapital gem. § 1 Abs. 5 S. 1 a) AltZertG, also das Deckungskapital zuzüglich der Überschussbeteiligung, abzustellen ist.

2) Sparverträge mit Auszahlungsplan

Bei Sparverträgen mit Auszahlungsplan und Teilkapitalverrentung unterliegt der Anspruch auf Auszahlung des Vorsorgevermögens bei vorzeitiger Vertragsbeendigung gem. § 488 Abs. 1 S. 2 BGB dem Übertragungsverbot des § 97 S. 1 EStG und damit dem Pfändungsverbot des § 851 Abs. 1 ZPO.

---

636 Weber-Grellet in: L. Schmidt, EStG, § 10a, Rn. 25 ff.; Lindberg in: Blümich, EStG, § 83, Rn. 1 ff. und § 84, Rn. 1 ff.

3) Investmentverträge

Bei Investmentverträgen ist das Vorsorgevermögen in Form von Anteilsscheinen verkörpert. Der Schuldner erwirbt durch Rückgabe dieser Anteilsscheine gem. § 98 Abs. 1 KAGB Ansprüche auf die Versorgungsleistungen, die von § 851d, 2. Var. ZPO erfasst werden. Ein Gläubigerzugriff auf das Vorsorgevermögen ist im Wege der Pfändung der Anteilsscheine nach den Vorschriften über die Sachpfändung gem. §§ 808 Abs. 2 S. 1, 821 ZPO möglich[637]. Die §§ 97 S. 1 EStG, 851 Abs. 1 ZPO sind im Rahmen einer Sachpfändung unanwendbar, denn § 851 Abs. 1 ZPO gilt lediglich im Rahmen der Forderungspfändung gem. §§ 828 ff. ZPO. Ein Pfändungsschutz für die Anteilsscheine hätte bei § 811 ZPO angesiedelt werden müssen.

Soweit die Anteilsscheine wie in der Praxis üblich in einer Globalurkunde verbrieft sind und in Form der Girosammelverwahrung bei einem Kreditinstitut verwahrt werden[638], kommt eine Pfändung des nach § 6 Abs. 1 DepotG entstehenden Miteigentumsanteils des Schuldners an der Globalurkunde gem. §§ 857 Abs. 1, 829 ZPO in Form der Rechtspfändung in Betracht[639]. Dabei kann über § 857 Abs. 3 ZPO, dem ein entsprechender Rechtsgedanke zugrunde liegt wie § 851 Abs. 1 ZPO[640], die Wertung des § 97 S. 1 EStG berücksichtigt werden. Für solche Miteigentumsanteile an einer Globalurkunde besteht somit Pfändungsschutz nach §§ 97 S. 1 EStG, 857 Abs. 3 ZPO.

Für nicht in einer Globalurkunde verbriefte Anteilsscheine besteht eine unplanmäßige Regelungslücke. Es ist davon auszugehen, dass der Gesetzgeber die Altersvorsorgeverträge, die der steuerlichen Förderung nach §§ 10a, 79 ff. EStG unterliegen, auch einheitlich vor Pfändung schützen wollte. Dies zeigt die uneingeschränkte Anknüpfung von § 851d ZPO an die Tatbestände der §§ 10a, 79 ff. EStG. Es kann für den Pfändungsschutz auch nicht darauf ankommen, ob die Anteilsscheine zufällig in einer Globalurkunde verbrieft sind oder nicht.

Um diese Regelungslücke zu schließen, kann keiner der in § 811 Abs. 1 ZPO genannten Fälle im Wege der Analogie herangezogen werden. Sämtlichen Varianten des § 811 Abs. 1 ZPO liegt eine andere Interessenlage zugrunde, weil sie

---

637 Kapitel **E. IV.** 2.

638 Köndgen/Schmies in: Schimanski/Bunte/Lwowski, BankR-Hdb. Bd. II, § 113, Rn. 135.

639 Vgl. § 97 Abs. 1 KAGB; BGH, Beschluss v. 12.12.2007 – VII ZB 21/07 = NJW-RR 2008, S. 494, 495; Menzel, S. 136 f.; Meller-Hannich in: Kindl/Meller-Hannich/Wolf, Hk-ZV, § 857, Rn. 3

640 Vgl. Becker in: Musielak, ZPO, § 857, Rn. 4.

lediglich den gegenwärtigen Bedarf des Schuldners der Pfändung entziehen. Bei der Pfändung von Altersvorsorgevermögen muss aber der zukünftige Versorgungsbedarf des Schuldners im Alter berücksichtigt werden.

An dieser Stelle ist eine ausdrückliche Regelung durch den Gesetzgeber zu fordern. Bis zur Einführung einer solchen Schutznorm kann das Vorsorgevermögen bei investmentbasierten Altersvorsorgeverträgen nur über eine erweiternde Auslegung des § 765a ZPO geschützt werden, bei der die Wertungen der § 97 S. 1 EStG, § 851 Abs. 1 ZPO zu berücksichtigen sind.

4) Verträge über die Selbstnutzung einer Genossenschaftswohnung

Bei Verträgen über die Selbstnutzung einer Genossenschaftswohnung unterliegt der Anspruch auf Auszahlung des Geschäftsguthabens gem. § 73 Abs. 2 S. 2 GenG dem Übertragungs- und Pfändungsverbot der §§ 97 S. 1 EStG, 851 Abs. 1 ZPO, soweit der Anspruch der steuerlichen Förderung unterliegt.

b) Anspruch auf Kapitalauszahlung gem. § 1 Abs. 1 S. 1 Nr. 4 AltZertG

Ebenfalls vom Übertragungsverbot des § 97 S. 1 EStG erfasst wird der Anspruch aus § 1 Abs. 1 S. 1 Nr. 4, 4. Satzteil AltZertG, wonach unabhängig vom Typ des Vorsorgevertrags bis zu 30 Prozent des zu Beginn der Auszahlungsphase zur Verfügung stehenden Kapitals außerhalb der monatlichen Leistungen ausgezahlt werden dürfen, soweit dieses aus steuerlich gefördertem Altersvorsorgevermögen gespeist wird. Solange keine Auszahlung erfolgt ist, ist dieser Anspruch ebenfalls gem. § 851 Abs. 1 ZPO unpfändbar. Ist die Auszahlung aus steuerlich gefördertem Vermögen erfolgt, greifen die §§ 97 S. 1 EStG, 851 Abs. 1 ZPO nicht ein[641], da in diesem Fall die Voraussetzungen der steuerlichen Förderung nicht mehr erfüllt sind.

4. Pfändungsschutz für Beitragsleistungen zur privaten Altersvorsorge

Nach § 97 S. 1 EStG sind nicht nur das steuerlich geförderte Altersvorsorgevermögen einschließlich seiner Erträge, sondern auch die geförderten laufenden

---

641 Ahrens in: Prütting/Gehrlein, ZPO, § 851d, Rn. 6; Kessal-Wulf in: Schuschke/Walker, Vollstreckung, § 851d, Rn. 2; K. Stöber in: Zöller, ZPO, § 851d, Rn. 2; Smid in: MüKo-ZPO, § 851d, Rn. 3.

Altersvorsorgebeiträge und der Anspruch auf die Zulage nicht übertragbar. Geförderte Altersvorsorgebeiträge sind gem. § 82 Abs. 1 EStG Beiträge, die der Schuldner zu Gunsten eines auf seinen Namen lautenden Vertrages leistet, der nach § 5 AltZertG zertifiziert ist.

§ 97 S. 1 EStG ist der Regelungsgedanke eines dreistufigen Schutzmodells zu entnehmen, das die Beitragsleistungen, das angesparte Vorsorgevermögen sowie die späteren Versorgungsleistungen umfasst[642]. Die systematische Umsetzung ist allerdings missglückt[643]. Bei den laufenden Beitragsleistungen handelt es sich nicht um Forderungen, deren Gläubiger der Schuldner ist, sondern allenfalls um eine Schuld, die dieser gegenüber der Versicherung zu begleichen hat[644]. Damit ist § 851 Abs. 1 ZPO nicht auf die laufenden Beitragsleistungen des Schuldners zum Altersvorsorgevertrag anwendbar, weil die Vorschrift eine Forderung voraussetzt, deren Gläubiger der Schuldner ist[645]. Rechtssystematisch zutreffend hätte der Beitragsschutz in § 850e ZPO geregelt werden müssen[646].

Der Gesetzgeber wollte mit der Einführung der Riester-Rente für abhängig Beschäftigte einen Anreiz schaffen, zusätzlich zur gesetzlichen Rentenversicherung eine private Altersvorsorge aufzubauen. Damit sollte der Vorsorgende die Absenkung des Rentenniveaus in der gesetzlichen Rentenversicherung kompensieren, mithin Einkünfte aus der gesetzlichen Rentenversicherung durch Privatvorsorge ersetzen können[647]. Beiträge zur gesetzlichen Rentenversicherung sind in voller Höhe vom pfändbaren Einkommen nach § 850e Nr. 1 ZPO abzuziehen. Es ist nicht ersichtlich, dass der Gesetzgeber bei der teilweisen Überführung des gesetzlichen Altersversorgungssystems in die private Altersvorsorge auch das Schutzniveau für die Beitragsleistungen absenken wollte. Vielmehr besteht die Schutzbedürftigkeit des Vorsorgenden fort, wenn er zur teilweisen Ersetzung der Einkünfte aus der gesetzlichen Rentenversicherung nunmehr eine private Altersvorsorge aufbauen muss. Dieser Gedanke kommt in § 97 S. 1 EStG – wenn auch rechtstechnisch missglückt – zum

642 LAG Rheinland-Pfalz, Urteil v. 03.11.2006 – 3 Sa 414/06 = VuR 2007, S. 395; Ahrens in: Prütting/Gehrlein, ZPO, § 851d, Rn. 7; Wollmann, S. 236, vgl. aber auch Wollmann, ZInsO 2013, S. 903, 905.
643 Vgl. auch Bengelsdorf, FA 2009, S. 376, 378.
644 LAG Mecklenburg-Vorpommern, Urteil v. 07.12.2010 – 5 Sa 203/10 = NZA-RR 2011, S. 484, 486.
645 LAG Mecklenburg-Vorpommern, Urteil v. 07.12.2010, a.a.O.
646 Bengelsdorf, FA 2009, S. 376, 378.
647 Baroch Castellvi, AltZertG, § 1, Rn. 1; Lindberg in: Blümich, EStG, § 10a, Rn. 7; Schiegl in: Ernst&Young/VDR, Ratgeber Altersvorsorge, C 1.

Ausdruck. Damit besteht eine Regelungslücke für den Schutz von Beitragsleistungen zu Altersvorsorgeverträgen, die nach §§ 10a, 79 ff. EStG steuerlich gefördert werden. Über eine entsprechende Anwendung des § 850e Nr. 1 ZPO kann diese Regelungslücke geschlossen werden. Bei der Berechnung des pfändbaren Teils des Arbeitseinkommens im Rahmen des § 850c ZPO sind somit analog § 850e ZPO entsprechend dem Rechtsgedanken des § 97 S. 1 EStG auch Beiträge zu Riester-Verträgen zu berücksichtigen. Hinsichtlich der Höhe der zu berücksichtigenden Beitragsleistungen bietet der in § 10a Abs. 1 EStG genannte jährliche Höchstbetrag von € 2.100 einen Orientierungspunkt. Dieser Betrag kann in monatliche Beträge umgerechnet werden. Hinsichtlich der Beitragsleistungen kommt es, anders als der Wortlaut des § 97 S. 1 EStG vermuten lässt, nicht darauf an, dass diese tatsächlich schon steuerlich gefördert worden sind und die Zulage gem. §§ 88 ff. EStG gewährt worden ist[648]. Der Schutz des Schuldners kann nicht vom zufälligen Zeitpunkt der Bearbeitung des Antrags durch die Steuerbehörde abhängen. Hinsichtlich des Pfändungsschutzes kommt es nur darauf an, dass die Beitragsleistung des Schuldners im Zeitpunkt der Pfändung die Voraussetzungen der steuerlichen Förderung erfüllt[649]. Dies folgt auch aus dem Wortlaut des § 82 Abs. 1 S. 1 EStG[650].

Aus der Tatsache, dass die Beiträge des Schuldners zur gesetzlichen Rentenversicherung nicht dessen Verfügungsgewalt unterliegen, weil sie durch Lohnabzug direkt von dessen Arbeitgeber an den Rentenversicherungsträger abzuführen sind, folgt nichts Gegenteiliges. Zwar könnte aus § 850e Nr. 1 ZPO der Schluss gezogen werden, dass Beiträge zur gesetzlichen Rentenversicherung nur deshalb nicht zum pfändbaren Einkommen des Schuldners zu rechnen sind, weil sie nicht dessen Verfügungsgewalt unterliegen, was grundsätzlich im Einklang mit den oben formulierten Grundprinzipien des Vollstreckungsschutzes stünde. § 850e Nr. 1 ZPO formuliert dieses Prinzip aber nicht absolut, sondern lässt in den Fällen des § 850e Nr. 1 S. 2 ZPO auch Durchbrechungen zu. Zu nennen ist insbesondere der Fall, dass der Schuldner Beiträge zu einer privaten Krankenversicherung leistet, sofern diese Beiträge im Rahmen des Üblichen liegen. Um zu bestimmen, in welchem Umfang Beitragsleistungen noch im Rahmen des Üblichen liegen, wird auf die Beitragsleistungen abgestellt, die der Schuldner für die entsprechende Versicherungsleistung in der gesetzlichen Krankenversicherung nach SGB V zu leisten hätte. Auch in

---

648 Wollmann, ZInsO 2013, S. 903, 905; A.A. Mönning/Zimmermann in: Nehrlich/Römermann, InsO, § 26, Rn. 29.
649 Th. Lange, ZVI 2012, S. 403, 406; Wollmann, ZInsO 2013, S. 903, 905.
650 Th. Lange, a.a.O.

diesem Zusammenhang wird ein Schuldner, der Versicherungsleistungen aus der gesetzlichen Krankenversicherung durch eine private Krankenversicherung ersetzt, im Hinblick auf den Pfändungsschutz der Beitragsleistungen so behandelt, als wenn er Beiträge zur gesetzlichen Krankenversicherung leisten würde. Dieser Gedanke lässt sich auch auf die Beitragsleistungen zu privaten Altersvorsorge übertragen.

§ 850e Nr. 1 ZPO bietet damit eine hinreichend tragfähige Grundlage für eine Analogie, um Beitragsleistungen des Schuldners zu Riester-Verträgen zum unpfändbaren Teil des Arbeitseinkommens hinzuzurechnen.

5. Zusammenrechnung von Vorsorgevermögen analog § 850e ZPO

Eine Regelung für die Zusammenrechnung des Vorsorgevermögens aus einem nach steuerlich nach §§ 10a, 79 EStG geförderten Altersvorsorgevertrag mit anderen Rentenanwartschaften fehlt. Dies dürfte darauf zurückzuführen sein, dass das Vorsorgevermögen aufgrund des materiell-rechtlichen Übertragungsverbots lediglich indirekt der Pfändung entzogen wird. Die sich im Zusammenhang mit dem Pfändungsschutz der privaten Altersvorsorge typischerweise ergebenden Fragen wurden deshalb nicht in der ZPO geregelt. Analog § 850e ZPO ist das Vorsorgekapital eines Altersvorsorgevertrags mit Rentenanwartschaften aus anderen Privatvorsorgeverträgen und mit der Rentenanwartschaft aus der gesetzlichen Rentenversicherung zusammenzurechnen. Die Ausführungen zu § 851c Abs. 3 ZPO gelten entsprechend[651].

V. Analoge Anwendung von § 851d ZPO auf die private Basisrente nach § 10 Abs. 1 Nr. 2 b) EStG

§ 851d ZPO erfasst die Rentenleistungen aufgrund eines Basisrentenvertrags nach § 10 Abs. 1 Nr. 2 b) EStG seinem Wortlaut nach nicht[652]. Nach § 851d ZPO sind nur

---

651 Kapitel **D. VIII. 4.**
652 Kessal-Wulf in: Schuschke/Walker, Vollstreckung, § 851d, Rn. 1; Ahrens in: Prütting/Gehrlein, ZPO, § 851d, Rn. 2; A.A.: Meller-Hannich in: Kindl/Meller-Hannich/Wolf, Hk-ZV, § 851d, Rn. 3; Becker in: Musielak, ZPO, § 851d, Rn. 1; Heiss/Mönnich in: MüKo-VVG, Vorbem. v. §§ 150–171, Rn. 118; Peters in: MüKo-InsO, § 36, Rn. 45a; Th. Lange, ZVI 2012, S. 403, 407, Könnecke, DGVZ 2012, S. 17, 23; M. Stöber, NJW 2007, S. 1242, 1246.

Leistungen aus steuerlich gefördertem Altersvorsorgevermögen wie Arbeitseinkommen pfändungsgeschützt. Das Einkommensteuergesetz verwendet den Begriff des steuerlich geförderten Altersvorsorgevermögens exklusiv im Zusammenhang mit § 10a EStG und Abschnitt XI EStG, wie aus § 22 Nr. 5, § 82 Abs. 1 S. 3, § 93 Abs. 1, Abs. 2 EStG und § 97 EStG folgt. Diese Normen gelten nur für die steuerlich geförderten Altersvorsorgeverträge, die sog. Riester-Verträge. Die private Basisrente wird im EStG abweichend von dieser Terminologie als kapitalgedeckte Altersversorgung bezeichnet, § 10 Abs. 1 Nr. 2 b) EStG. Zwar können die für die private Basisrente gezahlten Beiträge steuerlich als Sonderausgaben vom Einkommen des Steuerpflichtigen abgezogen werden. Eine ausdrückliche Förderung als Altersvorsorge entsprechend den §§ 10a, 79 EStG erfolgt für private Basisrentenverträge nicht[653]. Auch aus der Gesetzesbegründung ergibt sich nicht eindeutig, dass der Gesetzgeber Leistungen aufgrund von privaten Basisrentenverträgen mit § 851d ZPO pfändungsschutzrechtlich erfassen will[654].

Im Referentenentwurf vom Juni 2005[655] war in § 851c Abs. 1 S. 2 ZPO ausdrücklich eine entsprechende Geltung des § 851c Abs. 1 ZPO für die private Basisrente nach § 10 Abs. 1 Nr. 2 b) EStG angeordnet. Daneben existierte § 851d ZPO in seiner heutigen Fassung als Schutznorm für die steuerlich geförderte Altersvorsorge allerdings noch nicht. Die Erweiterung von § 851c ZPO auf die private Basisrente ist im weiteren Gesetzgebungsverfahren ohne Begründung entfallen. Stattdessen wurde § 851d ZPO in der heutigen Fassung eingefügt. Nachfolgend soll untersucht werden, ob und inwieweit Rentenleistungen aufgrund von privaten Basisrentenverträgen nach § 10 Abs. 1 Nr. 2 b) EStG von einem Pfändungsschutz nach § 851c ZPO oder § 851d ZPO erfasst sind.

1. Zweck und Funktion der privaten Basisrente

Anlass für die Einführung der privaten Basisrente war eine Entscheidung des Bundesverfassungsgerichts[656], nach der die unterschiedliche Besteuerung der Beamtenpensionen und der Renten aus der gesetzlichen Rentenversicherung gegen Art. 3 Abs. 1 GG verstößt. Der Gesetzgeber schuf im Jahre 2005 mit dem

---

653 Mecke in: Eicher, SGB II, § 12, Rn. 4.
654 Vgl. BT-Drs. 16/886, S. 10, 11.
655 Abgedruckt in ZVI 2005, S. 330.
656 BVerfG, Urteil v. 06.03.2002, 2 BvL 17/99 = BVerfGE 105, 73; Brall/Lohmann in: Ernst&Young/VDR, Ratgeber Altersvorsorge, B 115.

Alterseinkünftegesetz[657] Abhilfe, indem ein schrittweiser Übergang zur nachgelagerten Besteuerung sämtlicher Alterssicherungssysteme bis zum Jahre 2040 angeordnet wurde[658]. Im Gesetzgebungsverfahren wurde zunächst erwogen, zu diesem Zweck auch Selbständigen Zugang zur steuerlich geförderten Altersvorsorge nach §§ 10a, 79 EStG zu ermöglichen[659]. Der Gesetzgeber folgte stattdessen dem Rürup-Bericht[660] und gestaltete mit § 10 Abs. 1 Nr. 2 b) EStG ein eigenes Regelungsmodell zur steuerlichen Förderung einer privaten Altersvorsorge Selbständiger aus. Diese sog. private Basisrente soll es Selbständigen ermöglichen, eine steuerlich geförderte Basisversorgung für das Alter aufgrund eines privaten Vorsorgevertrags aufzubauen. Da es sich um eine Basisversorgung für das Alter handelt, sind die Anforderungen an die Ausgestaltung des Vertrags an die gesetzliche Rentenversicherung angelehnt worden[661]. Dies spiegelt sich in den Beschränkungen, denen die Ansprüche gem. § 10 Abs. 1 Nr. 2 b) EStG unterliegen, wider[662]. Die Ansprüche aus dem Vertrag dürfen danach insbesondere nicht vererblich und nicht übertragbar sein. Besondere pfändungsschutzrechtliche Regelungen gingen mit der Schaffung von § 10 Abs. 1 Nr. 2 b) EStG nicht einher.

2. Vertragliche Grundlage

Ein zum Sonderausgabenabzug berechtigender Vorsorgevertrag liegt gem. § 10 Abs. 1 Nr. 2 b) EStG vor, wenn der Vertrag die Zahlung einer monatlichen auf das Leben des Steuerpflichtigen bezogenen lebenslangen Leibrente nicht vor Vollendung des 62. Lebensjahres[663] vorsieht. Zusätzlich können ergänzend auch Berufsunfähigkeit oder verminderte Erwerbsfähigkeit abgesichert und eine Hinterbliebenenversorgung vereinbart werden. Die Ansprüche aus dem Vertrag dürfen

---

657 Gesetz v. 09.05.2004, BGBl. 2004 I, S. 1247.
658 Zur nachgelagerten Besteuerung s. ausführlich Heinicke in: L. Schmidt, EStG, § 10, Rn. 80; Brall/Lohmann in: Ernst&Young/VDR, Ratgeber Altersvorsorge, B 246 f.
659 Vorschlag der Rürup-I-Kommission in: Bundesministerium für Gesundheit und Soziale Sicherung (Hrsg.), Nachhaltigkeit in der Finanzierung der Sozialen Sicherungssysteme, S. 141; vgl insoweit auch die Kritik bei Hasse, VersR 2007, S. 277, 282.
660 Vorschlag der Rürup-I-Kommission, a.a.O., S. 140 ff..
661 BT-Drs. 16/2712, S. 42; Winter in: Bruck/Möller, VVG, Einf. v. §§ 150–171, Rn. 68; kritisch dazu Hasse, VersR 2007, S. 277, 278.
662 Hasse, a.a.O., S. 285.
663 Ursprünglich lag die Altersgrenze für den Beginn der Rentenleistungen beim 60. Lebensjahr, ab dem Veranlagungszeitraum 2012 ist die Altersgrenze auf 62 Jahre angehoben worden, § 52 Abs. 24 S. 1 EStG.

nicht vererblich, nicht übertragbar, nicht beleihbar, nicht veräußerbar und nicht kapitalisierbar sein und es darf darüber hinaus kein Anspruch auf Auszahlungen bestehen, § 10 Abs. 1 Nr. 2 b) EStG.

Private Basisrentenverträge unterliegen seit dem Jahressteuergesetz 2009[664] wie die nach §§ 10a, 79 EStG geförderten Altersvorsorgeverträge einer Zertifizierungspflicht nach § 5a AltZertG. Die Zertifizierungsverpflichtung betrifft für steuerliche Veranlagungszeiträume ab 2010 auch Vertragsmuster von Basisrentenverträgen, die vor dem 25.12.2008 abgeschlossen wurden, § 10 Abs. 2 S. 2 EStG[665].

a) Rentenversicherungsverträge

Nach § 10 Abs. 1 Nr. 2 b) EStG ist erforderlich, dass dem vorsorgenden Schuldner eine monatliche auf dessen Leben bezogene lebenslange Leibrente gewährt wird. Damit sind grundsätzlich Rentenversicherungen mit aufgeschobenem Leistungsbeginn steuerlich förderungsfähig, wenn sie so ausgestaltet werden, dass sie die weiteren Voraussetzungen des § 10 Abs. 1 Nr. 2 b) EStG erfüllen[666].

b) Spar- und Investmentverträge

Während der Ansparphase können nach Auffassung des Bundesministeriums der Finanzen (BMF) auch Spar- und Investmentverträge zum Aufbau des Vorsorgekapitals eingesetzt werden[667]. Hierfür spricht, dass der Kreis der Anbieter für die private Basisrente durch das Jahressteuergesetzes 2007[668] gem. § 2 Abs. 2 i.V.m. § 1 Abs. 2 AltZertG auf Versicherungen, Banken und Kapitalanlagegesellschaften erstreckt worden ist. In der Auszahlungsphase dürfen nach Ansicht des BMF keine Auszahlungspläne mit anschließender Teilkapitalverrentung vereinbart werden[669]. Ein solcher Auszahlungsplan erfülle den Begriff der Leibrente nicht. Eine lebenslange Versorgung sei nicht gewährleistet, da nur das zu

---

664 Gesetz v. 19.12.2008, BGBl. I, S. 2794.
665 BaFin-Kommentar AltZertG, § 2, S. 78.
666 BMF-Schreiben v. 19.08.2013, BStBl. I, S. 1018, Rn. 9 ff. = BeckVerw 275395; Winter in: Bruck/Möller, VVG, § 167, Rn. 203; BaFin-Kommentar AltZertG, S. 102; Dommermuth/Risthaus, DB 2009, S. 812, 813.
667 Vorausgesetzt in Rn. 23 u. 26 des BMF-Schreibens v. 19.08.2013, a.a.O.
668 Gesetz v. 13.12.2006, BGBl. I, 2878.
669 BMF-Schreiben v. 19.08.2013, BStBl. I, S. 1018, Rn. 10 = BeckVerw 275395; BaFin-Kommentar AltZertG, § 2, S. 96.

Beginn der Auszahlungsphase vorhandene Kapital über einen bestimmten Zeitraum ausgeschüttet werde. Eine andere Wertung ergebe sich auch nicht aus einer Kombination von Auszahlungsplan und anschließender Teilkapitalverrentung. Der Auszahlungsplan werde durch Verknüpfung mit einer Rente nicht selbst zur Leibrente[670]. Dem ist zuzustimmen. Der Wortlaut des § 10 Abs. 1 Nr. 2 b) EStG setzt voraus, dass ab Leistungsbeginn die Versorgungsleistungen als Leibrente erbracht werden. Dies kann ausschließlich aufgrund eines Versicherungsvertrags erfolgen.

Entgegen der Auffassung des BMF können während der Ansparphase allerdings lediglich Sparverträge, nicht aber Investmentverträge die Anforderungen des § 10 Abs. 1 Nr. 2 b) EStG erfüllen. Nach § 10 Abs. 1 Nr. 2 b) EStG letzter Halbsatz dürfen die Ansprüche aus dem Vertrag nicht übertragbar sein. Diese Voraussetzung ist bei Investmentverträgen in der Ansparphase rechtlich nicht umsetzbar. Die Ansprüche aus einem Investmentvertrag werden durch Anteilsscheine verbrieft. Diese können entsprechend § 929 BGB wie bewegliche Sachen übertragen werden. Ein vertraglicher Ausschluss der Übertragungsbefugnis scheitert an § 137 S. 1 BGB. Die Handelbarkeit der Investment-Anteilsscheine muss außerdem bereits deshalb erhalten bleiben, weil das Investmentgeschäft vom Kapitalmarktrisiko abhängig ist und der Anleger vor einem Totalverlust seines Anlagevermögens durch die Veräußerbarkeit oder durch die Rückgabemöglichkeit der Anteilsscheine geschützt werden muss. Dies stellt ein zentrales Prinzip des Investmentrechts dar[671].

Ferner darf gem. § 10 Abs. 1 Nr. 2 b) EStG kein Anspruch auf Auszahlungen bestehen. Diese Voraussetzung ist bei Investmentverträgen ebenfalls nicht zu realisieren. Sie ist rechtlich nicht mit der jederzeitigen Rückgabemöglichkeit der Anteilsscheine nach § 98 Abs. 1 KAGB zu vereinbaren, die dem Anleger zwingend zusteht[672]. Neben Schadensersatzansprüchen ist das Austrittsrecht das einzige Mittel des Anlegers, das erhöhte Risiko des Investmentgeschäfts zu vermeiden.

c) Ergebnis

In der Ansparphase kann das Vorsorgevermögen für einen privaten Basisrentenvertrag nach § 10 Abs. 1 Nr. 2 b) EStG somit lediglich mittels eines

---

670 BMF-Schreiben v. 19.08.2013, BStBl. I, S. 1018, Rn. 10 = BeckVerw 275395.
671 Kapitel **E. IV.** 1.
672 Kapitel **E. IV.** 1.

Rentenversicherungsvertrags oder eines Sparvertrags, nicht aber mittels Investmentverträgen aufgebaut werden.

3. Pfändungsschutz für Versorgungsleistungen eines Basisrentenvertrags

a) Anwendbarkeit von § 850 Abs. 3 b) ZPO

Sofern ein privater Basisrentenvertrag in Form eines Rentenversicherungsvertrags von einem Arbeitnehmer abgeschlossen wurde, unterliegen die Rentenleistungen nach der überwiegenden Auffassung einem Pfändungsschutz nach § 850 Abs. 3 b) ZPO. Es handelt sich nämlich um Rentenleistungen aus Versicherungsverträgen, die der Schuldner zu seiner Versorgung eingegangen ist. Da aber § 10 Abs. 1 Nr. 2 b) EStG gerade für Personen, die keinem gesetzlich geregelten Altersvorsorgesystem i.S.d. § 10 Abs. 1 Nr. 2 a) EStG angehören, die Förderung des Aufbaus einer Altersversorgung bezweckt[673], wäre aufgrund der Beschränkung des persönlichen Anwendungsbereichs des § 850 Abs. 3 b) ZPO auf Arbeitnehmer[674] kein Pfändungsschutz nach dieser Norm für die eigentliche Zielgruppe der steuerlichen Förderung der privaten Basisrente gegeben.

b) Anwendbarkeit von § 851c Abs. 1 ZPO

Folglich ist zu untersuchen, ob § 851c Abs. 1 ZPO auf Rentenleistungen aus einem privaten Basisrentenvertrag anwendbar ist[675]. Die Anwendung von § 851c ZPO auf die private Basisrente liegt nahe, weil mit § 10 Abs. 1 Nr. 2 b) EStG ebenso wie mit § 851c ZPO die Grundversorgung Selbständiger im Alter aufgrund privater Vorsorgeverträge gefördert bzw. geschützt werden soll[676]. Ferner war im Referentenentwurf vom Juni 2005[677] beabsichtigt, den Anwendungsbereich des § 851c ZPO auch auf die private Basisrente zu erstrecken.

---

673 BT-Drs. 15/2150, S. 34; Winter in: Bruck/Möller, VVG, § 167, Rn. 203 f.
674 Kapitel **C. II.** 1. b); BGH, Beschluss v. 15.11.2007 – IX ZB 34/06 = NZI 2008, S. 93; Th. Lange, ZVI 2012, S. 403, 407.
675 Bejahend Ortmann in: Schwintowski/Brömmelmeyer, VVG, § 167, Rn. 9; Könnecke, DGVZ 2012, S. 17, 23; Schulz, ZfV 2011, S. 217.
676 BT-Drs. 15/2150, S. 22.
677 Abgedruckt in ZVI 2005, S. 330.

1) Vertragliche Grundlage

Sowohl § 851c Abs. 1 Nr. 1 ZPO als auch § 10 Abs. 1 Nr. 2 b) EStG setzen eine lebenslange Versorgung des Vorsorgenden voraus. Im Rahmen des § 10 Abs. 1 Nr. 2 b) EStG sind nur Rentenversicherungsverträge und Sparverträge steuerlich förderungsfähig, die auch in den Anwendungsbereich von § 851c ZPO fallen. Die Rentenleistungen müssen im Rahmen eines Basisrentenvertrags monatlich erfolgen. Dies lässt sich ebenfalls mit dem Tatbestand des § 851c Abs. 1 ZPO, nach dem die Leistung lediglich in regelmäßigen Zeitabständen erfolgen muss, vereinbaren. Der frühestmögliche Zeitpunkt für den Beginn der Versorgungsleistungen ist das 60. bzw. 62. Lebensjahr des Schuldners.

Der sachliche Anwendungsbereich des § 851c ZPO ist im Hinblick auf die vertragliche Grundlage damit teilweise weiter als der des § 10 Abs. 1 Nr. 2 b) EStG, umfasst diesen aber jedenfalls.

2) Verfügungsbeschränkungen

α) Rentenversicherungsverträge

Nach § 10 Abs. 1 Nr. 2 b), 2. HS EStG dürfen bei Basisrentenverträgen die Ansprüche aus dem Vertrag nicht vererblich, nicht übertragbar, nicht beleihbar, nicht veräußerbar und nicht kapitalisierbar sein und es darf darüber hinaus kein Anspruch auf Auszahlungen bestehen.

Um die letztgenannte Voraussetzung zu erfüllen, wird in Rechtsprechung und Literatur teilweise angenommen, es genüge die Vereinbarung, dass Rechtsfolge einer ordentlichen Kündigung lediglich die Beitragsfreistellung der Versicherung gem. § 165 Abs. 1 VVG ist und nicht die Beendigung des Versicherungsvertrages mit der Folge der Auszahlung des Vorsorgevermögens[678]. § 168 Abs. 3 S. 2 VVG biete die rechtliche Handhabe dazu, das nach § 171 VVG unabdingbare ordentliche Kündigungsrecht des Versicherungsnehmers bei Verträgen, die der Altersvorsorge dienen, ausnahmsweise in der genannten Weise zu beschränken[679]. Dieser Auffassung zufolge würde die Ausübung des ordentlichen Kündigungsrechts des Schuldners nach § 168 Abs. 1 VVG bei privaten Basisrentenverträgen nicht den Anspruch auf den Rückkaufswert gem. § 169 Abs. 1 VVG fällig stellen, sondern lediglich zur Beitragsfreistellung der Versicherung führen.

---

678 BGH, Beschluss v. 20.09.2011 – IV ZR 255/10, Rn. 15 = NJW-RR 2012, S. 161, 162; Wollmann, ZInsO 2013, S. 902, 906; Winter in: Bruck/Möller, VVG, § 167, Rn. 214, 215; Könnecke, DGVZ 2012, S. 17, 23.
679 BGH, a.a.O., Rn. 18; Wollmann, a.a.O.

Wollmann geht im Ansatz zutreffend davon aus, dass der Ausschluss des ordentlichen Kündigungsrechts auf den Betrag des pfändungsgeschützten Vorsorgevermögens beschränkt sein muss, damit Gläubiger auf den überschießenden Teil des Vorsorgevermögens zugreifen können[680]. Der BGH wendet in einem Fall, in dem ein sozialrechtlicher Verwertungsausschluss eines Versicherungsvertrags nach § 168 Abs. 3 S. 1 VVG erfolgt ist, auf den Kündigungsausschluss den Rechtsgedanken des § 851 Abs. 2 ZPO an[681]. Diesen Gedanken überträgt Wollmann auf die private Basisrente[682]. Mit einer Vereinbarung über einen Kündigungsausschluss sollen die Parteien kein faktisches Pfändungsverbot schaffen und in der Folge Vermögen der Zwangsvollstreckung entziehen können[683].

§ 851c ZPO ist aber bereits deshalb nicht anwendbar, weil bei privaten Basisrentenverträgen kein pfändbarer Anspruch auf Auszahlung des Vorsorgevermögens gem. § 169 Abs. 1 VVG besteht. Die Ansprüche aus dem privaten Basisrentenvertrag dürfen nach § 10 Abs. 1 Nr. 2 b) EStG nicht vererblich sein. Mit dieser Voraussetzung bezweckt der Gesetzgeber, das nicht für Rentenleistungen verbrauchte Kapital der Versichertengemeinschaft zugute kommen zu lassen[684]. Bei Rentenversicherungsverträgen sind die einzelnen Rentenansprüche nicht vererblich, sondern erlöschen mit dem Tode des Berechtigten[685]. Das nicht für Rentenleistungen verbrauchte Kapital fällt mit dem Tod der versicherten Person der Versichertengemeinschaft anheim, soweit keine Todesfallleistungen vereinbart worden sind. Im Rahmen des § 10 Abs. 1 Nr. 2 b) EStG darf nach Ansicht des BMF lediglich eine Hinterbliebenenversorgung vereinbart werden, Todesfallleistungen wie eine Beitragsrückgewähr oder eine Rentengarantiezeit dagegen nicht[686]. Sind keine solchen Todesfallleistungen vereinbart, besteht auch kein Anspruch auf einen Rückkaufswert gem. § 169 Abs. 1 VVG, da der Eintritt der Leistungspflicht des Versicherers nicht gewiss ist[687]. Die Anwendbarkeit von § 851c ZPO setzt aber voraus, dass ein Anspruch auf einen Rückkaufswert besteht[688]. Da

---

680 Wollmann, ZInsO 2013, S. 902, 906.
681 BGH, Urteil v. 01.12.2012 – IX ZR 79/11, Rn. 36 = NZI 2012, S. 76, 79.
682 Wollmann, ZInsO 2013, S. 902, 906.
683 BGH, Urteil v. 01.12.2012 – IX ZR 79/11, Rn. 36 = NZI 2012, S. 76, 79; Th. Lange, ZVI 2012, S. 403, 408; vgl. auch Mönnich in: MüKo-VVG, § 168, Rn. 10.
684 BMF-Schreiben v. 19.08.2013, BStBl. I, S. 1018, Rn. 26 = BeckVerw 275395.
685 Winter in: Bruck/Möller, VVG, Einf. v. §§ 150–171, Rn. 49; Eisenecker, S. 18.
686 BMF-Schreiben v. 19.08.2013, BStBl. I, S. 1018, Rn. 26 = BeckVerw 275395.
687 Winter in: Bruck/Möller, VVG, § 169, Rn. 43–45; Mönnich in: MüKo-VVG, § 169, Rn. 38; Könnecke, DGVZ 2012, S. 17, 23.
688 Kapitel D. VI. 2.

dies bei privaten Basisrentenverträgen nicht der Fall ist, ist § 851c ZPO nicht auf einen solchen Vertrag anwendbar.

Außerdem ist im Rahmen des § 851c ZPO gemäß dessen Abs. 1 Nr. 4 die Vereinbarung einer Kapitalleistung für den Todesfall zulässig und im Interesse der Gläubiger auch grundsätzlich erforderlich, soweit nicht das Kapital ausnahmsweise für eine Hinterbliebenenabsicherung eingesetzt wird[689]. Diese muss in den Nachlass des Schuldners fallen, damit Gläubiger auf nicht verbrauchtes Vorsorgevermögen zugreifen können und darf nicht, wie im Rahmen der privaten Basisrente vom Gesetzgeber vorgesehen, der Versichertengemeinschaft zugute kommen.

β) Sparverträge

Auch auf Sparverträge, die nach den Vorgaben des § 10 Abs. 1 Nr. 2 b) EStG ausgestaltet sind, ist § 851c ZPO aus den gleichen Gründen nicht anwendbar. Zwar sind die Versorgungsleistungen aufgrund von Sparverträgen nach allgemeinen Grundsätzen vererblich und das nicht für die Versorgungsleistungen verbrauchte Kapital kommt ohne besondere Vereinbarung im Todesfall den Erben des Schuldners zugute. Um die Nichtvererblichkeit der Ansprüche nach § 10 Abs. 1 Nr. 2 b) EStG herbeizuführen, ist nach Auffassung des BMF aber eine Vereinbarung zu treffen, wonach das nicht für Versorgungsleistungen verbrauchten Kapital der Gemeinschaft der Vorsorgesparer zugute kommt[690].

3) Ergebnis

§ 851c ZPO ist somit nicht direkt auf private Basisrentenverträge anwendbar. Die Vorgaben des § 10 Abs. 1 Nr. 2 b) EStG dienen dazu, die Gemeinschaft der privat für das Alter Vorsorgenden zu privilegieren, wohingegen § 851c ZPO den Schutz der Gläubiger des einzelnen Vorsorgenden bezweckt. Die Voraussetzungen der beiden Rechtsinstitute sind nicht miteinander vereinbar.

c) Analoge Anwendung von § 851d ZPO

Ein Pfändungsschutz für die Versorgungsleistungen aufgrund von Basisrentenverträgen ist aber sachgerecht, insbesondere vor dem Hintergrund, dass der Gesetzgeber die private Altersvorsorge Selbständiger mit dem Gesetz zum Pfändungsschutz der Altersvorsorge stärken wollte. Es wäre sinnwidrig, bestimmte vertragliche

---

689 Kapitel **D. IV.** 5; A.A. Schulz, ZfV 2012, S. 217.
690 BMF-Schreiben v. 19.08.2013, BStBl. I, S. 1018, Rn. 26 = BeckVerw 275395.

Gestaltungen steuerlich zu fördern und somit Anreize für eine bestimmte Art der privaten Altersvorsorge zu setzen, diese aber auf der anderen Seite keinem Pfändungsschutz zu unterstellen. Ansonsten würde im Falle einer Pfändung die steuerliche Förderung dem Gläubiger zugute kommen. Vielmehr gilt es, beide Rechtsinstitute miteinander zu verzahnen, wie der Gesetzgeber dies bei der steuerlich nach §§ 10a, 79 EStG geförderten Altersvorsorge getan hat. Damit besteht eine Regelungslücke. Es bleibt nur eine analoge Anwendung von § 851d ZPO auf die Rentenleistungen aufgrund eines Basisrentenvertrags. § 851d ZPO unterstellt Rentenleistungen aus Privatvorsorgeverträgen einem Pfändungsschutz wie Arbeitseinkommen.

4. Pfändungsschutz für das Vorsorgevermögen des Basisrentenvertrags

Da nach dem Normkonzept des § 10 Abs. 1 Nr. 2 b) EStG aufgrund des Vertrags kein Anspruch auf Auszahlungen bestehen darf, besteht kein Anlass, das Vorsorgevermögen eines Basisrentenvertrags einem Pfändungsschutz zu unterwerfen. Gläubiger können nicht auf das Vorsorgevermögen zugreifen, da ein Anspruch auf Auszahlung desselben als taugliches Pfändungsobjekt im Rahmen der §§ 828 ff. ZPO nicht besteht. Gläubiger können lediglich auf die späteren Rentenleistungen zugreifen.

Kehrseite dieser Gestaltung ist aber, dass der Schuldner nunmehr die Möglichkeit hat, während der Ansparphase beliebig viel Kapital in den Vertrag einzuzahlen, ohne dass Gläubiger darauf unmittelbar zugreifen können[691]. Zwar ist die steuerliche Abzugsfähigkeit von Vorsorgeaufwendungen nach § 10 Abs. 1 Nr. 2 EStG beschränkt, so dass ab einer bestimmten Höhe Einzahlungen in den Vertrag wirtschaftlich nicht mehr attraktiv sein werden. Auch wird der Schuldner kaum ein Interesse daran haben, viel Kapital im Vertrag zu binden, welches im Falle seines frühen Todes der Gemeinschaft der Vorsorgesparer anheim fällt und nicht seinen Erben. Dennoch bestehen hier Missbrauchsmöglichkeiten, denn der Schuldner ist rechtlich nicht daran gehindert, einen beliebig hohen Betrag als Vorsorgekapital anzusparen. Letztlich ergibt sich eine Möglichkeit des Gläubigerzugriffs auf das im Vertrag gebundene Kapital während der Ansparphase nur nach den Vorschriften der Insolvenz- bzw. Gläubigeranfechtung[692].

---

691 Vgl. Wollmann, ZInsO 2013, S. 902, 906.
692 Kapitel **H.**

5. Ergebnis

Es besteht ein dringender Regelungsbedarf für den Pfändungsschutz der privaten Basisrente nach § 10 Abs. 1 Nr. 2 b) EStG. Einerseits besteht keine ausdrückliche Schutznorm für die Rentenleistungen aufgrund des Vertrags. Andererseits besteht kein ausdrücklicher Pfändungsschutz für das Vorsorgevermögen eines privaten Basisrentenvertrags im Sinne einer staatlich intendierten Zugriffsbeschränkung zum Schutze des Schuldners. Insbesondere kann der Schuldner beliebig viel Kapital dem Gläubigerzugriff entziehen, indem er diesen in den Basisrentenvertrag einzahlt.

VI. Immobilien als Altersvorsorge und Vollstreckungsschutz

1. Möglichkeiten zum Erwerb selbstgenutzter Immobilien aus steuerlich gefördertem Altersvorsorgevermögen

Der Gesetzgeber schafft im Rahmen der steuerlichen Förderung der privaten Altersvorsorge immer mehr Möglichkeiten, das steuerlich geförderte Altersvorsorgekapital dauerhaft für die Anschaffung einer selbstgenutzten Immobilie zu verwenden. Nach § 92a Abs. 1 Abs. 1 EStG, § 1 Abs. 1 S. 1 Nr. 10 c) AltZertG kann der Vertragspartner eines Altersvorsorgevertrags das gesamte in einem steuerlich geförderten Altersvorsorgevertrag angesparte Vorsorgevermögen bis zum Beginn der Auszahlungsphase entnehmen, um hiermit eine Wohnung in einem eigenen Haus, eine Eigentumswohnung oder eine Genossenschaftswohnung zu finanzieren oder eine Wohnung altersgerecht umzubauen. Ferner kann ein dingliches Wohnrecht erworben werden[693]. Eine Rückzahlung des entnommenen Kapitals in den Altersvorsorgevertrag ist entgegen der vorherigen Rechtslage nicht mehr nötig, bleibt aber möglich[694].

Durch das Eigenheimrentengesetz 2008[695] sowie das Altersvorsorge-Verbesserungsgesetz 2013[696] wurden die Möglichkeiten zur wohnungswirtschaftlichen Verwendung des Altersvorsorgevermögens noch einmal erweitert. Der Schuldner kann seitdem unabhängig von einem bestehenden Altersvorsorgevertrag

---

693 § 92a Abs. 1 S. 4 bzw. ab Veranlagungszeitraum 2014 S. 5 EStG; Fischer, DStR 2009, S. 722, 723.
694 Scheuer, DStR 2008, S. 2447, 2449.
695 Gesetz v. 29.06.2008, BGBl. I, S. 1509.
696 Gesetz v. 24.06.2013, BGBl. I, S. 1667; dazu Schrehardt, DStR 2013, S. 1240.

einen Immobilienkredit[697] aufnehmen, wobei die Beiträge, die zur Rückzahlung des Darlehens eingesetzt werden, wie Vorsorgeaufwendungen nach §§ 10a, 79 EStG steuerlich gefördert werden. Der Kredit ist spätestens bis zur Vollendung des 68. Lebensjahrs des Vertragspartners zurückzuzahlen, § 1 Abs. 1a S. 2 AltZertG. Diese Möglichkeiten sollen es sog. Schwellenhaushalten erlauben, nicht durch Rückzahlungsverpflichtungen belastetes Eigenkapital in Form einer selbstgenutzten Immobilie zu generieren[698]. Unter Schwellenhaushalten versteht der Gesetzgeber wohl solche Haushalte, die nicht über ausreichend Einkommen verfügen, um gleichzeitig Immobilienerwerb und Altersvorsorge finanzieren zu können.

Die Kombination von privater Altersvorsorge und Vermögensbildung erscheint auf den ersten Blick deshalb sinnvoll, weil die selbst genutzte Immobilie in der Bevölkerung für die private Altersvorsorge besondere Akzeptanz genießt[699]. Viele Menschen sehen es als Lebensziel an, zu Erwerbszeiten eine Immobilie zu erwerben, um diese dann auch im Alter so lange wie möglich bewohnen zu können. Dennoch korrespondieren mit dem Immobilienerwerb neue Zugriffsmöglichkeiten der Gläubiger auf das nunmehr in der Immobilie verkörperte Altersvorsorgevermögen.

Nachfolgend werden zunächst die Zugriffsmöglichkeiten der Gläubiger dargestellt, die bestehen, wenn der Schuldner eine selbstgenutzte Immobilie unter Verwendung des steuerlich geförderten Altersvorsorgevermögens erwirbt. Anschließend soll untersucht werden, ob und inwieweit Schutzmöglichkeiten für das nunmehr in der Immobilie verkörperte Vorsorgevermögen bestehen.

2. Zwangsvollstreckung in Immobilien

a) Vollstreckung in Grundeigentum

Die Zwangsvollstreckung in Immobilien richtet sich gem. § 869 ZPO nach dem ZVG. Ein gesonderter Vollstreckungsschutz im Sinne einer vom Gesetzgeber aus sozialstaatlichen Gründen intendierten Zugriffsbeschränkung für Gläubiger besteht für Immobilien grundsätzlich nicht[700]. Lediglich in der Zwangsverwaltung

---

697 Vgl. hierzu ausführlich BaFin-Kommentar AltZertG, § 1, S. 50 ff.; begünstigte Gestaltungen sind Darlehen gem. § 1 Abs. 1a S. 1 Nr. 1 AltZertG, Bausparverträge gem. § 1 Abs. 1a S. 1 Nr. 2 AltZertG oder sog. Bauspar-Kombikredite gem. § 1 Abs. 1a S. 1 Nr. 3 AltZertG.

698 BT-Drs. 16/8869, S. 17.

699 Vgl. Menzel, S. 39 f.

700 Lippross, S. 157 f.

einer Immobilie bleibt dem Schuldner ein unentgeltliches Wohnrecht nach § 149 Abs. 1 ZVG[701].

1) Schutz nach dem Reichsheimstättengesetz

Ein Vollstreckungsschutz für die als Familienwohnung genutzte Immobilie war bis 1993 im Reichsheimstättengesetz[702] geregelt. Als sog. Heimstätte konnten nur Grundstücke mit Einfamilienhäusern mit Nutzgärten oder landwirtschaftliche oder gärtnerische Anwesen, zu deren Bewirtschaftung eine Familie unter regelmäßigen Verhältnissen keiner ständigen fremden Arbeitskräfte bedarf, ausgegeben werden, § 1 Abs. 1 RHStG. Die Heimstätte wurde dabei zu Eigentum vom Reich ausgegeben, § 1 Abs. 1 RHStG, und es erfolgte die Eintragung eines Heimstättenvermerks im Grundbuch, § 4 RHStG[703]. Um dem Schuldner den Besitz der Heimstätte zu gewährleisten, war die Zwangsvollstreckung in eine Heimstätte wegen einer dinglich nicht gesicherten Forderung unzulässig, § 20 RHStG. Eine Veräußerung der Heimstätte als Ganzes blieb allerdings möglich[704].

2) Pfändungsschutz nach § 811 Abs. 1 ZPO

Nach der gegenwärtigen Rechtslage besteht ein Vollstreckungsschutz für zu Wohnzwecken genutzter Gartenhäuser, Wohnlauben, etc. nach § 811 Abs. 1 Nr. 1 ZPO nur für solche Einrichtungen, die der Vollstreckung in das bewegliche Vermögen unterliegen und derer der Schuldner oder seine Familie zur ständigen Unterkunft bedarf. Darunter fallen nicht nur bewegliche Sachen wie z. B. Wohnwagen und -schiffe, sondern auch fest errichtete Gebäude, die aber Scheinbestandteile i.S.d. § 95 BGB sind[705]. Der Anwendungsbereich von § 811 Abs. 1 Nr. 1 ZPO dürfte damit praktisch wenig relevant sein.

3) Vollstreckungsmoratorium, § 30a ZVG

Einen zeitlichen Aufschub der Vollstreckung kann der Schuldner mithilfe des Antrags auf ein Moratorium von 6 Monaten gem. § 30a ZVG beim Vollstreckungs-

---

701 Menzel, S. 152.
702 Gesetz v. 10.05.1920, RGBl. I, S. 962, aufgehoben durch Gesetz v. 17.06.1993, BGBl. I, S. 912.
703 Wormit/Ehrenfort, RHStG, Einführung S. 20.
704 Dies., a.a.O.
705 Duckstein, Der Schutz des Eigenheims in der Insolvenz, S. 205; Becker, in: Musielak, ZPO, § 811, Rn. 12.

gericht erreichen. Der Antrag hat Erfolg, wenn die Aussicht besteht, dass durch die Einstellung die Versteigerung vermieden wird, die Einstellung nach den persönlichen und wirtschaftlichen Verhältnissen des Schuldners sowie nach der Art der Schuld der Billigkeit entspricht und die Einstellung dem die Versteigerung betreibenden Gläubiger zuzumuten ist. Die Vorschrift gewährt dem Schuldner einen sozialen Schutz seines Eigentums[706].

4) Vollstreckungsschutz nach § 765a ZPO

Ein gegenständlicher, dauerhafter Vollstreckungsschutz kann lediglich nach § 765a ZPO unter ganz besonderen Umständen gewährt werden. Dazu muss die Versteigerung eine besondere Härte für den Schuldner darstellen, die mit den guten Sitten nicht zu vereinbaren ist. Beispiele sind hier Extremfälle wie eine durch Vollstreckungshandlungen ausgelöste Stressreaktion, die zum Tode des schwer herzkranken Schuldners führen könnte[707] oder eine fortgeschrittene Schwangerschaft, bei der im Falle der Fortsetzung der Zwangsvollstreckung ein gesundheitliches Risiko für Mutter und Kind besteht[708]. Mithin sind hohe Anforderungen an die Gewährung eines Vollstreckungsschutzes zu stellen. Entsprechendes wie für die selbstgenutzte Immobilie gilt für Wohnungseigentum nach dem WEG. In dieses wird ebenfalls nach den Vorschriften des ZVG vollstreckt.

b) Vollstreckung in dingliche Wohnrechte

Der Anschaffung einer zu eigenen Wohnzwecken genutzten Wohnung steht die Anschaffung eines eigentumsähnlichen oder lebenslangen Dauerwohnrechts nach § 33 WEG im Hinblick auf die steuerliche Förderung grundsätzlich gleich, § 92a Abs. 1 S. 4 bzw. S. 6[709] EStG. Das Dauerwohnrecht ist seiner Natur nach eine Dienstbarkeit[710]. Es hat mit dem Wohnungsrecht des § 1093 BGB den Ausschluss des Eigentümers von der Nutzung gemein. Unterschiede bestehen darin, dass das Dauerwohnrecht übertragbar und vererblich, § 33 Abs. 1 S. 1 WEG,

---

706 Noethen in Kindl/Meller-Hannich/Wolf, Hk-ZV, § 30a ZVG, Rn. 1.
707 BVerfG, Beschluss v. 25.09.2003 – 1 BvR 1920/03 = NJW 2004, S. 49.
708 OLG Frankfurt a.M., RPfleger 1981, S. 24.
709 Ab dem Veranlagungszeitraum 2014 ist § 92a EStG in der Fassung des Altersvorsorge-Verbesserungsgesetz anzuwenden, § 52 Abs. 23h EStG, dabei hat sich die Satznummerierung innerhalb des § 92a EStG verändert.
710 Engelhardt in: MüKo-BGB, § 31 WEG, Rn. 3; Bassenge in: Palandt, BGB, § 31 WEG, Rn. 1.

bedingungsfeindlich, § 33 Abs. 1 S. 2 WEG und teilbar ist[711]. Durch die Übertragbarkeit besteht auch für Gläubiger des Berechtigten die Möglichkeit der Pfändung, § 857 Abs. 1 ZPO.

Ein Schutz vor der Zwangsversteigerung des Grundstücks bietet lediglich § 39 WEG. Nach § 39 WEG kann als Inhalt des Dauerwohnrechts vereinbart werden, dass das Dauerwohnrecht im Falle der Zwangsversteigerung des Grundstücks abweichend von § 44 ZVG auch dann bestehen bleiben soll, wenn der Gläubiger einer dem Dauerwohnrecht im Range vorgehenden oder gleichstehenden Hypothek, Grundschuld, Rentenschuld oder Reallast die Zwangsversteigerung in das Grundstück betreibt. Hierdurch ist der Vorsorgende aber nicht vor Vollstreckungen seiner eigenen Gläubiger geschützt, sondern nur vor Gläubigern, die gegen die Miteigentümergemeinschaft insgesamt vorgehen.

c) Vollstreckung in Genossenschaftsanteile

Der Anspruch auf Auszahlung des Geschäftsguthabens gem. § 73 Abs. 2 S. 2 GenG, der bei Ausscheiden eines Mitglieds entsteht, stellt lediglich einen schuldrechtlichen Anspruch dar. Dieser kann von den Gläubigern wegen § 97 S. 1 EStG, § 851 Abs. 1 ZPO nicht gepfändet werden, soweit er der steuerlichen Förderung des Altersvorsorgevermögens unterliegt[712].

3. Potentielle Schutzmöglichkeiten für das Vorsorgevermögen

Bis zur Entnahme des Kapitals für die wohnungswirtschaftliche Verwendung ist das in den Riester-Vertrag einbezahlte steuerlich geförderte Altersvorsorgevermögen gem. § 851 Abs. 1 ZPO i.V.m. § 97 S. 1 EStG pfändungsgeschützt. Wird das Vorsorgevermögen zur wohnungswirtschaftlichen Verwendung eingesetzt, so ist es bis auf die Fälle des Erwerbs von Genossenschaftsanteilen bei einer Zwangsvollstreckung in das erworbene Wohnobjekt vollständig dem Gläubigerzugriff ausgesetzt. Wird die Immobilie zwangsversteigert, so wird die steuerliche Förderung sowie das angesparte Kapital nicht für die Sicherung des Lebensunterhalts im Alter, sondern zur Befriedigung der Gläubiger verwendet.

---

711 BGH, Urteil v. 30.06.1995 – V ZR 184/94 = BGHZ 130, 150, 158; Engelhardt in: MüKo-BGB, § 33 WEG, Rn. 2; Bassenge in: Palandt, BGB, § 31 WEG, Rn. 1.
712 Kapitel **F. IV.** 3.

Die erworbene Immobilie als solche vor Pfändung zu schützen, wäre aber nicht interessengerecht. Eine zu Eigentum erworbene Immobilie bindet viel Kapital und kann vererbt werden. Selbst wenn diese im Alter zu Wohnwecken genutzt wird und somit die Wohnkosten im Alter reduziert, dient sie doch vornehmlich der Kapitalbildung innerhalb der Familie[713]. Die Regelungen zum Pfändungsschutz der Altersvorsorge und deren steuerliche Förderung bezwecken den Schutz der Existenzsicherung im Alter, nicht aber den Schutz des Vermögens. Ein Schutz für die zu Eigentum erworbene Immobilie, der auch die Gläubigerinteressen angemessen berücksichtigt, wäre somit nicht auf die gesamte Immobilie zu erstrecken, sondern auf den in der Immobilie gebundenen Betrag des steuerlich geförderten Vorsorgevermögens zu beschränken.

a) Sicherung des Rückzahlungsanspruchs mittels Grundschuld

In § 92a EStG a.F. war bis 2007 vorgesehen, dass das entnommene Kapital bis zum 65. Lebensjahr des Schuldners in den Altersvorsorgevertrag zurückzuführen ist. Diese Rückzahlungsforderung des Finanzdienstleisters wurde in der Praxis mittels eines Grundpfandrechts an dem Hausgrundstück zugunsten des Finanzdienstleisters gesichert. Wird in die Immobilie vollstreckt, so kann der Versteigerungserlös zur Begleichung der Rückzahlungsforderung eingesetzt werden. Hierdurch wird das Altersvorsorgevermögen zugunsten des vorsorgenden Schuldners gesichert[714].

Diese Gestaltung kann auch nach der Neuregelung von § 92a EStG durch das Eigenheimrentengesetz 2008 gewählt werden. Es kann vertraglich vereinbart werden, dass der Schuldner trotz der Entnahme des angesparten Kapitals einen Anspruch gegenüber dem Anbieter der Altersvorsorge auf Verrentung des entnommenen Betrags bei Eintritt in das Rentenalter behält[715]. Die Gegenleistung ist ein Rückforderungsanspruch des Anbieters gegen den Schuldner auf die entnommenen Beträge, der mittels einer Grundschuld gem. § 1191 BGB zugunsten des Anbieters abgesichert wird. Problematisch hieran ist, dass die Immobilie praktisch häufig über einen Kredit finanziert wird, der in der Regel durch eine erstrangige Grundschuld abgesichert werden muss[716]. Daher wird eine Grundschuld, die die

---

713 A.A. Menzel, S. 155 f.
714 Schneider/Krammer in: Littman/Bitz/Pust, EStG, § 92a, Rn. 18; Reifner/Tiffe, Innovative Finanzdienstleistungen, S. 299.
715 Reifner/Tiffe, a.a.O., S. 299.
716 Menzel, S. 156.

Rückzahlung des Altersvorsorgevermögens sichert, in der Praxis nur an zweiter Rangstelle eingetragen werden können und daher im Falle einer Versteigerung der Immobilie auch nur nachrangig bedient werden[717]. Zumindest würde eine erstrangige Eintragung die Finanzierung wesentlich verteuern.

b) Berücksichtigung des Vorsorgevermögens in der Zwangsversteigerung

In der Literatur wird vorgeschlagen, das geförderte Altersvorsorgevermögen im Rahmen einer Versteigerung bei der Bemessung des geringsten Gebots gem. § 44 ZVG zu berücksichtigen[718]. Die Zwangsvollstreckung darf diejenigen Rechte der Gläubiger nicht beeinträchtigen, die dem die Zwangsvollstreckung betreibenden Gläubiger im Range vorgehen. Daher gebietet das sog. Deckungsprinzip des § 44 Abs. 1 ZVG, dass das Gebot die vorgehenden Rechte und die Kosten der Zwangsversteigerung decken, also deren Wert mindestens erreichen muss[719]. Die Rangordnung der Rechte bestimmt sich nach § 10 ZVG.

Um dem Schuldner das steuerlich geförderte Altersvorsorgevermögen auch im Falle einer Versteigerung der Immobilie zu erhalten, könnte eine vorrangige Einordnung der Rückzahlungsforderung aus dem Altersvorsorgevertrag vor den Gläubigern, die gem. § 10 Abs. 1 Nr. 4 ZVG wegen dinglicher Rechte die Zwangsvollstreckung betreiben, erfolgen. Das geringste Gebot müsste somit nach dieser Lösung den Betrag der erstrangigen Grundschuld und den Betrag der Rückzahlungsforderung für den Altersvorsorgevertrag umfassen. Hasse ist der Auffassung, dass dann auch ein Veräußerungsverbot für die gesamte Immobilie durch Grundbucheintragung verwirklicht werden müsste[720].

c) Schaffung eines obligatorischen Sicherungspools

Schließlich wird in der Literatur vorgeschlagen, einen staatlich organisierten Sicherungspool zu schaffen, aus dem bei Scheitern einer Immobilienfinanzierung das dem Altersvorsorgevertrag entnommene Kapital auf diesen zurückgeführt wird[721]. Der Sicherungspool soll obligatorisch für diejenigen Personen

---

717 Vgl. Reifner/Tiffe, Innovative Finanzdienstleistungen, S. 298.
718 Hasse, VersR 2007, S. 870, 883.
719 Stumpe in: Kindl/Meller-Hannich/Wolf, Hk-ZV, § 44 ZVG, Rn. 1.
720 Hasse, VersR 2007, S. 870, 883.
721 Reifner/Tiffe, Innovative Finanzdienstleistungen, S. 301 ff.

ausgestaltet werden, die Kapital aus ihrem Altersvorsorgevertrag entnehmen, um es für eine Immobilienfinanzierung zu verwenden. Diese Personen werden zu Beitragszahlungen verpflichtet, die der Höhe nach im Verhältnis zum entnommenen Kapital stehen. Als Gegenleistung erhält der Betreffende einen Anspruch auf Erstattung des Betrages, der bei einer verlustreichen Versteigerung der Immobilie nicht mehr in den Altersvorsorgevertrag zurückgeführt werden kann. Die staatliche Organisation soll dabei sicherstellen, dass das Gesamtkonzept am Prinzip der gegenseitigen Absicherung der Vorsorgenden orientiert ist[722]. Eine Verpflichtung der Produktanbieter zur Absicherung dieses Risikos würde die Zinsen in die Höhe treiben und schließlich wie die anderen Lösungsansätze den Immobilienerwerb mittels des angesammelten Altersvorsorgevermögens unattraktiv machen[723].

d) Schaffung eines antragsbedingten Pfändungsschutzes

Menzel schlägt vor, gesetzlich einen antragsbedingten Pfändungsschutz für kleine Immobilien, die der Schuldner selbst zu Wohnzwecken im Alter nutzt, einzuführen[724]. Ein antragsbedingter Vollstreckungsschutz sei deshalb sachgerecht, weil sich der Vorsorgecharakter einer Immobilie nur im Einzelfall bestimmen lasse, auch unter Berücksichtigung der sonstigen vorhandenen und geschützten Vermögenswerte des Schuldners[725]. Als Maßstab schlägt Menzel das zum sozialrechtlichen Schonvermögen gehörende „selbstgenutzte Hausgrundstück angemessener Größe" gem. § 12 Abs. 3 Nr. 4 SGB II bzw. § 90 Abs. 2 Nr. 8 SGB XII vor. Schließlich müsse, um die Vorsorgefunktion der Immobilie sicherzustellen, der Vollstreckungsschutz mit einer umfassenden Verfügungsbeschränkung für den Schuldner verknüpft sein[726].

4. Stellungnahme

Der Gesetzgeber hat mit Abschaffung der Rückzahlungsverpflichtung des Schuldners bei Entnahme des Vorsorgevermögens zur wohnungswirtschaftlichen Verwendung im Rahmen des Eigenheimrentengesetzes gezeigt, dass er keinen obligatorischen Sicherungspool schaffen möchte. Er hat vielmehr die Möglichkeiten

---

722 Reifner/Tiffe, Innovative Finanzdienstleistungen, S. 304.
723 Dies., a.a.O., S. 304.
724 Menzel, S. 155 ff.
725 Dies., S. 157.
726 Dies., S. 158.

der Verwendung des Altersvorsorgevermögens zum Immobilienerwerb stark erweitert, ohne zusätzliche Maßnahmen zur Sicherung der selbstgenutzten Immobilie vor Gläubigerzugriffen zu regeln. Die Entnahmemöglichkeit bei Anschaffung oder Herstellung einer Immobilie soll es den Schwellenhaushalten erlauben, nicht durch Rückzahlungsverpflichtungen belastetes Eigenkapital zu generieren[727]. Schwellenhaushalte verfügen zumeist nicht über die Mittel, parallel eine private Altersvorsorge und die Anschaffung einer selbstgenutzten Immobilie zu finanzieren. Sie sind bei einer Immobilienfinanzierung daher dem Risiko des Scheiterns in besonderem Maße ausgesetzt. Der Zweck der Regelung, besondere Anreize für eine private Altersvorsorge zu schaffen, wird somit im Rahmen des § 92a EStG zulasten des Vollstreckungsschutzes hervorgehoben[728]. Gerade an dieser Stelle wäre aber ein umfassendes Schutzkonzept angebracht, um den wirtschaftlich schwachen Schuldner, der parallel Immobilie und private Altersvorsorge finanziert, zu schützen.

Ein Schutzkonzept, bei dem das steuerlich geförderte Altersvorsorgevermögen im Rahmen einer Versteigerung bei der Bemessung des geringsten Gebots gem. § 44 ZVG zu berücksichtigen ist, bedürfte der Umsetzung durch den Gesetzgeber. Es wäre aber nicht interessengerecht. Ein vollständiges Verfügungsverbot über die Immobilie entsprechend § 97 S. 1 EStG, welches in diesem Zusammenhang für erforderlich gehalten wird, ist dem Immobiliarsachenrecht grundsätzlich fremd. Ferner wird das zum Immobilienerwerb verwendete steuerlich geförderte Vermögen nur einen geringen Teil des Wertes der Immobilie ausmachen. Ein Übertragungsverbot, welches sich auf die gesamte Immobilie erstreckt, wäre bereits aus diesem Grund nicht zu rechtfertigen.

Zudem würde die Flexibilität des Eigentümers durch ein Übertragungsverbot stark eingeschränkt. Er kann ein Interesse daran haben, die Immobilie zu veräußern, beispielsweise bei einem beruflich bedingten Umzug oder bei eingetretener Pflegebedürftigkeit. Nicht zuletzt wird ein Vollstreckungsschutz für Immobilien faktisch den Erhalt von Krediten zum Erwerb von Immobilieneigentum erschweren oder zumindest verteuern[729]. Die Unveräußerlichkeit der Immobilie hat, wie Duckstein aufzeigt, dazu geführt, dass gut gemeinte Rechtsinstitute zum Schutze des Immobilieneigentums des Schuldners letztlich in der Praxis erfolglos geblieben sind[730]. Schließlich würde die Schaffung eines antragsbedingten Vollstreckungsschutzes für die Immobilie den Schuldner nicht vor Vollstreckungsmaßnahmen

727 BT-Drs. 16/8869, S. 17.
728 BT-Drs. 16/8869, S. 16, 17.
729 Hasse, VersR 2007, S. 870, 883
730 Duckstein, S. 249.

aufgrund von Grundpfandrechten, mit denen das selbstgenutzte Hausgrundstück belastet ist, schützen[731]. Der Schuldner wird aber regelmäßig, um eine selbstgenutzte Immobilie erwerben zu können, einen Kredit aufnehmen müssen, der mit erstrangigen Grundpfandrechten abgesichert wird. In diesen praktisch häufigen Fällen wäre der Schuldner somit schutzlos gestellt.

Damit bleibt für einen Vollstreckungsschutz für das in der selbstgenutzten Immobilie verkörperte Altersvorsorgevermögen lediglich die Anwendung von § 765a ZPO. Die Vorschrift ist wie beschrieben restriktiv auszulegen[732]. Durch die Anwendung von § 765a ZPO dürfen die Voraussetzungen der speziellen Schutzvorschriften nicht unterlaufen und kein allgemeiner Vollstreckungsschutz für das Vermögen eingeführt werden. Nach § 765a ZPO muss die Zwangsvollstreckung in eine Immobilie, bei der der Verwertungserlös nicht ausreichend ist, um das investierte Vermögen aus einem Altersvorsorgevertrag wieder zurückzahlen zu können, einen ganz besonderen Umstand darstellen, der eine sittenwidrige Härte für den Schuldner begründet. Der Verlust der Altersvorsorge kann zwar grundsätzlich eine solche sittenwidrige Härte darstellen, denn es wird dem Schuldner die Existenzsicherung für das Alter entzogen[733]. Jedoch handelt es sich bei der Altersvorsorge nach §§ 10a, 79 EStG lediglich um eine zusätzliche Altersvorsorge, die neben die Grundabsicherung aus der gesetzlichen Rentenversicherung tritt, weshalb eine sittenwidrige Härte im Sinne des § 765a ZPO regelmäßig nicht angenommen werden kann.

---

731 Menzel, S. 159.
732 BGH, Urteil v. 13.07.1965 – V ZR 269/62 = BGHZ 44, 138, 144.
733 Heßler in: MüKo-ZPO, § 765a, Rn. 36.

G. Pfändungsschutz der Altersvorsorge und GNeuMoP

Die Bund-Länder-Arbeitsgruppe „Modernisierung des Zwangsvollstreckungsrechts" hat am 11.03.2011 einen Entwurf für ein Gesetz zur Neustrukturierung und Modernisierung des Pfändungsschutzes (GNeuMoP) in den Bundesrat eingebracht[734]. Der Gesetzesentwurf des Bundesrates wurde am 16.06.2011 in den Bundestag eingebracht[735], derzeit steht die Beratung im Bundestag aber noch aus. Im Folgenden sollen die Leitgedanken des Reformentwurfs im Kontext des Pfändungsschutzes der privaten Altersvorsorge sowie die Auswirkungen einer möglichen Umsetzung auf die §§ 851c und 851d ZPO dargestellt werden.

I. Zielsetzung des Reformentwurfs

Das GNeuMoP verfolgt den Zweck, einheitliche und transparente Regelungen für die Forderungspfändung zu schaffen, die das jetzige zersplitterte Regelungsmodell ablösen sollen, um sowohl den Interessen von Gläubigern und Schuldnern als auch den Interessen der Drittschuldner Rechnung zu tragen[736]. Im Zentrum des Reformvorhabens steht die Anpassung der Pfändungsfreigrenzen an die Sätze des Sozialhilferechts, um einen Gleichlauf von Sozialrecht und Pfändungsschutz herzustellen. Die Entwurfsbegründung geht davon aus, dass die Grundfreibeträge des Forderungspfändungsschutzes nicht mehr mit ihren sozialhilferechtlichen Bezugspunkten übereinstimmen[737]. Im Ergebnis werden die Pfändungsfreigrenzen des § 850c ZPO abgesenkt. Der Schutzumfang soll an den Regelleistungen gem. §§ 20 SGB II, 28 SGB XII orientiert werden, § 850c Abs. 1 Nr. 1 – 3 ZPO-E. Ein geringfügiger Zuschlag wird gem. § 850c Abs. 3 und Abs. 4 ZPO-E gewährt.

Zugleich soll der Anwendungsbereich des Pfändungsschutzes für Forderungen auf eine breitere Grundlage gestellt werden und alle Forderungen unabhängig von deren Quelle erfassen können. Hierzu wird der Begriff des Arbeitseinkommens in

---

734 BR-Drs. 139/10; Dieker/Remmert, NZI 2009, S. 708; Sternal, VIA 2010, S. 41.
735 BT-Drs. 17/2167; Ahrens, NZI 2011, S. 265.
736 BT-Drs. 17/2167, S. 1.
737 BT-Drs. 17/2167, S. 1, 2.

§ 850 ZPO durch den Begriff des Einkommens in § 850 Abs. 1 ZPO-E ersetzt, der alle Einkunftsarten unabhängig von ihrer Quelle erfassen soll. Nach § 850 ZPO-E kann Einkommen von natürlichen Personen nur nach Maßgabe der §§ 850a und 850i ZPO-E gepfändet werden. § 850a ZPO-E definiert die absolut unpfändbaren Bezüge, diese entsprechen denen des geltenden § 850a ZPO. Die Bestimmung des § 850b ZPO über die bedingt pfändbaren Bezüge entfällt. In § 850c Abs. 1 ZPO-E wird wieder auf das Arbeitseinkommen aus § 850 Abs. 1 ZPO abgestellt.

Des Weiteren sollen die Mehrerwerbsanreize des Pfändungsschutzrechts einfacher ausgestaltet und von dem Begriff des Arbeitseinkommens sowie von der Ausübung einer Erwerbstätigkeit abgekoppelt werden. Da die Pfändungsfreigrenzen des § 850c ZPO derzeit für sämtliche pfändungsgeschützten Einkunftsarten anwendbar seien, besteht nach Ansicht der Entwurfsverfasser keine legitimierende Verknüpfung mehr zwischen Mehrerwerbsanreiz durch zusätzlichen Pfändungsschutz und Erwerbstätigkeit[738]. Entscheidend für die Gewährung zusätzlicher pfändungsfreier Beträge ist nach § 850c Abs. 2 ZPO-E allein der Mehrerwerb als solcher unabhängig von seiner Art und Herkunft.

II. Kritik

Die Annahme der Verfasser der Entwurfsbegründung, wonach die Pfändungsfreigrenzen nicht mehr mit ihren sozialhilferechtlichen Bezugspunkten übereinstimmten, ist in ihrem Ansatz nicht zutreffend. Den zwangsvollstreckungsrechtlichen Pfändungsfreigrenzen liegen grundsätzlich andere Leitgedanken zugrunde als den Sozialhilfesätzen[739]. Aus § 850f Abs. 1 a) ZPO folgt bereits, dass die Sozialhilfesätze lediglich die Untergrenze des pfändungsgeschützten Betrags darstellen. Die Pfändungsschutzvorschriften sind am Arbeitseinkommen ausgerichtet, weil dieses in der Praxis wichtigstes Zugriffsobjekt für die Gläubiger sein dürfte[740]. Die Vorschriften über den Forderungspfändungsschutz dienen dem Schutz des erhöhten Bedarfs eines Erwerbstätigen. Ein solcher erhöhter Bedarf besteht, weil der Erwerbstätige typischerweise Aufwendungen tätigen muss, um Einkommen zu erzielen. Außerdem sollen die §§ 850 ff. ZPO zugleich einen Anreiz zu einem Mehrerwerb schaffen.

Demgegenüber dienen die Sozialhilfesätze der Sicherung des Existenzminimums. Der Schuldner hat keine Aufwendungen für den Erwerb von Sozialleistungen. Beim

---

738 BT-Drs. 17/2167, S. 12; kritisch dazu Sternal, VIA 2010, S. 43.
739 Ahrens, NZI 2011, S. 265, 267.
740 BT-Drs. 17/2167, S. 1; Ahrens, a.a.O.

Grundfreibetrag nach § 850c Abs. 1 und Abs. 2 ZPO-E werden Aufwendungen für den Erwerb folgerichtig auch nicht berücksichtigt. Lediglich der sozialrechtlich zu berücksichtigende Mehrbedarf wird über § 850c Abs. 1 S. 2 ZPO-E in Bezug genommen. Andererseits sollen die Zusatzausgaben für eine Erwerbstätigkeit in die zusätzlichen Freibeträge bei Mehrverdienst nach § 850c Abs. 4 ZPO-E eingegangen sein[741]. Offen bleibt, warum die zusätzlichen Ausgaben von der Höhe des Verdienstes abhängig sein sollen[742].

Dem im GNeuMoP-Entwurf formulierten Reformvorhaben stehen auch die in den letzten Jahren erfolgten Reformen des Zwangsvollstreckungsrechts gegenüber, bei denen der Gesetzgeber immer wieder die Pfändungsfreigrenzen des § 850c ZPO zugrunde gelegt hat. Dies gilt für § 851c und § 851d ZPO ebenso wie für die Reform des Kontopfändungsschutzes und des § 850i ZPO. Insbesondere sind zum Juli 2011[743] und Juli 2013[744] die Pfändungsfreigrenzen sogar noch einmal angehoben worden. Ahrens bezeichnet das GNeuMoP deshalb sogar als Konkurrenzvorhaben zu den genannten Novellierungen[745].

Ein Gleichlauf zwischen den erfolgten Reformen des Zwangsvollstreckungsrechts und dem GNeuMoP besteht aber insoweit, als erstere auf eine schrittweise und vereinzelte Erweiterung des Anwendungsbereichs des Pfändungsschutzes angelegt sind. Sie koppeln den Pfändungsschutz zunehmend vom Arbeitseinkommen als Quelle der Einkünfte ab. Dies gilt zunächst für die §§ 851c und 851d ZPO. An der Spitze dieses Reformprozesses steht § 850k ZPO, der einen Pfändungsschutz für Kontoguthaben auf sog. Pfändungsschutz-Konten unabhängig von der Quelle der Einkünfte ermöglicht[746].

III. Verhältnis der §§ 851c und 851d ZPO zum GNeuMoP

1. Private Altersvorsorge und Sozialrecht

Im Hinblick auf den Pfändungsschutz der privaten Altersvorsorge mag eine Orientierung der Pfändungsfreigrenzen am Sozialhilferecht eher sachgerecht sein als

---

741 BT-Drs. 17/2167, S. 24.
742 Ahrens, NZI 2011, S. 265, 268.
743 Pfändungsfreigrenzenbekanntmachung 2011 v. 09.05.2011, BGBl. I, S. 825.
744 Pfändungsfreigrenzenbekanntmachung 2013 v. 26.03.2013, BGBl. I, S. 710.
745 Ahrens, NZI 2011, S. 265, 266.
746 Meller-Hannich in: Kindl/Meller-Hannich/Wolf, Hk-ZV, § 850k, Rn. 9.

bei Arbeitseinkommen. Wie die Sozialhilfe dient das Einkommen aus privater Altersvorsorge ausschließlich der Existenzsicherung. Der Schuldner hat im Alter keine Aufwendungen mehr, um diese Einkünfte zu erwirtschaften.

Sozialhilferecht und steuerlich geförderte private Altersvorsorge haben sogar einen gemeinsamen Bezugspunkt, so dass bereits eine gewisse Verknüpfung von § 851d ZPO mit den sozialhilferechtlichen Berechnungsgrundlagen besteht. Die steuerliche Förderung der privaten Altersvorsorge ist an dem Betrag orientiert, der vom Einkommen als Existenzminimum unbesteuert belassen werden muss, § 32a Abs. 1 EStG[747]. Die Höhe dieses Grundfreibetrags richtet sich danach, was der Staat Bedürftigen an Sozialhilfe zur Verfügung stellt[748]. Anders als das Sozialrecht regelt das Einkommensteuerrecht aber nicht die Sicherung des konkreten Bedarfs im Alter, sondern lediglich die zumutbare Belastung des Steuerpflichtigen zu Erwerbszeiten. Werden nunmehr die Pfändungsfreigrenzen auf das Sozialhilfeniveau abgesenkt, muss auch die steuerliche Förderung angepasst werden, um ein stimmiges Gesamtkonzept zu erhalten. Hierzu enthält der Reformentwurf bislang keine Vorschläge.

Wenn die Pfändungsfreibeträge insgesamt am Sozialrecht ausgerichtet werden sollen, ist eine unveränderte Beibehaltung von § 851c ZPO, wie sie im derzeitigen Reformentwurf enthalten ist[749], inkonsequent. Der Gesetzgeber hat mit § 851c Abs. 1 Nr. 2 ZPO mittelbar den sozialrechtlichen Maßstab für die Berücksichtigung von Altersvorsorgevermögen bei der Leistungsgewährung nach SGB II definiert, indem er die Verfügungsbeschränkungen des § 851c Abs. 1 Nr. 2 ZPO an den Pfändungsfreigrenzen orientiert hat. Die Verfügungsbeschränkungen des § 851c Abs. 1 Nr. 2 ZPO bewirken, dass das nach § 851c Abs. 2 ZPO pfändungsgeschützte Vorsorgevermögen sozialrechtlich nach § 12 Abs. 1 SGB II nicht verwertbar ist, soweit der Pfändungsschutz reicht. Sogar der Mehrbetrag nach § 851c Abs. 2 S. 3 ZPO findet deshalb über § 12 Abs. 1 SGB II im Sozialrecht Berücksichtigung. Dieser Umstand zeigt, dass das Sozialrecht teilweise von den Regelungen über den Pfändungsschutz der privaten Altersvorsorge geprägt ist. Will man umgekehrt eine Ausrichtung des Pfändungsschutzrechts am Sozialhilferecht erreichen, müsste auch § 851c Abs. 2 ZPO angepasst werden.

---

747 BVerfG, Urteil v. 25.09.1992 – 2 BvL 5/91 = NJW 1992, S. 3153, 3154; Wagner in: Blümich, EStG, § 32a, Rn. 26; Loschelder in: L. Schmidt, EStG, § 32a, Rn. 4.
748 Loschelder, a.a.O.
749 BT-Drs. 17/2167, S. 20, 21.

2. Mehrerwerbsanreize beim Pfändungsschutz der privaten Altersvorsorge

Nach den Leitgedanken des GNeuMoP sollen die Mehrerwerbsanreize des Pfändungsschutzes vom Begriff des Arbeitseinkommens abgekoppelt werden. Allein der Mehrerwerb als solcher legitimiere nach der Entwurfsbegründung die Gewährung eines zusätzlichen pfändungsfreien Betrages[750]. Die Beibehaltung des bereits nach gegenwärtiger Rechtslage zu kritisierenden § 851c Abs. 2 S. 3 ZPO[751] im GNeuMoP ist auch unter diesem Gesichtspunkt nicht konsequent. Wie bereits gezeigt, ist eine konkrete rechtfertigende Verknüpfung von Mehrerwerbsanreiz und zusätzlichem Pfändungsfreibetrags beim Aufbau des Vorsorgevermögens nicht gegeben. Interessen der Gläubiger werden anders als im Rahmen von § 850c Abs. 2 ZPO bei § 851c Abs. 2 S. 3 ZPO nicht berücksichtigt. Will man Mehrerwerbsanreize und zusätzlichen Pfändungsschutz interessengerecht miteinander verknüpfen, wäre eine Abschaffung von § 851c Abs. 2 S. 3 ZPO im Zusammenhang mit dem GNeuMoP konsequent.

3. Verbleibender Anwendungsbereich der §§ 851c und 851d ZPO

Mit dem GNeuMoP werden die vom Gesetzgeber zunächst als unabdingbar hervorgehobenen Voraussetzungen[752] des § 851c Abs. 1 ZPO für den Pfändungsschutz der Rentenleistungen zum Schutz des Schuldners vor zweckwidrigen Verfügungen praktisch wieder aufgegeben. Da die Grundnorm des § 850 Abs. 1 ZPO-E den Pfändungsschutz an den umfassenden Begriff des Einkommens anknüpft, bestehen keine Vorgaben für die Ausgestaltung des Privatvorsorgevertrags, aus dem das Einkommen gewährt wird. Zwar soll § 851c ZPO vom Entwurf unberührt bleiben[753], die Konkurrenzfrage zu § 850 ZPO-E während der Auszahlungsphase ist aber in der Entwurfsbegründung bislang ungeklärt geblieben. Die Gesetzesbegründung enthält zu dieser Problematik lediglich die Aussage, der homogene und unveränderte Schutz des Alterseinkommens könne am besten gewährleistet

---

750 BT-Drs. 17/2167, S. 12.
751 Kapitel **D. VI.** 5.
752 BT-Drs. 16/886, S. 11.
753 BT-Drs. 17/2167, S. 20, 21.

werden, wenn die §§ 851c und 851d ZPO unverändert blieben[754]. Letztlich dürfte von § 851c ZPO nur noch dem Pfändungsschutz für das Vorsorgevermögen nach Abs. 2 ein eigenständiger Anwendungsbereich zukommen, denn bei dem Vorsorgevermögen nach § 851c Abs. 2 ZPO handelt es sich nicht um Einkommen, welches nach § 850 Abs. 1 ZPO-E einem Pfändungsschutz unterliegt.

Auch § 851d ZPO wäre aus denselben Gründen überflüssig. Hier stellt sich die Konkurrenzfrage zu § 850 ZPO-E nicht in aller Schärfe, da der Vorsorgende die Voraussetzungen für die Ausgestaltung des Vertrages nach den §§ 10a, 79 ff. EStG und dem AltZertG bzw. für private Basisrentenverträge nach § 10 Abs. 1 Nr. 2 b) EStG einhalten muss, wenn er in den Genuss der steuerlichen Förderung gelangen will. Vor allem bei der privaten Basisrente werden die vom Gesetzgeber für die Grundversorgung im Alter als Wesentlich angesehenen Verfügungsbeschränkungen somit eingehalten.

---

754 BT-Drs. 17/2167, S. 20, 21; Ahrens, NZI 2011, S. 265, 268.

H. Pfändungsgeschützte Vorsorgeverträge in der Insolvenz

I. Insolvenzschutz gem. § 36 Abs. 1 InsO

1. Schutz der Altersversorgung

Nach § 36 Abs. 1 S. 1 InsO gehören Gegenstände, die nicht der Zwangsvollstrekkung unterliegen, nicht zur Insolvenzmasse. Die Vorschrift überträgt die Wertung der §§ 850 ff. ZPO, wonach Vermögenswerte vom Gläubigerzugriff ausgenommen sind, die der Schuldner für seinen Lebensunterhalt benötigt, in das Insolvenzverfahren[755]. Versorgungsleistungen, die aufgrund von nach §§ 851c und 851d ZPO geschützten Verträgen gewährt werden, sind somit in Höhe ihrer Unpfändbarkeit vom Insolvenzbeschlag ausgenommen. Entsprechendes gilt für das Vorsorgevermögen der genannten Verträge, soweit es der Pfändung wegen § 851c Abs. 2 ZPO oder §§ 851 Abs. 1 ZPO, 97 S. 1 EStG nicht unterliegt.

Der ausdrückliche Verweis des § 36 Abs. 1 S. 2 InsO auf § 851c und § 851d ZPO hat keine eigenständige Funktion. Über § 36 Abs. 1 S. 2 InsO finden im Insolvenzverfahren diejenigen Regelungen der §§ 850 ff. ZPO Anwendung, die eine Abänderung der ansonsten pauschalisierten Pfändungsgrenzen im Einzelfall ermöglichen[756]. Da die §§ 851c und 851d ZPO keine solchen Regelungen enthalten, ist deren ausdrückliche Nennung in § 36 Abs. 1 S. 2 InsO entbehrlich.

2. Schutz von Berufsunfähigkeitsrenten

Berufsunfähigkeitsrenten fallen bei einer Insolvenz des Schuldners wegen § 36 Abs. 1 S. 1 InsO nicht in die Insolvenzmasse, da sie nach § 850b Abs. 1 Nr. 1 ZPO grundsätzlich unpfändbar sind[757]. § 850b Abs. 2 ZPO, der im Einzelfall eine

---

755 Holzer in: Kübler/Prütting/Bork, InsO, § 36, Rn. 2.
756 Ders., a.a.O., Rn. 28b, 28c.
757 OLG Hamm, Urteil v. 30.03.2006 – 27 U 118/05 = ZInsO 2006, S. 878, 881; Henckel in: Jaeger, InsO, § 36, Rn. 19; Hirte in: Uhlenbruck, InsO, § 35, Rn. 209 u. § 36, Rn. 2 u. 9; Ahrens, VuR 2010, S. 445, 447, Asmuß, NZI 2010, S. 143.

Pfändung dieser Bezüge wie Arbeitseinkommen erlaubt, findet keine Anwendung, da die Norm in § 36 Abs. 1 S. 2 InsO nicht genannt ist. Nach § 850b Abs. 2 ZPO können die in § 850b Abs. 1 ZPO genannten Bezüge nach den Vorschriften für Arbeitseinkommen gepfändet werden, wenn die Vollstreckung in das sonstige bewegliche Vermögen des Schuldners nicht zu einer vollständigen Befriedigung des Gläubigers geführt hat und die Pfändung der Billigkeit entspricht.

a) Das Urteil des BGH vom 03.11.2009

Der BGH geht hingegen davon aus, dass Berufsunfähigkeitsrenten in die Insolvenzmasse fallen können, soweit dies nach den Umständen des Falles, insbesondere der Höhe der Bezüge, der Billigkeit entspricht[758]. Im Ergebnis wendet der BGH daher § 850b Abs. 2 ZPO im Insolvenzverfahren entsprechend an. Das Gericht ist der Auffassung, dass es hierzu keines ausdrücklichen Verweises auf die Norm in § 36 Abs. 1 S. 2 InsO bedürfe. So finde anerkanntermaßen auch § 850b Abs. 1 ZPO trotz fehlender Erwähnung in § 36 Abs. 1 S. 2 InsO im Insolvenzverfahren Anwendung.

Das Argument, dass es eines Hinweises auf § 850b Abs. 1 ZPO nicht bedurft habe, weil diese Vorschrift schon nach der Grundregel des § 36 Abs. 1 S. 1 InsO in der Insolvenz zu beachten sei, sei ebenfalls nicht zutreffend. Ansonsten wäre auch der Verweis in § 36 Abs. 1 S. 2 InsO auf § 850a ZPO entbehrlich[759]. Insbesondere stellte es einen Wertungswiderspruch dar, wenn der Schuldner in der Individualvollstreckung bedingt pfändbare Bezüge wie Arbeitseinkommen abführen müsse, weil dies der Billigkeit entspreche, in der Gesamtvollstreckung diese jedoch einschränkungslos behalten könnte. Zwar sei eine Abwägung zwischen den Interessen des Schuldners und den Einzelinteressen der Gläubiger, wie sie § 850b Abs. 2 InsO für die Individualzwangsvollstreckung vorsehe, im Insolvenzverfahren nicht möglich[760]. Abgewogen werden könnten aber die Interessen des Schuldners gegen das Gesamtinteresse der Gläubiger[761].

---

758 BGH, Urteil v. 03.12.2009 – IX ZR 189/08 = NZI 2010, S. 141, so auch Peters in: MüKo-InsO, § 35, Rn. 435; Ahrens in: Prütting/Gehrlein, ZPO, § 850b, Rn. 34; Meller-Hannich in: Kindl/Meller-Hannich/Wolf, Hk-ZV, § 850b, Rn. 41.
759 BGH, a.a.O., S. 142.
760 BGH, Beschluss v. 07.05.2009 – IX ZB 211/08, Rn. 11 = NZI 2009, S. 443, 444.
761 BGH, Urteil v. 03.12.2009 – IX ZR 189/08, Rn. 14 = NZI 2010, S. 141, 143; BGH, Urteil v. 15.07.2010 – IX ZR 132/09, Rn. 41 = NZI 2010, S. 777, 779; Peters in: MüKo-InsO, § 36, Rn. 435; Ahrens, VuR 2010, S. 445, 448.

b) Stellungnahme

Das Gericht muss ein Redaktionsversehen bei § 36 Abs. 1 S. 2 InsO unterstellen, um zu einer entsprechenden Anwendung des § 850b Abs. 2 ZPO zu gelangen[762]. Wäre § 850b Abs. 2 ZPO bereits über § 36 Abs. 1 S. 1 InsO anwendbar, bedürfte es keiner analogen Anwendung der Norm. Die vermeintlich unnötige Nennung des § 850a ZPO in § 36 Abs. 1 S. 2 InsO lässt entgegen der Ansicht des BGH nicht auf eine Regelungslücke schließen, sondern spricht für den definitorischen Charakter der Vorschrift[763].

Anlass für die Verweisung des § 36 Abs. 1 S. 2 InsO auf die Normen des Forderungspfändungsschutzes war der Gedanke, dass auch im Insolvenzverfahren neben den pauschalierten Pfändungsfreigrenzen Regelungen erforderlich sind, die individuellen Fallgestaltungen Rechnung tragen können[764]. Dabei ist der Grundsatz der gleichmäßigen Gläubigerbehandlung zu berücksichtigen. § 36 Abs. 1 S. 2 InsO unterscheidet deshalb zwischen Vorschriften der ZPO, die die Pfändbarkeit für bestimmte Gläubigergruppen erweitern oder beschränken (§ 850c, § 850e Nr. 2, § 850f Abs. 1 ZPO) und jenen, die es ermöglichen, die Pfändungsgrenzen hinsichtlich bestimmter Gläubiger zu modifizieren (§ 850d ZPO), oder allgemein an tatsächliche Veränderungen wie eine Änderung der Unpfändbarkeitsvoraussetzungen oder der Erzielung von Arbeitseinkommen oder sonstigen Vergütungen anzupassen (§§ 850g – 850i ZPO)[765].

§ 850b Abs. 2 ZPO gehört keiner dieser Normengruppen an, sondern sieht eine Abwägung der Schuldnerinteressen mit denen eines einzelnen Gläubigers vor, die dem Insolvenzverfahren grundsätzlich fremd ist[766]. Dass der Schuldner, der eine Berufsunfähigkeitsrente bezieht, in der Insolvenz besser gestellt wird als in der Einzelzwangsvollstreckung, ist hinzunehmen. § 850b Abs. 2 ZPO fordert eine Abwägung zwischen den Interessen des Schuldners und denen des vollstreckenden Gläubigers. Auf Seiten des Gläubigers ist dessen wirtschaftliche Situation das maßgebliche Abwägungskriterium[767]. Da sich die wirtschaftliche Situation der einzelnen Insolvenzgläubiger nicht verallgemeinern lässt, kann die Situation der Gläubiger in ihrer Gesamtheit nicht in die Abwägung eingestellt werden. Das bloße Vollstreckungs- und Befriedigungsinteresse der Gläubiger allein ist ungenügend,

---

762 Asmuß, NZI 2010, S. 143; Wollmann, ZInsO 2010, S. 754, 755.
763 Asmuß, a.a.O., S. 144.
764 BT-Drs. 14/6468, S. 17; Holzer in: Kübler/Prütting/Bork, InsO, § 36, Rn. 28b.
765 BT-Drs. 14/6468, a.a.O.; Holzer, a.a.O.
766 Hirte in: Uhlenbruck, InsO, § 36, Rn. 9.
767 Wollmann, ZInsO 2009, S. 2319, 2320.

denn § 850b Abs. 1 ZPO geht zugunsten des Schuldners vom Grundsatz der Unpfändbarkeit aus[768]. Ein darüber hinausgehendes gemeinsames Gläubigerinteresse ist kaum denkbar[769].

3. Berücksichtigung von Vorsorgeaufwendungen

In der Insolvenz des selbständigen Schuldners können gem. § 850i Abs. 1 ZPO, der über § 36 Abs. 1 S. 2 InsO Anwendung findet, bei der Bemessung des pfändbaren Teils des Einkommens die Aufwendungen für den Aufbau der Altersvorsorge vom Insolvenzbeschlag ausgenommen werden[770].

II. Insolvenzanfechtung bei Altersvorsorgeverträgen

1. Problemstellung

Ist Vermögen in einen pfändungsgeschützten Vertrag eingezahlt worden, können Gläubiger in der Insolvenz des Schuldners hierauf nicht mehr unmittelbar zugreifen, soweit der Pfändungsschutz reicht, denn diese Vermögenswerte fallen wegen § 36 Abs. 1 S. 1 InsO, §§ 851c und 851d ZPO nicht in die Insolvenzmasse. Dieser Umstand gibt dem Schuldner im Vorfeld einer Insolvenz die Möglichkeit, Teile seines Vermögens dem Zugriff seiner Gläubiger zu entziehen, indem er diese Vermögenswerte in einen pfändungsgeschützten Vorsorgevertrag einzahlt. Im Folgenden soll untersucht werden, inwieweit einzelne Rechtshandlungen des Schuldners, die dem Aufbau des Vorsorgevermögens eines pfändungsgeschützten Altersvorsorgevertrags dienen, einer Insolvenzanfechtung nach §§ 129 ff. InsO unterliegen.

2. Anfechtbarkeit von Rechtshandlungen zum Aufbau des Vorsorgevermögens

Zweck der Insolvenzanfechtung gem. §§ 129 ff. InsO ist es, den das Insolvenzverfahren tragenden Grundsatz der Gleichbehandlung aller Gläubiger eines Insolvenzschuldners (par conditio creditorum) auch im Vorfeld des

---

768 Asmuß, NZI 2010, S. 143, 144; Wollmann, ZinsO 2009, S. 2319, 2320.
769 Asmuß, a.a.O.
770 Kapitel **D. VI.** 7.; BGH, Beschluss v. 24.07.2008 – VII ZB 34/08 = NJW-RR 2009, 410.

Insolvenzverfahrens sicherzustellen[771]. Hierzu können Rechtshandlungen des Schuldners, die zu Vermögensverschiebungen zugunsten einzelner Gläubiger in einem bestimmten Zeitraum vor Eröffnung des Insolvenzverfahrens geführt haben, rückgängig gemacht werden[772].

Rechtshandlung im Sinne des § 129 Abs. 1 InsO ist jede bewusste Willensbetätigung, die eine rechtliche Wirkung auslöst[773]. Unter diesen weit auszulegenden Begriff sind alle rechtsgeschäftlichen Handlungen des Schuldners oder Dritter, z.B. Verpflichtungs- und Verfügungsgeschäfte, einseitige und mehrseitige Rechtsgeschäfte zu fassen[774]. Die Rechtshandlungen müssen vor Eröffnung des Insolvenzverfahrens vorgenommen worden sein und die Gläubiger zumindest mittelbar objektiv benachteiligen, § 129 Abs. 1 InsO.

Als Rechtshandlungen des Schuldners kommen zunächst die laufenden Einzahlungen aufgrund einer regelmäßigen Beitragsverpflichtung in einen bestehenden Vorsorgevertrag in Betracht. Dabei dürfte es sich in der Praxis regelmäßig um Überweisungen vom Girokonto des Schuldners handeln, vgl. § 675f BGB. Speziell im Hinblick auf § 851c ZPO kann auch die Erklärung der Umwandlung einer Kapitallebensversicherung nach § 167 S. 1 VVG in einen pfändungsgeschützten Vertrag gegenüber dem Versicherer eine anfechtbare Rechtshandlung darstellen. Hierbei handelt es sich um die Ausübung eines Gestaltungsrechts[775]. Schließlich kommt bezüglich § 851c und § 851d ZPO die Einzahlung eines einmaligen Betrags in einen Vorsorgevertrag als anfechtbare Rechtshandlung in Betracht.

a) Anfechtbarkeit laufender Beitragszahlungen

1) Anfechtung nach § 130 Abs. 1 InsO

Die Einzahlung laufender Beiträge in den pfändungsgeschützten Vertrag stellt eine Rechtshandlung des Schuldners im Sinne des § 129 Abs. 1 InsO dar. Regelmäßig erfolgen solche Zahlungen, indem der Schuldner sein Kreditinstitut anweist, von seinem Girokonto einen Betrag an den Vertragspartner des Altersvorsorgevertrags

---

771 Bork in: Kübler/Prütting/Bork, InsO, § 129, Rn. 1; Kirchhof in: MüKo-InsO, Vorbem. v. §§ 129–147, Rn. 2; Hirte in: Uhlenbruck, InsO, Vorbem. v. §§ 129 ff., Rn. 1.

772 Bork, a.a.O., Rn. 1; Kirchhof, a.a.O., Rn. 2; Hirte, a.a.O., Rn. 1.

773 Kayser in: MüKo-InsO, § 129, Rn. 7; Bork, a.a.O., Rn. 36; Henckel in: Jaeger, InsO, § 129, Rn. 4.

774 BGH, Urteil v. 05.02.2004 – IX ZR 473/00 = NJW-RR 2004, S. 983; Henckel, a.a.O., Rn. 10; Hirte in: Uhlenbruck, InsO, § 129, Rn. 62.

775 Kapitel **E. I.** 3. b).

zu überweisen, § 675f Abs. 3 S. 2 BGB. Bei dieser Anweisung des Schuldners, dem Zahlungsauftrag, handelt es sich um eine Willenserklärung[776] und damit um eine Rechtshandlung i.S.d. § 129 Abs. 1 InsO.

Hinsichtlich der laufenden Beitragszahlungen kommt eine Anwendung der Tatbestände der sog. Kongruenzanfechtung gem. § 130 Abs. 1 InsO in Betracht. Nach § 130 Abs. 1 Nr. 1 InsO ist eine Rechtshandlung, die einem Insolvenzgläubiger eine Sicherung oder Befriedigung gewährt oder ermöglicht hat, anfechtbar, wenn sie in den letzten drei Monaten vor dem Antrag auf Eröffnung des Insolvenzverfahrens vorgenommen worden ist, wenn zur Zeit der Handlung der Schuldner zahlungsunfähig war und wenn der Gläubiger zu dieser Zeit die Zahlungsunfähigkeit kannte.

Nach § 130 Abs. 1 Nr. 2 InsO ist eine Rechtshandlung, die einem Insolvenzgläubiger eine Sicherung oder Befriedigung gewährt oder ermöglicht hat, anfechtbar, wenn sie nach dem Eröffnungsantrag vorgenommen worden ist und wenn der Gläubiger zur Zeit der Handlung die Zahlungsunfähigkeit oder den Eröffnungsantrag kannte. Der Kenntnis der Zahlungsunfähigkeit oder des Eröffnungsantrags steht die Kenntnis von Umständen gleich, die zwingend auf die Zahlungsunfähigkeit oder den Eröffnungsantrag schließen lassen, § 130 Abs. 2 InsO.

α) Gemeinsame Voraussetzungen der Tatbestände der Kongruenzanfechtung

§ 130 Abs. 1 InsO setzt für die Tatbestände der sog. Kongruenzanfechtung nach § 130 Abs. 1 Nr. 1 bzw. Nr. 2 InsO jeweils voraus, dass die Rechtshandlung einem Insolvenzgläubiger eine Sicherung oder Befriedigung gewährt hat, auf die der Gläubiger einen Anspruch hat[777]. Der Vertragspartner des Schuldners hat regelmäßig einen Anspruch auf die laufende, monatlich erfolgende Beitragszahlung, den der Schuldner durch die Zahlung erfüllt. Die gewährte Deckung ist folglich kongruent.

Aus der monatlichen Beitragszahlung resultiert auch eine Benachteiligung der Insolvenzgläubiger, die gem. § 129 Abs. 1 InsO Voraussetzung einer jeden Insolvenzanfechtung ist. Eine Gläubigerbenachteiligung liegt vor, wenn sich die Befriedigung der Gläubiger im Falle des Unterbleibens der angefochtenen Handlung günstiger gestaltet hätte[778]. Sie kann in einer Verminderung der Aktivmasse, in

---

776 Casper in: MüKo-BGB, § 675f, Rn. 39; Sprau in: Palandt, BGB, § 675f, Rn. 17.

777 Kayser in: MüKo-InsO, § 130, Rn. 7; Hirte in: Uhlenbruck, InsO, § 130, Rn. 7; Schoppmeyer in: Kübler/Prütting/Bork, InsO, § 130, Rn. 17.

778 BGH, Urteil v. 20.11.2008 – IX ZR 130/07, Rn. 9 = NZI 2009, S. 105; Nehrlich in: Nehrlich/Römermann, InsO, § 129, Rn. 63; Kayser, a.a.O., § 129, Rn. 100 f.; Hirte, a.a.O., § 129, Rn. 91 f.

einer Vermehrung der Passivmasse, in einer Erschwerung der Zugriffmöglichkeit oder in einer Erschwerung oder Verzögerung der Verwertbarkeit liegen[779]. Grundsätzlich ist ausreichend, dass die Benachteiligung mittelbar, also unter Hinzutreten weiterer Umstände, aus der Rechtshandlung resultiert. Ein adäquater Kausalzusammenhang zwischen Rechtshandlung und Benachteiligung ist nicht erforderlich[780].

Das Vermögen, welches für die Beitragsleistungen aufgebracht werden muss, scheidet zwar nicht endgültig aus dem Vermögen des Schuldners aus. Es ist aber wegen §§ 36 Abs. 1 S. 2 InsO, 851c Abs. 2 ZPO und § 97 S. 1 EStG i.V.m. § 851 Abs. 1 ZPO nicht mehr Teil der Insolvenzmasse. Die Entscheidung, ob eine Benachteiligung der Insolvenzgläubiger vorliegt, muss nach wirtschaftlichen und nicht nach formalen Gesichtspunkten erfolgen[781]. Unter wirtschaftlichen Gesichtspunkten ist für die Gläubiger eine Verringerung der Haftungsmasse dadurch eingetreten, dass auf den pfändungsgeschützten Teil des Vorsorgevermögens nicht mehr zugegriffen werden kann.

In Literatur und Rechtsprechung wird in vergleichbaren Fällen sogar eine unmittelbare Benachteiligung i.S.d. § 132 Abs. 1 InsO angenommen. Eine unmittelbare Benachteiligung liegt vor, wenn das Rechtsgeschäft die Gläubiger als solches benachteiligt[782]. Dies ist der Fall, wenn keine gleichwertige Gegenleistung in unmittelbaren zeitlichen Zusammenhang in das Vermögen des Schuldners gelangt, § 142 InsO[783]. Eine unmittelbare Benachteiligung wurde für den Fall des Erwerbs einer Sache bejaht, wobei der Wert der Sache zwar dem Kaufpreis entspricht, die Sache selbst aber unpfändbar ist und damit gem. § 36 Abs. 1 S. 1 InsO nicht mehr zur Insolvenzmasse gehört[784]. Dieser Fall ist mit Einzahlungen

---

779 BGH, Urteil v. 20.11.2008 – IX ZR 130/07, Rn. 9 = NZI 2009, S. 105; Schoppmeyer in: Kübler/Prütting/Bork, InsO, § 129, Rn. 81.

780 BGH, Urteil v. 09.12.1999 – IX ZR 102/97, Rn. 25 = BGHZ 143, 246, 254; BGH, Urteil v. 30.09.1993 – IX ZR 227/92 = BGHZ 123, 320, 326; Hirte in: Uhlenbruck, InsO, § 129, Rn. 127; Nehrlich in: Nehrlich/Römermann, InsO, § 129, Rn. 70.

781 BGH, Urteil v. 14.06.1978 – VIII ZR 149/77 = BGHZ 72, 39, 41; BGH, Urteil v. 09.02.1955 – IV ZR 173/54 = NJW 1955, S. 709; Hirte, a.a.O., Rn. 93; Schoppmeyer in: Kübler/Prütting/Bork, InsO, § 129, Rn. 80.

782 BGH, Urteil v. 15.12.1994 – IX ZR 153/93 = BGHZ 128, 184, 189; BGH, Urteil v. 13.03.1997 – IX ZR 93/96 = MDR 1997, S. 767; Kayser in MüKo-InsO, § 129, Rn. 113; Henckel in: Jaeger, InsO, § 132, Rn. 9 m.w.N. aus der Rechtsprechung.

783 BGH, Urteil v. 15.12.1994, a.a.O.; Kayser, a.a.O.; Henckel a.a.O.

784 BGH, Urteil v. 13.07.1995 – IX ZR 81/94 = BGHZ 130, 314, 318; Kayser, a.a.O., Rn. 116; Henckel, a.a.O., § 129, Rn. 95.

von Vermögenswerten in einen pfändungsgeschützten Vertrag vergleichbar. Somit stellt die laufende Beitragszahlung in einen pfändungsgeschützten Vertrag eine unmittelbare Benachteiligung der Insolvenzgläubiger dar[785].

β) Voraussetzungen des § 130 Abs. 1 Nr. 1 InsO

Die vom Schuldner geleisteten Beitragszahlungen unterliegen folglich nach Maßgabe der weiteren Voraussetzungen des § 130 Abs. 1 InsO der Insolvenzanfechtung. Nach § 130 Abs. 1 Nr. 1 InsO ist eine Einzahlung von Vermögenswerten in einen pfändungsgeschützten Vorsorgevertrag anfechtbar, wenn sie in den letzten drei Monaten vor dem Antrag auf Eröffnung des Insolvenzverfahrens vorgenommen worden ist, der Schuldner zur Zeit der Handlung zahlungsunfähig war (§ 17 InsO) und der Gläubiger zu dieser Zeit die Zahlungsunfähigkeit kannte. Der Kenntnis der Zahlungsunfähigkeit steht die Kenntnis von Umständen gleich, die zwingend auf die Zahlungsunfähigkeit schließen lassen, § 130 Abs. 2 InsO.

In der Praxis dürfte sich die Beweisführung über die Tatsache, dass der Vertragspartner des Schuldners die Zahlungsunfähigkeit des Schuldners zum maßgeblichen Zeitpunkt kannte, als schwierig erweisen. Sind die Zahlungen eingestellt, ist nach § 17 S. 2 InsO in der Regel Zahlungsunfähigkeit anzunehmen. Diese Indizwirkung der Zahlungseinstellung gilt auch für die Feststellung der Kenntnis des Anfechtungsgegners[786].

In den übrigen Fällen wird die Kenntnis des Anfechtungsgegners aufgrund des von ihm durchgeführten Massengeschäfts praktisch nicht häufig gegeben sein. Eine solche Kenntnis dürfte bei der Hausbank des Schuldners, die neben dessen Vorsorgevertrag auch sein Girokonto führt und damit einen Überblick über dessen finanzielle Situation hat, eher anzunehmen sein als bei einem außenstehenden Gläubiger wie einem Versicherungsunternehmen. Ein Indiz für die Kenntnis von der Zahlungsunfähigkeit des Schuldners eines solchen außenstehenden Gläubigers kann die unregelmäßige Zahlung der Beitragsleistungen sein.

χ) Voraussetzungen des § 130 Abs. 1 Nr. 2 InsO

Ist der Tatbestand des § 130 Abs. 1 Nr. 1 InsO nicht erfüllt, kann die Anfechtung nach § 130 Abs. 1 Nr. 2 InsO erfolgen, wenn die Einzahlung der Vermögenswerte in den pfändungsgeschützten Vorsorgevertrag nach dem Eröffnungsantrag vorgenommen

785 Vgl. auch BGH, Beschluss v. 13.10.2011 – IX ZR 80/11, Rn. 3 = NZI 2011, S. 937.
786 BGH, Urteil v. 20.11.2001 – IX ZR 48/01 = BGHZ 149, 178, 184; Henckel in: Jaeger, InsO, § 130, Rn. 118.

worden ist und wenn der Gläubiger zur Zeit der Handlung die Zahlungsunfähigkeit oder den Eröffnungsantrag kannte. Der Kenntnis der Zahlungsunfähigkeit oder des Eröffnungsantrags steht die Kenntnis von Umständen gleich, die zwingend auf die Zahlungsunfähigkeit oder den Eröffnungsantrag schließen lassen, § 130 Abs. 2 InsO. Hinsichtlich der Kenntnis von der Zahlungsunfähigkeit des Schuldners gelten die eben gemachten Ausführungen entsprechend.

δ) Rechtsfolgen

Sind die Voraussetzungen des § 130 Abs. 1 Nr. 1 InsO erfüllt, können diejenigen Beitragsleistungen des Schuldners, die drei Monate vor dem Antrag auf Eröffnung des Insolvenzverfahrens geleistet worden sind, zur Insolvenzmasse gezogen werden, § 143 Abs. 1 InsO. Sind die Voraussetzungen des § 130 Abs. 1 Nr. 2 InsO erfüllt, können lediglich die nach dem Eröffnungsantrag vorgenommenen Beitragszahlungen zur Insolvenzmasse gezogen werden.

2) Vorsatzanfechtung, § 133 Abs. 1 InsO

Nach § 133 Abs. 1 InsO ist eine Rechtshandlung anfechtbar, die der Schuldner in den letzten zehn Jahren vor dem Antrag auf Eröffnung des Insolvenzverfahrens oder nach diesem Antrag mit dem Vorsatz, seine Gläubiger zu benachteiligen, vorgenommen hat. Der andere Teil, also derjenige, demgegenüber die Rechtshandlung vorgenommen worden ist, muss zur Zeit der Vornahme der Handlung Kenntnis vom Vorsatz des Schuldners gehabt haben.

α) Benachteiligungsvorsatz des Schuldners

Der Schuldner muss mit dem Vorsatz gehandelt haben, die Insolvenzgläubiger zu benachteiligen. Im Anwendungsbereich des § 133 InsO genügt eine mittelbare Gläubigerbenachteiligung[787]. Ein Benachteiligungsvorsatz ist gegeben, wenn sich der Schuldner die Benachteiligung der Gläubiger im wirtschaftlichen Sinne als Folge seines Handelns als möglich vorstellte, sie aber billigend in Kauf nahm, ohne sich durch die Vorstellung dieser Möglichkeit von der Rechtshandlung abhalten zu lassen (dolus eventualis)[788]. Dies ist regelmäßig der Fall, wenn der

---

787 BGH, Urteil v. 13.05.2004 – IX ZR 190/03 = NZI 2005, S. 692, 693; Kayser in: MüKo-InsO, § 133, Rn. 11; Hirte in: Uhlenbruck, InsO, § 133, Rn. 11.

788 BGH, Urteil v. 10.02.2005 – IX ZR 211/02, S. 11 = BGHZ 162, 143, 153; BGH, Urteil v. 16.10.2008 – IX ZR 183/06, Rn. 45 = NZI 2009, S. 171, 176; Hirte, a.a.O., Rn. 12 f.; Henckel in: Jaeger, InsO, § 133, Rn. 21 f.

Schuldner seine auch bloß drohende Zahlungsunfähigkeit, d. h. die materielle Insolvenz erkennt und trotzdem handelt. Unter diesen Umständen kann der Benachteiligungsvorsatz nur ausgeschlossen sein, wenn der Schuldner auf Grund konkreter Vorstellungen davon überzeugt war, in absehbarer Zeit alle seine Gläubiger befriedigen zu können, wenn also aus seiner Sicht seine Insolvenz so gut wie ausgeschlossen war[789].

In der Praxis werden die Anforderungen an den Benachteiligungsvorsatz allerdings weniger auf der materiell-rechtlichen Ebene definiert. Die Rechtsprechung stellt den Vorsatz vielmehr auf der prozessualen Ebene im Wege einer Gesamtwürdigung anhand von bestimmten Indizien fest[790]. Der BGH geht davon aus, dass bestimmte Indizien auf prozessualer Ebene einen Vorsatz widerlegen können, auch wenn der Schuldner seine drohende Zahlungsunfähigkeit erkannt hat und trotzdem handelte[791]. Im Falle einer kongruenten Deckung erschöpfe sich nach der Rechtsprechung der Wille des Schuldners nämlich meist darin, seinen Verbindlichkeiten gerecht zu werden, ohne dabei die Benachteiligung Anderer in den Blick zu nehmen[792]. An die Feststellung des Vorsatzes sind in diesen Fällen erhöhte Anforderungen zu stellen[793].

Ein Benachteiligungsvorsatz des Schuldners liegt allerdings nahe, wenn der Schuldner mit kongruenten Zahlungen die Begünstigung eines einzelnen Gläubigers bezweckt[794] und gerade mit dessen Befriedigung Vorteile für sich selbst erlangen will[795]. Da der Schuldner mit der Zahlung regelmäßig seine eigene Altersvorsorge weiter aufbauen und damit einen Vorteil für sich selbst für die Zeit nach dem Insolvenzverfahren erlangen möchte, besteht im untersuchten Fall ein starkes Indiz für die Annahme eines Benachteiligungsvorsatzes. Die Begünstigung eines einzelnen Gläubigers, nämlich des Anfechtungsgegners als Vertragspartner des Vorsorgevertrags, ist notwendiges Zwischenziel, um die Altersvorsorge weiter aufzubauen.

---

789 BGH, Urteil v. 04.12.1997 – IX ZR 47/97 = NJW 1998, S. 1561, 1564; BGH, Urteil v. 01.04.2004 – IX ZR 305/00 = NZI 2004, S. 376, 378; Kayser in: MüKo-InsO, § 133, Rn. 15.

790 Vgl. Kayser, a.a.O., Rn. 27 f.; Bork in: Kübler/Prütting/Bork, InsO, § 133, Rn. 26 f.

791 BGH, Urteil v. 17.07.2003 – IX ZR 272/02 = NJW 2003, S. 3560, 3561, kritisch hierzu Jacoby, KTS 2009, S. 3, 16.

792 BGH, a.a.O.; Kayser in: MüKo-InsO, § 133, Rn. 33.

793 BGH, a.a.O.; Kayser, a.a.O., Rn. 33; Hirte in: Uhlenbruck, InsO, § 130, Rn. 29.

794 BGH, Urteil v. 17.07.2003 – IX ZR 272/02 = NJW 2003, S. 3560, 3561.

795 BGH, a.a.O.; Kayser, a.a.O., Rn. 34b.

Außerdem kann ein Beweisanzeichen für einen Benachteiligungsvorsatz darin liegen, dass eine unmittelbare Gläubigerbenachteiligung bewirkt wird[796]. Bei Beitragsleistungen des Schuldners zu einem Vorsorgevertrag liegt eine solche unmittelbare Benachteiligung vor, da die für die Beitragsleistungen aufgewendeten Vermögenswerte aus dem pfändbaren Vermögen des Schuldners ausscheiden. Nach alledem liegt die Annahme eines Benachteiligungsvorsatzes des Schuldners im Fall der Beitragsleistungen nahe.

β) Kenntnis des anderen Teils vom Benachteiligungsvorsatz

Der andere Teil, d.h. der Vertragspartner des Schuldners als Empfänger der Zahlung, muss Kenntnis vom Benachteiligungsvorsatz des Schuldners zum Zeitpunkt der Vornahme der Rechtshandlung gehabt haben, § 133 Abs. 1 S. 1 InsO. Der Anfechtungsgegner muss also wissen, dass der Schuldner weitere Gläubiger hat, seine Handlung für gläubigerbenachteiligend hält und eine solche Folge auch wenigstens billigend in Kauf nimmt[797]. Dabei kommt die Vermutungsregel des § 133 Abs. 1 S. 2 InsO zur Anwendung, wonach die Kenntnis des anderen Teils vermutet wird, wenn dieser wusste, dass die Zahlungsunfähigkeit des Schuldners drohte und die Handlung die Gläubiger benachteiligte.

Wie bei der Feststellung des Vorsatzes des Schuldners muss auch die Feststellung der Kenntnis des Anfechtungsgegners anhand einer Gesamtwürdigung von Indizien erfolgen, weil sich die Kenntnis wenigstens in allgemeiner Form spiegelbildlich auf die einzelnen Elemente des Vorsatzes beziehen muss[798]. Regelmäßig liegt eine solche Kenntnis bei der Hausbank des Schuldners, die einen Überblick über dessen Vermögensverhältnisse hat, näher als bei einem außenstehenden Gläubiger wie einem Versicherungsunternehmen. Bei einem solchen außenstehenden Gläubiger spricht für eine solche Kenntnis, wenn der Schuldner ihm gegenüber bereits in Zahlungsschwierigkeiten geraten ist.

χ) Rechtsfolgen

Sind die Voraussetzungen des § 133 InsO erfüllt, müssen die Beitragsleistungen, die der Schuldner in den letzten zehn Jahren vor der Stellung des Insolvenzantrags oder danach geleistet hat, zur Insolvenzmasse zurückgewährt werden.

---

796 BGH, Urteil v. 04.12.1997 – IX ZR 47/97 = NJW 1998, S. 1561; Kayser in: MüKo-InsO, § 133, Rn. 32; Hirte in: Uhlenbruck, InsO, § 130, Rn. 25.
797 BGH, Urteil v. 17.07.2003 – IX ZR 272/02 = NJW 2003, S. 3560, 3561.
798 BGH, Urteil v. 30.06.2011 – IX ZR 155/08, Rn. 14 = NZI 2011, S. 684, 685; Kayser in: MüKo-InsO, § 133, Rn. 38b; Bork in: Kübler/Prütting/Bork, InsO, § 133, Rn. 54.

b) Anfechtbarkeit der Umwandlung einer Kapitallebensversicherung nach § 167 S. 1 VVG

Die Umwandlung einer Kapitallebensversicherung nach § 167 S. 1 VVG in einen pfändungsgeschützten Vertrag stellt eine anfechtbare Rechtshandlung i.s.d. § 129 Abs. 1 InsO dar[799]. Der Schuldner übt hierbei sein gesetzliches Gestaltungsrecht nach § 167 S. 1 VVG[800] aus.

1) Kein genereller Ausschluss der Anfechtbarkeit

α) Keine entgegenstehende Wertung des § 851c ZPO

Teilweise wird angenommen, die Umwandlung einer Kapitallebensversicherung sei in der Insolvenz generell nicht nach den §§ 129 ff. InsO anfechtbar[801]. Zur Begründung wird angeführt, in § 851c ZPO sei die Wertung des Gesetzgebers enthalten, der Schutz der Altersvorsorge habe stets Vorrang vor den Gläubigerinteressen[802]. Aus dem Wortlaut des § 167 S. 1 VVG folge, dass die Umwandlungsmöglichkeit zu jeder Zeit in Anspruch genommen und deshalb nicht durch Insolvenzanfechtung wieder rückgängig gemacht werden könne. Dem Gedanken, dass ein pfändungsfreier Betrag dem Schuldner in seiner Rentenzeit als Äquivalent für erarbeiteten „Lebenslohn" zustehen müsse, komme eine solche Bedeutung zu, dass die Vorschriften über die Insolvenzanfechtung verfassungskonform auszulegen seien[803]. Zudem sei am Vorliegen einer Gläubigerbenachteiligung zu zweifeln, denn das in einer Kapitallebensversicherung enthaltene Vorsorgevermögen sei aufgrund der Umwandlungsmöglichkeit des § 167 S. 1 VVG stets mit einer potentiellen Unpfändbarkeit belastet[804]. Wollmann fügt hinzu, es sei widersprüchlich, dem Gesetzgeber einerseits zu unterstellen, er wolle eine Umwandlung in weitem Umfang zulassen, andererseits aber dieses Ergebnis im Wege der Anfechtung wieder zu korrigieren[805].

---

799 OLG Naumburg, Urteil v. 08.12.2010 – 5 U 96/10 = ZInsO 2011, S. 677.
800 Kapitel **E. I. 3. b)**.
801 Winter in: Bruck/Möller, VVG, § 167, Rn. 176 f.; Brambach in: Rüffer/Halbach/ Schimikowski, VVG, § 167, Rn. 20; LG Magdeburg, Urteil v. 12.08.2010 – 10 O 465/10; Flitsch, ZVI 2007, S. 161; Pape, ZAP Fach 14, S. 529, 533; Hasse, VersR 2007, S. 870; Henning, VIA 2009, S. 17; Schwarz/Facius, ZVI 2009, S. 188, 189.
802 Henning, a.a.O, S. 19.
803 LG Magdeburg, Urteil v. 12.08.2010 – 10 O 465/10.
804 Henning, VIA 2009, S. 17, 18.
805 Wollmann, S. 323.

§ 167 S. 1 VVG ist nicht zu entnehmen, dass die Möglichkeit der Insolvenzanfechtung ausgeschlossen werden soll[806]. Der Umstand, dass das Gesetz zivilrechtlich etwas ermöglicht, spricht für sich genommen noch nicht für die Unanfechtbarkeit der erlaubten Handlung[807]. Deshalb muss eine Anfechtung der Umwandlung nach § 167 S. 1 VVG vom Gesetz nicht ausdrücklich zugelassen werden, wie dies von den o.g. Autoren vorausgesetzt wird. Vielmehr ist im Gegenteil davon auszugehen, dass eine Anfechtung nur dann ausgeschlossen wäre, wenn dies eine Vorschrift wie beispielsweise § 28e SGB IV für die Umwandlungserklärung ausdrücklich vorsehen würde[808]. Normzweck des § 167 S. 1 VVG ist ausschließlich ein versicherungsvertragsrechtlicher. Der Versicherungsnehmer soll einen Pfändungsschutz erlangen können, ohne einen bestehenden Altvertrag kündigen zu müssen, indem er seinen bestehenden Lebensversicherungsvertrag den Erfordernissen des § 851c ZPO anpassen kann. Ihm sollen die durch eine Kündigung entstehenden Vermögensverluste erspart bleiben[809].

β) Bestimmung des Anfechtungsgegners, § 143 Abs. 1 InsO

Das OLG Stuttgart geht davon aus, die Anfechtung der Umwandlung einer Lebensversicherung sei bereits deshalb ausgeschlossen, weil § 143 Abs. 1 InsO voraussetze, das ein Gegenstand aus dem Vermögen des Schuldners veräußert, weggeben oder aufgegeben worden ist[810]. Daran fehle es im Falle des § 167 VVG. Gegner eines solchen Insolvenzanfechtungsanspruchs wäre der Insolvenzschuldner selbst, weil der zurückzugewährende Gegenstand der erlangte Pfändungsschutz sei, der wiederum keinen Vermögensabfluss aus dem Vermögen des Insolvenzschuldners beinhalte[811]. Der BGH hat in diesem Zusammenhang zutreffend festgestellt, dass jedenfalls der Insolvenzschuldner nicht tauglicher Gegner des Anfechtungsanspruchs sein kann, die Frage nach der Anfechtbarkeit im Übrigen aber offen gelassen[812].

---

806 OLG Naumburg, Urteil v. 08.12.2010 – 5 U 96/10 = ZInsO 2011, S. 677; Meller-Hannich in: Kindl/Meller-Hannich/Wolf, Hk-ZV, § 851c, Rn. 26; offen Ahrens in: Prütting/Gehrlein, ZPO, § 851c, Rn. 47.
807 Smid, FPR 2007, S. 443; OLG Naumburg, a.a.O.
808 OLG Naumburg, a.a.O.
809 Vgl. BT-Drs. 16/886, S. 14.
810 OLG Stuttgart, Urteil v. 15.12.2011 – 7 U 184/11 = NZI 2012, S. 250, 253; KG, Urteil v. 15.11.2011 – 7 O 201/10 = ZInsO 2012, S. 218; so auch Schoppmeyer in: Kübler/Prütting/Bork, InsO, § 132, Rn. 40a; Kemperdick, ZInsO 2012, S. 2193, 2195.
811 OLG Stuttgart, a.a.O.; KG, a.a.O.; Schoppmeyer, a.a.O., Rn. 40a.
812 BGH, Beschluss v. 13.10.2011 – IX ZR 80/11, Rn. 3 = NZI 2011, S. 937.

Das KG[813], das eine Anfechtbarkeit nach § 134 InsO im zu entscheidenden Fall verneint hat, begründet dieses Ergebnis ähnlich wie das OLG Stuttgart. Durch die Vereinbarung eines Verwertungsausschlusses habe das Versicherungsunternehmen keinen Vermögenswert erlangt. Der Ausschluss des Rechts aus § 168 Abs. 1 VVG, einen Versicherungsvertrag vorzeitig zu kündigen, stelle sich aus der Sicht des Versicherungsunternehmens wirtschaftlich als ein einseitig motivierter Verzicht auf das Kündigungsrecht durch den Versicherungsnehmer dar, dem auf Seiten des Anfechtungsgegners keine Vermögensmehrung gegenüberstehe[814].

Demgegenüber nimmt das OLG Naumburg[815] an, die Umwandlung sei nach § 133 Abs. 1 InsO anfechtbar. Dass kein „anderer Teil" i.S.d. § 133 Abs. 1 InsO vorhanden sei, spiele keine Rolle. Bestehe die Gläubigerbenachteiligung ausschließlich darin, dass ein Gegenstand vom pfändbaren in das unpfändbare Vermögen des Schuldners überführt wird, bedürfe es keines weiteren „anderen Teils". Dann stünden sich der Träger des pfändbaren, abgebenden, und der Träger des unpfändbaren, begünstigten Teils des Vermögens in einer Person gegenüber[816].

Zutreffend ist, dass das Vorsorgevermögen als solches durch die Erklärung der Umwandlung nicht dem Versicherungsunternehmen zufließt[817], sondern lediglich der Anspruch auf dessen Auszahlung vom pfändbaren in das unpfändbare Vermögen des Schuldners überführt wird. Allerdings erhält das Versicherungsunternehmen durch die Umwandlung einen Vermögensvorteil in Form einer langfristigen Kreditierung, da wegen § 851c Abs. 1 Nr. 2 ZPO das ordentliche Kündigungsrecht des Versicherungsnehmers gem. § 168 Abs. 1 VVG ausgeschlossen wird. Das Versicherungsunternehmen muss nicht mehr jederzeit damit rechnen, dass der Schuldner sein ordentliches Kündigungsrecht ausübt und sich das Vorsorgekapital auszahlen lässt. Kehrseite des mit der Umwandlung nach § 167 VVG einhergehenden Ausschlusses des ordentlichen Kündigungsrechts ist somit die Möglichkeit des Versicherungsunternehmens, rechtssicher mit dem Vorsorgevermögen bis zum Beginn der Auszahlungsphase wirtschaften zu können. Der mit der Umwandlung erklärte Verzicht des Schuldners auf sein ordentliches Kündigungsrecht aus § 168 Abs. 1 VVG stellt somit einen Vermögensvorteil für das Versicherungsunternehmen dar, der diesem aus dem Vermögens des Schuldners zufließt, § 143 Abs. 1 InsO.

---

813 KG, Urteil v. 15.11.2011 – 7 O 201/10 = ZInsO 2012, S. 218.
814 KG, a.a.O.
815 OLG Naumburg, Urteil v. 08.12.2010 – 5 U 96/10 = ZInsO 2011, S. 677.
816 OLG Naumburg, a.a.O.
817 So auch Kemperdick, ZInsO 2012, S. 2193, 2195.

2) Vorsatzanfechtung, § 133 Abs. 1 InsO

Die Tatbestände der Deckungsanfechtung nach den §§ 130, 131 InsO sind bei einer Umwandlung einer Kapitalversicherung nach § 167 S. 1 VVG nicht einschlägig, denn dem Versicherer als Vertragspartner des Schuldners wird keine Sicherung oder Befriedigung gewährt[818].

Daher kommt der Tatbestand der Vorsatzanfechtung gem. § 133 Abs. 1 InsO in Betracht. Die Umwandlungserklärung nach § 167 S. 1 VVG wäre somit in den zeitlichen Grenzen des § 133 Abs. 1 InsO anfechtbar, wenn der Schuldner diese mit dem Vorsatz vorgenommen hat, seine Gläubiger zu benachteiligen und der Vertragspartner des Schuldners Kenntnis von dem Benachteiligungsvorsatz gehabt hat.

Im Anwendungsbereich des § 133 InsO genügt das Vorliegen einer mittelbaren Benachteiligung i.S.d. § 129 Abs. 1 InsO, wie sich aus einem Umkehrschluss aus § 133 Abs. 2 InsO ergibt[819]. Henning geht davon aus, an einer solchen fehle es, da die Kapitallebensversicherung bereits durch die gesetzliche Gestaltungsmöglichkeit des Schuldners nach § 167 S. 1 VVG mit einer potentiellen Unpfändbarkeit belastet und somit zu keinem Zeitpunkt ein vollwertiger Teil des Vermögens des Schuldners gewesen sei[820]. Nach dem oben gefundenen Ergebnis liegt bei der Transformation von pfändbarem in unpfändbares Vermögen stets eine unmittelbare Gläubigerbenachteiligung i.S.d. § 132 Abs. 1 InsO vor[821], die für eine Anfechtung nach § 133 Abs. 1 InsO ausreichend ist.

Für die Annahme eines Benachteiligungsvorsatzes des Schuldners genügt es, dass dieser sich die Benachteiligung der Gläubiger als Folge seines Handelns als möglich vorstellte, sie aber billigend in Kauf nahm, ohne sich durch die Vorstellung dieser Möglichkeit von der Rechtshandlung abhalten zu lassen[822]. Der Schuldner wird eine Umwandlung einer Lebensversicherung stets zu dem Zweck erklären, die Vermögenswerte, die seiner Altersvorsorge dienen, der Masse eines zukünftigen Insolvenzverfahrens zu entziehen. Ein Benachteiligungsvorsatz, der anhand der oben dargestellten Indizien zu ermitteln ist, wird deshalb regelmäßig festzustellen sein.

---

818 OLG Stuttgart, Urteil v. 15.12.2011 – 7 U 184/11 = NZI 2012, S. 250, 253 mit Anmerkung Buchholz, VIA 2012, S. 21; KG, Urteil v. 15.11.2011 – 7 O 201/10 = ZInsO 2012, S. 218; Th. Lange, ZVI 2012, S. 403, 406.
819 Bork in: Kübler/Prütting/Bork, InsO, § 133, Rn. 21; Kayser in: MüKo-InsO, § 133, Rn. 11.
820 Henning, VIA 2009, S. 17, 18.
821 Kapitel **H. II.** 2 a).
822 BGH, Urteil v. 10.02.2005 – IX ZR 211/02 = BGHZ 162, 143, 153; BGH, Urteil v. 16.10.2008 – IX ZR 183/06, Rn. 45 = NZI 2009, S. 171, 176; Hirte in: Uhlenbruck, InsO § 133, Rn. 12 f.; Henckel in: Jaeger, InsO, § 133, Rn. 21 f.

Ferner muss der andere Teil i.S.d. § 133 Abs. 1 InsO zur Zeit der Umwandlung auch Kenntnis vom Vorsatz des Schuldners gehabt haben. Da ein Versicherungsunternehmen als außenstehender Gläubiger regelmäßig keinen vollständigen Überblick über die finanziellen Verhältnisse des Schuldners haben dürfte, wird die Kenntnis des anderen Teils vom Benachteiligungsvorsatz des Schuldners praktisch nicht sehr häufig festgestellt werden können.

3) Anfechtung wegen unmittelbarer Benachteiligung, § 132 InsO

Soweit der Tatbestand des § 133 Abs. 1 InsO nicht erfüllt ist, kommt eine Anfechtung nach § 132 Abs. 1 InsO in Betracht[823]. Nach § 132 Abs. 1 Nr. 1 InsO kann ein Rechtsgeschäft des Schuldners, das die Insolvenzgläubiger unmittelbar benachteiligt, angefochten werden, wenn es in den letzten drei Monaten vor dem Antrag auf Eröffnung des Insolvenzverfahrens vorgenommen worden ist, der Schuldner zur Zeit des Rechtsgeschäfts zahlungsunfähig war und der andere Teil zu dieser Zeit die Zahlungsunfähigkeit kannte. Nach § 132 Abs. 1 Nr. 2 InsO kann ein solches Rechtsgeschäft angefochten werden, wenn es nach dem Eröffnungsantrag vorgenommen worden ist und wenn der andere Teil zur Zeit des Rechtsgeschäfts die Zahlungsunfähigkeit oder den Eröffnungsantrag kannte.

Der Begriff des Rechtsgeschäfts in § 132 Abs. 1 InsO entspricht dem des BGB und umfasst einseitige und mehrseitige Rechtsgeschäfte[824]. Die Umwandlungserklärung des Schuldners nach § 167 S. 1 VVG stellt als gesetzliches Gestaltungsrecht ein einseitiges Rechtsgeschäft dar. Sie hat auch eine unmittelbare Gläubigerbenachteiligung i.S.d. § 132 Abs. 1 InsO zur Folge[825].

Dem Tatbestand des § 132 Abs. 1 Nr. 1 InsO zufolge muss die Umwandlung in den letzten drei Monaten vor dem Antrag auf Eröffnung des Insolvenzverfahrens vorgenommen worden sein, der Schuldner zur Zeit des Rechtsgeschäfts zahlungsunfähig gewesen sein und der andere Teil zu dieser Zeit Kenntnis von der Zahlungsunfähigkeit gehabt haben. Nach § 132 Abs. 1 Nr. 2 InsO kann ein solches unmittelbar nachteiliges Rechtsgeschäft angefochten werden, wenn es nach dem Eröffnungsantrag vorgenommen worden ist und wenn der andere Teil zur Zeit des Rechtsgeschäfts die Zahlungsunfähigkeit oder den Eröffnungsantrag kannte. Zur Kenntnis des Anfechtungsgegners von der Zahlungsunfähigkeit des Schuldners gelten die oben gemachten Ausführungen entsprechend.

---

823 BGH, Beschluss v. 13.10.2011 – IX ZR 80/11, Rn. 3 = NZI 2011, S. 937.
824 Kayser in: MüKo-InsO, § 132, Rn. 6; Henckel in: Jaeger, InsO, § 132, Rn. 7.
825 Kapitel **H. II. 2. a)**; vgl. auch BGH, Beschluss v. 13.10.2011 – IX ZR 80/11, Rn. 3 = NZI 2011, S. 937.

4) Rechtsfolgen

Nach § 143 Abs. 1 InsO muss dasjenige, was durch die anfechtbare Handlung aus dem Vermögen des Schuldners veräußert, weggegeben oder aufgegeben ist, zur Insolvenzmasse zurückgewährt werden. Die Insolvenzmasse muss in die Lage versetzt werden, in der sie sich befinden würde, wenn die anfechtbare Rechtshandlung unterblieben wäre[826]. Wird ein Recht des Schuldners verkürzt, kann im Wege der Anfechtung Wiederherstellung dieses Rechts vom Anfechtungsgegner verlangt werden[827]. Im Wege der Anfechtung kann somit die Wiedereinräumung des ordentlichen Kündigungsrechts des Schuldners durch das Versicherungsunternehmen verlangt werden. Die Umwandlungserklärung des Schuldners nach § 167 S. 1 VVG ist insoweit anfechtungsrechtlich als unwirksam zu behandeln.

c) Anfechtbarkeit von Einmalzahlungen in den Vorsorgevertrag

Im privaten Vorsorgevertrag kann vereinbart werden, dass der Schuldner unregelmäßige Zahlungen in beliebiger Höhe, sog. Einmalzahlungen, erbringen darf. Vertragliche Grundlage ist ein Rahmenvertrag, der die Befugnis zur Bereitstellung von Kapital nach Belieben des Schuldners vorsieht. Daneben kann auch eine Verpflichtung zur regelmäßigen Einzahlung von Beiträgen vorgesehen sein[828].

1) Anfechtung gem. § 131 Abs. 1 InsO

α) Tatbestandliche Voraussetzungen

Da der Vertragspartner des Schuldners bei Einmalzahlungen keinen Anspruch auf diese Leistung hat, sondern der Schuldner lediglich befugt ist, die Leistung zu erbringen, kommt eine Anfechtung von Einmalzahlungen wegen inkongruenter Deckung gem. § 131 InsO in Betracht.

Gemäß § 131 Abs. 1 Nr. 1 InsO ist eine Rechtshandlung, die einem Insolvenzgläubiger eine Befriedigung gewährt oder ermöglicht hat, die er nicht oder nicht in der Weise zu beanspruchen hatte, anfechtbar, wenn die Handlung im letzten Monat vor dem Antrag auf Eröffnung des Insolvenzverfahrens oder danach vorgenommen worden ist.

---

826 BGH, Urteil v. 19.04.2007 – IX ZR 59/06, Rn. 31 = NJW 2007, S. 2325, 2328; Hirte in: Uhlenbruck, InsO, § 143, Rn. 5.

827 Jacoby in: Kübler/Prütting/Bork, InsO, § 143, Rn. 35.

828 Bei Versicherungen als Aufstockungsversicherung bezeichnet, vgl. Winter in: Bruck/ Möller, VVG, Einf. v. §§ 150–171, Rn. 83; Roth, S. 415; Eisenecker, S. 47.

Alternativ hierzu ist gem. § 131 Abs. 1 Nr. 2 InsO eine solche Rechtshandlung anfechtbar, wenn sie innerhalb des zweiten oder dritten Monats vor dem Eröffnungsantrag vorgenommen worden ist und der Schuldner zur Zeit der Handlung zahlungsunfähig war. Schließlich ist eine Rechtshandlung nach § 131 Abs. 1 Nr. 3 InsO anfechtbar, wenn die Handlung innerhalb des zweiten oder dritten Monats vor dem Eröffnungsantrag vorgenommen worden ist und dem Gläubiger zur Zeit der Handlung bekannt war, dass sie die Insolvenzgläubiger benachteiligte.

Rechtshandlung ist die Zahlung eines Einmalbetrages an den Vertragspartner auf der Grundlage des Vorsorgevertrages. Regelmäßig erfolgen solche Zahlungen, indem der Schuldner sein Kreditinstitut anweist, von seinem Girokonto einen Betrag an den Vertragspartner des Altersvorsorgevertrags zu überweisen, § 675f Abs. 3 S. 2 BGB. Bei dieser Anweisung des Schuldners, dem Zahlungsauftrag, handelt es sich um eine Willenserklärung[829] und damit um eine Rechtshandlung i.S.d. § 129 Abs. 1 InsO. Hieraus resultiert eine unmittelbare Gläubigerbenachteiligung i.S.d. § 129 Abs. 1 InsO[830], da das Kapital langfristig im Altersvorsorgevertrag gebunden wird.

Dem Gläubiger wird gem. § 131 Abs. 1 InsO eine Befriedigung gewährt, die er nicht zu beanspruchen hatte, wenn der Schuldner eine Zahlung aufgrund der im Vertrag vereinbarten Einzahlungsbefugnis tätigt, ohne dass eine Einzahlungsverpflichtung besteht. In diesem Fall hat der Finanzdienstleister keinen Anspruch auf die Zahlung. Die mit der Einmalzahlung einhergehende gleichzeitige Abänderung bzw. Ausfüllung des Rahmenvertrages gem. § 311 Abs. 1 BGB kann dabei die Inkongruenz der Deckung nicht beseitigen. Der Zweck des § 131 Abs. 1 InsO erfordert, dass eine in der kritischen Zeit rechtsgeschäftlich geschaffene Kongruenz unbeachtlich bleiben muss, gleichgültig, ob die Vereinbarung vor oder nach Befriedigung des Insolvenzgläubigers erfolgt ist[831]. Daher stellt die Einzahlung eines Einmalbetrages eine Rechtshandlung, die zu einer inkongruenten Deckung i.S.d. § 131 InsO führt, dar.

β) Rechtsfolgen

Eine Einmalzahlung ist, sofern die oben genannten Voraussetzungen vorliegen, anfechtbar, wenn sie im letzten Monat vor dem Eröffnungsantrag oder danach

---

829 Casper in: MüKo-BGB, § 675f, Rn. 39; Sprau in: Palandt, BGB, § 675f, Rn. 17.
830 Kapitel **H. II.** 2 a).
831 BGH, Urteil v. 05.04.2001 – IX ZR 216/98 = NJW 2001, S. 1940, 1942; Schoppmeyer in: Kübler/Prütting/Bork, InsO, § 131, Rn. 36; Henckel in: Jaeger, InsO, § 131, Rn. 4; Nehrlich in: Nehrlich/Römermann, InsO, § 131, Rn. 51.

vorgenommen worden ist, § 131 Abs. 1 Nr. 1 InsO. Alternativ hierzu ist sie anfechtbar, wenn sie innerhalb des zweiten oder dritten Monats vor dem Eröffnungsantrag vorgenommen wurde und der Schuldner zur Zeit der Handlung zahlungsunfähig war, § 131 Abs. 1 Nr. 2 InsO. Schließlich kommt eine Anfechtung in Betracht, wenn die Handlung innerhalb des zweiten oder dritten Monats vor dem Eröffnungsantrag vorgenommen worden ist und dem Gläubiger zur Zeit der Handlung bekannt war, dass sie die Insolvenzgläubiger benachteiligte, § 131 Abs. 1 Nr. 3 InsO.

2) Vorsatzanfechtung, § 133 Abs. 1 InsO

α) Tatbestandliche Voraussetzungen

Eine Einmalzahlung in einen Vorsorgevertrag kann außerdem der Vorsatzanfechtung nach § 133 Abs. 1 InsO unterliegen. Die materiell-rechtliche Feststellung des Benachteiligungsvorsatzes richtet sich nach den oben dargestellten Grundsätzen[832].

Der praktische Nachweis des Vorsatzes erfolgt wie beschrieben anhand von Indizien. Ein Beweisanzeichen für das Vorliegen des Benachteiligungsvorsatzes kann darin liegen, dass eine unmittelbare Gläubigerbenachteiligung durch die Rechtshandlung bewirkt wird[833]. Auch die Inkongruenz einer Deckung ist nach ständiger Rechtsprechung ein starkes Beweisanzeichen für einen Benachteiligungsvorsatz sowie für die Kenntnis des Anfechtungsgegners von diesem Benachteiligungsvorsatz[834]. Außerdem liegt ein Vorsatz insbesondere dann nahe, wenn der Schuldner mit der Befriedigung gerade eines bestimmten Gläubigers Vorteile für sich selbst erlangen will[835]. Da der Schuldner mit der Einmalzahlung regelmäßig seine Altersvorsorge weiter aufbauen und damit einen Vorteil für sich selbst für die Zeit nach dem Insolvenzverfahren erlangen möchte, liegt die Annahme eines Benachteiligungsvorsatzes nahe. Die Begünstigung eines einzelnen Gläubigers, nämlich des Anfechtungsgegners als Vertragspartner des Vorsorgevertrags, ist hierzu notwendiges Zwischenziel.

---

832 Kapitel **H. II.** 2 a).
833 BGH, Urteil v. 04.12.1997 – IX ZR 47/97 = NJW 1998, S. 1561, 1564; Kayser in: MüKo-InsO, § 133, Rn. 32; Hirte in: Uhlenbruck, InsO, § 130 Rn. 25.
834 BGH, Urteil v. 22.04.2004 – IX ZR 370/00 = NZI 2004, S. 445, 446; Bork in: Kübler/ Prütting/Bork, InsO, § 133, Rn. 27.
835 BGH, Urteil v. 17.07.2003 – IX ZR 272/02 = NJW 2003, S. 3560, 3561; Kayser in: MüKo-InsO, § 133, Rn. 34b.

Ferner kann eine atypische Vertragsgestaltung als ein Indiz für die Feststellung eines Benachteiligungsvorsatzes herangezogen werden[836]. Die Ausgestaltung des Altersvorsorgevertrags, bei der statt der üblichen regelmäßigen Beitragszahlungspflichten die Möglichkeit zu Einmalzahlungen vorgesehen ist, kann als solche untypische Vertragsgestaltung angesehen werden. Weitere Kriterien für die Feststellung des Benachteiligungsvorsatzes können die Höhe des eingezahlten Betrags, die wirtschaftlichen Möglichkeiten des Schuldners, zuvor durch regelmäßige Beiträge für eine effektive Altersversorgung vorzusorgen, sowie die zeitliche Nähe der vorgenommenen Zahlung zum Insolvenzverfahren sein.

Der andere Teil, hier der Finanzdienstleister, muss auch zur Zeit der Vornahme der Handlung von dem Benachteiligungsvorsatz des Schuldners Kenntnis gehabt haben, § 133 Abs. 1 S. 1 a. E. InsO. Gemäß § 133 Abs. 1 S. 2 InsO wird diese Kenntnis vermutet, wenn der andere Teil wusste, dass die Zahlungsunfähigkeit des Schuldners drohte und dass die Handlung die Gläubiger benachteiligte. In der Praxis dürfte ein Finanzdienstleister aufgrund des von ihm vorgenommenen Massengeschäfts selten Kenntnis von der Zahlungsunfähigkeit des Schuldners haben, wenn dieser aufgrund des Vertrages nicht zu Zahlungen verpflichtet ist und noch Zahlungen vornimmt.

β) Rechtsfolgen

Sind die Voraussetzungen des § 133 InsO erfüllt, sind Einmalzahlungen, die der Schuldner in einem Zeitraum von bis zu zehn Jahren vor der Stellung des Insolvenzantrags oder danach geleistet hat, zur Insolvenzmasse zurückzugewähren.

3. Anfechtbarkeit von Zuwendungen an Hinterbliebene

Hinterbliebene können im Rahmen eines nach § 851c Abs. 1 ZPO geschützten Vertrages aufgrund von § 851c Abs. 1 Nr. 3 ZPO als Berechtigte bezeichnet werden. Dies gilt gleichermaßen für Riester-Verträge gem. § 1 Abs. 1 S. 1 Nr. 2 Alt-ZertG und die private Basisrente gem. § 10 Abs. 1 Nr. 2 b) EStG.

Sind den Hinterbliebenen Versorgungsansprüche eingeräumt, so können Gläubiger des Schuldners nicht im Wege der Forderungspfändung gem. §§ 828 ff. ZPO auf diese Ansprüche zugreifen, denn sie fallen beim Tod des Schuldners nicht in dessen Nachlass. Vielmehr werden diese Ansprüche von den Begünstigten im Rahmen der §§ 328 ff. BGB, 159 VVG aufgrund Rechtsgeschäfts unter

---

836 BGH, Urteil v. 14.02.2008 – IX ZR 38/04, Rn. 35 = NJW-RR 2008, S. 870, 871; Bork in: Kübler/Prütting/Bork, InsO, § 133, Rn. 51.

Lebenden erworben[837]. Gläubiger des Schuldners können aber im Rahmen eines Insolvenzverfahrens im Wege der Schenkungsanfechtung gem. § 134 Abs. 1 InsO auf diese Leistungen zugreifen, da die Zuwendung der Hinterbliebenenleistung regelmäßig ohne Gegenleistung erfolgt. Nach § 134 Abs. 1 InsO ist eine unentgeltliche Leistung des Schuldners anfechtbar, es sei denn, sie ist früher als vier Jahre vor dem Antrag auf Eröffnung des Insolvenzverfahrens vorgenommen worden. Der Begriff der unentgeltlichen Leistung ist weit auszulegen, er erfasst sowohl Verpflichtungs- als auch Verfügungsgeschäfte des Schuldners[838].

Als anfechtbare Rechtshandlungen des Schuldners i.S.d. § 129 Abs. 1 InsO kommen grundsätzlich die Anspruchszuwendung an die Hinterbliebenen als solche sowie die dem Schuldner zuzurechnende Auszahlung der Hinterbliebenenleistungen durch den Versicherer in Betracht[839]. Schließlich können auch die vom Schuldner an seinen Vertragspartner geleisteten Prämien zum Aufbau der Altersvorsorge der Insolvenzanfechtung unterliegen[840].

1) Anfechtung der Bezugsberechtigung

Zur Insolvenzanfechtung von Ansprüchen, die Dritten zu Versorgungszwecken zugewendet worden sind, haben Literatur und Rechtsprechung anhand der Kapitallebensversicherung eine umfangreiche Kasuistik entwickelt. Die dazu entwickelten Grundsätze wurden durch § 159 Abs. 1 – 3 VVG 2008[841] teilweise in das Recht der Lebensversicherung des VVG aufgenommen. Diese Normen sind auch auf Rentenversicherungsverträge anwendbar, die in den Anwendungsbereich des § 851c ZPO, des § 1 Abs. 1 S. 1 Nr. 2 AltZertG sowie des § 10 Abs. 1 Nr. 2 b) EStG fallen.

Der Anspruchserwerb des Dritten wird bei Lebensversicherungsverträgen als Erwerb der Bezugsberechtigung bezeichnet, § 159 Abs. 1 VVG. Diese Bezugsberechtigung kann der Schuldner als Versicherungsnehmer dem Dritten unwiderruflich oder widerruflich erteilen, § 159 Abs. 2 und Abs. 3 VVG. § 159

---

837 BGH, Beschluss v. 27.04.2010 – IX ZR 245/09, Rn. 2 = NZI 2010, S. 646; BGH, Urteil v. 26.11.2003 – IV ZR 438/02 = BGHZ 157, 79; BGH, Urteil v. 23.10.2003 – IX ZR 252/01 = BGHZ 156, 350, 353; Heiss in: MüKo-VVG, § 159, Rn. 9, 67; Schneider in: Prölss/Martin, VVG, § 159, Rn. 9; Jagmann in: Staudinger, BGB, § 331, Rn. 10; Gottwald in: MüKo-BGB, § 331, Rn. 4; Petersen, AcP 2004, S. 832.
838 BGH, Urteil v. 26.04.2012 – IX ZR 146/11, Rn. 37 = NZI 2012, S. 562, 565; Kayser in: MüKo-InsO, § 134, Rn. 5; Hirte in: Uhlenbruck, InsO, § 134, Rn. 5.
839 BGH, Urteil v. 23.10.2003 – IX ZR 252/01, S. 7 = BGHZ 156, 350, 355.
840 Vgl. die Darstellung bei Thiele, S. 7.
841 Gesetz v. 23.11 2007, BGBl. I, S. 2631.

Abs. 2 und Abs. 3 ZPO knüpfen den Zeitpunkt des Anspruchserwerbs des Dritten an die Ausgestaltung der Bezugsberechtigung.

Ist die Bezugsberechtigung widerruflich erteilt, so erwirbt der Berechtigte den Anspruch im Todesfall des Versicherungsnehmers, § 159 Abs. 2 VVG. Bei Erteilung einer widerruflichen Bezugsberechtigung gilt die anfechtbare Rechtshandlung i.S.d. § 129 Abs. 1 InsO erst dann als vorgenommen, wenn der Versicherungsfall eingetreten, mithin der Schuldner verstorben ist[842]. Alle Ansprüche und Rechte aus dem Versicherungsvertrag fallen in die Insolvenzmasse. Der Insolvenzverwalter kann während der Ansparphase die Bezugsberechtigung des Dritten widerrufen, um zu verhindern, dass der Dritte bei Tod des Schuldners einen Anspruch erwirbt[843]. Folglich bedarf es zu Lebzeiten des Versicherungsnehmers keiner Insolvenzanfechtung der widerruflichen Bezugsberechtigung nach § 134 Abs. 1 InsO.

Ist die Bezugsberechtigung unwiderruflich ausgestaltet, so wird vermutet, dass der Dritte den Anspruch auf die Versicherungsleistung sofort bei Bezeichnung erwerben soll, § 159 Abs. 3 VVG[844]. Damit soll der Dritte vor Zugriffen von Gläubigern des Schuldners als Versicherungsnehmer geschützt werden[845], indem der Anspruchserwerb des Dritten und damit die maßgebliche anfechtbare Rechtshandlung des Schuldners auf den Zeitpunkt der Einräumung des Bezugsrechts vorverlagert wird. Folge ist, dass der Anspruchserwerb des Berechtigten regelmäßig nicht in die vierjährige Anfechtungsfrist des § 134 Abs. 1 InsO fällt. Die dann erfolgende Zahlung der Versicherungssumme an den Dritten wird anfechtungsrechtlich nicht mehr berücksichtigt.

α) Gläubigerbenachteiligung i.S.d. § 129 Abs. 1 InsO

Ob die Einräumung einer Bezugsberechtigung an den Dritten eine die Gläubiger benachteiligende Rechtshandlung des Schuldners darstellt, hängt davon ab, ob ein Dritter aufgrund eines Vertrages zugunsten Dritter gem. § 328 Abs. 1 BGB originär einen eigenen Anspruch erwirbt, oder ob der Anspruchserwerb abgeleitet aus dem Vermögen des Zuwendenden erfolgt. Bei einem originären Erwerb

---

842 BGH, Beschluss v. 27.04.2010 – IX ZR 245/09, Rn. 3 = NZI 2010, S. 646, 647; BGH, Urteil v. 23.10.2003 – IX ZR 252/01 = BGHZ 156, 350, 357; Heiss in: MüKo-VVG, § 159, Rn. 70; Winter in: Bruck/Möller, VVG, § 159, Rn. 498; Hasse, VersR 2005, S. 15 f.

843 Winter, a.a.O., Rn. 468 u. 497; Heiss, a.a.O, Rn. 131; Ortmann in: Schwintowski/ Brömmelmeyer, VVG, § 159, Rn. 38; Wandt, Versicherungsrecht, Rn. 1239.

844 BGH, Urteil v. 17.02.1966 – II ZR 286/63 = BGHZ 45, 162, 165; BGH, Urteil v. 18.06.2003 – IV ZR 59/02 = NJW 2003, S. 2679; Winter, a.a.O., Rn. 164 f.; Heiss, a.a.O., Rn. 74; Hasse, VersR 2005, S. 15, 21 ff.

845 Hasse, VersR 2005, S. 1176, 1178; Lind/Stegmann, VersR 1998, S. 433.

würde das Vermögen des Zuwendenden gar nicht gemindert, da der Anspruch dem Schuldner als Versicherungsnehmer niemals selbst zugestanden hat.

Die früher überwiegend vertretene Auffassung geht davon aus, dass bei einer Einräumung einer Bezugsberechtigung zum Zeitpunkt des Vertragsschlusses, einer sog. anfänglichen Bezugsberechtigung, diese nicht anfechtbar sei, weil ein originärer Erwerb des Dritten erfolge[846]. In diesem Fall könne auch die später erfolgende Auszahlung der Versicherungsleistung nicht angefochten werden. Anfechtbar sei lediglich die nach Vertragsschluss erfolgte Bezugsberechtigung, die sog. nachträgliche Bezugsberechtigung, da in diesem Fall der zugewendete Anspruch bereits zum Vermögen des Schuldners als Versicherungsnehmer gehört habe und folglich ein derivativer Erwerb anzunehmen sei.

Der überwiegende Teil der Literatur nimmt demgegenüber an, der Erwerb der Bezugsberechtigung des Dritten erfolge immer auf der Grundlage des Versicherungsvertrags, der dem Schuldner als Versicherungsnehmer erst das Recht gebe, einen Dritten zu bezeichnen[847]. Die Einräumung einer Bezugsberechtigung stelle somit immer eine Gläubigerbenachteiligung i.S.d. § 129 Abs. 1 InsO dar, weil der Anspruch dem Dritten aus dem Vermögen des Schuldners zugewendet werde. Selbst bei einer Bezeichnung des Dritten zum Zeitpunkt des Vertragsschlusses gehöre der Anspruch damit zumindest für eine logische Sekunde zum Vermögen des Schuldners, bevor er auf den Dritten übergehe. Jedenfalls für die anfängliche, widerruflich erteilte Bezugsberechtigung hat dies jetzt auch der BGH angenommen und behandelt diese anfechtungsrechtlich wie mittelbare Zuwendungen[848]. Dieser Ansicht soll gefolgt werden.

β) Unentgeltliche Leistung, § 134 Abs. 1 InsO

Zu untersuchen ist, ob Zuwendungen von Leistungen an Hinterbliebene unentgeltliche Leistungen i.S.d. § 134 Abs. 1 InsO darstellen. Der Begriff der unentgeltlichen Leistung in § 134 Abs. 1 InsO wird weit verstanden. Unentgeltlich ist eine Leistung stets dann, wenn sie ohne Rechtspflicht erfolgt und keine Gegenleistung in das Schuldnervermögen gelangt[849].

---

846 Begründet vom RG, zuletzt RGZ 66, 161; OLG München, Urteil v. 09.10.1991 – 3 U 3059/91 = ZIP 1991, S. 1505; Nehrlich in: Nehrlich/Römermann, InsO, § 134, Rn. 33.
847 Kayser in: MüKo-InsO, § 134, Rn. 16a, 16b; Henckel in: Jaeger, InsO, § 134, Rn. 46; Hirte in: Uhlenbruck, InsO, § 134, Rn. 15; Winter in: Bruck/Möller, VVG, § 159, Rn. 452 f.; Heiss in: MüKo-VVG, § 159, Rn. 125; Bork in: Kübler/Prütting/Bork, InsO, § 134, Rn. 69; Lind/Stegmann, ZInsO 2004, S. 413, 419; Thiele, S. 26 f.
848 BGH, Urteil v. 23.10.2003 – IX ZR 252/01 = BGHZ 156, 350, 357.
849 BGH, a.a.O.; Hirte in: Uhlenbruck, InsO, § 134, Rn. 20.

Teilweise wird in der Literatur vertreten, dass eine Schenkungsanfechtung dann nicht möglich sei, wenn eine Begünstigung von nahen Angehörigen in angemessen Umfang bzw. in Erfüllung der gesetzlichen Unterhalts- und Vorsorgepflicht erfolgt ist[850]. Nach dem Tode des Versicherungsnehmers liege zwar keine rechtliche, sondern nur noch eine sittliche Pflicht zum Unterhalt vor. Die dennoch erfolgende Erfüllung dieser Pflicht werde aber als rechtlich beständig anerkannt, was § 814, 2. Var. BGB zeige[851]. Wollmann ist der Auffassung, die Anfechtung einer Hinterbliebenenbegünstigung im Rahmen des § 851c Abs. 1 Nr. 3 ZPO sei grundsätzlich ausgeschlossen. Nach der Wertung des § 851c Abs. 1 Nr. 3 ZPO solle eine Hinterbliebenenvorsorge auf Kosten der Gläubiger einer Pfändung entzogen sein. Dieser Vorrang des § 851c ZPO folge aus dem Spezialitäts- und Prioritätsprinzip[852]. Zudem bestünde ansonsten auch eine dem Pfändungsschutz der Altersvorsorge zuwiderlaufende Rechtsunsicherheit[853].

Überwiegend wird aber unabhängig von der Motivation der Zuwendung und der Schutzwürdigkeit der Hinterbliebenen die Anfechtbarkeit der Zuwendung gem. § 134 Abs. 1 InsO bejaht[854]. Das Recht der Insolvenzanfechtung enthalte anders als die §§ 850 ff. ZPO gerade keine ausdrücklichen Vorschriften zum Schutz des Schuldners oder seiner Angehörigen. Vielmehr seien Zuwendungen zwischen Angehörigen im Hinblick auf Beweislastverteilung und Zuwendungszeitraum sogar strengeren Vorschriften wie beispielsweise § 138 Abs. 1 InsO unterworfen als Zuwendungen an sonstige Personen. § 534 BGB zeige, dass auch Pflicht- oder Anstandsschenkungen ihrer Natur nach echte Schenkungen sind[855]. Dem ist zuzustimmen.

Hinzuzufügen ist, dass § 851c Abs. 1 Nr. 3 ZPO lediglich die Koppelung einer Hinterbliebenenversorgung mit dem pfändungsgeschützten Vertrag ermöglicht[856], aber nichts über deren anfechtungsrechtliche Behandlung besagt. Der Schuldner soll lediglich nicht verbrauchtes Vorsorgekapital seinen Hinterbliebenen zuwenden können, ohne dass sich dies nachteilig auf den ihm zu gewährenden Pfändungsschutz auswirkt.

---

850 Winter in: Bruck/Möller, VVG, § 134, Rn. 190 f., 460 f.; Sieg in: FS für Klingmüller, S. 447, 463; Bayer, S. 319 ff.; Thiele, S. 71; v. Gierke, S. 48 ff.; Scherer, S. 157.
851 Sieg, a.a.O.
852 Wollmann, S. 158.
853 Ders., S. 159.
854 BGH, Urteil v. 23.10.2003 – IX ZR 252/01 = BGHZ 156, 350, 358; Kayser in: MüKo-InsO, § 134, Rn. 16a, 16b; Henckel in: Jaeger, InsO, § 134, Rn. 46; Heiss in: MüKo-VVG, § 159, Rn. 125; Lind/Stegmann, ZInsO 2004, S. 413, 418.
855 Hasse, S. 200.
856 Kapitel **D. IV.** 4. a).

Der begünstigte Hinterbliebene wird außerdem genügend durch die Anfechtungsfrist des § 134 Abs. 1 InsO geschützt, wonach die Anspruchszuwendung an den Dritten nur anfechtbar ist, wenn sie in den letzten vier Jahren vor der Anfechtung vorgenommen worden ist. Die Anfechtungsfrist des § 134 InsO soll das Vertrauen des Begünstigten darauf schützen, dass er die Zuwendung des Schuldners endgültig behalten darf. Hieran ändert auch das Vorliegen einer unwiderruflichen Begünstigung des Hinterbliebenen i.S.d. § 159 Abs. 3 VVG nichts. Diese soll den Hinterbliebenen lediglich davor schützen, dass ihm der zuwendende Schuldner den Anspruch auf die Versorgung wieder entzieht. Ein Schutz vor Zugriffen von Gläubigern des Schuldners ist damit gerade nicht verbunden.

χ) Rechtsfolgen

Ist die Einräumung eines unwiderruflichen Bezugsrechts auf die Rentenleistungen innerhalb der vierjährigen Frist des § 134 Abs. 1 InsO erfolgt, unterliegt dieses der Anfechtung[857]. Ist zum Zeitpunkt der Anfechtung der Versicherungsfall noch nicht eingetreten, muss der Hinterbliebene das Rentenbezugsrecht zurückgewähren, § 143 Abs. 1, Abs. 2 InsO. Dabei ist ihm nicht zuzumuten, die Rentenberechtigung in kapitalisierter Form abzugelten, da er sonst schlechter stünde als ohne die Berechtigung. Es genügt, wenn er alle Ansprüche auf zukünftige Rentenleistungen an den Gläubiger bzw. an die Masse abtritt. Ist der Versicherungsfall eingetreten und hat ein Hinterbliebener bereits Rentenleistungen erhalten, so muss er diese zurückgewähren, soweit er durch diese noch bereichert ist, § 143 Abs. 2 InsO[858]. Die noch ausstehenden zukünftigen Rentenansprüche muss er der Masse abtreten.

Bei einem widerruflich erteilten Bezugsrecht ist eine Schenkungsanfechtung nicht erforderlich, solange der Versicherungsfall noch nicht eingetreten ist. Ist dieser eingetreten, so richten sich die Rechtsfolgen der Anfechtung nach eben dargestellten Grundsätzen.

2) Anfechtung der Prämienleistungen des Schuldners

Ist das unwiderrufliche Bezugsrecht vor der vierjährigen Frist des § 134 Abs. 1 InsO eingeräumt worden oder beim widerruflichen Bezugsrecht vor dieser Frist der Versicherungsfall eingetreten, so unterliegen lediglich die innerhalb dieser

---

857 BGH, Urteil v. 23.10.2003 – IX ZR 252/01 = BGHZ 156, 350, 357; Kayser in: MüKo-InsO, § 134, Rn. 16b, Hirte in: Uhlenbruck, InsO, § 134, Rn. 15; Heiss in: MüKo-VVG, § 159, Rn. 125.
858 Henckel in: Jaeger, InsO, § 134, Rn. 50.

Frist vom Schuldner an den Versicherer aufgewendeten Beitragsleistungen der Anfechtung[859]. Diese hat der Hinterbliebene nach Maßgabe der genannten Grundsätze an die Insolvenzmasse zurückzugewähren, § 143 InsO.

3) Anfechtung der Drittzuwendung bei übrigen Vorsorgeverträgen

Soweit Hinterbliebene im Rahmen von §§ 851c und 851d ZPO nicht auf Grundlage eines Rentenversicherungsvertrags begünstigt werden, gelten die §§ 328 ff. BGB ohne die Modifikationen des Versicherungsrechts nach § 159 Abs. 1 – 3 VVG, insbesondere §§ 328 Abs. 2, 330 BGB. Die genannten Grundsätze zur Anfechtung der Drittzuwendungen sind hierauf aber entsprechend anzuwenden, um eine anfechtungsrechtliche Gleichbehandlung aller Privatvorsorgeverträge zu gewährleisten.

4. Ergebnis und Stellungnahme

Ob und inwieweit Rechtshandlungen des Schuldners, die dem Aufbau des Vorsorgevermögens für eine private Altersvorsorge dienen, der Insolvenzanfechtung unterliegen, ist in vielen Fällen von subjektiven Umständen des Anfechtungsgegners abhängig. Zwar wird vielfach ein Benachteiligungsvorsatz des Schuldners gem. § 133 InsO festzustellen sein, jedoch wird die Anfechtung häufig daran scheitern, dass der Anfechtungsgegner als Finanzdienstleister des Schuldners regelmäßig keinen Überblick über dessen finanzielle Verhältnisse haben wird.

Insbesondere im Hinblick auf die private Basisrente nach § 10 Abs. 1 Nr. 2 b) EStG besteht damit keine effektive Möglichkeit der Gläubiger, während der Ansparphase auf das Vorsorgevermögen eines solchen Vertrags zuzugreifen. Bei solchen Verträgen kann der Schuldner während der Ansparphase unbegrenzt Vermögen in den Vorsorgevertrag einzahlen, ohne dass Gläubiger auf dieses unmittelbar zugreifen können. Eine Pfändung eines Anspruchs auf Auszahlung des Vorsorgevermögens kann nicht erfolgen, da ein solcher Anspruch aufgrund der besonderen Vorgaben für die Vertragsgestaltung nicht existiert[860]. Damit besteht ein dringender Regelungsbedarf, eine solche Zugriffsmöglichkeit für die Gläubiger zu schaffen, damit der Schuldner nicht zulasten der Gläubiger ein unangemessen hohes Vorsorgevermögen ansammeln kann.

---

859 Kayser in: MüKo-InsO, § 134, Rn. 16a; Hirte in: Uhlenbruck, InsO, § 134, Rn. 15; Heiss in: MüKo-VVG, § 159, Rn. 126; Winter in: Bruck/Möller, VVG, § 159, Rn. 492; Thiele, S. 7.
860 Kapitel **F. V. 4.**

I. Fazit

1. Bewertung des § 851c ZPO

Mit § 851c ZPO hat der Gesetzgeber eine Regelung geschaffen, deren Voraussetzungen einen gerechten Ausgleich der Interessen von Gläubigern und Schuldnern im Rahmen des Pfändungsschutzes der privaten Altersvorsorge sicherstellen können. Die Norm kann deshalb als taugliches Modell eines Pfändungsschutzes für die Privatvorsorge zur Grundabsicherung im Alter bezeichnet werden. Insbesondere die Voraussetzung des § 851c Abs. 1 Nr. 2 ZPO, wonach über Ansprüche aus dem Vertrag nicht verfügt werden können darf, steht im Einklang mit einem wesentlichen Leitgedanken der §§ 850 ff. ZPO. Die Zugriffsbeschränkungen der Gläubiger spiegeln sich in der Beschränkung der Verfügungsgewalt des Schuldners wider. Der Schuldner kann nur insoweit über die Ansprüche aus dem Vertrag verfügen, als sie auch dem Gläubigerzugriff unterliegen. Schließlich wird durch diese Gestaltung der vom Gesetzgeber beabsichtigte Gleichlauf zwischen der gesetzlichen Rentenversicherung als der Basisabsicherung der abhängig Beschäftigten und der Privatvorsorge Selbständiger geschaffen. Auch in der gesetzlichen Rentenversicherung kann der Versicherte nicht über die Rentenanwartschaft verfügen. Damit wird ein Grundgedanke eines Gesamtsystems der Altersvorsorge formuliert, wonach die Basisversorgung im Alter nicht der Verfügungsgewalt des Schuldners unterliegen darf[861].

§ 851c ZPO ist im Wesentlichen geeignet, die gängigen gegenwärtigen Altersvorsorgeprodukte zu erfassen. Soweit einzelne Vorsorgeverträge nicht erfasst werden können, ist dies auf deren grundsätzliche Ungeeignetheit zum Aufbau einer privaten Altersvorsorge und nicht auf ein spezifisches Defizit des § 851c ZPO zurückzuführen. Insbesondere Investmentsparverträge können wegen der mit dem Anlagemodell verbundenen Risiken nicht zum Aufbau einer Grundversorgung im Alter dienen. Für Immobilien oder Unternehmen als solche, aus deren Veräußerung eine Altersrente generiert werden soll, kann ebenfalls kein Pfändungsschutz gewährt werden.

---

861 Henke, S. 103.

Zu bemängeln ist, dass der Gesetzgeber das Schutzkonzept nur am Modell der Lebensversicherung entwickelt hat. Die beschriebene Ausrichtung an Versicherungsverträgen ist zwar nicht unzweckmäßig, denn in der Praxis wird regelmäßig nur über Rentenversicherungsverträge eine lebenslange Versorgung gewährt. Das Erfordernis einer lebenslangen Versorgung ist rechtspolitisch zu begrüßen. Es zieht sich durch alle drei Säulen der Altersvorsorge. Defizite zeigen sich vielmehr im materiell-rechtlichen Bereich. Mit § 168 Abs. 3 S. 2 VVG wurde es dem Versicherungsnehmer rechtlich erst ermöglicht, sein indisponibles Kündigungsrecht auszuschließen, damit der Vertrag die Voraussetzungen des § 851c Abs. 1 Nr. 2 ZPO erfüllen kann. Außerhalb des Versicherungsrechts wurden keine Regelungen geschaffen, die es ermöglichen, die Vorgaben des § 851c ZPO unproblematisch in das materielle Recht des jeweiligen Vertragstyps umzusetzen. Es muss daher stets im Einzelfall entschieden werden, ob die Normen des materiellen Rechts im Interesse der Umsetzung der Voraussetzungen des § 851c ZPO zurücktreten. Lösungen der beschriebenen Probleme des § 851c ZPO sind daher nicht zwingend im Zwangsvollstreckungsrecht, sondern vielmehr im allgemeinen und besonderen Vertragsrecht zu suchen.

Ein schwerwiegender Webfehler von § 851c ZPO ist die fehlende Verzahnung mit den Regelungen der steuerlich geförderten Altersvorsorge Selbständiger nach § 10 Abs. 1 Nr. 2 b) EStG. Nach dem Übergang zur steuerlichen Förderung der Rentenversicherung seit 2005 wurde ein entsprechender Pfändungsschutz für die private Basisrente nach § 10 Abs. 1 Nr. 2 b) EStG schlichtweg übersehen. Mit Einführung von § 851c ZPO war die Möglichkeit gegeben, die beiden Institute aufeinander abzustimmen. Den Pfändungsschutz für die Rentenleistungen aufgrund eines Basisrentenvertrages mag man noch über eine Analogie zu § 851d ZPO realisieren können. Im Hinblick auf die Pfändbarkeit des Vorsorgevermögens bestehen allerdings aufgrund der unterschiedlichen Ausgestaltung der Institute erhebliche Diskrepanzen, was die Berücksichtigung von Gläubigerinteressen angeht. § 10 Abs. 1 Nr. 2 b) EStG sieht einen vollständigen Ausschluss pfändbarer Ansprüche des Schuldners vor, so dass es für die Gläubiger nichts zu pfänden gibt, was mit den §§ 850 ff. ZPO zu schützen wäre. Im Rahmen von privaten Basisrentenverträgen kann der Schuldner damit einen beliebig hohen Betrag in den Vertrag einzahlen, ohne dass Gläubiger hierauf Zugriff haben. Gerechtfertigt wird dies damit, dass das Vorsorgevermögen, soweit es nicht für Rentenleistungen verbraucht wird, der Versichertengemeinschaft anheim fallen soll. Letztere soll gegenüber den Gläubigern des einzelnen Vorsorgenden privilegiert werden. Ob dieser Zweck uneingeschränkt Vorrang vor der Berücksichtigung von Gläubigerinteressen beanspruchen kann, ist zweifelhaft. Nach derzeitiger Rechtslage besteht nur die Möglichkeit einer Insolvenz- bzw. Gläubigeranfechtung.

Aufgrund der erheblichen Anreize einer steuerlichen Förderung der privaten Altersvorsorge werden sich wohl viele Selbständige dazu entscheiden, einen privaten Basisrentenvertrag nach § 10 Abs. 1 Nr. 2 b) EStG und nicht einen nach § 851c ZPO pfändungsgeschützen Vertrag abzuschließen. Damit dürfte § 851c ZPO sein praktisch bedeutsamstes Anwendungsfeld nur im Bereich der umgewandelten Kapitallebensversicherungen finden. § 851c ZPO soll in Verbindung mit § 167 S. 1 VVG die unter Selbständigen stark verbreitete Kapitallebensversicherung einem fakultativen Pfändungsschutz unterstellen.

§ 851c ZPO hat sich vom theoretischen Schutzkonzept her als mehr als nur ein erster Schritt erwiesen, den Pfändungsschutz der privaten Altersvorsorge Selbständiger auf eine breitere Grundlage zu stellen. Die fehlende Verzahnung der steuerlichen Förderung mit dem Pfändungsschutz der privaten Altersvorsorge dürfte aber einem praktisch weiten Anwendungsfeld entgegenstehen.

2. Bewertung des § 851d ZPO

§ 851d ZPO ist grundsätzlich geeignet, sämtliche Privatvorsorgeverträge zu erfassen, aus denen Leistungen in monatlicher Zahlweise erbracht werden. Über die Anknüpfung an das Steuerrecht, insbesondere an das AltZertG, ist die Norm offen für zukünftige steuerlich geförderte Vorsorgeformen und alle förderungsberechtigten Personengruppen. Materiell-rechtlich flankiert wird die Norm von § 97 S. 1 EStG, wonach die Ansprüche aus dem Vertrag kraft Gesetzes nicht übertragen werden können, soweit sie aus steuerlich geförderten Altersvorsorgevermögen gespeist werden. Damit ist der Pfändungsschutz weitgehend unabhängig von den rechtlichen Möglichkeiten, Verfügungsbeschränkungen durch Vereinbarungen in das materielle Recht umzusetzen, wie dies im Rahmen von § 851c Abs. 1 Nr. 2 ZPO erforderlich ist. Über Änderungen des AltZertG und des EStG kann der Gesetzgeber die Anforderungen der steuerliche Förderung an die Ausgestaltung des Vorsorgevertrags anpassen, ohne dabei auf pfändungsschutzrechtliche Aspekte besondere Rücksicht nehmen zu müssen.

Indem der Gesetzgeber den Betrag des unpfändbaren Vorsorgevermögens bei Riester-Verträgen über § 97 S. 1 EStG, § 851 Abs. 1 ZPO an die Maßstäbe der steuerlichen Förderung geknüpft hat, hat er zugleich eine systemfremde Bezugsgröße in das System des Forderungspfändungsschutzes eingeführt. Dies dürfte zu praktischen Komplikationen bei der Berechnung des unpfändbaren Vorsorgevermögens führen. Zwar sind vornehmlich Anbieter von Privatvorsorgeverträgen als Drittschuldner Pfändungen des Vorsorgevermögens ausgesetzt, die über die Fachkompetenz verfügen, eine genaue Berechnung vorzunehmen. Aufgrund der

Zertifizierungspflicht des AltZertG sollte auch ein gewisser Mindeststandard bei der Kompetenz der Anbieter gewährleistet sein. Allerdings werden über § 97 S. 1 EStG auch die monatlichen Beiträge des vorsorgenden Schuldners erfasst. Dies führt zu einer Erhöhung des Pfändungsfreibetrages für Arbeitsentgelt. Bei entsprechenden Pfändungen muss somit der Arbeitgeber des Schuldners den Betrag ermitteln, der der steuerlichen Förderung unterliegt und somit vom Einkommen abzuziehen ist.

§ 851d ZPO durchbricht das Prinzip des Pfändungsschutzes, dem zufolge keine Zugriffsmöglichkeiten des Schuldners auf die Quelle der Einkünfte gegeben sein darf, soweit Pfändungsschutz besteht. Verfügungsbeschränkungen für den Schuldner bestehen lediglich insoweit, als der Anspruch auf Auszahlung des steuerlich geförderten Altersvorsorgevermögens gem. § 97 S. 1 EStG nicht übertragen werden kann. Der Schuldner kann aber zu jeder Zeit den Vertrag ordentlich kündigen und somit auf das Vorsorgevermögen zugreifen. Zweckwidrige Verfügungen werden über § 93 EStG sanktioniert, indem der Schuldner in diesen Fällen die erhaltene steuerliche Förderung erstatten muss. Der Gesetzgeber formuliert damit den Leitgedanken eines Gesamtsystems der Altersvorsorge, wonach die ergänzende Altersvorsorge von abhängig Beschäftigten weniger strengen Verfügungsbeschränkungen unterliegt als deren Basisversorgung.

Grund für diese Ausgestaltung dürfte zum einen der gesetzgeberischen Wille sein, auch investmentfondsbasierte Altersvorsorge zu ermöglichen[862]. Bei Investmentverträgen ist eine Umsetzung von Verfügungsbeschränkungen des Vorsorgenden rechtlich kaum möglich. Zum anderen wollte der Gesetzgeber private Altersvorsorge mit der Möglichkeit zum Erwerb einer selbstgenutzten Immobilie verzahnen. Auch hierfür war es rechtstechnisch erforderlich, Verfügungsmöglichkeiten des Schuldners zu erhalten. Rechtfertigen lässt sich diese Ausgestaltung allenfalls mit der aus der Ergänzungsfunktion resultierenden geringeren Schutzbedürftigkeit der Altersvorsorge nach §§ 10a, 79 EStG. Berücksichtigt man aber, dass funktional mit der Riester-Rente Einkünfte aus der gesetzlichen Rentenversicherung, also der Basisversorgung für Arbeitnehmer, teilweise ersetzt werden sollen, wären hier ebenfalls Verfügungsbeschränkungen nach den Leitgedanken der §§ 850 ff. ZPO zu fordern.

Letztlich zeigt die Ausgestaltung des Pfändungsschutzes der Riester-geförderten Altersvorsorgeverträge, dass der Gesetzgeber im Bereich des Pfändungsschutzes Arbeitnehmern immer noch stärkere Vergünstigungen gewährt als Selbständigen. Diese Grundentscheidung war bereits vor Einführung des § 851d ZPO mit der Auslegung des § 850 Abs. 3 b) ZPO getroffen.

---

862 Vgl. Henke, S. 1 ff.

Abkürzungsverzeichnis

a.A.	andere Auffassung
a.a.O.	am angegebenen Ort
Abs.	Absatz
a.E.	am Ende
AEUV	Vertrag über die Arbeitsweise der Europäischen Union
a.F.	alte Fassung
AG	Amtsgericht
Alt.	Alternative
AltEinkG	Alterseinkünftegesetz
AVmG	Altersvermögensgesetz
AVmEG	Altersvermögensergänzungsgesetz
AltZertG	Altersvorsorgeverträge-Zertifizierungsgesetz
Anm.	Anmerkung
Art.	Artikel
Aufl.	Auflage
AVB	Allgemeine Versicherungsbedingungen
BaFin	Bundesanstalt für Finanzdienstleistungsaufsicht.
BArch	Bundesarchiv
BayObLG	Bayerisches Oberstes Landesgericht
BayObLGZ	Entscheidungen des Bayerischen Obersten Landesgerichts in Zivilsachen
Bd.	Band
BetrAVG	Gesetz zur Verbesserung der betrieblichen Altersversorgung
BFH	Bundesfinanzhof
BFHE	Entscheidungen des Bundesfinanzhofs
BGB	Bürgerliches Gesetzbuch
BGBl.	Bundesgesetzblatt
BGH	Bundesgerichtshof
BGHZ	Entscheidungen des Bundesgerichtshofs in Zivilsachen
Bl.	Blatt
BMF	Bundesministerium der Finanzen

BSG	Bundessozialgericht
BStBl.	Bundessteuerblatt
BT-Drs.	Bundestags-Drucksache
BUZ	Berufsunfähigkeits-Zusatzversicherung
BVerfG	Bundesverfassungsgericht
BVerfGE	Entscheidungen des Bundesverfassungsgerichts
bzgl.	bezüglich
bzw.	beziehungsweise
DAV	Deutsche Aktuarvereinigung
d.h.	das heißt
Diss.	Dissertation
DJT	Deutscher Juristentag
ders.	derselbe
EGBGB	Einführungsgesetz zum Bürgerlichen Gesetzbuch
Einl.	Einleitung
EStG	Einkommensteuergesetz
EuGH	Europäischer Gerichtshof
f., ff.	folgende
Fn.	Fußnote
FS	Festschrift
gem.	gemäß
GenG	Genossenschaftsgesetz
GG	Grundgesetz
GrS	Großer Senat
Hdb.	Handbuch
Hrsg.	Herausgeber
hrsg. v.	herausgegeben von
Hs.	Halbsatz
i.d.F.	in der Fassung
i.E.	im Ergebnis
i.H.v.	in Höhe von
insbes.	insbesondere
InsO	Insolvenzordnung
InvG	Investmentgesetz
i.S.d.	Im Sinne des/der

i.V.m	In Verbindung mit
JStG	Jahressteuergesetz
KAGB	Kapitalanlagegesetzbuch
KAGG	Gesetz über die Kapitalanlagegesellschaften
Kap.	Kapitel
KWG	Kreditwesengesetz
LAG	Landesarbeitsgericht
LG	Landgericht
lit.	litera
LSG	Landessozialgericht
m.w.N.	mit weiteren Nachweisen
n.F.	neue Fassung
Nr.	Nummer
o.g.	oben genannte (-r, -n)
OLG	Oberlandesgericht
OLGR	OLG-Report (Zeitschrift)
RechKredVO	Kreditinstituts-Rechnungslegungsverordnung
RG	Reichsgericht
RGBl.	Reichsgesetzblatt
RGZ	Entscheidungen des Reichsgerichts in Zivilsachen
RHStG	Reichsheimstättengesetz
RJM	Reichsministerium für Justiz
Rn.	Randnummer
s. (a.)	siehe (auch)
S.	Satz, Seite
SGB	Sozialgesetzbuch
Slg.	Sammlung
s.o./u.	siehe oben/unten
sog.	sogenannte (-r, -s)
u.a.	unter anderem/und andere
Überbl.	Überblick
v.	von, vom, vor
VAG	Versicherungsaufsichtsgesetz
Var.	Variante
vgl.	vergleiche
Vhdl.	Verhandlung
Vorbem.	Vorbemerkung

VVG	Versicherungsvertragsgesetz
WEG	Wohnungseigentumsgesetz
z.B.	zum Beispiel
ZPO	Zivilprozessordnung
ZPO-E	ZPO-Entwurf
z.T.	zum Teil
ZVG	Zwangsversteigerungs- und Zwangsverwaltungsgesetz

Literaturverzeichnis

Ahrens, Martin Pfändungsschutz für Altersrenten – Anmerkung zu BGH, Beschluss vom 25.11.2010 – VII ZB 5/08, VIA 2011, S. 27–28.

Derselbe Strukturen und Strukturbrüche des geplanten GNeuMoP, NZI 2011, S. 265–272.

Derselbe Pfändbarkeit einer privaten Berufsunfähigkeitsversicherung, NJW-Spezial 2010, S. 597–598.

Derselbe Die private Berufsunfähigkeitsversicherung in der Insolvenz, VuR 2010, S. 445–449.

Derselbe Veränderter Vollstreckungsschutz aus § 850i ZPO, ZInsO 2010, S. 2357–2363.

Derselbe Barunterhalt als Einkünfte des Unterhaltsberechtigten, NZI 2009, S. 423–424.

Asmuß, Martin Massezugehörigkeit einer bedingt pfändbaren Berufsunfähigkeitsversicherung – Anmerkung zu BGH, Urteil v. 03.12.2009 – IX ZR 189/08, NZI 2010, S. 143.

Assmann, Heinz-Dieter; Schütze, Rolf A. (Hrsg.) Handbuch des Kapitalanlagerechts, 3. Auflage München 2007
(Zitiert: Bearbeiter in: Assmann/Schütze, Hdb. KapitalanlageR).

Bamberger, Heinz Georg; Roth, Herbert (Hrsg.) Kommentar zum Bürgerlichen Gesetzbuch, Bd. I, §§ 1–610, 3. Auflage München 2012
(Zitiert: Bearbeiter in: Bamberger/Roth, BGB).

Baumbach, Adolf (Begr.); Lauterbach, Wolfgang; Albers, Jan; Hartmann, Peter (Hrsg.) Zivilprozessordnung, 72. Auflage München 2014
(Zitiert: Bearbeiter in: Baumbach/Lauterbach/Albers/Hartmann, ZPO).

Baur, Fritz; Stürner, Rolf; Bruns, Alexander Zwangsvollstreckungsrecht, 13. Auflage Heidelberg 2006
(Zitiert: Baur/Stürner/Bruns, ZwangsvollstreckungsR).

Bayer, Walter Der Vertrag zugunsten Dritter – Neuere Dogmengeschichte – Anwendungsbereich – Dogmatische Strukturen, Tübingen 1995
(Zitiert: Bayer).

Beckmann, Roland Michael; Matusche-Beckmann, Annemarie (Hrsg.) Versicherungsrechts-Handbuch, 2. Auflage München 2009
(Zitiert: Bearbeiter in: Beckmann/Matusche-Beckmann, VersR-Hdb.).

Behr, Johannes Zusammenrechnung von Arbeitseinkommen und/oder Sozialleistungen, Juristisches Büro 1996, S. 234–236.

Derselbe Die Pfändung von Sozialleistungen – Ein aktueller Überblick –, Juristisches Büro 1997, S. 235–237.

Bengelsdorf, Peter Die (Un-) Pfändbarkeit der Beiträge zur betrieblichen Altersvorsorge, FA 2009, S. 376–379.

Blomeyer, Wolfgang; Otto, Klaus; Rolfs, Christian Betriebsrentengesetz – Gesetz zur Verbesserung der betrieblichen Altersversorgung, 5. Auflage München 2010
(Zitiert: Bearbeiter in: Blomeyer/Rolfs/Otto, BetrAVG).

Blümich (hrsg. von Heuermann, Bernd und Brandis, Peter) EStG, KStG, GewStG (Loseblatt, Stand: 120. Ergänzungslieferung 8/2013), München 2013
(Zitiert: Bearbeiter in: Blümich, EStG).

Börsch-Supan, Axel; Lühmann, Melanie Prinzipien der Renten- und Pensionsbesteuerung, Bad Homburg 2000

Brinkhaus, Josef; Scherer, Peter (Hrsg.) Kommentar zum Gesetz über die Kapitalanlagegesellschaften (KAGG), München 2003
(Zitiert: Bearbeiter in: Brinkhaus/Scherer, KAGG).

Brox, Hans; Henssler, Martin Handelsrecht, 21. Auflage München 2011
(Zitiert: Brox/Henssler, Handelsrecht).

Brox, Hans; Walker, Wolf-Dietrich Zwangsvollstreckungsrecht, 9. Auflage Heidelberg 2011
(Zitiert: Brox/Walker, Zwangsvollstreckungsrecht).

Bruck/Möller (hrsg. v. Baumann, Horst; Beckmann, Roland Michael; Johannsen, Katharina; Johannsen, Ralf; Koch, Robert) Versicherungsvertragsgesetz Großkommentar Bd. 8/1 §§ 159–178, 9. Auflage Berlin 2013
(Zitiert: Bearbeiter in: Bruck/Möller, VVG).

Bruno-Latocha, Gesa Markt und Staat in der Alterssicherung im Lichte der Ökonomie, DRV 1997, S. 590–630.

Buchholz, Christoph Keine Anfechtung der Umwandlung einer Lebens- in eine Rentenversicherung – Anmerkung zu OLG Stuttgart, Urteil v. 15.12.2011 – 7 U 184/11, VIA 2012, S. 21.

Bundesanstalt für Finanzdienstleistungsaufsicht/Bundeszentralamt für Steuern (Hrsg.) Kommentierung zum Altersvorsorge- und Basisrentenverträge-Zertifizierungsgesetz, Stand 29.12.2010.
(Zitiert: BaFin-Kommentar AltZertG).

Busch, Dörte Ein dreistufiger Vollstreckungsschutz der privaten Altersvorsorge, VuR 2011, S. 371–377.

Conrad, Herbert Die Pfändungsbeschränkungen zum Schutz des schwachen Schuldners, Jena 1906
(Zitiert: Conrad).

Däubler, Wolfgang; Bertzbach, Martin (Hrsg.) Handkommentar zum Allgemeinen Gleichbehandlungsgesetz, 3. Auflage Baden-Baden 2013
(Zitiert: Bearbeiter in: Däubler/Bertzbach, Hk-AGG).

Dieker, Ulf; Remmert, Andreas Der Entwurf eines Gesetzes zur Neustrukturierung und Modernisierung des Pfändungsschutzes, NZI 2009, S. 708–713.

Dietzel, Alexander Pfändungsschutz von Berufsunfähigkeitsrenten Selbständiger – Anmerkung zu BGH, Urteil v. 15.07.2010 – IX ZR 132/09, VIA 2010, S. 76.

Derselbe Pfändungsschutz von Berufsunfähigkeitsrenten Selbständiger – Anmerkung zu OLG Hamm, Urteil v. 20.05.2009 – 20 U 135/08, VIA 2009, S. 6.

Dommermuth, Thomas; Risthaus, Anne Die Basis- oder „Rürup"-Rente ohne Versicherungsvertrag – ist der rechtliche Rahmen belastbar?, DB 2009, S. 812–818.

Duckstein, Ronny Der Schutz des Eigenheims in der Insolvenz – Eine rechtsvergleichende Untersuchung des deutschen und des US-amerikanischen Rechts, Dresden 2008
Zugl. Dresden, Univ., Diss. 2008
(Zitiert: Duckstein).

Eicher, Wolfgang (Hrsg.) SGB II Grundsicherung für Arbeitssuchende, 3. Auflage München 2013
(Zitiert: Bearbeiter in: Eicher, SGB II).

Eisenecker, Hans-Günter Versorgungsausgleich und Privatversicherungsrecht, Karlsruhe 1983
Zugl. Hamburg, Univ., Diss. 1983
(Zitiert: Eisenecker).

Ernst, Irene Marianne Entwicklung des Pfändungsschutzes der privaten Altersvorsorge, § 851c Abs. 1 ZPO, JurBüro 2012, S. 405–409.

Ernst&Young/VDR (Hrsg.) Ratgeber zur Altersvorsorge, 2. Auflage Bonn 2004
(Zitiert: Bearbeiter in: Ernst&Young/VDR, Ratgeber Altersvorsorge).

Fischer, Michaela Steuerliche Förderung der privaten Altersvorsorge und betrieblichen Altersversorgung – Änderungen durch das BMF-Schreiben vom 20. 1. 2009, DStR 2009, S. 722–727.

Frankfurter Kommentar zur Insolvenzordnung (hrsg. v. Wimmer, Klaus), 6. Auflage Köln 2011
(Zitiert: Bearbeiter in FK-InsO).

Gernhuber, Joachim (Hrsg.) Handbuch des Schuldrechts Band 3 – Die Erfüllung und ihre Surrogate, 2. Auflage Tübingen 1994
(Zitiert: Gernhuber, Erfüllung).

Gernhuber, Joachim; Coester-Waltjen, Dagmar Familienrecht, 6. Auflage München 2010
(Zitiert: Gernhuber/Coester-Waltjen, Familienrecht).

V. Gierke, Otto Max Der Lebensversicherungsvertrag zugunsten Dritter nach deutschem und ausländischem Recht, Stuttgart 1936
(Zitiert: v. Gierke).

V. Gleichenstein, Hans Die Altersvorsorge Selbständiger in der Insolvenz, ZVI 2004, S. 149–156.

Gutzeit, Martin Sicherungsabtretung von Ansprüchen aus Lebens- und Berufsunfähigkeitsversicherungen, NJW 2010, S. 1644–1647.

Hasse, Bodo Der neue Pfändungsschutz der Altersvorsorge und Hinterbliebenenabsicherung, VersR 2007, S. 870–893.

Derselbe Änderungen für Altersvorsorgeverträge durch das Jahressteuergesetz 2007 – Fortbestehen eines grundlegenden Reformbedürfnisses bei sog. „Rürup"-Verträgen, VersR 2007, S. 277–288.

Derselbe Zum Entwurf eines Gesetzes zum Pfändungsschutz der Altersversorgung und zur Anpassung des Rechts der Insolvenzanfechtung, VersR 2006, S. 145–160.

Derselbe Zur gemischten Lebensversicherung zugunsten Dritter, VersR 2005, S. 1176–1192.

Derselbe Zwangsvollstreckung in Kapitallebensversicherungen – Eine kritische Bestandsaufnahme de lege lata –, VersR 2005, S. 15–36.

Derselbe Interessenkonflikte bei der Lebensversicherung zugunsten Dritter – Rechtsvergleichend nach deutschem, schweizerischem und österreichischem Recht –, Karlsruhe 1981
Zugl. Karlsruhe, Univ., Diss. 1981
(Zitiert: Hasse).

Hauß, Jörn Lebensversicherungen im Zugewinn- und Versorgungsausgleich, FPR 2007, S. 190–194.

Jaeger (hrsg. v. Henckel, Wolfram und Gerhardt, Walter) Kommentar zur Insolvenzordnung, Berlin
– Bd. 1, §§ 1–55 (2004)
– Bd. 4, §§ 129–143 (2008)
(Zitiert: Bearbeiter in: Jaeger, InsO).

Henke, Stefan Investmentfonds in der privaten und betrieblichen Altersversorgung, Baden-Baden 2004

Zugl. Bonn, Univ., Diss. 2003

(Zitiert: Henke)

Henning, Kai Anfechtbarkeit der Bildung einer nach § 851c ZPO geschützten Altersvorsorge, VIA 2009, S. 17–19.

Holzer, Johannes Das Gesetz zum Pfändungsschutz der Altersvorsorge, DStR 2007, S. 767–771.

Derselbe Der Hinterbliebenenbegriff im Gesetz zum Pfändungsschutz der Altersvorsorge, ZVI 2007, S. 113–116.

Homburg, Stefan Theorie der Alterssicherung, Berlin 1988

(Zitiert: Homburg).

Hülsmann, Christoph Zur Abtretung aller Ansprüche aus einer Lebensversicherung mit eingeschlossener Berufsunfähigkeitszusatzversicherung – zugleich Anmerkung zum Urteil des OLG Saarbrücken vom 9.11.1994, VersR 1996, S. 308–310.

Derselbe Berufsunfähigkeitszusatzversicherung: Unpfändbarkeit gemäß § 850b I Nr. 1 ZPO – Zugleich Anmerkung zu OLG Oldenburg MDR 1994, S. 257, MDR 1994, S. 537–539.

Ising, Petra Pfändungsschutz für Arbeitsmittel und Vergütungsforderungen bei selbständiger Erwerbstätigkeit nach § 811 Abs. 1 Nrn. 5, 7 ZPO und § 850i Abs. 1 ZPO, Bielefeld 2007

Zugl. Osnabrück, Univ., Diss. 2005/2006

(Zitiert: Ising).

Jacoby, Florian Zur Bedeutung des § 133 InsO im System der Insolvenzanfechtungsgründe, KTS 2009, S. 3–25.

Kemperdick, Christian Anfechtung der Umwandlung einer Lebensversicherung, ZInsO 2012, S. 2193–2197.

Kindl, Johann; Meller-Hannich, Caroline; Wolf, Hans-Joachim (Hrsg.) Gesamtes Recht der Zwangsvollstreckung – Handkommentar, 2. Auflage Baden-Baden 2013

(Zitiert: Bearbeiter in: Kindl/Meller-Hannich/Wolf, Hk-ZV).

Klumpp, Hans-Hermann Die Schenkung von Gesellschaftsanteilen und deren Widerruf, ZEV 1995, S. 385–394.

Kogel, Walter Die Einführung der §§ 851c ZPO, 173 VVG – teilweise ein gesetzgeberischer Fehlgriff?, FamRZ 2007, S. 870–872.

Könnecke, Andreas Umfang der Angaben zu Lebens- und Rentenversicherungsverträgen bei Abgabe der Eidesstattlichen Versicherung gem. §§ 807, 900 ZPO, DGVZ 2012, S. 17–25.

Kreikebohm, Ralf Kommentar zum Sozialgesetzbuch VI, 4. Auflage München 2013 (Zitiert: Bearbeiter in: Kreikebohm, SGB VI).

Kübler, Bruno M.; Prütting, Hanns; Bork, Reinhold (Hrsg.) Kommentar zur Insolvenzordnung (Loseblatt, Stand: 54. Ergänzungslieferung 2013), Köln 2013 (Zitiert: Bearbeiter in: Kübler/Prütting/Bork, InsO).

Lange, Thomas Lebensversicherung und Insolvenz, ZVI 2012, S. 403–411.

Lind, Thorsten Patric; Stegmann, Achim Die insolvenzrechtliche Anfechtung der Bezugsrechtseinräumung bei der Lebensversicherung – Zugleich eine Anmerkung zu BGH, Urt. v. 23.10.2003 – IX ZR 252/01, ZInsO 2004, S. 413–419.

Dieselben Der Anspruch auf den Rückkaufswert bei Abtretung des Todesfallanspruchs einer kapitalbildenden Lebensversicherung, VersR 1998, S. 433–441.

Lippross, Otto-Gerd Grundlagen und System des Vollstreckungsrechts, Bielefeld 1983 (Zitiert: Lippross).

Lüdicke, Jochen; Sistermann, Christoph Unternehmenssteuerrecht, München 2008 (Zitiert: Bearbeiter in: Lüdicke/Sistermann, Unternehmenssteuerrecht).

Ludwig, Marc Der Pfändungsschutz für Lohneinkommen: Die Entstehungs- und Entwicklungsgeschichte der Vorschriften zum Schutz vor Lohnpfändung in Deutschland, Frankfurt am Main 2001
Zugl. Kiel, Univ., Diss. 2000
(Zitiert: Ludwig).

Melchior, Jürgen Das Eigenheimrentengesetz, DStR 2008, S. 1405–1407.

Menzel, Kristina Vollstreckungsschutz zugunsten privater Altersvorsorge, Frankfurt am Main 2011
Zugl. Heidelberg, Univ., Diss. 2009
(Zitiert: Menzel).

Müller, Henning Die Lebensversicherung in der Zwangsvollstreckung, Frankfurt am Main 2005
Zugl. Mainz, Univ., Diss. 2005
(Zitiert: Müller).

Münchener Kommentar zum BGB (hrsg. v. Säcker, Franz Jürgen und Rixecker, Roland), 6. Auflage München
– Bd. 1, §§ 1–240 (2012)
– Bd. 2, §§ 241–432 (2012)
– Bd. 3, §§ 433–610 (2012)
– Bd. 4, §§ 611–704 (2012)
– Bd. 5, §§ 705–853 (2013)
– Bd. 6, §§ 854–1296 (2013)
(Zitiert: Bearbeiter in: MüKo-BGB).

Münchener Kommentar zum BGB (hrsg. v. Säcker, Franz Jürgen und Rixecker, Roland), Bd. 11, Art. 15–248 EGBGB, 5. Auflage München 2010
(Zitiert: Bearbeiter in: MüKo-BGB).

Münchener Kommentar zur Insolvenzordnung (hrsg. v. Kirchhof, Hans-Peter; Eidenmüller, Horst und Stürner, Rolf), 3. Auflage München
– Bd. 1, §§ 1–79 (2013)
– Bd. 2, §§ 80–216 (2013)
(Zitiert: Bearbeiter in: MüKo-InsO).

Münchener Kommentar zum Versicherungsvertragsgesetz (hrsg. v. Langheid, Theo und Wandt, Michael), Bd. 2, §§ 100–191, München 2011
(Zitiert: Bearbeiter in: MüKo-VVG).

Münchener Kommentar zur Zivilprozessordnung (hrsg. v. Rauscher, Thomas; Wax, Peter und Wenzel, Joachim), Bd. 2, §§ 355–1024, 4. Auflage München 2012
(Zitiert: Bearbeiter in: MüKo-ZPO).

Musielak, Hans-Joachim (Hrsg.) Kommentar zur Zivilprozessordnung, 10. Auflage München 2013
(Zitiert: Bearbeiter in: Musielak, ZPO).

Myßen, Michael Das Alterseinkünftegesetz, NWB Nr. 50 Fach 3, S. 13095.

Nehrlich, Jörg; Römermann, Volker Kommentar zur Insolvenzordnung (Loseblatt, Stand: 25. Ergänzungslieferung 2013), München 2013
(Zitiert: Bearbeiter in: Nehrlich/Römermann, InsO).

Neuhaus, Kai-Jochen; Köther, Lutz Pfändungsschutz für umgewandelte Lebensversicherungen – Neue Vorschriften, neue Streitpunkte, ZfV 2009, S. 248–253.

Oetker, Hartmut Das Dauerschuldverhältnis und seine Beendigung – Bestandsaufnahme und kritische Würdigung einer tradierten Figur der Schuldrechtsdogmatik, Tübingen 1994
(Zitiert: Oetker).

Pape, Gerhard Verbesserung der privaten Altersabsicherung durch das Gesetz zum Pfändungsschutz der Altersvorsorge, ZAP Fach 14, S. 529–535.

Palandt, Otto (Begr.) Kommentar zum BGB, 72. Auflage München 2013
(Zitiert: Bearbeiter in: Palandt, BGB).

Pelikan, Wolfgang Rentenversicherung SGB VI, 10. Auflage München 2002.
(Zitiert: Pelikan).

Petersen, Jens Die Lebensversicherung im Bürgerlichen Recht, AcP 204 (2004), S. 832–854.

Pöhlmann, Peter; Fandrich, Andreas; Bloehs, Joachim (Hrsg.) Kommentar zum Genossenschaftsgesetz, 4. Auflage München 2012
(Zitiert: Bearbeiter in: Pöhlmann/Fandrich/Bloehs, GenG).

Prahl, Albert Pfändungsschutz in der Altersvorsorge unter Einbeziehung der „Riester"- und „Rürup"-Rente sowie sozialrechtlicher Anrechnungsschutz unter besonderer Berücksichtigung der Lebensversicherung, RV 2007, S. 121–126.

Prölss, Erich; Martin, Anton (Begr.) Kommentar zum Versicherungsvertragsgesetz, 28. Auflage München 2010
(Zitiert: Bearbeiter in Prölss/Martin, VVG).

Prütting, Hanns; Gehrlein, Markus (Hrsg.) Kommentar zur ZPO, 5. Auflage Köln 2013
(Zitiert: Bearbeiter in: Prütting/Gehrlein, ZPO).

Prütting, Hanns; Wegen, Gerhard; Weinreich, Gerd (Hrsg.) Kommentar zum BGB, 8. Auflage Köln 2013
(Zitiert: Bearbeiter in: Prütting/Wegen/Weinreich, BGB).

Reifner, Udo; Tiffe, Achim Innovative Finanzdienstleistungen – Studienfinanzierung, genossenschaftliches Wohnen, Altersvorsorge, umgekehrter Hypothekenkredit, Baden-Baden 2007
(Zitiert: Reifner/Tiffe, Innovative Finanzdienstleistungen).

Remmert, Andreas Der neue Kontopfändungsschutz, NZI 2008, S. 70–74.

Roth, Markus Private Altersvorsorge: Betriebsrentenrecht und individuelle Vorsorge – Eine rechtsvergleichende Gesamtschau, Tübingen 2009
(Zitiert: Roth, Private Altersvorsorge).

Rüffer, Wilfried; Halbach, Dirk; Schimikowski, Peter (Hrsg.) Handkommentar zum Versicherungsvertragsgesetz, 2. Auflage Baden-Baden 2011
(Zitiert: Bearbeiter in Rüffer/Halbach/Schimikowski, VVG).

Saenger, Ingo (Hrsg.) Handkommentar zur Zivilprozessordnung, 5. Auflage Baden-Baden 2013
(Zitiert: Bearbeiter in: Saenger, ZPO).

Saenger, Ingo; Ullrich, Christoph; Siebert, Oliver (Hrsg.) Zwangsvollstreckungsrecht – Kommentiertes Prozessformularbuch, 2. Auflage Baden-Baden 2012
(Zitiert: Saenger/Ulrich/Siebert, ZwangsvollstreckungsR).

Scherer, Stephan Die Gläubigeranfechtung der Bezugsberechtigung und der Prämienzahlung beim Lebensversicherungsvertrag zu Rechten Dritter, Darmstadt 1991 Zugl. Mainz, Univ., Diss. 1991
(Zitiert: Scherer).

Scheuer, Adolf Das Eigenheimrentengesetz – Handlungsbedarf zum Jahresende, DStR 2008, S. 2447–2450.

Schimansky, Herbert; Bunte, Hermann-Josef; Lwowski, Hans-Jürgen (Hrsg.) Bankrechts-Handbuch, 4. Auflage München 2011
(Zitiert: Bearbeiter in: Schimansky/Bunte/Lwowski, BankR-Hdb.).

Schlüter, Andreas; Stolte, Stefan (Hrsg.) Stiftungsrecht, 3. Auflage München 2013
(Zitiert: Schlüter/Stolte, Stiftungsrecht).

Schmidt, Ludwig (Begr.) Kommentar zum Einkommensteuergesetz, 32. Auflage
München 2013
(Zitiert: Bearbeiter in: L. Schmidt, EStG).

Schnabl, Daniel Die US-amerikanische reverse mortgage („umgekehrte
Hypothek"): Ein Alterssicherungsmodell für Deutschland, NZM 2007,
S. 714–719.

Schneider, Mike Erfahrungen mit Instrumenten des Immobilienkapitalverzehrs,
Immobilien&Finanzierung 2007, S. 592–597.

Schönemann, Kristin; Dietrich, Maik; Kiesewetter, Dirk Verbessert das Eigen-
heimrentenmodell die Integration der eigengenutzten Immobilie in die Altersvorsorge?, StuW 2009, S. 107–119.

Schrehardt, Alexander Pfändungsschutz in der privaten und betrieblichen Altersversorgung, DStR 2013, S. 472–478.

Schulz, Steffen Die Basisrente und der Pfändungsschutz – ein Märchen?, Zeit-
schrift für Versicherungswesen 2012, S. 217–218.

Schuschke, Winfried; Walker, Wolf-Dietrich (Hrsg.) Vollstreckung und vorläufiger
Rechtsschutz, 5. Auflage München 2011
(Zitiert: Bearbeiter in: Schuschke/Walker, Vollstreckung).

Schwarz, Annegret; Facius, Franziska Auswirkungen des Gesetzes zum Pfändungsschutz der Altersvorsorge für das pfändbare Einkommen, ZVI 2009,
S. 188–194.

Sieg, Karl Kritische Betrachtungen zum Recht der Zwangsvollstreckung in Le-
bensversicherungsforderungen, Festschrift für Ernst Klingmüller, S. 447–463,
Karlsruhe 1974.

Smid, Stefan Pfändungsschutz bei Altersrenten, FPR 2007, S. 443–446.

Specker, Hartwig Der Anspruch des § 167 VVG auf Umwandlung einer Lebensversicherung in eine „pfändungsgeschützte" Versicherung, VersR 2011,
S. 958–965.

Staudinger, Julius v. (Begr.) Kommentar zum Bürgerlichen Gesetzbuch, Neubear-
beitung, Berlin
  – §§ 328–345, bearb. v. Jagmann, Rainer und Rieble, Volker (2009)
  – §§ 362–396, bearb. v. Gursky, Karl-Heinz und Olzen, Dirk (2011)
  – §§ 397–432, bearb. v. Busche, Jan, Looschelders, Dirk und Rieble, Volker
    (2012)
  – §§ 433–487, bearb. v. Beckmann, Roland Michael, Mader, Peter, Martinek,
    Michael, Matusche-Beckmann, Annemarie und Stoffels, Markus (2004)

- §§ 741–764, bearb. v. Engel, Norbert, Langhein, Gerd-Hinrich und Mayer, Jörg (2008)
  (Zitiert: Bearbeiter in Staudinger, BGB).

Stein, Friedrich; Jonas, Martin (Begr.) Kommentar zur ZPO, Bd. 8, §§ 828–915h, 22. Auflage Tübingen 2004
(Zitiert: Bearbeiter in: Stein/Jonas, ZPO).

Sternal, Walter Der Entwurf eines Gesetzes zur Neustrukturierung und Modernisierung des Pfändungsschutzes (GNeuMoP), VIA 2010, S. 41–43.

Stöber, Kurt Forderungspfändung, 16. Auflage Bielefeld 2013
(Zitiert: K. Stöber, Forderungspfändung).

Stöber, Michael Das Gesetz zum Pfändungsschutz der Altersvorsorge, NJW 2007, S. 1242–1247.

Sudhoff, Heinrich (Bearb. v. Berenbrok, Marius) Unternehmensnachfolge, 5. Auflage München 2005
(Zitiert: Sudhoff, Unternehmensnachfolge).

Tavakoli, Anusch Lohnpfändung und private Altersvorsorge: Erhöhung der Freigrenze durch § 851c ZPO, NJW 2008, S. 3259.

Thiele, Heino Lebensversicherung und Nachlassgläubiger, Hamburg 1968
Zugl. Hamburg, Univ., Diss. 1968
(Zitiert: Thiele).

Thomas, Heinz; Putzo, Hans (Begr.) Kommentar zur ZPO, 34. Auflage München 2013
(Zitiert: Bearbeiter in: Thomas/Putzo, ZPO).

Tiffe, Achim Reverse Mortgage – Marktchancen, Kundenwünsche und Gestaltung, Immobilien&Finanzierung 2007, S. 586–591.

Uhlenbruck, Wilhelm (Hrsg.) Kommentar zur Insolvenzordnung, 13. Auflage München 2010
(Zitiert: Bearbeiter in: Uhlenbruck, InsO).

Voit, W.(Begr.); Neuhaus, Kai-Jochen (Hrsg.) Berufsunfähigkeitsversicherung, 2. Auflage München 2009
(Zitiert: Voit/Neuhaus, Berufsunfähigkeitsversicherung).

Walter, Stefan Die neue Eigenheimrente: Mit staatlicher Förderung zum Wohneigentum, DWW 2008, S. 326–331.

Wandt, Manfred Versicherungsrecht, 5. Auflage Köln 2010
(Zitiert: Wandt, Versicherungsrecht).

Wimmer, Klaus Das Gesetz zum Pfändungsschutz der Altersvorsorge unter besonderer Berücksichtigung der Hinterbliebenenversorgung, ZInsO 2007, S. 281–285.

Wimmer, Klaus Der Pfändungsschutz des Altersvorsorgevertrags, jurisPR-InsR 7/2007, Anm. 5.

Winter, Gerrit Grenzlinien der Lebensversicherung: „insurable interest", biometrisches Risiko und Kapitalisierungsgeschäfte, VersR 2004, S. 8.

Wollmann, Christian Der Ansparvorgang des § 851c Abs. 2 ZPO – zugleich eine vergleichende Betrachtung des Pfändungsschutzes von Altersvorsorgeprodukten, ZInsO 2013, S. 902–911.

Derselbe Private Altersvorsorge und Gläubigerschutz: dargestellt am Beispiel der Lebensversicherung, Tübingen 2010
Zugl. Tübingen, Univ., Diss. 2010
(Zitiert: Wollmann).

Derselbe Voraussetzung der Einbeziehung einer Berufsunfähigkeitsrente in die Insolvenzmasse – Anmerkung zu BGH, Urteil vom 03.12.2009 – IX ZR 189/08, ZInsO 2010, S. 754–757.

Derselbe Berufsunfähigkeitsrenten Selbständiger sind nicht Teil der Insolvenzmasse – Anmerkung zu OLG Hamm, Urteil v. 20.05.2009 – 20 U 135/08 und BGH, Beschluss v. 15.11.2007 – IX ZB 99/05, ZInsO 2009, S. 2319–2325.

Wormit, Heinz; Ehrenfohrt, Werner (Hrsg.) Kommentar zum Reichsheimstättengesetz, 4. Auflage München 1967
(Zitiert: Wormit/Ehrenfort, RHStG).

Zöller, Richard (Begr.) Kommentar zur ZPO, 30. Auflage Köln 2014
(Zitiert: Bearbeiter in: Zöller, ZPO).

Schriften zum Zivilverfahrensrecht und Insolvenzrecht

Herausgegeben von Martin Ahrens

Band 1 Christoph Renger: Wege zur Restschuldbefreiung nach dem Insolvency Act 1986. Mit Bezügen zum deutschen Recht und unter Berücksichtigung anerkennungsrechtlicher Probleme nach der EuInsVO. 2012.

Band 2 Alexander Dietzel: Der Pfändungsschutz der privaten Altersvorsorge nach den §§ 851c und 851d ZPO. 2014.

www.peterlang.com